La clé de la civilisation perdue

Du même auteur

La clé de la civilisation perdue, Partie 1, Pygmalion, 2020
Magiciens des dieux, Pygmalion, 2017.
L'Empreinte des dieux, Pygmalion, 2016.
Surnaturel, Éditions Alphée, 2009.
Civilisations englouties, Pygmalion 2019.
Le Mystère de Mars, avec John Grisby, Éditions du Rocher, 2000.
Le Mystère du Grand Sphinx, avec Robert Bauval, Éditions du Rocher, 1999.
Le Mystère de l'Arche perdue, Pygmalion, 1999.

Graham Hancock

La clé de la civilisation perdue

Partie 2 – Sur les traces d'un monde oublié

Traduit de l'anglais (Grande-Bretagne) par
Pierre-Paul Durastanti et Thibaud Eliroff

Pygmalion

Titre original : *America Before*
The Key to Earth's Lost Civilization

Pour plus d'informations sur nos parutions,
suivez-nous sur Facebook, Instagram et Twitter.
https://www.editions-pygmalion.fr/

ISBN : 978-2-7564-3451-3

À Santha,
mon âme sœur dans toutes nos vies passées, présentes et futures.
Vivement notre prochaine aventure !

Table des matières

Partie IV
Survivre !

Remerciements

Il n'est pas impossible que, par négligence, j'oublie de remercier comme il se doit certaines des personnes merveilleuses qui m'ont aidé à mener ce livre à son terme. J'espère qu'elles me pardonneront. La mémoire se raccourcit à mesure que le nombre des années s'accroît !

C'est à ma femme, âme sœur et coaventurière préférée, la photographe Santha Faiia, que je dois le plus. Durant l'écriture de ce livre, j'ai été victime de deux attaques ayant entraîné une perte de connaissance, m'empêchant dorénavant de prendre le volant. Aussi me suis-je laissé conduire sur des milliers de kilomètres à travers les paysages les plus spectaculaires de Californie, d'Arizona, du Nouveau-Mexique, du Colorado, du Dakota du Sud, du Wyoming, du New Hampshire, du Massachusetts, du nord de l'État de New York, de Caroline du Nord et du Sud, de Louisiane, du Mississippi, d'Arkansas, d'Alabama, du Tennessee, du Missouri, d'Illinois et d'Ohio. Parce qu'elle fait preuve d'une endurance hors du commun dans l'adversité, parce qu'elle est pour moi une source d'inspiration constante, parce qu'elle a l'art de toujours prendre le bon cliché au bon moment et parce qu'elle dispose d'une réserve d'amour apparemment inépuisable, je veux remercier mon extraordinaire épouse. J'aurais calé lamentablement il y a longtemps, sans toi, Santha. Merci. Merci pour TOUT.

Outre son contenu photographique, le livre comporte un grand nombre de dessins illustrant les aspects les plus complexes de mon propos. En qualité de directeur artistique, mon fils Luke a travaillé plus qu'il n'est raisonnable de le faire pour mettre au point les graphiques et les illustrations qui accompagnent le texte. Ma gratitude et mon respect pour l'excellent boulot qu'il a abattu.

Mon assistante de recherche, Holly Lasko Skinner, m'a aidé à rassembler la documentation nécessaire et à dénicher des faits peu connus dès les premiers jours du projet. Elle a brillamment cherché, remué et donné du sens à une masse de données stupéfiante, soigneusement vérifié les sources et porté à ma connaissance toute nouvelle avancée scientifique. Merci, Holly.

Ross Hamilton, dont l'enseignement sur les mystères anciens est source d'inspiration, m'a ouvert les yeux sur l'énigme du tumulus du Grand serpent d'Ohio et m'a aidé à appréhender les implications de ses connexions spirituelles avec le coucher du soleil du solstice d'été.

William Romain, que je tiens pour le plus éminent archéologue spécialiste de la culture des bâtisseurs de tumulus de la vallée du Mississippi, a aimablement pris le temps de discuter avec moi et m'a permis de reproduire un certain nombre des excellents diagrammes et photographies illustrant la dimension archéoastronomique de ses recherches.

Gary David, dont le travail sur l'archéoastronomie du Sud-Ouest est de prime importance, a généreusement mis à ma disposition son savoir encyclopédique et ses éclairages tout au long de notre traversée de l'Arizona et du Nouveau-Mexique.

J'exprime ma reconnaissance à Randall Carlson, véritable compagnon d'armes, ainsi qu'à Bradley Young et Camron Wiltshire, qui ont tous trois contribué à ce projet de différentes et importantes manières.

Mes remerciements tout particuliers aux scientifiques du Comet Research Group, dont la révolutionnaire hypothèse de l'impact cosmique du Dryas récent offre l'explication la plus complète à la mystérieuse fin de la dernière ère glaciaire et jette une lumière nouvelle sur la préhistoire. Allen West, Al Goodyear, Chris Moore et George Howard ont été particulièrement généreux de leur temps.

Toute ma gratitude à Tom Deméré, chef du département de paléontologie du Musée d'histoire naturelle de San Diego, qui m'a emmené dans les coulisses du musée pour me faire partager les implications des découvertes faites sur le site Cerutti Mastodon. Les indices d'une présence humaine en Amérique du Nord remontant à plus de 130 000 ans réécrivent complètement la préhistoire.

Eske Willerslev de l'université de Copenhague, expert international de l'étude de l'ADN ancien, a patiemment répondu à mes questions et m'a fait part de ses interrogations sur l'anomalie des marqueurs génétiques australasiens trouvés parmi des peuples isolés de la forêt amazonienne.

Des recherches archéologiques d'importance capitale menées en ce moment même en Amazonie révèlent l'existence de cercles lithiques et de centaines d'immenses terrassements géométriques. Dans ce contexte, je souhaite remercier Mariana Petry Cabral de l'Universidade Federal de Minas Gerais, Sanna Saunaluoma et Martti Pärssinen de l'université d'Helsinki et Christopher Sean Davis de l'université d'Illinois pour avoir répondu favorablement à ma demande de reproduction de photographies et de cartes illustrant leurs découvertes.

Pour leur soutien amical et professionnel sans réserve lors de notre voyage de recherche à la grotte de Denisova en Sibérie, un immense merci à Sergueï Kurgin, qui a organisé notre périple et nous a servi de chauffeur, ainsi qu'à Olga Votrina, notre excellente interprète. J'adresse également ma gratitude et ma considération à la branche sibérienne de l'Institut d'archéologie et d'ethnographie de l'Académie des sciences de Russie pour son aimable coopération et l'autorisation de reproduire des photos et des artefacts de la grotte de Denisova.

Mes éditeurs, Peter Wolverton de St. Martin's Press aux États-Unis et Mark Booth de Coronet au Royaume-Uni, se sont révélés des alliés et des amis indéfectibles et m'ont prodigué d'excellents conseils et une expertise professionnelle de premier ordre à chaque étape.

La clé de la civilisation perdue doit énormément à tous ceux qui sont cités ici, mais aussi aux nombreux scientifiques et aux chercheurs professionnels de par le monde dont les découvertes sont consignées dans les pages qui suivent. Je me suis efforcé de présenter leur travail avec la plus grande fidélité, mais s'il y a des erreurs ou des interprétations fautives, elles sont entièrement de mon fait.

Dernier point, mais non des moindres, j'ai la chance d'être entouré d'une formidable famille sans frontières. J'ai déjà mentionné Santha et Luke, mais je voudrais aussi faire part de mon amour à nos cinq autres enfants – tous adultes, maintenant : Sean, Shanti, Leila, Ravi et Gabrielle. Je suis britannique, né en Écosse d'un père anglais et d'une mère écossaise. J'ai passé cinq années de mon enfance au Tamil Nadu, en Inde. Santha est d'origine tamoule, mais elle est née et elle a grandi en Malaisie. Sean et Leila sont tous deux moitié somaliens, moitié britanniques. Shanti et Ravi sont un quart tamoules, un quart malaisiens, un quart italiens et un quart américains. Luke et Gabriel sont britanniques de naissance. Le mari de Leila est grec ; Lydia, la femme de Ravi est américaine ; Ayako, celle de Luke, est japonaise ; et ils nous ont gratifiés de trois fantastiques petits-enfants, Nyla, Leo et Henry, qui illuminent nos vies de leur innocence, de leur sagesse infantile et de leurs rires.

PARTIE I

Tout continue à prendre de l'âge

Le mystère des tumulus primordiaux

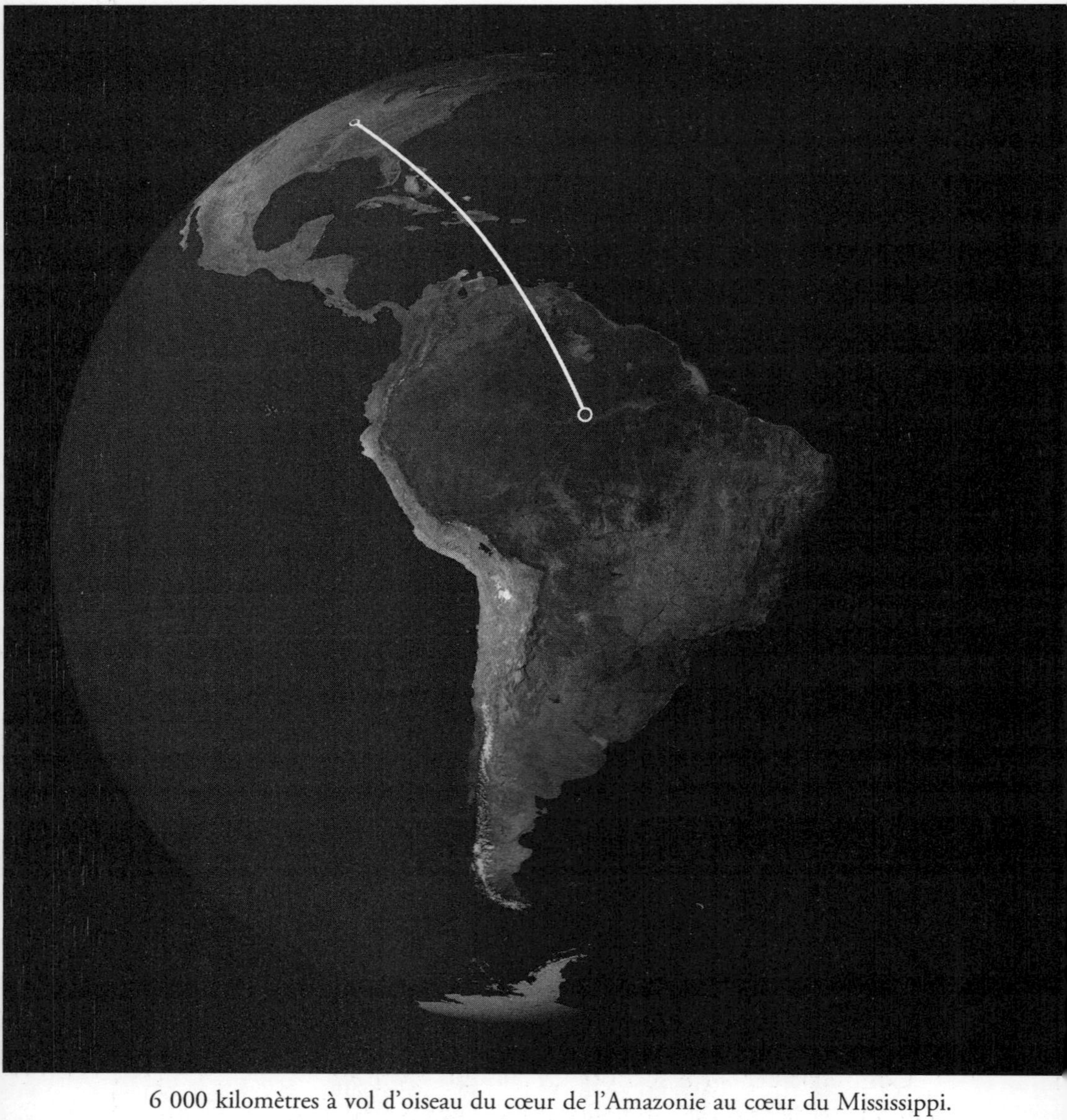

6 000 kilomètres à vol d'oiseau du cœur de l'Amazonie au cœur du Mississippi.

1.

Soleil

Depuis Manaus, au cœur du bassin amazonien en Amérique du Sud, il faut couvrir 6 000 kilomètres par la voie des airs pour atteindre la ville de Saint-Louis au cœur du bassin du Mississippi en Amérique du Nord. Sur le trajet, on franchit l'équateur et le tropique du Cancer. Selon Google, cela représente un vol de 11 heures, y compris l'escale en République dominicaine.

Dans le passé, c'était plus compliqué. Même s'il pouvait s'effectuer en partie par la mer, le voyage se passait pour l'essentiel par voie de terre, traversait des zones d'Amérique centrale qui, sur le plan géographique, étaient très difficiles et exigeait de parcourir en fin de compte bien plus de 6 000 kilomètres.

Cela ne signifie en rien qu'une telle distance a forcément banni les communications et échanges entre les deux régions. Au contraire, nul ne conteste que les peuples des Amériques du Nord et du Sud sont plus proches génétiquement entre eux que de qui que ce soit d'autre, que des liens linguistiques existent et que des cultures comme le maïs ou le manioc, domestiquées dans une région, ont aussi été pratiquées dans l'autre, parfois bien plus tard. Bref, les indices suggèrent que des contacts ont eu lieu, mais qu'ils étaient aléatoires et rares et non pas réguliers et soutenus.

Comment faut-il donc prendre le fait que des bâtiments qui répliquent des thèmes géométriques étonnamment similaires sur une échelle étonnamment similaire se retrouvent dans l'Amazone et le Mississippi ?

Ces ressemblances ne sont-elles que des coïncidences ?

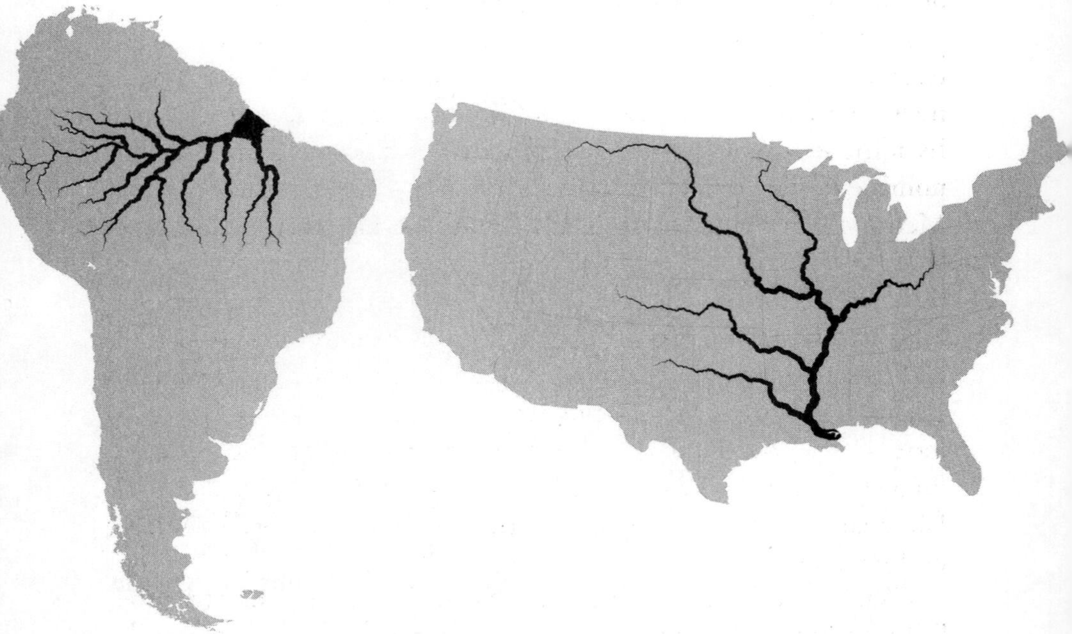

Les deux bassins fluviaux géants des Amériques (NB : les cartes ne sont pas à l'échelle). Le bassin de l'Amazone (gauche) occupe une surface de 7,5 millions de kilomètres carrés ; le bassin du Mississippi (droite), une surface de 2,9 millions de kilomètres carrés.

Découlent-elles d'un de ces contacts rares et aléatoires ?

Ou y a-t-il une autre explication ?

Le 14 juin 2017, une semaine avant le solstice d'été, je rumine ces questions en compagnie de Santha au sommet d'un terrassement appelé « Monks Mound », le tumulus des Moines, cœur sacré de l'antique cité mississippienne de Cahokia.

Quand on regarde vers le sud-ouest depuis ce point de vue, ce qui ressort, à 13 kilomètres de là, ce sont les pylônes jumeaux en A et les haubans du Stan Musial Veterans Memorial Bridge enjambant le Mississippi pour relier l'Illinois au Missouri et, 3 kilomètres plus au sud sur la berge, la Gateway Arch, en acier inoxydable, de la ville de Saint-Louis. Conçue comme un « mémorial aux hommes qui ont permis l'expansion vers l'ouest des États-Unis [1] », elle culmine à 192 mètres ; elle passe pour le plus haut monument de l'hémisphère ouest et la plus grande arche du monde.

Le contraste entre l'ancien et le moderne y est brutal, car les tertres et les terrassements antiques de la vallée du Mississippi – même des sites aussi vastes que Cahokia – apparaissent discrets. Ils n'irradient pas la suffisance vantarde et culottée d'un si grand nombre de nos structures contemporaines – tel le gratte-ciel One Metropolitan Square, qui, à 181 mètres de hauteur, rivalise avec la Gateway Arch pour dominer la ligne des toits de Saint-Louis. Ils ne vous accablent pas non plus de leur grandeur et leur majesté, à l'instar des pyramides d'Égypte et du Mexique, pas plus qu'ils n'affichent leur mystère comme les grands moais de l'île de Pâques. Ici, on a plutôt semblé rechercher l'harmonie entre le ciel et la terre. Par conséquent, même le tumulus des Moines, au sommet duquel nous nous tenons à 30 mètres de haut, s'intègre si parfaitement à son cadre qu'il évoque une œuvre naturelle autant qu'humaine.

C'était d'ailleurs l'opinion du Dr A. R. Crook, directeur de l'Illinois State Museum, géologue de formation, qui a entamé la première investigation « scientifique » du site en 1914. Sa théorie, partagée par nombre de ses collègues à l'époque et sans doute motivée par le préjugé selon lequel les Amérindiens préhistoriques n'auraient jamais pu construire sur une telle échelle, soutenait que les tertres de Cahokia étaient des « vestiges d'érosion » d'origine naturelle. Cette année-là, Crook a foré vingt-cinq trous de sondage dans la face nord du tumulus des Moines ; n'ayant rien découvert de nature à le faire changer d'avis, il déclarait encore en 1921, comme si cela tenait d'un fait objectif et démontré, que les tertres n'étaient que des dépôts alluviaux et glaciaires ne présentant donc aucun intérêt archéologique[2].

Cela importait, car d'autres chercheurs plus avisés tenaient déjà Cahokia pour un site artificiel d'un intérêt archéologique remarquable et avaient organisé le sauvetage des tumulus, menacés par les fermiers et les industriels. Crook affirmant qu'il s'agissait de simples formations naturelles contrariait leurs efforts, les obligeant à réfuter ses arguments pour faire avancer leur campagne de préservation.

L'archéologue Warren T. Moorehead a relevé ce défi, avec l'appui du géologue Morris Leighton, et mené des recherches plus poussées en 1922 que celles de Crook en 1914. Après le creusement – sur la Quatrième terrasse ainsi que sur le flanc est du tumulus des Moines – de puits forés jusqu'à 6 mètres de profondeur, les résultats, sous la forme d'artefacts et de niveaux bâtis mis au jour, se sont révélés trop probants pour se laisser écarter[3]. Même Crook, convaincu, a changé de position sur le caractère naturel des tertres[4] – une position qui, de nos jours, face à l'étendue des excavations pratiquées dans tout Cahokia et sur le tumulus des Moines, paraît absurde.

Pourtant, beaucoup cherchent encore par divers moyens à nier que Cahokia ait eu des bâtisseurs amérindiens. La thèse de l'érosion décrédibilisée, la position de repli, populaire à la fin du XIXe siècle, au début du XXe, et de nos jours encore où elle fait son grand retour, veut que cette vaste cité et d'autres semblables en amont et en aval de la vallée du Mississippi soient l'œuvre d'une « race supérieure » de Blancs étrangers ayant atteint l'Amérique durant l'Antiquité et érigé ces tumulus grâce à leur avancée technologique avant d'être chassée ou massacrée par des « sauvages » indigènes[5].

Un tel raisonnement, souvent aggravé par des rumeurs de « géants » ou d'« extraterrestres », a déjà été réfuté en bloc, prouvant à la satisfaction de tout individu capable de logique que les tertres, dont le tumulus des Moines – ce « prodigieux tas de terre », ainsi que le décrivait l'un de ses premiers explorateurs[6] – sont bien l'œuvre d'Amérindiens[7].

Le nom même de ce grand tertre démontre toutefois les effets persistants de l'appropriation désinvolte des prouesses indigènes. On l'a baptisé ainsi parce qu'un groupe de moines trappistes – des immigrants venus de France – ont cultivé des légumes sur ses terrasses durant quelques années autour de 1810[8], alors qu'il a été édifié vers 1050 par la civilisation amérindienne que les archéologues appellent les Mississippiens[9].

Nous ignorons le nom que ces gens se donnaient, et celui qu'ils donnaient au tumulus des Moines. Nous savons en revanche qu'ils voyaient grand, en pensées comme en réalisations, ainsi que je le démontrerai, et qu'ils ont utilisé les mêmes types de géométrie et d'astronomie qu'au tumulus du Grand serpent, 675 kilomètres plus à l'est, et dans les terrassements et les tumulus d'Amazonie, des milliers de kilomètres plus au sud.

Deux vallées

Malgré les indices prometteurs offerts par les recherches ethnographiques sur le rôle probable joué par les plantes et les expériences chamaniques propices aux visions, le fait est que, sur de vastes pans de l'Amazonie, nous sommes confrontés à des données archéologiques si limitées qu'on ne peut pas donner des réponses sérieuses et réfléchies à trois questions fondamentales :

- Qu'est-ce qui a motivé la création des tumulus et des géoglyphes ?
- Quand les toutes premières structures de ce type ont-elles été réalisées ?
- Où et comment les talents nécessaires en matière de conception, de planification, d'ingénierie et d'architecture ont-ils été mis au point ?

En Amazonie, sur ces trois points, nous sommes dans le noir, et faute de levers géométriques ou archéoastronomiques détaillés des tertres et des terrassements découverts jusqu'ici, ainsi que d'étude archéologique effectuée sur des millions de kilomètres carrés de forêt tropicale, notre ignorance n'en est que plus profonde.

Il en va autrement dans la vallée du Mississippi, qui n'est pas dissimulée par d'immenses zones de jungle impénétrable et où des tertres et des terrassements offrant une remarquable similarité avec ceux qui se font jour en Amazonie ont été sujets à plus de 170 ans de travaux d'archéologie intensifs[10]. Comme elles étaient déjà visibles et occupaient souvent des terres qu'on voulait consacrer à l'agriculture ou l'industrie, la plupart des immenses structures préhistoriques de la vallée du Mississippi n'existent plus. On estime que 90 % d'entre elles ont disparu – partiellement ou complètement démolies et rasées durant l'oblitération du passé de l'Amérique du Nord qui a débuté avec la conquête de ce continent par les Européens.

Si les archéologues en Amazonie ne disposent donc que de données réduites sur lesquelles baser leurs théories, à cause de la couverture de la jungle, ceux de la vallée du Mississippi se voient limités par le volume des destructions. Ces derniers ont toutefois beaucoup retiré des 10 % des sites ayant survécu, et on peut espérer que leurs découvertes apporteront un éclairage sur les tumulus et les terrassements d'Amazonie, ces mystérieux homologues.

Île terrestre, Monde Céleste

Le lecteur se souvient peut-être de l'évocation, au chapitre 16 de la première partie de cet ouvrage, publiée en 2020, de Severino Calazans, un terrassement amazonien doté de la même empreinte de 5 hectares et de la même orientation cardinale que la pyramide de Khéops. Bien que rectangulaire au lieu de carré (277 mètres du nord au sud, 219 mètres d'est en ouest), le tumulus des Moines possède une empreinte de 6 hectares[11].

En tant que pyramide – et affectant d'ailleurs la forme d'une pyramide à degrés –, elle serait la troisième plus grande des Amériques derrière celle de Quetzalcóatl à Cholula et celle du Soleil à Teotihuacan[12], deux monuments renforcés de pierre et nettement plus hauts.

En tant que terrassement – et dans des termes qui évoquent le compte-rendu de l'explorateur d'antan –, le tumulus des Moines a été décrit comme « remarquable de bien des façons. Il s'agit du plus haut tertre, couvrant la plus vaste surface et contenant le plus gros volume de tous les monuments préhistoriques en terre des Amériques[13] ». Il fait en outre partie d'un immense complexe aux multiples éléments distincts qui inclut plus de cent tumulus subsidiaires, les traces archéologiques de ce qui était jadis un cercle spectaculaire d'énormes poteaux de bois (surnommé le « Woodhenge » de Cahokia), avec une place centrale spacieuse et une chaussée en terre battue de 18 mètres de large et 800 mètres de long qui file tout droit entre deux talus.

Orientée de manière énigmatique mais délibérée selon un azimut de 005° – 5° à l'est du nord géographique –, c'est cette artère, baptisée « chaussée du serpent à sonnette » par les archéologues, qui définit l'axe principal de Cahokia [14], conférant au site une certaine ambiguïté et ajoutant à son mystère. Chaque tertre, chaque terrassement est strictement disposé en relation avec elle, certains groupes de structures, surplombés par le tumulus des Moines, s'étendant du sud au nord, d'autres d'ouest en est.

On comprendra donc sans aucun mal que mon impression initiale, la plus forte, devant ce monumental site antique que je contemple depuis le sommet du tumulus des Moines, c'est sa « cardinalité » patente, aussi nette qu'à Gizeh et Angkor, deux autres lieux alignés à une fraction de degré du nord géographique. En dépit de cette déviation surprenante de 5°, on trouve les points cardinaux à Cahokia sans la moindre difficulté. Cet endroit possède une qualité – voulue et pensée par ses concepteurs – qui vous relie aussitôt à la terre comme au ciel.

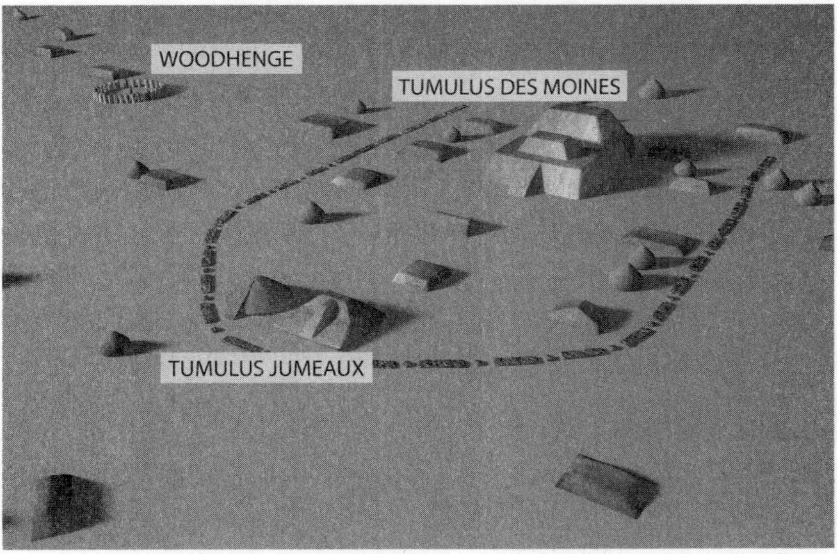

Détail du tumulus des Moines et de certaines structures adjacentes.

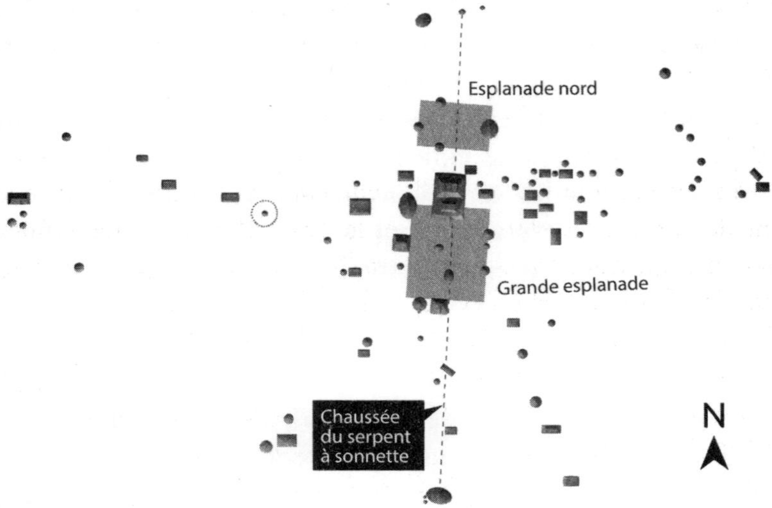

Traversant la Grande esplanade et s'étendant vers le nord par-delà le tumulus des Moines, la chaussée du serpent à sonnette définit l'axe de Cahokia 5° à l'est du nord géographique.

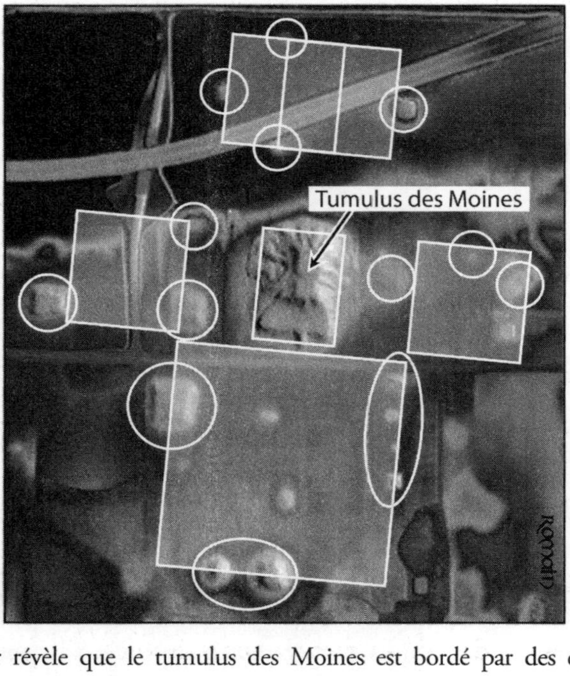

L'image lidar révèle que le tumulus des Moines est bordé par des esplanades et d'autres structures sur ses flancs nord, sud, est et ouest. IMAGE DE WILLIAM ROMAIN.

Ce sentiment d'un lien terrestre et cosmique figure parmi les arguments convaincants qui amènent William Romain, l'archéologue dont le travail sur le tumulus du Grand serpent est abordé dans notre partie 1 de la première partie de cet ouvrage, publiée en 2020, à estimer que ses concepteurs avaient envisagé le tumulus des Moines comme un véritable *axis mundi* – destiné à servir de point de connexion entre le ciel et la terre. Romain nous rappelle le système spirituel chamanique traditionnel des Amérindiens des forêts de l'Est – la région de Cahokia. Selon ce système, l'univers inclut « un Monde Supérieur, Ce Monde, et le Monde Inférieur. (...) Ils sont reliés par un vecteur vertical. (...) L'*axis mundi* permet aux chamans de voyager entre les royaumes cosmiques. (...) Il peut être symbolisé par toutes sortes d'éléments verticaux, comme un pilier, un arbre, une colonne de fumée, une montagne, une pyramide ou un tumulus [15] ».

Selon lui, le tumulus des Moines évoque par sa forme une petite montagne qui éclipse le paysage alentour et domine Cahokia sans partage. Cette « verticalité » est accrue par la topographie locale de la plaine inondable du Mississippi qui garantissait l'inondation fréquente, quoique peu prononcée, de la Grande esplanade. Au milieu du royaume aquatique, marécageux ainsi créé, le tumulus des Moines paraîtrait se dresser dans toute sa puissance numineuse et mystique, au point, écrit Romain, de :

> passer pour une île terrestre... Si le Monde Inférieur tel que figuré par les zones humides, les marécages, les lacs et les pièces d'eau artificielles entourant le centre de Cahokia est un monde liquide, il semble approprié que, dans sa verticalité, le tumulus des Moines représente l'*axis mundi* structurel reliant le Monde Inférieur aquatique au Monde Supérieur céleste [16].

Il est intéressant de noter que, malgré le décalage de 5° du nord géographique affirmé comme l'axe principal de Cahokia, l'édifice le plus imposant que l'on connaisse de la civilisation du Mississippi a été bâti au sommet du tumulus des Moines et, dans ce cas précis, aligné avec précision sur les quatre points cardinaux. [17] Son axe long, de 30,85 mètres, a été parfaitement aligné d'est en ouest ; son axe court, de 13,85 mètres, parfaitement aligné du nord au sud [18].

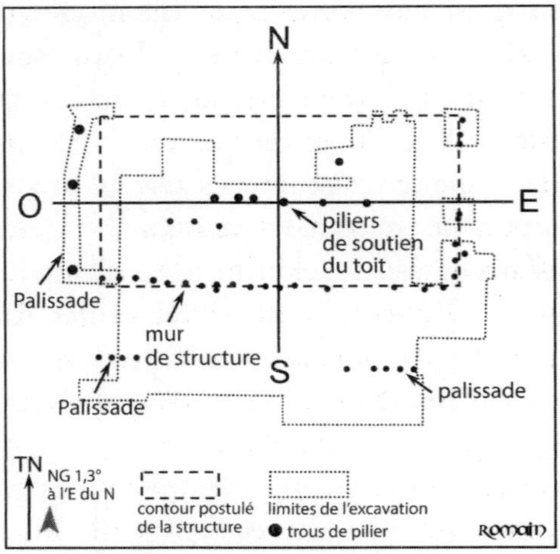

Les archéologues ont déterminé qu'une structure imposante, alignée à la perfection sur les points cardinaux, se dressait jadis au sommet du tumulus des Moines. IMAGE DE WILLIAM ROMAIN.

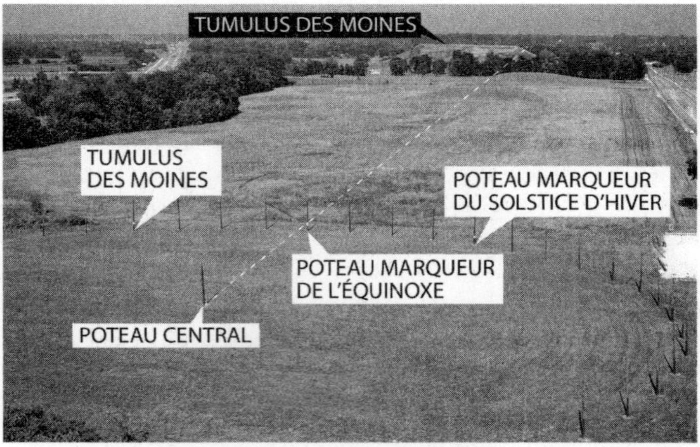

Les mécanismes du Woodhenge de Cahokia. PHOTOGRAPHIE DE WILLIAM ISEMINGER ; ANNOTATIONS DE WILLIAM ROMAIN.

Romain attire aussi notre attention sur la « formidable hiérophanie visuelle » qui serait apparue lors des équinoxes de printemps et d'automne, verrouillant le site entre les conjonctions du ciel et de la terre. C'est dans la mise en scène de cette hiérophanie que le « Woodhenge » local jouait son rôle le plus crucial. Recréé à l'aide d'un simulacre moderne au profit des 300 000 touristes qui visitent désormais Cahokia chaque année, et baptisé en l'honneur du cercle préhistorique d'énormes poteaux qui se dressait sur la plaine de Salisbury en Angleterre près du fameux Stonehenge avant l'achèvement du cercle de pierre, le Woodhenge de Cahokia se situe 850 mètres à l'est du tumulus des Moines. Son existence n'a pas été soupçonnée avant les années 1960, jusqu'à ce que l'archéologue Warren Wittry exhume les traces de ses énormes trous. Des fouilles ultérieures ont révélé qu'en deux siècles pas moins de cinq cercles de poteaux ont été édifiés sur le site pour répondre aux agrandissements du tumulus qui affectaient des perspectives cruciales vers l'astre du jour.

Chacun de ces réaménagements permettait à l'observateur placé au centre du cercle de poteaux et regardant plein est grâce au « viseur » positionné comme marqueur d'équinoxe de voir le disque solaire émerger au-dessus de la pente de la terrasse sud du tumulus des Moines – un aménagement qui, selon Romain, rajoute au complexe de Cahokia un axe est-ouest :

> Le résultat, c'est que le tumulus des Moines se voit relié visuellement au Monde Supérieur par le soleil levant et par sa position sur la ligne est-ouest coupant l'axe principal du site. De cette manière, le tumulus occupe un emplacement central [19].

Cette affirmation, cette manifestation de la centralité, est confirmée par deux autres poteaux de Woodhenge servant de viseurs vers les azimuts des levers de soleil des solstices d'été et d'hiver à l'horizon [20].

Place à la Lune

Les cercles, rectangles et carrés de Cahokia, les alignements solsticiaux et équinoxiaux, et la cardinalité parfaite de la vaste structure qui trônait jadis au sommet du tumulus des Moines figurent parmi les marques de fabrique d'un motif spécifique de géométrie et d'astronomie qu'on trouve dans les terrassements amazoniens.

Ce qui demeure mystérieux, c'est le motif pour lequel les concepteurs de Cahokia ont choisi de **ne pas** aligner l'axe principal de leur site premier sur les points cardinaux de la terre et du ciel, mais de le décaler de 5° à l'est du nord géographique.

À cette question, Romain apporte une réponse fascinante. Les bâtisseurs de Cahokia, argüe-t-il, étaient des géomètres qui ont utilisé un quadrilatère spécial, connu sous le nom de « rectangle racine de deux », pour établir le plan de la ville.

Il étaye abondamment cette affirmation sur laquelle on ne va guère s'attarder[21]. Évitons aussi de nous perdre dans des détails techniques redondants. En bref, toutefois, un rectangle racine de deux se construit en étendant les côtés opposés d'un carré de la longueur de sa diagonale. Si vous prenez un tel rectangle, que vous l'orientez au nord géographique (azimut de 0°) et que vous le pivotez vers l'est de 5° afin d'épouser l'axe principal de Cahokia, il apparaît que ses diagonales s'alignent sur d'importants épisodes solaires et lunaires tels qu'observés depuis le tumulus des Moines – en particulier **le lever du soleil au solstice d'été** à l'azimut 59,7°, **le coucher du soleil au solstice d'hiver** à l'azimut 239,3°, **la position maximale du lever de la lune au sud** à l'azimut 130,1° et **la position maximale du coucher de la lune au nord** à l'azimut 307,1°.

La correspondance, reconnaît Romain, « n'est pas parfaite. Deux de ces azimuts célestes s'écartent de 2 ou 3° des diagonales du rectangle racine de deux, mais comme il n'est pas prévu pour l'observation, ça suffit peut-être à représenter les relations d'oppositions complémentaires du Soleil et de la Lune[22] ».

Si Romain voit juste, il semble que des idées sophistiquées dans le domaine de l'astronomie et des mathématiques, combinées à un symbolisme complexe et élaboré, étaient déjà présentes, réalisées avec soin par des professionnels compétents, durant ce que les archéologues appellent le « big bang » de Cahokia – une période brusque d'expansion et de croissance – vers 1050 après J.-C.[23]

Existe-t-il des preuves qu'on ait mis en pratique de telles idées ailleurs en Amérique du Nord avant Cahokia ?

2.

Lune

La thèse de William Romain selon laquelle tant les liens lunaires que solaires étaient arbitrés par la géométrie dans les alignements de Cahokia se voit renforcée par le fait que des sites analogues bien plus anciens, dont la « mise en valeur » des terres aux XIXe et XXe siècles a détruit la plupart, ont été édifiés dans le bassin du Mississippi selon une géométrie complexe basée en quasi-totalité sur les alignements lunaires. Parmi les plus significatifs à avoir au moins en partie survécu jusqu'au XXIe siècle, on compte le High Bank Works et le Newark Earthworks, tous deux en Ohio. Le High Bank Works se situe à proximité de la ville de Chillicothe, 65 kilomètres au nord du tumulus du Grand serpent, et le Newark Earthworks 100 kilomètres plus au nord-est, près de la ville de Newark.

Il s'agit de véritables géoglyphes au sens amazonien, car formés de remblais et de tranchées disposés sur une échelle si gigantesque que leur forme n'apparaît pas au niveau du sol et ne se discerne clairement que depuis les airs.

Tous deux sont dominés par d'immenses combinaisons de cercles et d'octogones reliés par de courtes chaussées parmi des ensembles d'autres figures géométriques. On les date d'une période entre 250 et 400 [1] et on les assigne à une culture que les archéologues ont baptisée « Hopewell » – en hommage au capitaine M.C. Hopewell, qui se trouvait posséder la ferme sur laquelle les excavations ont débuté [2].

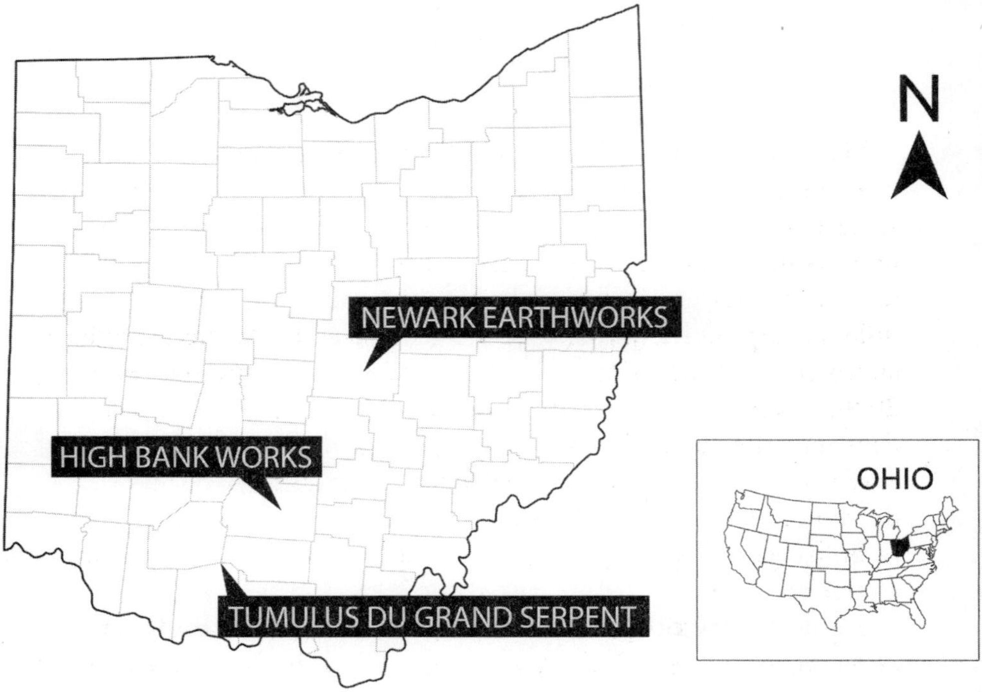

Cette photo aérienne de 1934 montre la combinaison Cercle-Octogone du Newark Earthworks. Les sections survivantes se situent désormais pour l'essentiel sur un vaste country-club qui inclut un golf de 18 trous et qui se présente comme « unique au monde. Il est conçu autour de fameux terrassements préhistoriques amérindiens qui entrent en jeu sur onze des trous ».

Newark et High Bank ont vu s'effectuer leurs premières fouilles professionnelles au milieu du XIXe siècle ; on signalait alors la présence de nombreux tumulus – pour la plupart nivelés par la suite pour laisser place à des activités agricoles ou industrielles – au sein des figures géométriques des terrassements[3]. Il peut donc être utile de rappeler ici que nombre des géoglyphes amazoniens décrits au chapitre 15 de la première partie de cet ouvrage, publiée en 2020, contiennent aussi des tumulus – onze disposés en cercle dans un vaste enclos du bassin supérieur du río Tapajos[4], les deux « tertres élevés qui se dressent telles des tours » à l'entrée sud-ouest du terrassement trapézoïdal de Fazenda Colorado[5], les vingt-cinq tumulus adjacents de Fazenda Inquiri II[6], et les dix subsistants de Coqueiral[7].

Si on n'a entrepris aucun relevé archéoastronomique des sites amazoniens à ce jour, Cahokia et le tumulus du Grand serpent ont tous deux été soumis à d'intenses examens. Par ailleurs, à Newark et High Bank, une série d'études menées depuis les années 1980 a révélé une symphonie complexe – géométrique et astronomique – qui encode non seulement les alignements solaires familiers, mais aussi, comme on va le voir, des conjonctions beaucoup plus ésotériques entre ciel et terre autour de la danse élaborée du lever et du coucher de la lune le long de l'horizon.

Circuits imprimés

Newark et High Bank donnent presque l'impression d'être de nature technologique, évoquant des circuits imprimés géants ou les plans de câblage d'un instrument immense et ineffable. On notera donc avec intérêt que Bradley Lepper, l'actuel conservateur d'archéologie auprès de l'Ohio History Connection, croit que leurs concepteurs ont pu les prévoir à l'origine comme les éléments d'un « moteur monumental voué au renouveau du monde, (...) un vaste engin, ou dispositif, conçu et construit pour libérer des forces primordiales[8] ».

Sur les deux sites, le géoglyphe principal associe un cercle et un octogone, et dans les deux cas, ces figures sont formées par de grands talus qui atteignent une largeur de 12 mètres à la base et une hauteur de 1,7 mètre[9].

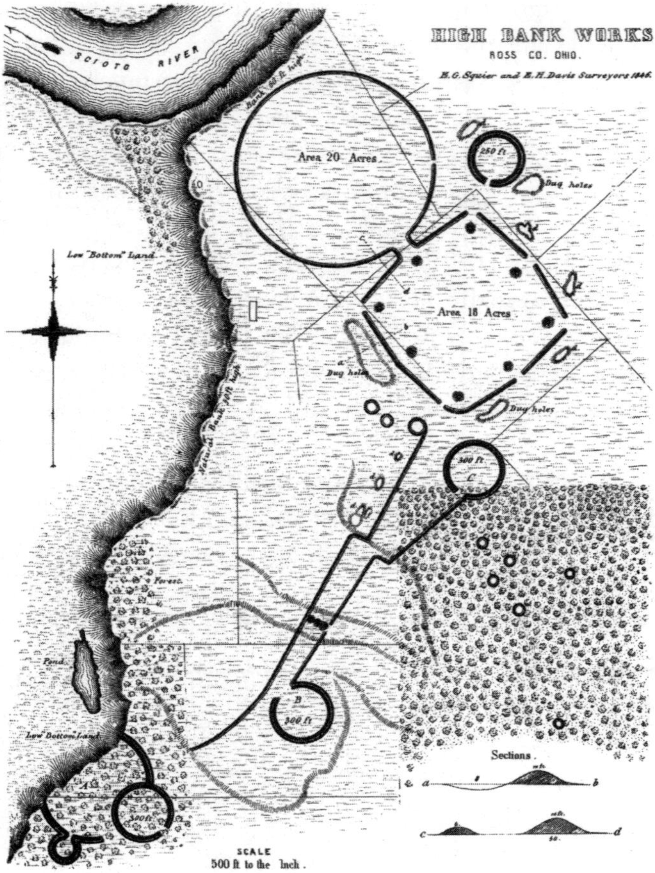
HIGH BANK WORKS,
ROSS CO. OHIO.
E. G. Squier and E. H. Davis Surveyors 1846.
SCIOTO RIVER
Area 20 Acres
250 ft
Dug holes
Low "Bottom" Land.
Area 18 Acres
Dug holes
Dug holes
300 ft
Forest.
Pond.
Low "Bottom" Land.
300 ft
Sections.
SCALE
500 ft to the Inch.

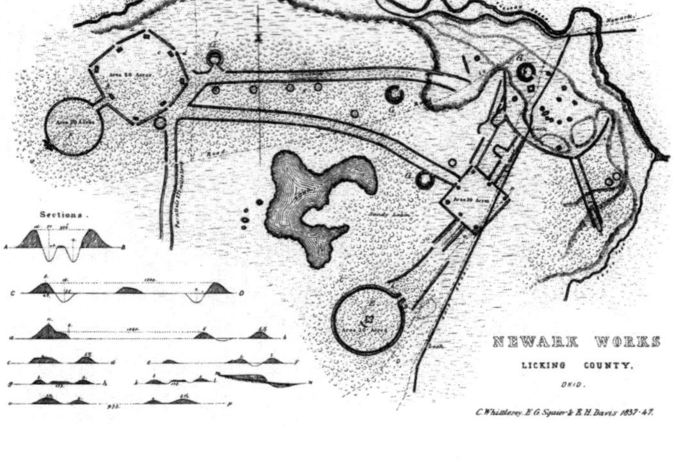
Sections.
NEWARK WORKS
LICKING COUNTY,
OHIO.
C. Whittlesey, E. G. Squier & E. H. Davis 1837-47.

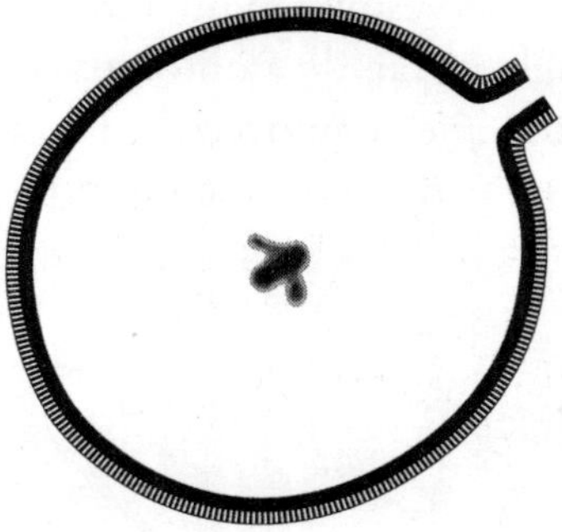

Le Grand cercle de Newark, alias le Cercle du champ de foire, avec sa tranchée intérieure et son « tumulus de l'Aigle » trilobé central. Le cercle mesure 365,9 mètres de diamètre.

Une ressemblance frappante relie le thème octogone/cercle de Newark et de High Bank avec le géoglyphe amazonien de Santa Isabel (cf. chapitre 15 de la première partie de cet ouvrage, publiée en 2020). Même si ce dernier est moins exact sur le plan de la géométrie que les spécimens d'Ohio, il ne s'agit pas là d'une règle absolue : les deux régions montrent bon nombre de terrassements bâtis les uns précisément, les autres médiocrement.

Les lignes droites de l'octogone de Newark, Ohio, bornent une zone de 20 hectares et ses huit murs ont une longueur moyenne de 167,7 mètres [10]. La figure adjacente, baptisée depuis le XIXe siècle le « Cercle d'observation », délimite une surface de 8 hectares et possède un diamètre de 321,3 mètres [11]. Un nouveau levé du site, effectué à l'aide d'instruments modernes en 1982, a révélé que « la ligne médiane des talus ne dévie jamais de plus de 1,2 mètre d'un cercle parfait de 321,3 mètres de diamètre. Puisqu'un cercle parfait de ce diamètre aurait une circonférence de 1009,4 mètres, et que le cercle d'observation a une circonférence de 1008,6 mètres, de toute évidence ce dernier s'approche beaucoup d'un cercle véritable [12] ».

Deux kilomètres au sud-est du Cercle d'observation, il y a un second cercle, plus vaste mais moins régulier, baptisé le Grand cercle – après avoir été appelé le Cercle du champ de foire, puisque, de 1854 à 1933, il accueillait la fête foraine du comté de Licking [13]. Il délimite une surface de 12 hectares [14] et, quoique très diminués par les mauvais traitements et le temps passé, ses murs en terrassement qui vont de 1,5 à 4,3 mètres de haut et 11 à 17 mètres de large [15] laissent encore voir l'immensité du site original. En son centre se situent les vestiges d'un tertre trilobé, souvent appelé « tumulus de l'Aigle », car de nombreux visiteurs trouvent qu'il évoque un oiseau aux ailes déployées[16]. Les archéologues y voient toutefois « une série de tertres conjoints plutôt qu'une figure spécifique[17] ».

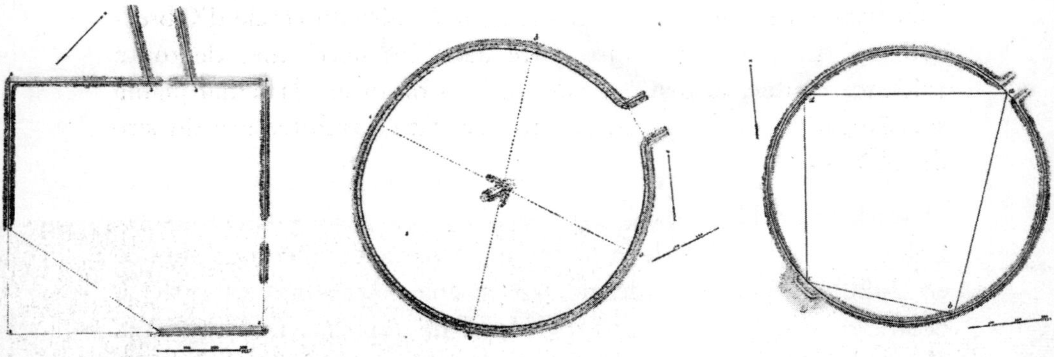

Images du levé de 1894 du Bureau of Ethnology. Déjà très endommagé, le Grand carré de Newark (à gauche), alias « le carré de Wright » et « le terrassement de Wright », a presque disparu de nos jours ; il n'en subsiste qu'un pan de mur. Le périmètre du Grand carré est égal à la circonférence du Grand cercle (au centre), tandis que sa surface est égale à celle du Cercle d'observation (à droite).

Le diamètre du Grand cercle, avec ses 365,9 mètres[18], est du même ordre de grandeur que les cromlechs néolithiques des îles Britanniques. Stonehenge, avec ses 110 mètres[19], est plus petit, mais Avebury, qui avoisine les 420 mètres, est plus grand[20]. En outre, comme Avebury et bien des terrassements amazoniens passés en revue au chapitre 16 de la première partie de cet ouvrage, publiée en 2020, le Grand cercle de Newark est caractérisé par un fossé massif – atteignant 12,5 mètres de large et 4 mètres de profondeur[21] – qui court *à l'intérieur* de ses talus. Un tel fossé, situé à l'intérieur plutôt qu'à l'extérieur d'un talus circulaire, constitue en fait la définition même d'un cromlech.

Le long de ses cercles et faisant partie intégrante du même immense complexe (dont des chaussées relient les éléments principaux), Newark à son apogée possédait un enclos carré, « presque parfait géométriquement[22] », aux côtés mesurant en moyenne 283,70 mètres[23].

Si presque rien n'en subsiste, il en restait par chance assez de vestiges lors des levés effectués au XIXe siècle par Squier et Davis puis par Cyrus Thomas du Bureau of Ethnology pour le mesurer avec précision. Ces levers et d'autres ultérieurs ont révélé non seulement que « le périmètre du carré de terrassement est égal à la circonférence du Grand cercle », mais aussi, comme le signale Bradley Lepper, que « son aire est égale à l'aire du cercle d'Observation ». Lepper voit à juste titre dans ces harmonies de toute évidence voulues et pensées « des indices montrant la remarquable sophistication de la géométrie utilisée dans l'architecture du site de Newark[24] ».

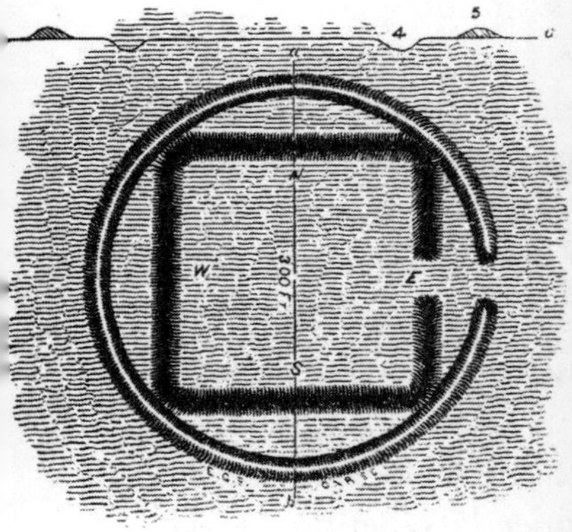

Variations sur un thème. GAUCHE : Ancient Works, Pike County, Ohio, cartographiés par Squier et David en 1848. DROITE : terrassement de Jacó Sá, Amazonie. PHOTO : RICARDO AZOURY/PULSAR IMAGENS.

William Romain va plus loin. De son point de vue, les créateurs de ce site extraordinaire qui peut sembler d'un autre monde « étaient intrigués par la variété des relations possibles entre un cercle et un carré. (...) L'idée qui paraît exprimée, c'est que, pour chaque enclos circulaire, un carré correspondant (...) peut lui être mis en relation par des moyens géométriques[25] ».

« Résoudre la quadrature du cercle » – construire un carré de la même surface qu'un cercle donné – était bien entendu un exercice de géométrie que les mathématiciens des antiquités babylonienne, égyptienne et grecque trouvaient fascinant[26].

Le cadre de référence dominant de l'archéologie moderne ne nous encourage **pas** à croire que des Amérindiens d'il y a 2 000 ans possédaient le savoir et les talents nécessaires pour pratiquer un tel exercice. Pourtant, l'évidence s'impose, et la preuve se situe à Newark – au lieu d'être griffonnée sur une tablette ou un papyrus –, elle se trouve inscrite sur le sol avec une grande précision en un ensemble de terrassements aussi formidables que mystérieux.

Bien des variations sur ce thème, que nous n'avons pas la place d'énumérer, se répètent sur d'autres sites Hopewell de l'Ohio – ainsi, la juxtaposition d'un carré et d'un cercle qui existait à Pike County. Par chance, en 1848, Squier et Davis en ont réalisé le levé ; leur illustration en figure 11 de *Monuments anciens de la vallée du Mississippi* montre que son dessin et son plan – et sa taille – la rapprochaient du terrassement de Jacó Sá en Amazonie décrit au chapitre 15 de la première partie de cet ouvrage, publiée en 2020. Les deux figures, sans être identiques, paraissent démontrer le même principe de géométrie.

Du chapitre 15 de la première partie de cet ouvrage, le lecteur se rappellera la découverte toute récente d'une quadrature de cercle au sein du grand cromlech d'Avebury sur les îles Britanniques.

Doit-on se rabattre sur le cache-misère archéologique de la « coïncidence » une fois encore pour expliquer la répétition et la réapparition des mêmes dispositions astronomiques et géométriques des terrassements sur des sites aussi éloignés dans l'espace et dans le temps qu'Avebury, Newark et Jacó Sá ? Ou se pourrait-il qu'un processus calculé et volontaire, non décelé à ce jour par l'archéologie, soit à l'œuvre dans les coulisses de la préhistoire ?

Le lien avec High Bank

On a vu que le diamètre du Cercle d'observation presque parfait à Newark est de 321,3 mètres. L'astronome Ray Hively et le philosophe Robert Horn, de l'Earlham College d'Indiana, dont les travaux sur Newark et High Bank durant les années 1980 serviraient de base aux études ultérieures, ont constaté que les bâtisseurs de l'octogone ont également utilisé cette dimension de 321,3 mètres[27] :

> La conclusion que suggère la géométrie de la juxtaposition du Cercle d'observation et de l'Ocotogone, c'est que les deux figures ont été construites avec autant de soin que de talent à partir de la même longueur fondamentale[28].

Cette unité de mesure, désormais affublée de l'acronyme DCO (pour « diamètre du Cercle d'observation »), a aussi servi à High Bank qui est, comme nous le rappellent Hively et Horn, « la seule autre juxtaposition d'un cercle et d'un octogone construite par la culture Hopewell[29] ». Que High Bank se révèle suivre un schéma géométrique basé sur une longueur fondamentale de 0,998 DCO ne saurait donc être une simple coïncidence[30].

Le lien entre les deux sites ne se limite pas non plus à cette unité de mesure commune.

Le fait sans doute le plus frappant, noté par l'archéologue Bradley Lepper, est que « l'axe principal de High Bank Works – soit la ligne passant par le centre du cercle et de l'octogone – est en relation directe avec l'axe du Cercle d'observation et de l'Octogone de Newark Earthworks. **Bien que construits à près de 100 kilomètres l'un de l'autre,** l'axe du site de High Bank se situe exactement à angle droit de celui de Newark, ce qui suggère une tentative délibérée de les relier par le biais de la géométrie et de l'astronomie[31] ».

Pour moi, « suggère » est faible ! Vu que ce sont les deux seuls sites nord-américains juxtaposant des terrassements en forme de carré et d'octogone, que leurs cercles ont une taille à 99,8 % identique et qu'ils sont orientés précisément à angle droit l'un de l'autre, une prouesse en matière d'arpentage sur cette distance, on peut affirmer que leurs concepteurs ont **bel et bien** planifié la relation. Lepper lui-même fait valoir que le rapport pourrait être plus que symbolique lorsqu'il présente les indices de l'existence passée d'une chaussée dont certains pans de murs parallèles existaient encore au XIXe siècle. Il l'appelle « la Grande route Hopewell » et postule qu'elle servait de chemin de pèlerinage entre Newark et High Bank[32].

Tout comme à Newark, une juxtaposition cercle/octogone forme le glyphe dominant de High Bank, qui comprend aussi des figures adjacentes et des chaussées. Quand Squier et Davis ont effectué le levé du site au XIXe siècle (des destructions massives sont intervenues depuis lors), ils ont signalé que les murs de l'Octogone étaient « très audacieux ; et là où l'agriculture les a épargnés, ils s'élèvent de 3,30 mètres à 3,60 mètres, sur une fondation de 15 mètres. Le mur du cercle, fort moindre, ne dépasse jamais 1,20 mètre ou 1,50 mètre de hauteur[33] ». En dépit de ses murs autrefois « audacieux », l'Octogone de High Bank, qui délimite une surface de 7,3 hectares[34], est beaucoup plus petit que celui de Newark qui, on l'a vu, en délimite 20[35].

Pourquoi, puisque par ailleurs les motifs cercle-octogone des deux sites sont tellement semblables, que leurs cercles ont une taille identique et que les bâtisseurs de terrassements ne semblaient rien laisser au hasard, une telle réduction d'échelle a-t-elle eu lieu pour l'Octogone de High Bank ?

La réponse, nous allons le voir, indique des observations étonnamment précises et scientifiques de la Lune.

Savoir céleste

Comme d'autres sites sacrés dans le monde, les tumulus et les terrassements géométriques d'Amérique du Nord ne livrent pas facilement leurs secrets. Ils savent retenir votre attention, mais exigent un certain travail avant de vous permettre de les appréhender. Donc, bien comprendre le tumulus du Grand serpent, par exemple, exige de savoir ce qu'est un solstice et dans quelle mesure les points de lever et de coucher du soleil changent tout au long de l'année selon un cycle prévisible.

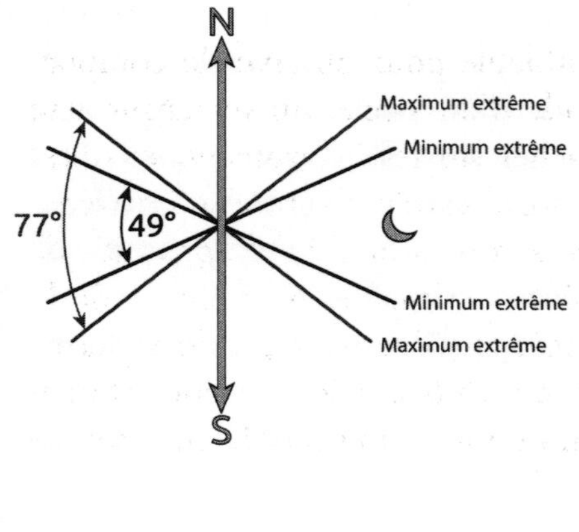

Points extrêmes du lever et du coucher de la lune au fil de son cycle de 18,6 années tels qu'observés de Newark, Ohio. Quand la lune est dans sa position d'extrêmes maximums, ses levers et ses couchers extrêmes au nord et au sud sont séparés par 77° ; dans sa position d'extrêmes minimums, ses levers et ses couchers extrêmes sont séparés par 49°.

Un pareil savoir, affirment les archéologues, aurait eu une utilité immédiate dans le monde préindustriel, rappelant aux cultivateurs que, selon les mots de l'Ecclésiaste, « il y a un moment pour tout... un temps pour planter, et un temps pour arracher le plant ».

Comme explication de la célébration des alignements solsticiaux et équinoxiaux, cependant, l'argument en faveur d'un bénéfice pratique dans le domaine agricole peine à justifier l'effort immense investi dans la construction de bien des sites. Après tout, la même fonction calendaire aurait pu être réalisée avec autant d'efficacité et beaucoup moins de labeur avec des paires de poteaux alignés. L'hypothèse qu'un calendrier agricole fiable ait fourni la motivation première à l'observation du ciel n'explique pas non plus pourquoi on trouve le même intérêt pour le lever et le coucher du soleil au solstice et à l'équinoxe sur des sites à l'évidence **pré**-agricoles comme Painel do Pilão en Amazonie – qui date de plus de 13 000 ans[36].

En outre, bien qu'ils n'aient pu résulter que d'observations célestes détaillées dont des générations entières ont dû garder la trace fidèle, les alignements lunaires manifestés dans les vastes terrassements de Newark et High Bank n'ont aucune fonction pratique en termes de moissons – ou autres travaux agricoles, en fait. Une fois de plus, ce qu'ils requièrent de qui veut en percer les mystères, c'est une étude des cieux.

Rien ne vaut l'observation du ciel durant toute l'année – sinon son observation durant de nombreuses années –, mais, de nos jours, d'excellents logiciels d'astronomie gratuits permettent d'accélérer et simplifier cet apprentissage en nous montrant les points exacts du lever du soleil et de la lune en tout lieu et selon l'intervalle de notre choix.

Si on recourt à un logiciel semblable pour observer le comportement de la Lune sur une période d'un siècle, on remarque vite que ses points de lever et de coucher sur les horizons est et ouest suivent un cycle qui les décale du nord extrême vers le sud extrême et retour **chaque mois**. Au fil du temps, toutefois, il apparaît que ces « limites » mensuelles des points de lever et de coucher de la lune ne sont pas fixées d'une année sur l'autre, mais s'élargissent et se rétrécissent selon un cycle de 18,6 années. Si elles sont à leur plus large (l'« extrême maximum ») aujourd'hui, elles seront à leur plus étroit (l'« extrême minimum ») dans 9,3 ans, et à leur plus large de nouveau après une nouvelle période de 9,3 ans.

Huit directions majeures participent donc de ces événements célestes. Quatre ciblent les limites mensuelles maximums et minimums au nord de l'est et les limites mensuelles maximums et minimums au sud de l'est entre lesquelles la Lune peut se lever au cours de son cycle de 18,6 années. Les quatre autres en font autant pour son coucher sur l'horizon ouest. Chaque fois qu'elle atteint un de ses extrêmes, le mouvement constant de la Lune s'interrompt – il s'arrête, littéralement – avant d'inverser la direction de son oscillation pendant les 9,3 années suivantes.

La géométrie du site de Newark – et celle de High Bank – se révèle très adaptée à ces obscurs événements célestes que les astronomes ont baptisé des « lunistices », un savoir qui paraît n'avoir aucune application pratique aux besoins de la vie quotidienne.

Code lunaire de Newark

C'est en grande part à Ray Hively et Robert Horn que nous devons de connaître l'existence de ces liens avec la Lune.

En entamant leur travail à Newark en 1975, ils entendaient mener « un exercice pratique d'analyse et de collecte pour un cours interdisciplinaire de premier cycle[37] ». Même si la cosmologie et les connaissances astronomiques des cultures préhistoriques et antiques relevaient du cadre de ce cours, ils affirment qu'ils « ne comptaient pas trouver un quelconque motif géométrique ou astronomique » à Newark[38]. « En fait, vu la difficulté à démontrer qu'un tel motif était volontaire au lieu de fortuit, on doutait de pouvoir former une hypothèse convaincante sur la conception des terrassements[39]. »

À leur grande surprise, toutefois, comme ils l'ont reconnu en 2016 :

> Notre analyse prolongée (...) a révélé des motifs répétés de terrassements et de traits topographiques orientés ou alignés sur les points extrêmes de lever et de coucher tant du soleil que de la lune sur l'horizon. Ces alignements, combinés aux dimensions massives, à la symétrie géométrique et à la régularité des enceintes de

terre suggèrent que le site de Newark a été édifié pour enregistrer, célébrer et contacter les acteurs célestes ou les forces d'envergure qui paraissent gouverner les relations entre la terre, le ciel et l'esprit humain[40].

Leur étude initiale, publiée par le journal *Archeoastronomy* en 1982[41], n'identifiait aucun alignement solaire à Newark[42]. Ce qui a retenu leur attention, c'est l'incroyable jeu de ficelle d'alignements lunaires mis au jour par leur enquête[43].

Certains étaient évidents, voire immanquables une fois admis les liens du site avec la Lune – par exemple, le fait que « l'axe de l'Octogone désigne le point maximum extrême de lever septentrional de la lune avec une erreur de 0,2°[44] ».

Une telle « erreur », de moins de deux dixièmes de degré, représente une précision remarquable pour n'importe quelle époque et dépasse de beaucoup le niveau scientifique que les archéologues assignent aux Amériques précolombiennes. De plus, « l'axe et quatre côtés de l'Octogone indiquent cinq des huit points extrêmes de coucher de la lune avec une précision moyenne de 0,5°[45] ».

Les trois alignements restants, d'une précision respective de 0,4°, 0,7° et 0,8°, apparaissent également dans le diagramme ci-après.

Hively et Horn étayent leur thèse d'une autre observation. Les quatre côtés de l'Octogone de Newark qui **ne sont pas** alignés sur des évènements lunaires significatifs forment des paires étroitement parallèles et possèdent une symétrie appuyée. Au contraire, les quatre côtés qui **sont** alignés sur les lunistices ne sont ni parallèles, ni symétriques. De là, on peut opérer une déduction évidente : la symétrie géométrique de l'Octogone a été délibérément déformée pour obtenir des alignements lunaires plus précis[46]. En outre,

> les exigences de (1) la symétrie octogonale et de (2) l'alignement avec les extrêmes lunaires définissent de façon singulière l'Octogone de Newark. De l'infinité des octogones possibles qu'on aurait pu bâtir sur ce site, celui qu'on trouve est justement celui qui correspond avec le plus de précision aux extrêmes lunaires. En fait, nous n'avons pas réussi à concevoir de polygone équilatéral doté de huit côtés ou moins qui incorpore les mêmes points lunaires avec davantage d'efficacité et d'exactitude que l'Octogone de Newark[47].

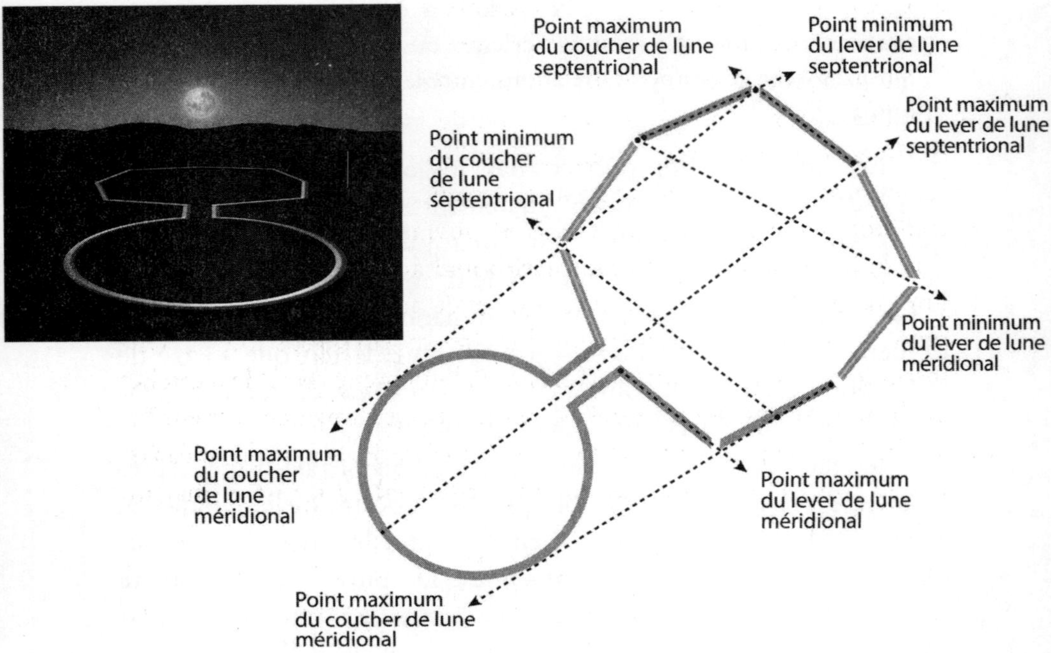

Droite : Les huit stations principales du cycle de lunistices de 18,6 années à Newark. L'axe central et les quatre murs ciblent respectivement : (1) le point maximum du lever de lune septentrional ; (2) le point maximum du coucher de lune septentrional ; (3) le point minimum du lever de lune septentrional ; (4) le point minimum du coucher de lune méridional ; et (5) le point maximum du lever de lune méridional. Les trois alignements restants identifiés par Hively et Horn sont (6) le point maximum du lever de lune méridional ; (7) le point minimum du coucher de lune septentrional ; et (8) le point minimum du lever de lune méridional. Haut gauche : Simulation du point maximum du lever de lune septentrional à Newark, vu le long de l'axe de l'Octogone et du Cercle d'observation.

Le Soleil et la Lune à High Bank

L'apport principal de l'article de Hively et Horn en 1982 dans *Archaeoastronomy* a été de démontrer la précision et l'astuce avec lesquelles Newark fête et épouse les lunistices. Dans un complément publié par le même journal en 1984, ils démontrent cette fois que les édifices de High Bank incarnent des alignements tout aussi indiscutables vers les points de lever extrêmes septentrionaux et méridionaux de la lune[48]. Et comme à Newark, où des asymétries délibérées ont été introduites dans les côtés et les angles de l'Octogone pour parfaire des alignements lunaires, on découvre que l'un des huit murs de l'octogone de High Bank est plus long de 16 % par rapport à la longueur qu'il « devrait » faire pour préserver une symétrie géométrique absolue. Cette « erreur » altère toutefois l'angle du sommet voisin, ouvrant ainsi un alignement vers **le lever de lune extrême méridional** au lunistice mineur avec une marge d'à peine 0,6°. Si le mur était de la « bonne » longueur pour la symétrie, l'alignement lunaire serait impossible[49]. Une seconde « erreur » similaire facilite l'alignement avec **le coucher de lune extrême méridional**, de nouveau au lunistice mineur[50].

Un autre alignement, facilité par des déviations dans la linéarité, vise le **coucher de lune extrême septentrional** au lunistice majeur.

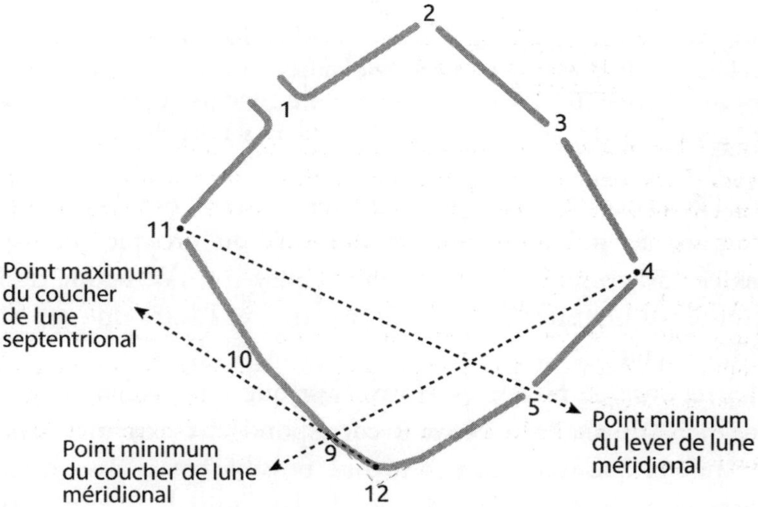

Dans l'Octogone de High Bank, le mur 11 → 1 est 16 % plus long que le mur 10 → 11, déplaçant le sommet 1 de sa position idéale afin de produire un alignement lunaire, ciblant le point minimum du lever de lune méridional entre les sommets 11 et 5. De même, il n'y a pas d'intervalle à la position du sommet idéal en position 12. À la place, le sommet a été déplacé vers le nord en position 9. Une ligne entre les points 4 et 9 s'aligne avec le point minimum du coucher de lune méridional. Un alignement supplémentaire, permis par des déviations dans la linéarité, cible le point maximum du coucher de lune septentrional au lunistice majeur.

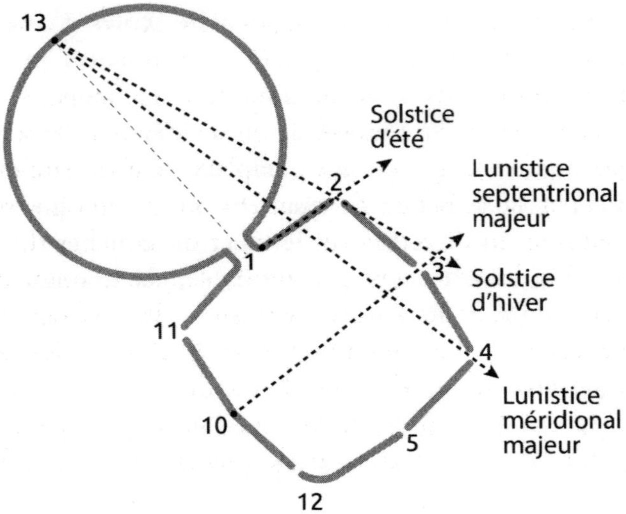

Ciblage du lever de lune extrême septentrional et du coucher de lune extrême méridional à High Bank – tous deux au lunistice majeur. De plus, le lever de soleil au solstice d'été est visé avec une marge de 0,5° par le mur 1 → 2 tandis que l'alignement 13 →2 vise le lever de soleil au solstice d'hiver.

À l'évidence, donc, High Bank et Newark ont beaucoup en commun, au point de paraître jumeaux ou presque. Pourquoi, dans ce cas, comme on le demandait plus tôt, l'octogone de l'un délimite-t-il une superficie de 20 hectares, et l'autre une superficie de 7,3 hectares seulement ?

La réponse de Hively et Horn, c'est que non seulement l'octogone de 20 hectares à Newark correspond aux extrêmes lunaires bien mieux que tout autre octogone possible, mais aussi qu'il est conçu pour le faire dans la bande latitudinale – qui mesure 44,5 kilomètres du nord au sud – où se situe Newark[51]. Autrement dit, le but de l'alignement exact du terrassement avec les lunistices n'aurait **pas** été atteint si on avait reproduit comme son cercle l'octogone de Newark par un double exact plus de 90 kilomètres au sud[52]. La figure de 7,3 hectares aux angles de sommets différents de High Bank permet de remplir l'objectif à sa latitude.

Parmi les autres différences entre les deux sites, la plus notable réside peut-être dans le fait qu'aucun alignement vers un évènement solaire significatif, les équinoxes, les solstices ou les prétendus *quarter days* qui les séparent, n'a encore été identifié avec certitude dans les terrassements de Newark.[53]

On peut néanmoins contextualiser cette différence.

Des recherches menées récemment par Hively et Horn ont soulevé la possibilité fascinante que l'emplacement du site de Newark se justifie par la présence de quatre « points élevés » servant de viseurs naturels en direction du lever et du coucher du soleil aux solstices[54]. Un hasard paraît peu probable, car le point d'intersection de ces alignements naturels « se situe dans la région centrale des terrassements et est équidistant (à 2 % près) des centres du Cercle d'observation et du Grand cercle[55] ».

Tout comme sa latitude, et même si on ne peut pas le prouver, le cadre naturel de Newark semble bien relever d'un choix délibéré.

Entre-temps, à High Bank, l'étude conduite en 1984 par Hively et Horn a non seulement confirmé les alignements lunaires cruciaux vers le lever de lune extrême méridional, le coucher de lune extrême méridional et le coucher de lune extrême septentrional, comme on l'a vu, mais aussi vers le **lever de lune extrême septentrional** et le **coucher de lune extrême méridional** – tous deux au lunistice majeur. De plus, le **lever de soleil au solstice d'été** se voit ciblé avec un écart de 0,5° par le mur 1 → 2 tandis que l'alignement 13 → 2 cible le **lever de soleil au solstice d'hiver**[56] – autant de thèmes familiers de mystère cosmique et de magie géométrique qui se manifestent dans des sites antérieurs comme le tumulus du Grand serpent et postérieurs comme Cahokia.

Nous avons vu qu'on peut remonter la piste de ces mèmes jusqu'en Amazonie, aussi loin que Painel do Pilão voilà 13 000 ans.

Avant Cahokia, avant Newark et High Bank, avant même le tumulus du Grand serpent, jusqu'à quand peut-on remonter dans le passé de l'Amérique du Nord ?

3.

Remonter le temps à Poverty Point

Je n'ai pas l'intention de promener mon lecteur à travers tous les tumulus et sites de terrassements des États-Unis, ni même ceux que j'ai visités en personne. Mais si vous louiez une voiture à La Nouvelle-Orléans et que vous remontiez la vallée du Mississippi sur 1 300 kilomètres jusqu'à Cincinnati ou un peu plus haut, avec du temps libre pour des détours vers l'est et l'ouest, vous pourriez planifier un trajet intéressant. En dépit des destructions aveugles perpétrées au cours des 200 dernières années, on a sauvé des sites merveilleux en Louisiane [1], au Mississippi [2], en Alabama [3], au Tennessee [4], en Illinois [5] et en Ohio [6], et on en trouve aussi de significatifs en Floride [7], en Géorgie [8], au Texas [9], en Arkansas [10], au Kentucky [11] et en Indiana [12]. D'autres États possèdent aussi leurs terrassements, mais dans la préhistoire les bâtisseurs de tumulus ont centré leurs activités sur le fleuve Mississippi et ses gros affluents, l'Ohio et le Missouri, ce qui se reflète dans la répartition des sites survivants.

Les archéologues ont identifié plusieurs « cultures de bâtisseurs de tumulus » et les ont rassemblées au sein de catégories basées sur la période, l'emplacement, les types de poterie, les types d'outils, l'artisanat et d'autres critères. On a déjà croisé certaines figures de proue de cette typologie, tels que les « Adenas » (de 1000 avant J.-C. à 200 après J.-C.), dont on estime désormais qu'ils ont bâti le tumulus du Grand serpent, les « Hopewells » (de 200 avant J.-C. à 500 après J.-C.), auteurs de Newark et High Bank, et les « Mississippiens » (de 800 à 1600 après J.-C.) qui ont édifié Cahokia.

Les archéologues utilisent volontiers ces termes, mais ils en ajoutent d'autres qui s'échappent de la salle de classe pour filtrer dans la conscience collective, suscitant une confusion généralisée. Ainsi, inutile de pousser loin votre recherche de documentation sur les bâtisseurs de tumulus pour croiser des références à la période Sylvicole, qui se divise en Sylvicole inférieur (de 1000 à 200 avant J.-C.), Sylvicole moyen (de 200 avant J.-C. à 600-800 après J.-C.) et Sylvicole supérieur (de 400 à 900-1000 après J.-C.)[13]. Si l'on accepte une simplification à outrance, la culture Adena a bâti ses tumulus au Sylvicole inférieur, la culture Hopewell au Sylvicole moyen, et la culture de Coles Creek au Sylvicole supérieur, une période qui, à son tour, chevauche le Mississippien inférieur.

Mais il ne s'agit que de concepts artificiels qui aident des archéologues portés sur l'ordre à se sentir maîtres de données indociles – on doit d'ailleurs se demander dans quelle mesure ses types d'ustensiles et d'outils nous renseignent sur une civilisation. On ne s'attendrait guère à tirer des informations cruciales sur les cultures modernes de leurs couteaux, leurs fourchettes, leurs marteaux et leurs tournevis, alors pourquoi établir des critères différents quand on essaie de comprendre le monde antique ?

Sans nul doute, bien des cultures amérindiennes distinctes parlant bien des langues distinctes ont contribué à bâtir des tumulus. Sans nul doute, leurs artisanats, leurs outils, leurs poteries différaient. Sans nul doute, elles s'exprimaient de maintes façons. Mais en matière de terrassements, pour une raison qui reste mystérieuse, elles ont fait les **mêmes** choses des **mêmes** façons en réitérant les **mêmes** motifs qui reliaient de vastes complexes géométriques au sol à des événements célestes.

La destruction généralisée des terrassements amérindiens durant la croissance rapide des États-Unis aux XIXe et XXe siècles représente une perte de mémoire catastrophique pour notre espèce – comme si un fou se broyait le cerveau à coups de marteau. Saluons d'ailleurs le travail de précision effectué par les archéologues qui a permis de sauver une partie des constructions du désastre – une assez grande partie, en fin de compte.

Par conséquent, qu'on scrute le travail des Adenas, comme le tumulus du Grand serpent, des Hopewells, comme Newark et High Bank, ou des Mississippiens, comme Cahokia, aucune personne sensée ne saurait remettre en question l'échelle prodigieuse de ces prouesses amérindiennes. On ne peut pas non plus douter que des géomètres et des astronomes y ont joué un rôle central. Et on sait avec certitude quand cette entreprise a pris fin – vers 1600 après J.-C., dans l'une des conséquences désastreuses de la conquête de l'Amérique du Nord par les Européens.

Mais quand a-t-elle débuté ?

Déjouer les attentes

Non loin de l'extrémité ouest de Poverty Point, un site très mystérieux du nord-est de la Louisiane, je gravis le deuxième plus grand tumulus d'Amérique du Nord. Érigé vers 1430 avant J.-C. [14], un siècle avant l'accession de Toutankhamon au trône d'Égypte, on le surnomme souvent le « tumulus de l'Oiseau » du fait de sa ressemblance supposée à un oiseau aux ailes déployées volant en direction de l'est. Affaissé et démoli par endroits, il évoque un peu cet aspect de nos jours, surtout vu du ciel, mais une reconstitution archéologique de son apparence dans l'Antiquité dissipe l'illusion. De manière plus prosaïque et plus habituelle, on l'appelle simplement le tumulus A.

Il atteint 22 mètres de haut [15]. Le tumulus des Moines à Cahokia, 800 kilomètres plus au nord, est l'ouvrage d'une civilisation agricole sédentaire. Il le dépasse de 8,50 mètres, est plus massif, mais est aussi plus jeune de 2 500 ans. Le tumulus A, en revanche, a été construit par des chasseurs-cueilleurs [16], – c'est le cas de l'ensemble du complexe de Poverty Point dont l'élément le plus ancien, le tumulus B, est daté de 1740 avant J.-C. [17]

À sa base, les côtés du tumulus A mesurent 216 mètres d'est en ouest et 201 mètres du nord au sud (comparé à 219 mètres et 277 mètres, respectivement, pour le tumulus des Moines). On estime son volume à 238 000 mètres cube, un nombre difficile à se représenter, mais auquel Diana Greenlee, archéologue en poste à Poverty Point, propose une bonne analogie. « Prenez un terrain de football américain et surélevez-le de 44,50 mètres, suggère-t-elle. Voilà la quantité de terre [18]. »

Certains archéologues considèrent toujours le tumulus A comme une immense effigie d'oiseau, puisque « les oiseaux jouent un rôle majeur dans l'iconographie des Amérindiens du passé et du présent dans le sud-est des États-Unis[19] ». Mais, il n'y a pas si longtemps, comme il en a été avec le tumulus des Moines, les experts se passaient des Amérindiens, voire de la main de l'homme, pour expliquer le tumulus A qui, à l'instar du Motley Mound (2 kilomètres au nord du complexe de Poverty Point) leur semblait :

> d'origine naturelle, isolé par des kilomètres en toute direction, à l'avant des formations géologiques qu'on trouve dans les promontoires à l'est et à l'ouest du fleuve Mississippi ; des îles laissées par l'écoulement des eaux qui a sculpté la vallée fluviale actuelle. Leur aspect tromperait sans difficulté quiconque connaîtrait mal de tels dépôts[20].

Cette désinformation avancée avec assurance en 1928 par un archéologue respecté, Gerard Fowke, compte au nombre des facteurs qui ont retardé les fouilles et la reconnaissance de Poverty Point. Là encore, comme au tumulus des Moines, quand il n'a plus été possible de faire passer cette incroyable structure pour naturelle, beaucoup ont cherché à en refuser le mérite aux Amérindiens, l'attribuant à un groupe imaginaire de pionniers blancs préhistoriques qui, par la suite, auraient été vaincus par les « sauvages[21] ».

Tous les archéologues conviennent désormais que la demi-douzaine de tumulus et autres terrassements de Poverty Point sont artificiels, et que des pionniers blancs (aussi séduisante que cette idée paraisse au grand public) n'ont joué AUCUN rôle dans leur édification, effectuée par des Amérindiens. Les désaccords au cours des débats menant à ces conclusions concernaient le niveau de sophistication du site, la quantité de main d'œuvre nécessaire à sa construction et le degré de complexité socioéconomique qu'il a fallu pour cette tâche.

Sans entrer dans les détails, puisqu'on a vu que, selon l'opinion répandue au cours des XIXe et XXe siècles, des structures monumentales comme le tumulus A à Poverty Point ne pouvaient être l'œuvre que de « sociétés d'envergure, centralisées et hiérarchisées » possédant « les moyens administratifs voulus afin de réaliser ces prouesses à grande échelle et organiser les vastes populations sédentaires requises pour un pareil travail[22] ». Les chasseurs-cueilleurs, soutenait la théorie dominante, n'auraient jamais pu générer des surplus suffisants, ni mettre en place l'organisation nécessaire, pour assurer la viabilité de tels projets. Vivant d'expédients, ils se focalisaient sur la survie. En revanche, les sociétés agricoles productives étaient assez riches pour libérer du fardeau du quotidien des individus talentueux, permettant ainsi à une classe de spécialistes – architectes, géomètres, ingénieurs, astronomes et autres – d'émerger et de parfaire leurs dons.

On a compris dès les premières fouilles durant les années 1950 que Poverty Point était un lieu antique, mais sans réaliser à quel point. Jusqu'alors, on pensait que les plus anciens tumulus d'Amérique situés au nord du Mexique dataient du Sylvicole inférieur (soit des Adenas) entre 1000 et 200 avant J.-C., quoique groupés sur sa fin. Deux premières datations au carbone-14, explique le professeur Jon L. Gibson de l'université de Louisiane, « semblaient indiquer que les tumulus de Poverty Point non seulement étaient contemporains du Sylvicole inférieur, mais chevauchaient aussi le début du Sylvicole moyen, la période Hopewell de construction[23] ». Donc, « les placer à cette même époque semblait un ajustement conceptuel plutôt raisonnable[24] ».

En fait, bien que ses tumulus soient les plus anciens qui aient été découverts par les archéologues en Amérique du Nord, on a accepté les indices apportés par Poverty Point sans trop de mal. Qu'il n'y ait eu ni divergence ni opposition devait venir, postule Gibson, du consensus prévalant au sein de la profession dans les années 1950 et 1960 selon lequel « les tumulus, la poterie, l'agriculture, le sédentarisme et les grandes populations (...) formaient un tout indissociable. [...] Malgré l'absence de preuves matérielles, cette association exclusive (...) étayait l'hypothèse que Poverty Point possédait une base agricole[25] ».

Aucune preuve dans ce sens ne surgirait, car, ainsi que des fouilles ultérieures l'ont démontré, Poverty Point n'était pas l'œuvre d'agriculteurs, mais de chasseurs-cueilleurs[26]. S'il y avait bien là de quoi remettre en cause tout le paradigme, les archéologues tiennent tant aux leurs qu'ils ont trouvé une marge de manœuvre. « Les terrassements à grande échelle, observait le magazine *Science* en 1997, semblaient jusqu'ici hors d'atteinte des chasseurs-cueilleurs qui se déplaçaient au gré des saisons, faute des capacités requises en matière de direction et d'organisation. Poverty Point passait pour une exception, et on a cité sa grande activité commerciale comme preuve d'une organisation socioéconomique élaborée[27]. »

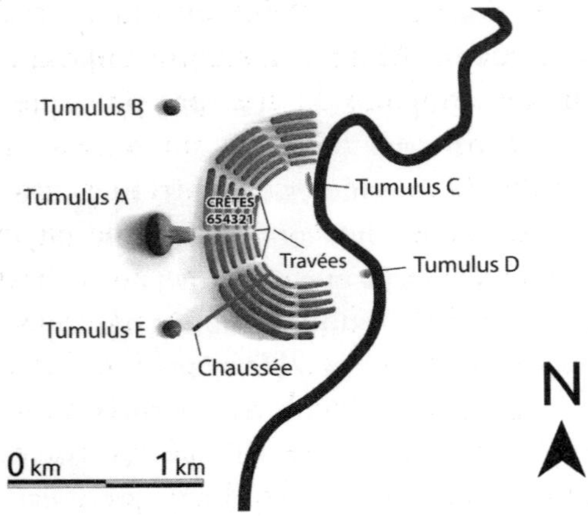

Schéma de Poverty Point indiquant les tumulus principaux et les crêtes géométriques.

L'idée que le commerce plutôt que l'agriculture engendrait une société assez complexe et prospère pour permettre la construction des tumulus a satisfait la plupart des archéologues. Des fouilles ultérieures ont démontré que les deux dates plus récentes (période Hopewell) révélées par les premières excavations étaient sorties de leur contexte. Nul ne conteste désormais que les structures les plus anciennes de Poverty Point remontent à 1700 avant J.-C. – 15 siècles plus tôt que les premiers terrassements Hopewell –, que le site a prospéré pendant 600 ans, et qu'il a été abandonné et déserté vers 1100 avant J.-C.[28]

Le plus grand marqueur préhistorique de solstice au monde ?

Il y a six tumulus à Poverty Point, dits A, B, C, D, E et F. Le B est le plus ancien, remontant peut-être à 1740 avant J.-C., comme on l'a vu. Le F, dont la construction a commencé après 1280 avant J.-C.[29], est le plus récent. Et le D (alias « le tumulus de Sarah »), au lieu de provenir de la culture de Poverty Point, a été un ajout bien plus tardif de la culture Coles Creek peu après l'an 700[30].

Ainsi, ce sont les quatre tumulus A, B, C, et E qui forment les élévations clés du Poverty Point antique. Le A domine les autres de toute sa masse. Malgré sa stature imposante, il n'est pas l'élément le plus remarquable du site, pas plus que ne le sont les autres tumulus. Ce rôle est réservé à un terrassement complexe composé d'une série de six crêtes concentriques, atteignant à l'origine 2,70 mètres de haut, qui composent une gigantesque figure géométrique évoquant un demi-octogone ou la lettre C, et dont le diamètre est de 1 200 mètres. En ajoutant les longueurs de toutes les crêtes, on obtient au total 11 kilomètres[31]. Ces crêtes mesurent jusqu'à 30 mètres de large, tout comme les fossés de séparation. Le labour aux XIXe et XXe siècles ayant tout endommagé, leur hauteur varie aujourd'hui de quelques centimètres à 1,80 mètre au plus.[32]

Quand l'archéologie a débuté à Poverty Point en 1952, les crêtes étaient si insignifiantes qu'on a mis un an à les remarquer. Feu William G. Haag, l'un des premiers excavateurs, a rapporté avec franchise[33] sa réaction quand il les a découvertes sur les photographies aériennes montrées par son collègue James Ford, qui lui a d'abord caché où les clichés avaient été pris :

«Vous savez où se trouve ce site? a demandé Ford.

— Ma foi, forcément dans la vallée de l'Ohio, a répondu Haag. Il n'y a que dans cette partie de l'est du pays que l'on rencontre des terrassements complexes comme celui-ci. »

Haag songeait sans doute aux terrassements géométriques d'Ohio, comme High Bank et Newark, qu'on a examinés au chapitre précédent, mais une surprise l'attendait.

« Il s'agit d'un site que vous avez arpenté de long en large, a dit Ford.

— Non, a rétorqué Haag, je n'y ai jamais mis les pieds. »

Mais, le doute s'installant, il a regardé les photos de plus près, avant de s'exclamer enfin : « C'est Poverty Point ! »

Haag a peut-être tardé un peu à reconnaître les crêtes, mais il avait des décennies d'avance sur tout le monde quand il a fait

Simulation du système de crêtes de Poverty Point à son apogée.

cause commune avec l'astronome Kenneth Brecher[34] en 1980 pour coécrire un article dans le *Bulletin of the American Astronomical Society* intitulé « L'octogone de Poverty Point : le plus grand marqueur de solstice au monde[35] ».

Haag et Brecher ont émis l'hypothèse que les crêtes formaient jadis un octogone complet, dont la moitié est avait été « emportée par les eaux ». Cependant :

> La moitié ouest est intacte, bien définie. Quatre avenues la croisent, irradiant d'un centre commun. (...) Les avenues ouest-nord-ouest et ouest-sud-ouest ont des azimuts astronomiques d'environ 299° et 241° respectivement, pointant droit vers les directions du coucher de soleil aux solstices d'été et d'hiver à la latitude du site (32°37' N[36]).

Les recherches ultérieures ont prouvé que Haag et Brecher se trompaient en postulant que les crêtes de Poverty Point dessinaient à l'origine une forme octogonale[37], sujet de toute façon sans incidence sur leur thèse concernant les solstices, qui repose exclusivement sur les angles des avenues au sein des vestiges de la figure aujourd'hui.

S'ils ont raison à ce sujet, cela confirmerait une lignée bien plus profonde des mèmes astronomiques et géométriques qu'on a suivis dans le passé au travers des terrassements mississippiens, de Hopewell et d'Adena.

Schéma directeur

Dans le numéro de janvier 1983 d'*American Antiquity*, les alignements proposés par Haag et Brecher étaient remis en question par Robert Purrington, un astronome à l'université de Tulane. Il convenait qu'à l'époque de Poverty Point, « le soleil se serait couché, aux solstices, aux azimuts de 241° et 299°[38] ». Il n'était toutefois pas d'accord sur le fait qu'il s'agisse des azimuts des avenues ouest-sud-ouest et ouest-nord-ouest, qu'il plaçait respectivement à 239° et 290°. Il concluait que ces avenues « marquent très mal les solstices. (...) Il n'y a pas d'alignements solaires évidents[39] ».

Haag et Brecher répondaient dans le même numéro que l'écart entre leurs azimuts et ceux de Purrington semblait « dû surtout à la différence d'emplacement du centre du terrassement ». « Purrington, se plaignaient-ils, positionnait le centre d'observation à 100 mètres au moins à l'est-nord-est du centre que nous avons trouvé[40]. » Ils réaffirmaient que « pour la latitude de Poverty Point, les azimuts du coucher de soleil aux solstices d'été et d'hiver sont respectivement de 241° et 299°, en bon accord avec les orientations des avenues sud-ouest et nord-ouest. Il paraît difficile, pour le site de Poverty Point, de douter d'un tel alignement solsticial, même si cela n'a rien de surprenant[41] ».

Purrington devait continuer, mais de manière confuse et contradictoire, à donner *l'impression* qu'il en doutait. En 1989, il publiait un article dans *Archaeoastronomy* intitulé « Retour à Poverty Point : nouvelles considérations sur les alignements astronomiques[42] ». Il y recalculait l'azimut de l'avenue ouest-sud-ouest, passant de son chiffre précédent de 239° à un révisé de 240° qui, disait-il maintenant, donnait « une bonne correspondance avec le coucher du soleil au solstice d'hiver (241°[43]) ». Son azimut pour l'avenue ouest-nord-ouest, lui, restait le même, à 290°, déviant ainsi de « l'azimut du coucher du soleil au solstice d'été de 9° » et donc « ne le marquant presque certainement pas. La symétrie du site suggère donc *qu'aucun des deux* n'est un alignement solaire solsticial[44] ». Toutefois, en dernière équivoque, Purrington concède qu'un « contre-argument tiendrait compte de l'importance particulière accordée au solstice d'hiver par les Amérindiens[45] ».

On en est resté là jusqu'en 2006, lorsque les archéologues ont lancé un relevé magnétique par gradiomètre à Poverty Point. Achevée en 2011, l'enquête a révélé les traces d'au moins 30 grands cercles de poteaux en bois qui se trouvaient autrefois sur l'esplanade à l'est des crêtes géométriques, « certains construits à quelques centimètres seulement des précédents, comme si on dressait les poteaux, qu'on les ôtait quelque temps après, qu'on les déplaçait un peu, puis qu'on les érigeait à nouveau[46] ».

Selon l'archéologue Diana Greenlee, étroitement impliquée dans tous les aspects de l'enquête, les trous de poteau étaient rectilignes, à fond plat, de près d'un mètre de large et deux de profondeur, tandis que les cercles qu'ils formaient variaient en diamètre de 6 à 60 mètres[47]. Hélas, comme elle le reconnaît, on a mené le projet presque exclusivement par télédétection :

> Nous n'avons pas fouillé un cercle complet, ni même un arc significatif. Il reste donc beaucoup de choses que nous ignorons sur les cercles. Nous ignorons combien de types différents de cercles sont présents. Nous ignorons à quelle hauteur les poteaux se dressaient. Nous ignorons si des murs reliaient les poteaux. Nous ignorons s'ils portaient des toits. Nous ignorons ce qui se faisait à l'intérieur des cercles. Nous ignorons combien de cercles se trouvaient sur l'esplanade à un moment donné. Un jour, j'espère en fouiller une plus vaste surface afin que nous puissions trouver des réponses à ces questions[48].

Une possibilité, qui mériterait certainement une enquête plus approfondie, c'est que le relevé ait trouvé les empreintes archéologiques d'une série de « woodhenges » à Poverty Point. Comme le Woodhenge de Cahokia – lui aussi déplacé et ajusté sans cesse, comme on l'a vu au chapitre 1 –, peut-être servaient-ils, avec d'autres repères, à créer des lignes de visée manifestant des hiérophanies ciel-terre aux solstices et aux équinoxes.

Quoi qu'il en soit, même sans les cercles, l'hypothèse d'alignements solaires importants à Poverty Point a reçu un soutien de poids lorsque l'archéologue et archéoastronome de l'Ohio William Romain, l'un des penseurs les plus pointus dans ce domaine, a retroussé ses manches et s'y est intéressé. Son article sur le sujet, coécrit avec Norman L. Davis et publié dans *Louisiana Archeology* en 2011, utilisait des données lidar nouvellement acquises et des calculs archéoastronomiques raffinés pour conclure que « Brecher et Haag avaient raison dans leur évaluation il y a plus de trente ans : Poverty Point intègre des alignements solsticiaux (...) [et] pourrait en effet être le plus grand marqueur de solstice au monde[49] ».

Les alignements, cependant, ne s'avèrent pas être ceux que Brecher et Haag ont proposés à l'origine. Bénéficiant des nouvelles données, Romain et Davis ont pu identifier deux endroits « d'une importance particulière dans la conception de Poverty Point ». Les appelant Point de conception 1 (PC1) et Point de conception 2 (PC2), ils notent :

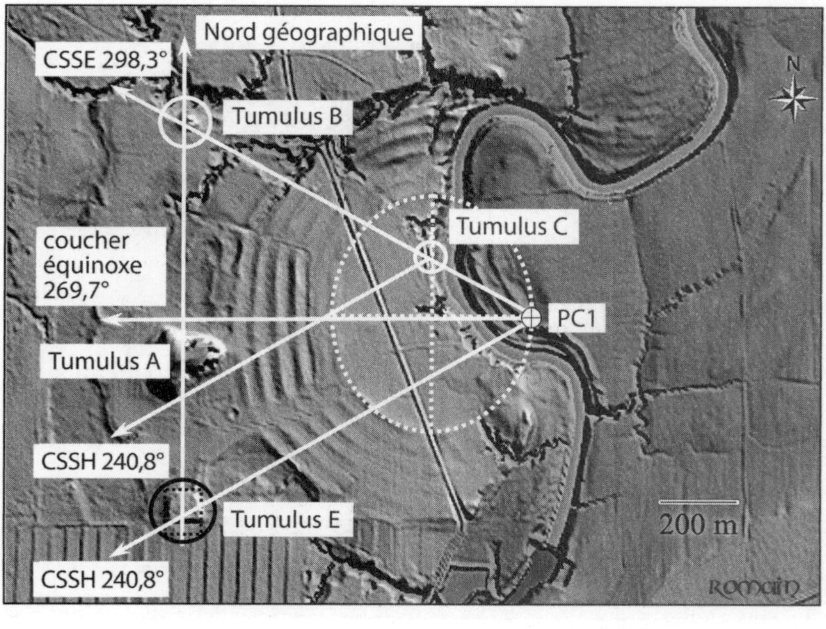

☽ La ligne de PC1 au tumulus B est alignée sur le coucher du soleil au solstice d'été ;

☽ La ligne de PC1 au tumulus E est alignée sur le coucher du soleil au solstice d'hiver ;

☽ Vu du tumulus C, le soleil au solstice d'été se couchera sur le tumulus B ;

☽ Vu du tumulus C, le soleil au solstice d'hiver semblera se coucher non au-dessus, mais sur le flanc du tumulus A. Le positionnement du tumulus C… a permis une longue ligne de visée vers le tumulus A, mais a aussi abouti à placer le tumulus A dans un endroit qui ne paraît pas symétrique avec le plan global du site ;

☽ Une ligne de PC1 à travers l'esplanade centrale du site marque l'azimut du coucher de soleil à l'équinoxe le long du bord nord du tumulus A[50].

Selon Davis, qui a assisté à ce dernier phénomène, le soleil paraît « rouler le long de la bordure nord du tumulus A avant de s'abîmer dans l'horizon occidental[51] ».

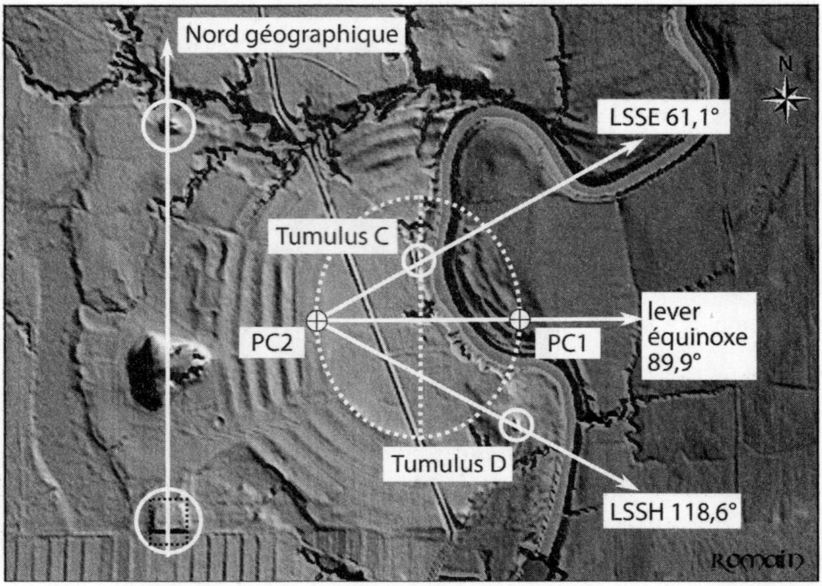

Poverty Point est un « lieu central », affirment Romain et Davis, « ainsi qu'un lieu d'équilibre au sens où, en plus des alignements de couchers de soleil (...) on y trouve aussi leurs opposés conceptuels, les alignements de levers de soleil[52] ». Ils les détaillent comme suit :

☽ Vu du PC2, le soleil au solstice d'été se lèvera sur le tumulus C ;

☽ Vu du PC2, le soleil au solstice d'hiver se lèvera sur le tumulus D. Si, en fait, le tumulus D a été construit plus de 2 000 ans après l'épanouissement de Poverty Point, cela implique que les gens de la culture Coles Creek ont compris, incorporé et élargi la conception du site à leurs fins propres ;

☽ Vu du PC2, le soleil à l'équinoxe se lèvera en alignement avec PC1[53].

La réussite globale – « l'homogénéité dans l'orientation du site, les alignements célestes, la symétrie bilatérale des points de conception, la géométrie interne [et] les régularités dans la mensuration[54] » – amène Romain et Davis à conclure : « On a bâti Poverty Point selon un schéma directeur préconçu (...) ou un modèle (...) qui intégrait les alignements astronomiques, les formes géométriques et la topographie locale[55]. »

À leur avis, la question à laquelle il faut répondre est la suivante : « Pourquoi? Pourquoi a-t-on conçu Poverty Point de telle sorte qu'il relie des formes géométriques en terre aux corps et aux évènements célestes à pareille échelle[56] ? »

C'est une excellente question, mais on devrait d'abord en poser une autre.

S'il y avait un « schéma directeur préconçu », d'où venait-il ?

Continuité

Le plus méridional des tumulus de Poverty Point est le E, alias le Ballcourt Mound. Mais, à peine 2,6 kilomètres plus au sud, il y en a un autre, jadis considéré comme faisant partie du même complexe et connu sous le nom de Lower Jackson Mound. Les fouilles des archéologues Joe Saunders et Thurman Allen ont établi qu'il est en fait très ancien – non de l'époque de Poverty Point, vers 1700 avant J.-C., mais de 3 000 ans plus tôt, soit entre 3955 et 3655 avant J.-C.[57]

« Il ne fait aucun doute que les bâtisseurs de Poverty Point connaissaient l'existence des tumulus antérieurs », note John Clark, professeur d'anthropologie à l'université Brigham Young :

> La disposition du complexe étendu de Poverty Point est calibrée sur la position de Lower Jackson, un tumulus archaïque moyen. Toutes les grilles de mesure principales passent par Lower Jackson, et l'espace calculé semble avoir commencé à partir de là[58].

Jon L. Gibson, de l'université de Louisiane, interprète ces indices en estimant qu'il a dû exister « un lien traditionnel durable, sinon ancestral direct, entre le Peuple Ancien et les groupes ultérieurs[59] ». Ce lien, soutient-il, est « démontré par l'incorporation du Lower Jackson Mound de l'Archaïque moyen dans l'axe principal du terrassement à Poverty Point. En fait, le Lower Jackson Mound n'a pas simplement été incorporé – il a fourni la donnée primordiale, l'ancre, un exemple vivant de mémoire matérielle ou implicite[60] ».

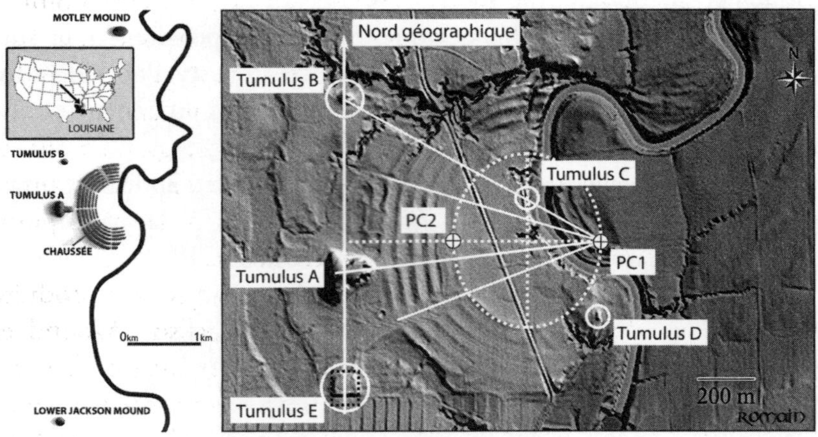

À DROITE : Les images lidar de William Romain confirment que les tumulus E (« Ballcourt Mound »), A et B sont tous alignés sur le nord géographique. À GAUCHE : Le Lower Jackson Mound, plus ancien de 3000 ans, se trouve sur le même azimut.

William Romain a complété en 2011 les idées émises par Clark en 2004 et Gibson en 2006. Les résultats de son sondage au lidar étayent fortement la thèse selon laquelle « Poverty Point était intentionnellement orienté vers le vrai nord » le long de « la ligne de mire entre les tumulus E-A-B et le Lower Jackson Mound[61] ».

Pour maintes raisons, les implications d'un lien entre les bâtisseurs de tumulus de Lower Jackson et leurs successeurs à Poverty Point ont de quoi intriguer.

Le tumulus D « intrus », édifié par la culture Coles Creek au moins 1 800 ans après l'abandon de Poverty Point et plus de 2 000 ans après que les travaux y ont atteint un apogée, semble avoir été délibérément placé pour créer un alignement sur le lever de soleil au solstice d'hiver. De l'avis de William Romain, comme nous l'avons vu, cela suggère que les gens de la culture Coles Creek « ont compris, incorporé et élargi la conception du site ».

Cela suggère donc que, restés jusqu'alors sous le radar de l'archéologie, plus de deux millénaires de savoir transmis en permanence reliaient la culture de Coles Creek à celle de Poverty Point.

Remontant beaucoup plus loin dans le temps, Gibson propose une continuité sur l'intervalle antérieur de 2 000 ans entre les bâtisseurs du Lower Jackson Mound et ceux de Poverty Point.

Cela implique d'avoir su maintenir une connexion sur une longue période, mais l'exploit n'a rien d'impensable. Ainsi, la foi judaïque inclut un ensemble de traditions et de croyances qui ont au moins 3 000 ans[62]. L'hindouisme possède des racines remontant à la civilisation de la vallée de l'Indus voilà plus de 5 000 ans[63]. Et ces deux religions créent des architectures à la conception influencée par leurs croyances et leurs traditions.

Rien n'interdit en principe que la même chose se soit produite en Amérique du Nord. L'idée que le Lower Jackson Mound et Poverty Point soient deux manifestations à des époques différentes d'un même système d'idées est le seul moyen autre que la coïncidence d'expliquer la relation axiale de toute évidence délibérée entre ces sites. Si le tumulus précédent n'avait **pas** compté pour les bâtisseurs ultérieurs, ils ne l'auraient sûrement pas utilisé pour « ancrer » la grande entreprise dans laquelle ils s'apprêtaient à s'embarquer.

Mais un problème persiste. Dans les cas de l'hindouisme et du judaïsme, on a des preuves irréfutables de continuité. À travers les textes sacrés, les enseignements de génération en génération et les traditions chères et vibrantes, il n'y a aucun maillon brisé dans la chaîne de transmission. Ni l'hindouisme ni le judaïsme n'ont soudain disparu de la surface de la terre, sans plus laisser la moindre trace de leur présence durant des millénaires, pour refleurir soudain.

Comme on va le constater, c'est pourtant bien ce qui paraît s'être passé en Amérique du Nord.

4.

Aperçus derrière le voile

L'époque reculée d'où le Lower Jackson Mound émerge, il y a 6 000 à 5 000 ans, joue un rôle important dans l'histoire de la civilisation. C'est vers la fin de ce même millénaire que les civilisations antiques de Mésopotamie et d'Égypte ont fait leurs premiers pas sur la scène de l'histoire. Elles aussi ont bâti des tumulus, par exemple les *mastabas* prédynastiques égyptiens et les *tells* mésopotamiens de la période Uruk. Elles aussi ont déployé des géométries et des alignements astronomiques dans un projet de sacralisation des espaces architecturaux. Et elles aussi ont participé à une explosion extraordinaire et apparemment coordonnée de construction, car, comme les tumulus d'Égypte et de Mésopotamie, le Lower Jackson Mound n'est pas un cas isolé : il fait partie de ce qui a pu être tout un ensemble de monuments répandus sur un vaste territoire.

À quel point ? On ne le saura peut-être jamais, du fait de la destruction massive au cours des derniers siècles de milliers de tumulus et de terrassements en Amérique du Nord. Sans doute la plupart de ces monuments antiques sacrifiés aux dieux modernes de l'agriculture et de l'industrie provenaient-ils des périodes les plus récentes, mississippienne, Hopewell, et ainsi de suite, mais on peut envisager que certains, voire beaucoup, remontaient à cet épisode beaucoup plus reculé de construction de tumulus, il y a cinq millénaires et plus.

Leurs vestiges nous permettent de commencer à évaluer l'étendue de la perte ; en 2012, malgré la destruction des sites antiques, les archéologues avaient identifié dans la vallée du Mississippi inférieur 97 tumulus et terrassements survivants, auxquels s'en ajoutaient d'autres découverts jusqu'en Floride, qu'on situe tous aux alentours de 5 000 ans [1]. On a soumis très peu de ces sites à une datation radiométrique, mais sur les 16 qui l'ont été, pour un total de 53 tumulus et 13 chaussées, tous dépassent les 4 700 ans d'âge [2] – et beaucoup se révèlent bien plus anciens.

Par conséquent, indique Joe Saunders, un spécialiste de premier plan dans ce domaine, « l'existence d'une activité de construction de tumulus durant l'Archaïque moyen n'est plus remise en question [3] ».

La raison pour laquelle il y a une telle concentration de ces sites archaïques dans la vallée du Mississippi inférieur reste floue. Il pourrait s'agir d'un hasard de l'histoire : un plus grand nombre de sites anciens a échappé à la destruction dans cette région qu'ailleurs. Ou alors, dans l'Antiquité, on a bâti beaucoup plus de sites ici qu'ailleurs, ce pourquoi il en a survécu davantage. Qui sait ? Peut-être que les recherches futures révéleront des tumulus très anciens bien plus loin en Amérique du Nord. Pour l'heure, toutefois, c'est dans la vallée du Mississippi inférieur qu'ils se concentrent.

Décrire chaque site n'est pas nécessaire. En effet, un seul, Watson Brake, mérite un examen détaillé. Pour le reste, la carte et la liste ci-dessous, étayées par des références pour les lecteurs voulant approfondir le sujet, suffiront.

Les **Banana Bayou Mounds** et les prétendus **LSU Mounds** (parce qu'ils se situent sur le terrain de la Louisiana State University) datent d'environ 2700 avant J.-C. [4], ce qui, au plan mondial, leur offre environ deux siècles d'avance sur la pyramide de Khéops.

Ensuite les tumulus de la vallée du Mississippi inférieur ne cessent de vieillir. On a évoqué le **Lower Jackson Mound** (3955 à 3655 avant J.-C.). En voici quelques autres :

WATSON BRAKE

Une datation au carbone-14 suggère que la construction de tumulus pourrait avoir débuté dès 3590 avant J.-C. ; d'autres suggèrent une fourchette de 3400 à 3300 avant J.-C. [5]

CANEY MOUNDS

Les datations au carbone-14 varient de 3600 à 3000 avant J.-C. [6]

FRENCHMAN'S BEND
Le carbone-14 indique 3570 avant J.-C.[7] La date nettement plus ancienne de 4610 avant J.-C. – il y a près de 7 000 ans – provient de la mise au jour d'un foyer.[8]

HEDGEPETH MOUNDS
La date du tumulus le plus ancien est 4930 avant J.-C., là encore il y a près de 7 000 ans[9].

MONTE SANO
Un échantillon de charbon de bois d'une plate-forme de crémation à l'intérieur d'un des tumulus a livré la date de 4240 avant J.-C.[10] Deux autres échantillons de charbon de bois provenant d'un petit tumulus à plate-forme ont produit des dates de 5030 à 5500 avant J.-C.[11] – on dépasse les 7 000 ans pour atteindre les 7 500.

CONLY
Huit dates au radiocarbone permettent d'établir avec certitude que le site date d'entre 7 500 et 8 000 ans[12].

Le site qui a changé la donne

Quantitativement comme qualitativement, Watson Brake a fait l'objet d'un examen scientifique plus approfondi, plus poussé, plus large que n'importe lequel des autres sites de 5 000 ans et plus. Par ailleurs, il n'y a que là qu'on a accompagné les fouilles et les recherches archéologiques d'évaluations archéoastronomiques détaillées autorisant la comparaison avec les sites ultérieurs d'Adena, de Hopewell et de la culture mississippienne examinés aux chapitres précédents.

C'est donc sur Watson Brake que nous nous focaliserons ici.

Tout d'abord, pour éviter que le lecteur ne se berce d'illusions, aucun élément mis au jour à Watson Brake ne suggère la présence d'une culture matérielle avancée. Les gens qui ont construit les tumulus et vécu sur le site par intermittence, ou de façon plus permanente, sur plusieurs siècles, utilisaient des outils et des pointes de pierre typiques de l'Archaïque moyen. Ils étaient chasseurs-cueilleurs, pas agriculteurs, et même s'ils cueillaient des plantes qu'on finirait par domestiquer, ce ne sont pas eux qui ont effectué cette domestication. En d'autres termes, ils menaient une vie simple, proche de la terre, en population représentative sous tous ses aspects de cette partie de l'Amérique du Nord voilà 5 000 ou 6 000 ans[13].

Enfin, sous tous ses aspects, sauf un.

Ils bâtissaient des tumulus.

Se référant aux sites énumérés ci-dessus (et à une poignée d'autres que j'ai laissés de côté), Joe Saunders écrit :

> Les terrassements (...) les plus anciens de la vallée du Mississippi inférieur semblent avoir été réalisés par des sociétés autonomes. En pratique, il serait difficile pour seize sites de tumulus de l'Archaïque moyen couvrant 1 000 ans de préhistoire dans trois sous-régions de la Louisiane (...) de ne pas sembler autonomes.
>
> Mais il doit y avoir eu une certaine communion entre les sociétés autonomes, parce qu'il y a trop de traits partagés qui traversent les vastes étendues de la vallée du Mississippi inférieur, et il n'y a aucune preuve d'autres monuments bâtis ailleurs. Si tous les sites de tumulus de l'Archaïque moyen étaient des créations spontanées, ne devrait-on pas aussi les voir surgir spontanément ailleurs[14] ?

Saunders est hélas décédé le 4 septembre 2017. Ancien archéologue régional et professeur de géosciences à l'université de Louisiane, il était l'expert le plus reconnu sur Watson Brake et son fouilleur principal. C'est son article, « Un complexe de tumulus en Louisianne 5 400 à 5 000 ans avant le présent », publié dans *Science* le 19 septembre 1997[15], qui a mis Watson Brake sur la carte, devançant les débats qui auraient sinon pu surgir autour des dates du site à l'aide d'un corpus de preuves méticuleux, complet et d'envergure.

« Il n'y a tout bonnement aucun doute, déclarait Jon Gibson à l'époque. Saunders a attaqué le sujet sous trop d'angles différents[16]. »

Et Vincas Steponaitis de l'université de Caroline du Nord commentait : « Il est rare que les archéologues trouvent quelque chose qui change si totalement notre image du passé, comme dans cette affaire[17]. »

Certes, Watson Brake a changé l'image du passé qu'en avaient les archéologues, portant le coup de grâce au vieux préjugé fatigué, déjà mortellement blessé par Poverty Point, que les sociétés de chasseurs-cueilleurs étaient en quelque sorte constitutionnellement incapables de travaux complexes à grande échelle.

Et en fait, malgré sa culture matérielle basique, le site se révèle sophistiqué et précocement intelligent.

Ovale sacré

Comme le tumulus du Grand serpent, Watson Brake est construit sur une élévation naturelle, ici une terrasse datant des profondeurs de l'ère glaciaire et surplombant la plaine inondable, âgée de 12 000 ans, de la rivière Ouachita avec son ruisseau tributaire, le Watson Bayou [18]. Et de même que le tumulus du Grand serpent se situe au-dessus de Brush Creek, Watson Brake se situe au-dessus de Watson Bayou [19], donnant l'illusion que les tumulus s'élèvent cinq ou dix mètres plus haut qu'en réalité [20].

Dans le cas du tumulus du Grand serpent, le lecteur se rappellera que, face aux mâchoires béantes de l'effigie, il y a un enclos en terrassement sous la forme d'un grand ovale. Bien que complexifié par l'intégration de tumulus dans la figure et une échelle bien plus vaste, Watson Brake est aussi un enclos en terrassement qui forme un ovale distinct sur un axe long de 370 mètres et un axe court de 280 mètres [21].

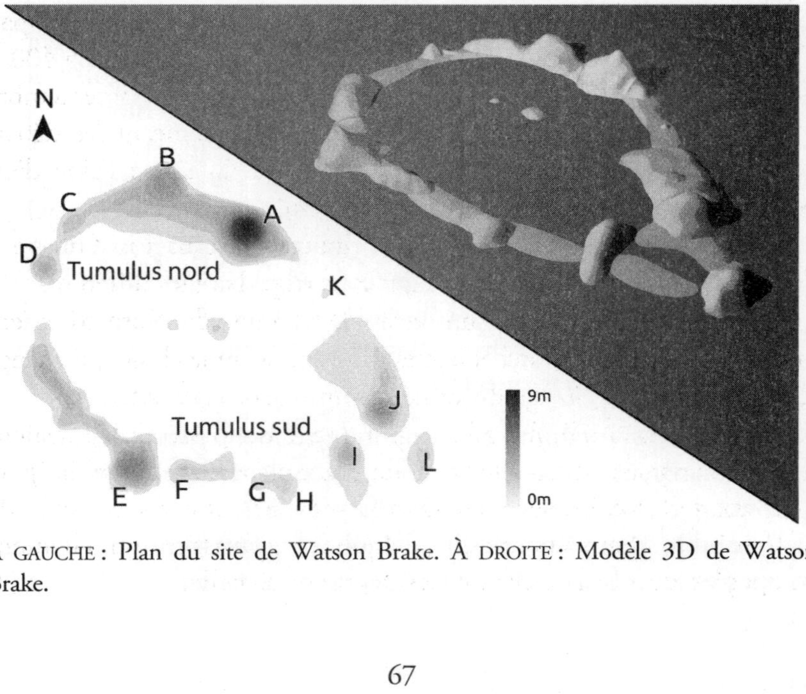

À GAUCHE : Plan du site de Watson Brake. À DROITE : Modèle 3D de Watson Brake.

Un désaccord subsiste sur le nombre de tumulus à Watson Brake – onze ou douze – car l'un d'eux, le tumulus L, nécessite une vérification archéologique plus poussée. Il se trouve aussi hors de la frontière de la formation ovale si fermement délimitée par les onze autres tumulus et leurs talus reliés – ces derniers mesurant en moyenne 20 mètres de large et 1 mètre de haut[22]. La place circonscrite par les talus couvre une superficie de 9 hectares[23] et semble avoir été nivelée par l'homme[24]. Les chercheurs ont constaté qu'elle était presque entièrement vierge d'artefacts ou de débris, « suggérant une utilisation comme espace rituel[25] ».

« Apparemment, les activités quotidiennes n'avaient pas lieu dans l'enceinte », commente Saunders[26]. En revanche, ces « activités quotidiennes », qui suggèrent des populations résidentes, se déroulaient sans doute sur ses larges remblais, en particulier du côté nord-est[27].

Dans une étude majeure publiée par *American Antiquity* en 2005, il indique que le site a été occupé dès 4000 avant J.-C.[28] et que :

> Les premiers occupants sont venus à Watson Brake pour pêcher, chasser le cerf et cueillir des plantes à chaque saison. Des visites prolongées se déroulaient sans doute... La construction des premiers terrassements mineurs a débuté vers 3500 avant J.-C., avec les tumulus K et B (voire A), suivis d'accumulations d'amas coquilliers là où les tumulus D et C, et au sud I, J et E ont été bâtis plus tard. Cela laisse penser que la forme du complexe était tracée dès 3500 avant J.-C. Les grands projets ont alors commencé vers 3350 avant J.-C. ; on a dû renforcer et rallonger les terrassements existants le long de la rangée nord du tumulus. Le J a été érigé sur le côté sud vers 3000 avant J.-C. L'occupation du site s'est concentrée le long de l'escarpement avant le début de la construction et s'est poursuivie après la fin des travaux de terrassement[29].

Les relatives « stabilité et autonomie résidentielles » démontrées à Watson Brake, conclut Saunders, découlent de « la diversité et l'abondance des ressources » dans la région[30].

Il semble presque superflu d'énoncer, toutefois, que ces ressources et la stabilité qu'elles permettaient auraient pu être exploitées efficacement **sans** les tumulus. D'ailleurs, elles **l'ont été** durant les 500 ans où les humains ont occupé le site sans construire de tumulus, entre 4000 et 3500 avant J.-C.

Et puis, tout à coup… des tumulus.

Pourquoi ? Qu'est-ce qui a incité cette colossale entreprise architecturale ? Quel était son but ?

« Cela paraît assez cryptique, je sais, spéculait Saunders quand on lui a posé cette question en 1997, mais la réponse, c'est que le but était peut-être de les construire[31]. »

Triangulation

Peut-être, mais j'essaie d'envisager comment ceux qui dirigeaient ou pouvaient influencer la communauté auraient convaincu la population. D'une certaine façon, « nous voulons que vous bâtissiez ces tumulus parce que ce sera une saine activité » me semble peu vendeur. Et quand on se souvient qu'à la même époque, des tumulus et des terrassements ont également été édifiés sur des sites dispersés appartenant à des communautés séparées et autonomes dans la vallée du Mississippi inférieur, il apparaît de plus en plus qu'un phénomène social puissant et d'envergure devait être à l'œuvre.

Après des années de recherches sur le terrain, de fouilles et de mesures sur place, Kenneth Sassman, du Laboratory of Southeastern Archaeology, et Michael Heckenberger, de l'université de Floride, croient qu'au moins trois de ces sites, Watson Brake, Caney Mounds et Frenchman's Bend, partagent la même conception[32] :

> Le plan que nous déduisons de l'arrangement spatial des tumulus de la période Archaïque démontre la présence de proportions et de formes géométriques régulières, y compris (1) une rangée de « terrasses » composée de trois tumulus ou plus orientés le long d'un escarpement alluvial ; (2) le placement du plus grand tumulus de chaque complexe du groupe dans cette rangée, généralement en position centrale ; (3) le placement du deuxième plus grand tumulus à environ 1,4 fois la distance qui sépare les autres membres du groupe de la rangée (4) une ligne reliant le plus grand

> et le deuxième plus grand (...) tumulus (ici appelée « ligne de base ») fixée à un angle qui dévie d'environ 10° d'une ligne orthogonale à [c.-à-d., à angle droit de] la rangée de terrasses ; et (5) un triangle équilatéral orienté vers la ligne de base qui intercepte d'autres tumulus du complexe et semble avoir formé une unité de base aux calculs des proportions [33].

Je ne vais pas décrire Frenchman's Bend ni les autres sites que Sassman et Heckenberger estiment correspondre à ce modèle. [34] Watson Brake et Caney suffiront. Là aussi, on peut abréger, tous deux répondant aux critères énumérés ci-dessus, mais le résultat le plus frappant de cette étude, c'est peut-être la preuve que Sassman et Heckenberger fournissent d'un plan géométrique partagé impliquant les tumulus désignés A, E, I et J à Watson Brake et B, F, E et D à Caney.

Dans les deux cas, la ligne que Sassman et Heckenberger appellent « ligne de base » entre les plus grand et deuxième plus grand tumulus (A et E à Watson Brake, B et F à Caney) forme un côté d'un triangle équilatéral. Dans les deux cas, les lignes formant les deux autres côtés du triangle s'étendent à travers une deuxième paire de tumulus (I et J à Watson Brake, E et D à Caney) avant de se croiser. Et dans les deux cas, une ligne émanant du milieu de la « ligne de base » coupe en son milieu l'intervalle dans la seconde paire de tumulus (B et K à Watson Brake, A et C à Caney [35]).

Tous les triangles équilatéraux possèdent des angles internes de 60°, mais pourquoi, demande Norman Davis dans son examen des conclusions de Sassman et Heckenberger, « les bâtisseurs de l'Archaïque moyen ont-ils utilisé ce triangle ? Pourquoi pas 45°, ou 65°, voire 75 [36] ?

La réponse à cette question, suggère-t-il, a tout à voir avec le soleil :

> Ça n'a sans doute rien d'un hasard si, à Watson Brake, la distance le long de l'horizon, depuis l'endroit où le soleil se lève (ou se couche) sur le solstice d'hiver jusqu'à l'endroit où il se lève (ou se couche) sur le solstice d'été, définit un arc de 59°. (...) Leur triangle doit dériver de [cette mesure [37]].

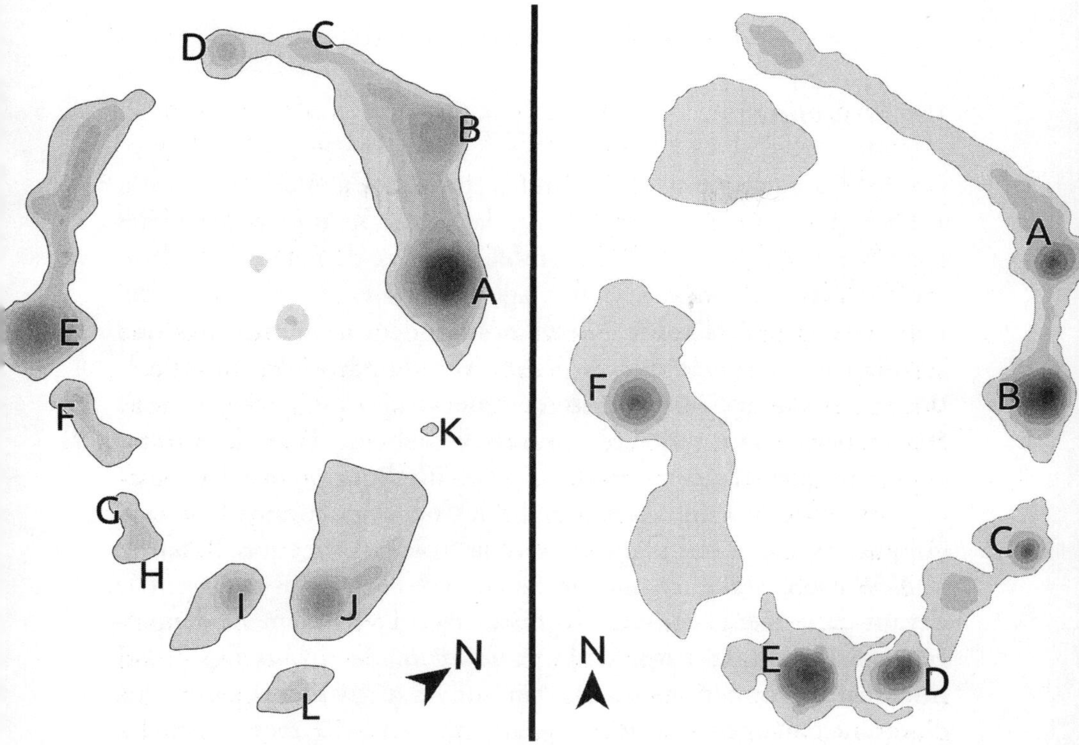

Comparaison de l'agencement, de la conception et de l'orientation de Watson Brake (à gauche) et Caney Mounds (à droite).

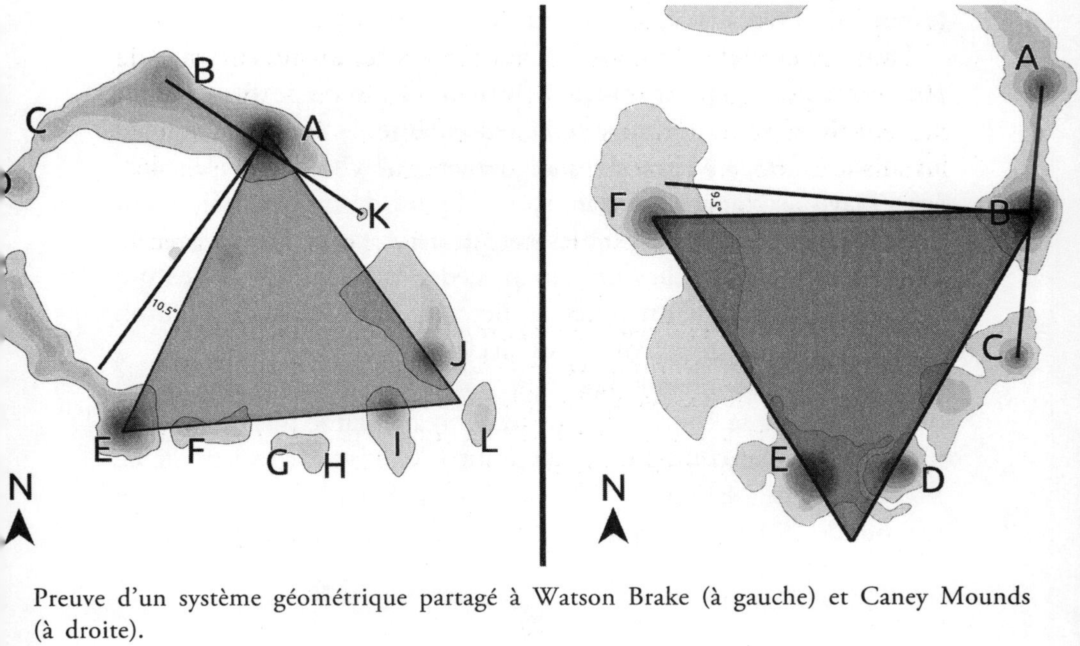

Preuve d'un système géométrique partagé à Watson Brake (à gauche) et Caney Mounds (à droite).

Les superviseurs

Comme au tumulus du Grand serpent, à Cahokia, à Newark, à High Bank et à Poverty Point, la préoccupation cruciale des concepteurs de Watson Brake semble avoir été de manifester, commémorer et consommer le mariage du ciel et de la terre à des moments clés de l'année. Cette notion de communion du ciel avec le sol – résumée dans le Vieux Monde par le dicton hermétique « ce qui est en haut est comme ce qui est en bas », mais faisant partie d'un ensemble universellement distribué de mèmes astronomiques et géométriques – peut impliquer une relation de la Terre avec la Lune, avec des étoiles ou des constellations spécifiques, avec d'autres planètes, avec la Voie lactée et avec le Soleil.

À Watson Brake, ce sont le Soleil et la Terre qui occupent le devant de la scène, comme Norman Davis l'a habilement démontré en 2012 sur 18 pages de la revue *Louisiana Archaeology*[38]. Les principales affirmations qu'il y fait sur les alignements solsticiaux et équinoxiaux ont résisté à l'épreuve du temps et reçu le soutien d'archéoastronomes de premier plan[39].

En bref, Davis inclut les 12 tumulus reconnus, de A à L, dans son enquête, mais il prend aussi en compte deux tertres naturels « peut-être modifiés[40] » qu'on a laissés, à son avis, intentionnellement près du centre de l'ovale dans l'Antiquité, lorsqu'on a nivelé le reste de l'esplanade. Il les appelle les tertre 1 et 2.

Parmi ses conclusions essentielles, la plus frappante est celle-ci : pas moins de cinq alignements distincts à travers le site ciblent, chacun de façon indépendante et redondante, le coucher du soleil au solstice d'été. « Même si les alignements ne visaient pas le soleil, écrit Davis, la capacité d'établir cinq lignes de mire parfaitement parallèles, presque équidistantes sur plusieurs centaines de mètres, serait remarquable. Elles ont dû précéder la construction, ce qui suggère l'existence d'un schéma directeur du site, sa réalisation nécessitant des années, voire des siècles[41]. »

Chose impressionnante, les alignements visent le soleil non pas là où il se lève et se couche de nos jours, mais plutôt précisément où il se serait levé et couché en 3400 avant J.-C. – soit, à la latitude de Watson Brake, l'azimut de 119° pour le lever au solstice d'hiver et l'azimut de 299° pour le coucher au solstice d'été[42]. Comme le lecteur s'en souvient, les alignements de solstice sont réciproques. Si vous faites face au soleil couchant au solstice d'été, six mois plus tard, au solstice d'hiver, le soleil se lèvera dans la direction exactement opposée, 180° autour du « cadran » de « l'horloge des azimuts ».

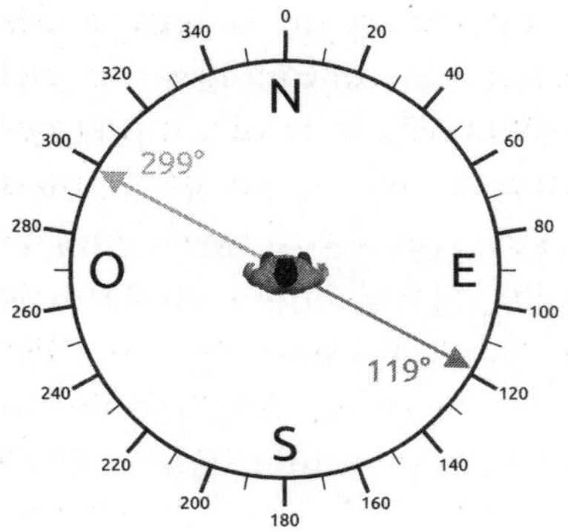

L'« azimut » d'un objet est son angle, exprimé en degrés, avec le nord géographique, dans le sens des aiguilles d'une montre. Le nord est à 0°, dont un azimut de 90° se situe plein est, de 180° plein sud et de 270° plein ouest. Un azimut de 299° se situe donc 29° au nord de l'ouest ; un azimut de 119°, 29° au sud de l'est.

Il n'y a pas d'alignements sur le **lever du soleil au solstice d'été** ou le **coucher du soleil au solstice d'hiver** à Watson Brake. Mais les alignements nets sur le **coucher du soleil au solstice d'été** (azimut 299°) et le **lever du soleil au solstice d'hiver** (azimut 119°) identifiés par Davis sont les suivants :

- Du tumulus A au tumulus B ;
- Du tumulus J au tertre 2 ;
- Du tumulus D au tumulus L ;
- Du tumulus I au bord méridional du tumulus D ;
- Du tumulus E au bord extérieur de la double bosse de la plateforme du tumulus E[43].

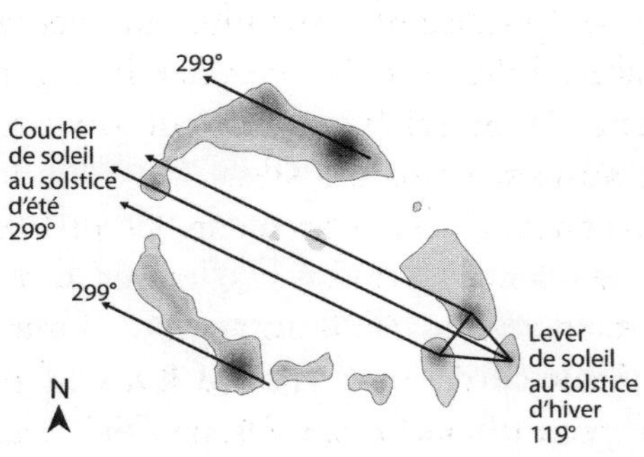

« La ligne de mire du tumulus J au tertre 2, ajoute Davis, se prolonge et passe par le centre de l'intervalle entre les tumulus C et D. La ligne de mire du tumulus D au tumulus L par le centre de l'intervalle entre les tumulus I et J. Elles ont des azimuts de 119 et 299°[44]. »

Les multiples alignements de Watson Brake sur le coucher de soleil au solstice d'été et le lever de soleil au solstice d'hiver ont-ils pu se produire par hasard ? Cela semble déjà peu probable, mais ce qui règle la question, c'est que le site se préoccupe non seulement des solstices, mais aussi des équinoxes de printemps et d'automne – ces moments spéciaux d'équilibre autour du 21 mars et 21 septembre, quand la nuit et le jour sont de longueur égale et que le soleil se lève parfaitement à l'est et se couche parfaitement à l'ouest. Davis a identifié quatre alignements équinoxiaux à Watson Brake, comme suit :

- Du tumulus A au tumulus C ;
- Du tertre 1 au tertre 2 ;
- Du tumulus E au tumulus F ;
- Du tumulus G au tumulus H[45].

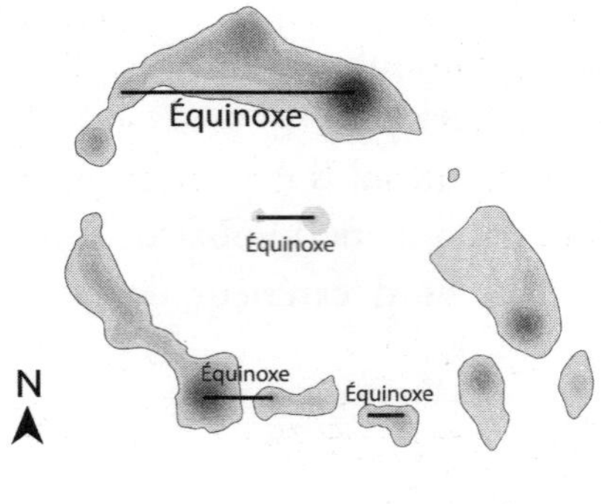

En outre, plusieurs de ces lignes de mire équinoxiales, notamment entre E-F et G-H, se prolongent vers d'autres tumulus et repères du site de telle sorte, note Davis, que leur alignement est-ouest « a forcément précédé la construction. Cela suggère que les alignements équinoxiaux ont (...) servi à concevoir ce site[46] ».

Les alignements équinoxiaux, mais pas seulement.

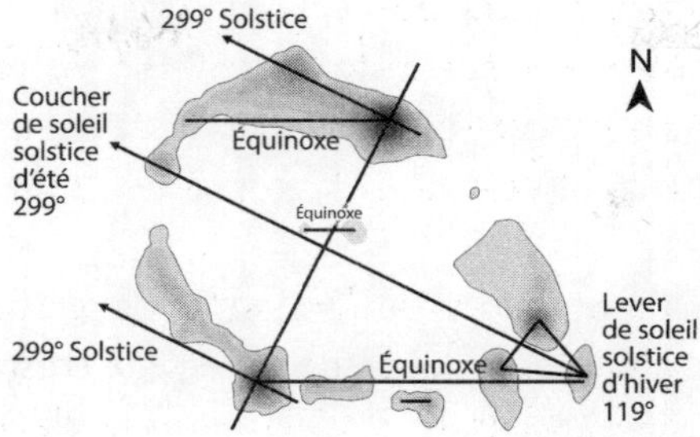

La longueur des terrassements de Watson Brake est définie par l'alignement sur le coucher du soleil au solstice d'été des deux extrémités de son axe principal, le tumulus L au sud-est et le D au nord-ouest. Leur largeur est définie d'un côté par l'alignement du tumulus E à la plate-forme du tumulus E, de l'autre par l'alignement du tumulus A au B, tous deux également solsticiaux[47].

Dans l'ensemble, l'hypothèse défendue par Davis que la conception du site résulte de ses alignements solsticiaux et équinoxiaux paraît robuste. Ils sont venus en premier ; tout le reste a suivi. Une question demeure sans réponse, toutefois : pourquoi ? Davis l'esquive, déclarant que son but se limite à « démontrer la présence à Watson Brake d'alignements solsticiaux et équinoxiaux[48] ». Il ne fait aucun doute qu'il y est parvenu, ses conclusions ayant été confirmées avec plus de précision technique lors d'une exploration lidar effectuée par l'archéoastronome William Romain.

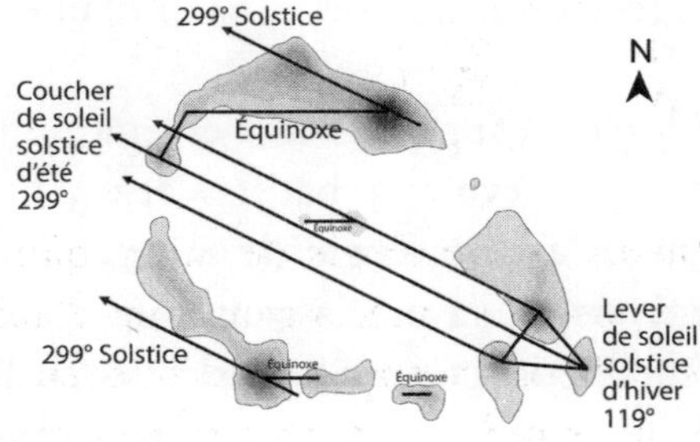

Unir la terre au ciel. Toutes les lignes de mire équinoxiales et solsticiales de Watson Brake.

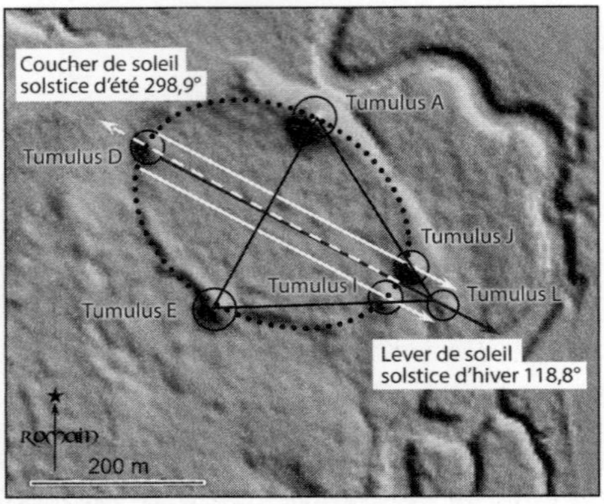

Confirmation au lidar et affinage des alignements solsticiaux du lever Davis par William Romain.

Les conclusions de ce dernier, basées sur les découvertes de Davis, sont frappantes :

> Watson Brake intègre des motifs géométriques sophistiqués liés de plusieurs façons aux lignes de mire astronomiques. Ayant pour ma part surtout travaillé dans le domaine de l'archéologie Hopewell, j'essaie toujours de me faire à l'idée que tout cela précède Adena et Hopewell de milliers d'années. En fait, la signification de ces résultats, c'est que Watson Brake semble être le plus ancien complexe de tumulus alignés sur des phénomènes célestes en Amérique du Nord. Ce qui n'est pas rien[49].

Cela ne fait que rendre la question du pourquoi plus urgente, mais Davis s'avoue incapable de voir une « raison pratique pour laquelle le site a été conçu et orchestré autour des lignes de mire solaires. En fait, cela a dû ajouter à la difficulté de la construction[50] ».

La conclusion logique, suggère-t-il, c'est que « l'utilisation d'azimuts solaires pour concevoir et bâtir Watson Brake avait peut-être plus à voir avec la cosmologie [les croyances sur l'origine et la nature de l'univers] qu'avec l'astronomie [l'étude scientifique des cieux][51] ». Aucun des autres sites de l'Archaïque moyen n'a encore bénéficié du genre d'enquête archéoastronomique approfondie que Davis puis Romain ont pu réaliser à Watson Break. Cependant, Davis estime à partir de l'analyse de la carte, avec une marge d'erreur de 2 %, que Caney Mounds a « un alignement sur l'équinoxe et deux alignements sur les solstices. Frenchman's Bend a un alignement sur l'équinoxe et un sur le solstice d'hiver [52] ».

Le mystère, bien que les sites étudiés jusqu'à présent « ne démontrent en rien le développement du savoir astronomique au fil du temps [53] », est que « les gens qui ont supervisé la construction de Watson Brake (...) avaient une connaissance poussée des cycles solaires et sans doute lunaires, et ils ont utilisé ces connaissances pour concevoir et édifier leurs sites. Qui étaient ces superviseurs et comment ont-ils convaincu d'autres personnes de bâtir ces sites, un panier de terre à la fois [54] » ?

Réincarnations

On devrait poser d'autres questions.

Comment ces « superviseurs » ont-ils pu manifester des savoirs géométriques et astronomiques, et les combiner de façon élaborée, il y a plus de 5 000 ans, alors qu'on n'a trouvé aucune preuve antérieure de l'existence de telles capacités en Amérique du Nord à une date aussi précoce ? Mettez de côté la question de la compétence organisationnelle requise pour motiver et gérer la main-d'œuvre. Le problème crucial ? Les compétences scientifiques et les connaissances nécessaires pour créer les terrassements paraissent jaillir du néant, sans évolution, sans accumulation.

Elles brillent par leur absence, puis, comme par magie ou presque, les voilà. Et soudain, le phénomène de construction de tumulus de l'Archaïque moyen éclate.

On sait que cela commence auparavant, mais pour plus de commodité, prenons la floraison de Watson Brake vers 3400 avant J.-C. comme point de référence.

Ce qui suit, là et sur les autres sites, c'est environ 700 ans de stabilité, de continuité et – supposera-t-on, étant donné les similitudes – de communications et de relations. On l'a noté, il s'agissait de cultures différentes, mais toutes obsédées par la construction de tumulus et continuant à l'exprimer de la même façon.

Jusqu'aux alentours de 2700 avant J.-C.

C'est alors que, pour une raison inexpliquée, les anciens sites ont tous été abandonnés et l'entreprise de construction de tumulus s'est arrêtée, brusquement, totalement. Je laisse Joe Saunders, l'expert en la matière, raconter la fin mystérieuse de la construction des tumulus de l'Archaïque moyen :

> De nouvelles données radiométriques indiquent l'arrêt soudain et généralisé de la construction de tumulus dans le nord-est de la Louisiane. Le groupement des dix dates les plus récentes sur sept tumulus et quatre sites est remarquable. La probabilité médiane pour sept des dix échantillons se situe entre 2884 avant J.-C. et 2739 avant J.-C. Tout aussi remarquable est le fait que cette cessation ait pu durer jusqu'à 1 000 ans, et jusqu'à l'émergence de la culture du Poverty Point... À ce jour, aucun site de tumulus datant de l'Archaïque supérieur (2700 avant J.-C. à 1700 avant J.-C.) n'a été identifié dans la vallée du Mississippi inférieur[55].

Saunders évite de spéculer outre mesure sur les motifs de la fin subite de l'épisode précoce de construction de tumulus en Amérique du Nord. Il admet la possibilité, suggérée par certains, que le changement climatique ait pu jouer un rôle, mais juge que « l'événement "synchrone" peut être mieux compris comme un phénomène social. L'abandon d'une idéologie ou le changement d'éthique peut se produire simultanément dans plusieurs milieux. En outre, l'absence de changement environnemental demeurerait compatible avec la continuité attestée de l'économie des périodes Archaïques inférieure à supérieure avant, pendant et après la construction de tumulus[56] ».

Quelle que soit la raison, les faits ne sont pas en doute. La construction de tumulus, avec sa géométrie et son astronomie sophistiquée, s'est arrêtée net vers 2700 avant J.-C. Pendant les mille années suivantes, on n'a bâti aucun tumulus, ni élevé aucun terrassement. Il n'y a pas un soupçon de géométrie ou d'architecture monumentale. La seule conclusion raisonnable est que ces compétences avaient été perdues.

Mais ensuite, aussi soudainement et mystérieusement que le « mouvement de construction de tumulus » a disparu, il réapparait, vers 1700 avant J.-C., sous la forme spectaculaire et sophistiquée de Poverty Point. Toutes les compétences géométriques et astronomiques y sont redéployées – et par des gens doués – comme si elles étaient restées utilisées tout du long.

Poverty Point prospère pendant environ 600 ans avant de se voir abandonné à son tour vers 1100 avant J.-C. Ensuite, il semble que la construction de tumulus s'interrompe encore jusqu'à relativement tard dans le développement de la culture dite Adena par les archéologues. Le terme « Adena » correspond au nom du domaine rural en Ohio où le « site type » a été découvert[57]. Nous n'avons aucune idée du terme que cette civilisation s'appliquait. Ses origines remontent aux alentours de 1000 avant J.-C.[58] Cependant, il n'existe pas de tumulus Adena précoces et ceux qui ont été datés, comme le site type[59], se situent tous vers 200 avant J.-C. ou, dans le cas du tumulus du Grand serpent, 300 avant J.-C.[60], mais pas significativement plus tôt.[61]

Il semble bien qu'il y ait eu un autre hiatus, sinon de 1 000 ans, disons de 800 ans, entre la fin de Poverty Point et la renaissance du mouvement de construction de tumulus tard dans la période Adena. Par la suite, il a retrouvé sa pleine puissance dans ses manifestations Hopewell, puis, plus tard, mississippiennes, jusqu'à ce qu'enfin la conquête européenne y mette fin.

Malgré le fait que différentes cultures étaient impliquées à différentes époques, chaque résurgence de la construction de tumulus a été liée à la réitération et à la réimagination des mêmes mèmes géométriques et astronomiques.

Il n'y avait là ni « hasard » ni « coïncidence ».

En atteste par exemple la façon dont le Lower Jackson Mound a servi de base à la géométrie entière de Poverty Point.

Ou, à un niveau plus humain, songez au plomb en hématite polie – un article précieux – fabriqué à Poverty Point vers 1500 avant J.-C., mais qu'un pèlerin a pris soin de transporter jusqu'à Watson Brake, alors abandonné depuis longtemps, et d'enterrer à 50 centimètres de profondeur près du sommet du tumulus E.[62]

Ce type de comportement – l'incorporation de sites anciens dans les plus récents, un pèlerinage, une offrande – suggère une religion. Au long de l'histoire, les institutions religieuses se sont révélées des véhicules très efficaces pour préserver et transmettre des mèmes sur des millénaires.

Il n'est donc pas déraisonnable de supposer qu'une sorte de religion cosmique « ciel-terre » se dissimule derrière les alignements solsticiaux et équinoxiaux de Watson Brake et des autres premiers sites – une religion suffisamment robuste pour assurer la transmission réussie en continu d'un système de géométrie, d'astronomie et d'architecture sur des milliers d'années.

John Clark n'en doute pas. « Les preuves, dit-il, suggèrent des connaissances très anciennes et largement diffusées sur la façon de construire de grands sites. La tradition de construction s'est remarquablement perpétuée sans subir de changements pendant si longtemps que je pense que nous pouvons, et devons, supposer qu'elle relevait d'un savoir spécial lié à la pratique rituelle[63]. »

D'où venait ce savoir spécial avant d'apparaître à Watson Brake ?

À quand remonte-t-il vraiment ?

Et pourquoi, tel le serpent qui mue ou le phénix qui renaît de ses cendres, possède-t-il l'extraordinaire capacité de disparaître pendant des millénaires, puis de réapparaître, comme l'écrit Clark, « sans distorsion apparente, sans perte de précision des mesures, sans décalages dans la numération[64] » ?

S'il a été véhiculé par les rites des civilisations antiques de la vallée du Mississippi, alors peut-être y aura-t-il des indices sur ses origines et son usage parmi les vestiges des idées spirituelles de ces gens disparus depuis longtemps.

PARTIE II

Équipé pour voyager

Le mystère de la mort

5.

Repos éternel ?

En mai 2017, j'effectuais un voyage de recherche pour ce livre dans le Sud-Ouest américain, quand je me suis réveillé dans ma chambre d'hôtel de la petite ville de Bloomfield, Nouveau-Mexique. Il faisait nuit noire. J'avais la nausée et je me suis dit que j'avais dû choper une gastro. Rien de grave, donc. Je me rappelle m'être levé sans réveiller Santha qui dormait profondément après une longue journée passée à prendre des photos au soleil. J'ai gagné la salle de bains, j'ai allumé la lumière, puis je me suis courbé sur la cuvette des WC en m'attendant à vomir.

Sans transition, j'ai repris conscience dans un lit d'hôpital, déboussolé, un goutte-à-goutte fixé au bras. Il faisait plein jour et Santha se tenait au-dessus de moi, l'air effrayé.

« Où je suis ? » J'avais la voix brouillée, la langue pâteuse, du mal à prononcer. « Il s'est passé quoi, bordel ?

– Tu as fait une attaque, mon amour, m'a répondu Santha, mais ils disent que tu vas t'en sortir. »

J'étais à l'hôpital San Juan Regional Medical Center de Farmington, au Nouveau-Mexique, 25 kilomètres à l'ouest de Bloomfield. Je n'ai aucun souvenir de l'arrivée des secouristes, du trajet en ambulance, ni de ce qu'il s'est passé aux urgences. Ce que je sais, parce que Santha me l'a raconté par la suite, c'est que vers 3 h 30 du matin, elle s'est réveillée, a senti mon absence, a vu que la lumière était allumée dans la salle de bains et m'a appelé. Comme je n'ai pas répondu, elle m'a hélé de nouveau et, ne recevant toujours pas de réponse, s'est précipitée hors du lit pour me trouver couché par terre, moitié dans la salle de bains, moitié dans la chambre, à convulser sans arrêt en bavant du sang parce que je m'étais mordu la langue.

Après m'avoir tourné sur le flanc pour m'éviter de m'étouffer, Santha a téléphoné aux secours, puis réveillé nos compagnons de voyage, Randall Carlson et Bradley Young, qui séjournaient dans les chambres voisines.

Je ne me rappelle rien de tout ça. Il semble cependant que j'aie été stabilisé aux urgences puis transféré vers le lit où je me suis réveillé et où j'ai repris mes esprits assez vite. Ce soir-là, on m'a laissé sortir et j'ai pu regagner notre hôtel à Bloomfield où j'ai lu mon dossier médical. Il s'est avéré que je souffrais de fibrillation auriculaire, trouble cardiaque passé inaperçu jusqu'alors. Je devrais prendre tous les jours un anticoagulant pour prévenir la répétition de ce qui a été diagnostiqué comme un accident ischémique transitoire, soit un « mini AVC ». J'ai subi une perte de mémoire partielle des événements ayant eu lieu les semaines précédant l'attaque, mais il n'y avait pas de dommages neurologiques évidents sur les scans. Le personnel médical de Farmington a été absolument génial. Je les remercie de tout cœur pour leur intervention rapide et efficace.

Je souffre en effet de fibrillation auriculaire, qui peut me causer des accidents vasculaires (le sang s'accumule et forme des caillots dans le cœur). Je prends toujours ces anticoagulants. Mon diagnostic était toutefois très partiel, ce qui est apparu dès le lundi 14 août 2017 vers midi, lorsque j'ai subi d'autres crises beaucoup plus graves chez moi à Bath, en Angleterre.

De nouveau, on m'a transporté aux urgences, puis aux soins intensifs. De nouveau, le personnel médical, de l'hôpital Royal United à Bath, cette fois, a été brillant, attentionné et dévoué bien au-delà de son devoir. Au vu de mes convulsions continues d'une violence exceptionnelle, le neurologue a pris Santha à part pour lui conseiller de se préparer au pire. L'équipe médicale n'arrivait pas à les stopper ; il se pouvait qu'elles me tuent ou qu'elles m'endommagent le cerveau au point de me laisser végétatif.

En dernier recours, on m'a plongé dans le coma, intubé et placé sous ventilateur. Mon état s'est stabilisé au cours des 48 heures suivantes et, enfin, les médecins ont pu retirer le tube et me laisser respirer par moi-même. J'ai émergé dans la soirée du mercredi 16, déconcerté de voir que Sean, Shanti, Leila et Gabrielle, mes enfants maintenant adultes, étaient venus de Los angeles, New-York et Londres pour rejoindre Santha à mon chevet. J'ai mis un certain temps à comprendre ce qui s'était passé, pourquoi je portais un cathéter, pourquoi j'étais si cotonneux.

Peu à peu, ma conscience me revenait. J'ai été transféré au service de neurologie et le jeudi soir, le 17 août, à mon grand soulagement, on m'a retiré le cathéter. Toute la journée du 18, je suis resté au service de neurologie, chancelant mais capable de gagner les toilettes avec l'aide d'une canne. Vendredi soir, je me sentais beaucoup mieux. Finalement, le samedi 19, on m'a autorisé à sortir et renvoyé chez moi.

Les tests effectués ont établi assez clairement (bien qu'un certain mystère subsiste sur ce qui se passe exactement) que les crises d'épilepsie ne venaient pas de caillots sanguins dus à ma fibrillation auriculaire, mais plutôt de mon abus à long terme d'un remède à la migraine, le sumatriptan, administré par piqûre. Je m'en faisais jusqu'à douze injections par mois, depuis plus de 20 ans. Il s'avère que la migraine est elle-même un facteur de risque d'épilepsie et la recherche a établi un lien entre triptans (surtout si on en abuse) et convulsions. Il paraît presque certain que c'est le sumatriptan qui m'a amené aux portes de la mort. Je dois désormais accepter la douleur atroce et abrutissante de mes migraines ou finir comateux, voire mort. En 2018, en écrivant ceci, je prends toujours des doses quotidiennes massives de levetiracetam, un anticonvulsivant. Tant que je continue à le prendre, il y a de bonnes chances pour que le problème ne se reproduise pas.

Hors-corps

Quoique terribles pour Santha, nos enfants et moi, mes 48 heures de coma artificiel soulèvent des questions fascinantes. Où étais-« je » pendant ces 48 heures manquantes ? Je me souviens du processus d'intubation et de ma vive sensation d'invasion, d'asphyxie. Que s'est-il passé ensuite ?

Quelques souvenirs confus me hantent parfois, si confus et fragmentaires que je ne peux pas les ordonner. Je doute qu'ils s'appliquent à des expériences de mort imminente car, après tout, je n'étais pas mort. Ma conscience était simplement passée en veille sous l'effet des médicaments, et plus je regarde en arrière, plus je constate que j'étais juste absent, parti, durant ce laps de temps. Lorsque j'essaie de me représenter ce drôle d'interlude, ce que je vois et ce que je ressens, c'est... l'obscurité.

Une obscurité oppressante, épaisse.

Rien à voir avec la dernière fois où je suis « mort », en mai 1968, presque exactement 49 ans auparavant, à la suite d'un choc électrique massif.

J'avais dix-sept ans et je vivais avec mes parents. Je suis enfant unique. Un de mes frères et sœurs, un garçon, a été porté à terme, mais il est mort-né quelques années avant que j'aie été conçu. Mes deux autres frères et sœurs, une fille – Susan – puis un garçon – Jimmy – ont vécu chacun près d'un an. Quand mes parents sont partis à la campagne ce week-end de mai 1968, je me suis retrouvé seul. Bien sûr, j'ai sauté sur l'occasion d'organiser une fête le samedi soir.

On habitait une maison mitoyenne avec un petit jardin sur une rue calme d'un lotissement – tout sauf le lieu idéal pour trois cents adolescents turbulents, de la musique forte et de l'ivresse publique. La soirée a duré toute la nuit et les derniers traînards ne sont repartis que le dimanche en début d'après-midi. À en juger par les visites de voisins furieux, j'avais eu de la chance que personne n'ait appelé la police. Mes parents ne manqueraient pas d'apprendre ce qui s'était passé à leur retour ce soir-là.

Un peu inquiet, j'ai passé l'après-midi à faire le ménage. La maison ayant été saccagée, il m'a fallu des heures pour la rendre présentable, mais à la tombée de la nuit, il ne restait que la cuisine. Comme je n'attendais pas mes parents avant tard, j'avais encore du temps devant moi, alors j'ai retroussé mes manches et entamé le nettoyage du monceau d'assiettes, tasses, verres et bouteilles vides autour de l'évier. Il y avait beaucoup d'eau sur le sol. Je trouverais une serpillière et je m'en occuperais sitôt la vaisselle faite.

J'étais pieds nus, mains et bras mouillés, debout dans l'eau autour de la base de l'évier, quand j'ai eu l'idée de vérifier si le réfrigérateur était bien branché. Je suis assez obsessionnel et je pousse souvent le dos d'une prise pour m'assurer de son enfichage. La prise était toute proche, j'en connaissais l'emplacement exact – j'avais effectué ce geste bien des fois – et, sans regarder, j'ai tendu la main.

Ce que j'ignorais, c'est qu'on avait brisé le dos de la fiche pendant la nuit et que les terminaux étaient à nu. Quand je les ai touchés de mes doigts mouillés alors que je me tenais dans la flaque, il y a eu un gros BOUM et une énorme secousse brûlante m'a projeté à travers la cuisine ; j'ai heurté le mur derrière moi et glissé au sol.

Je savais que j'étais affalé par terre car j'ai vu mon corps, mais d'un angle nouveau. Je n'étais plus « dans » ce corps ! J'étais en hauteur, vers le plafonnier. Planant tel un oiseau, je me toisais.

Je me rappelle avoir pensé : « Tiens, intéressant. » Mon corps couché en-dessous de moi semblait une chose lourde, encombrante. Assez inutile. En être débarrassé n'avait rien d'une grande perte. La légèreté et la liberté que j'éprouvais me plaisaient. « Et maintenant ? »

Soudain, tout comme j'avais quitté ma chair, et sans que j'aie davantage besoin d'user de ma volonté, je me suis retrouvé à l'intérieur ; je m'agitais, je gémissais, je reprenais conscience.

J'allais bien. Très bien, en fait ! J'avais encaissé une belle décharge, voilà tout.

J'étais jeune et robuste ; je me suis bientôt relevé. J'ai fini la vaisselle, épongé le sol de la cuisine, effectué une dernière inspection de la maison. Enfin, vers 22 heures, mes parents manquant toujours à l'appel, j'ai sorti Rusty, mon terrier irlandais. La pleine lune, immense dans le ciel, assombrissait les étoiles de sa lumière froide et jetait des ombres étranges sur le sol. Bien que je ne me rappelle pas le jour exact de mai 1968 où j'ai été électrocuté, une recherche rapide sur Internet confirme que ça n'a pu être que la nuit du dimanche 12 mai, la lune étant en effet pleine ce soir-là.

Mes migraines ont débuté peu après, et continué depuis. Je pense qu'elles suivent un motif, qu'elles sont plus fréquentes autour de la pleine lune qu'à d'autres moments du mois, mais je n'ai jamais pris la peine de tenir un journal qui confirmerait ou réfuterait la théorie. Il est possible que j'aie seulement imaginé ce lien.

Ce que mon expérience de mort imminente en 1968 et mes expériences de convulsions et de coma artificiel en 2017 m'ont appris – une chose dont je suis certain –, c'est que la frontière entre la vie et la mort est diaphane, vaporeuse, aussi perméable qu'un souffle d'air.

Nous nous sentons bien ancrés dans nos vies, mais on peut traverser cette frontière à tout moment.

Parfois, très rarement, nous revenons.

Mais sinon ? Que se passe-t-il ? Est-ce la fin, ou se peut-il, comme chaque religion l'affirme, qu'une partie de nous, une essence immatérielle, survive au tombeau ?

Une faction de scientifiques (Richard Dawkins et Daniel Dennett, notamment) se moque de l'éventualité qu'il puisse y avoir plus que notre chair mortelle. Ils ont peut-être raison. Il se peut vraiment qu'il n'y ait aucun sens à l'univers, aucun but à l'expérience humaine, aucune âme immortelle, et donc aucune possibilité d'un quelconque « Au-delà ». Mais soyons clairs : ces idées-là n'ont **rien** de « faits » scientifiques démontrés, fondés sur des preuves issues d'expériences et de recherche empirique. Non, ce sont des hypothèses, et en tant que telles, même exprimées par des personnalités éminentes comme Dawkins et Dennett, elles n'ont ni plus ni moins de valeur que les hypothèses sous-tendant toutes les religions.

Indépendamment de l'opinion de chacun sur ces questions, d'ailleurs, il y a un fait indéniable sur lequel je pense que tout le monde peut s'accorder : les civilisations anciennes, comme les nôtres, pratiquaient des religions, et ces religions, comme les nôtres, se préoccupaient de la mort.

Le Royaume des morts

J'ai grandi dans une famille chrétienne et, étant par nature rebelle, je suis devenu athée vers mes quinze ans.

Ensuite, je crois pouvoir affirmer que je n'ai trouvé aucun intérêt à la spiritualité jusqu'à ce que je découvre le *Livre des morts des anciens Égyptiens* vers quarante ans. J'étais prêt, comme je ne pouvais pas l'être à vingt ou trente ans, et son contenu m'a intrigué tant et si bien que, durant des années, j'ai plongé avec une fascination croissante dans les Textes des pyramides plus reculés, les Textes des sarcophages moins réputés, le *Livre des portes*, le *Livre de l'Amdouat* et le *Livre des respirations*.

Je me référerai à ces textes dans ce qui suit parfois par leurs titres spécifiques et parfois, collectivement, comme les « Livres des morts » ou les « textes funéraires ». Ce sont les trésors survivants d'une antique investigation sur la nature mystérieuse de la réalité. Ayant entrepris de décrire ce qu'ils m'ont apporté dans *L'Empreinte des dieux*, publié en 1995, j'ai pu m'étendre davantage dans deux livres ultérieurs, *Le Mystère du Grand Sphinx*, en 1996, puis *Heaven's Mirror*, en 1998.

L'énigme que j'explore au fil de ces livres, mais plus en détail dans *Heaven's Mirror*, c'est que des traces des mêmes concepts spirituels et du même symbolisme qui éclairent les textes égyptiens se retrouvent partout, parmi des cultures dont nous pouvons être sûrs qu'elles n'ont jamais eu de contact direct. La diffusion de l'une à l'autre n'est donc pas la réponse, et la « coïncidence » ne parviendrait même pas à offrir un semblant d'explication en regard du niveau de détail de leurs ressemblances. La meilleure explication, à mon avis, c'est qu'il existe un héritage, partagé dans le monde entier, transmis à partir d'une unique source très ancienne.

Cet héritage comporte maints aspects, mais je crois que sa marque de fabrique, comme le lecteur l'a constaté, est un système de pensée dans lequel la géométrie, l'astronomie et le sort de l'âme sont tous étrangement mêlés. Les mèmes géométriques et astronomiques par lesquels le système se reproduit à travers cultures et époques sont abondamment représentés dans les cercles, les carrés, les rectangles et les triangles, et dans les alignements solsticiaux, équinoxiaux et lunaires, des immenses tumulus et géoglyphes des bassins de l'Amazone et du Mississippi.

Mais *quid* du sort de l'âme ?

Pendant les 3 000 ans qu'elle a duré, la stupéfiante civilisation égyptienne et la remarquable religion qui semble née déjà établie avec elle dans la vallée du Nil à la fin du quatrième millénaire avant J.-C a eu pour préoccupation centrale ce questionnement particulier. Dans cette religion, que les livres des morts expriment, certains symboles et idées clés se distinguent, impliquant de manière évidente la constellation d'Orion, la Voie lactée, et la notion, intimement liée aux croyances sur l'une et l'autre, que l'âme doit effectuer un périlleux voyage *post-mortem* où elle fera face à des défis et des épreuves et où elle sera jugée sur les choix qu'elle a faits au cours de la vie.

Dans l'intention, semble-t-il, de préparer les initiés au voyage dans l'Au-delà, comme Robert Bauval et moi l'avons montré dans notre ouvrage commun *Le Mystère du Grand Sphinx*, les textes funéraires appelaient également à la construction de vastes structures géométriques et alignées sur les astres, qui devaient « copier » ou imiter sur le sol une région du ciel appelée la *Douât* – le mot, souvent traduit par « Au-delà », qui désignait le Royaume des morts en égyptien ancien[1].

Le souverain de la Douât, c'était le dieu Osiris, seigneur des Morts, représenté dans le ciel par la majestueuse constellation que les anciens Égyptiens appelaient *Sahu* et que nous connaissons sous le nom d'Orion[2]. Il n'est donc guère surprenant, à titre de manifestation de la cosmologie « ce qui est en haut est comme ce qui est en bas », que la position au sol des trois grandes pyramides de la nécropole de Gizeh reproduise celle des trois étoiles de la ceinture d'Orion. Cette corrélation a été découverte et présentée par mon très cher ami Robert Bauval en 1994 dans son livre révolutionnaire *Le Mystère d'Orion*[3]. Dès le milieu des années 1960 toutefois, l'égyptologue Alexander Badawy et l'astronome Virginia Trimble avaient découvert qu'un mystérieux puits ménagé selon un angle d'environ 45° à travers la Grande Pyramide pointait la ceinture d'Orion au transit méridien voilà 4 500 ans[4]. Grâce à l'utilisation de données précises d'inclinomètre fournies par une exploration robotique en 1992, Bauval a pu affiner leur travail et ainsi confirmer qu'à l'ère des pyramides, vers 2450 avant J.-C., le puits visait Zeta Orionis, première des trois étoiles de la ceinture d'Orion, l'homologue céleste de la pyramide de Khéops au sol[5].

Cela aussi est parfaitement logique du point de vue des croyances égyptiennes anciennes. Une invocation souvent répétée dans les Textes des pyramides dit du pharaon défunt :

> Ô Roi, tu es la Grande Étoile, le compagnon d'Orion, qui traverse le ciel avec Orion, qui navigue dans l'Au-Delà avec Osiris... Ô Roi, navigue et arrive[6].

Le puits s'élevant depuis la prétendue Chambre du roi de la Grande Pyramide, à quelques mètres d'un sarcophage de granit vide, il est difficile de réfuter ce qui est désormais l'opinion savante majoritaire sur son but – à savoir qu'il a été conçu pour servir de portail, de « puits stellaire », par lequel l'âme du défunt pouvait monter jusqu'à Orion et, là, commencer à naviguer la Douât[7].

L'Égypte ancienne en Alabama ?

Après mes premières crises au Nouveau-Mexique en mai 2017, Santha et moi sommes allés à La Nouvelle-Orléans en avion, goûter quelques jours de repos, de loisir et de bonne bouffe cajun dans l'une des villes les plus décontractées au monde pendant que je récupérais mes forces. Ensuite, nous avons repris la route vers le nord pour explorer les sites de la vallée du Mississippi inférieur, en finissant par le tumulus du Grand serpent dans l'Ohio au solstice d'été.

Nous avons d'abord fait halte 4 heures au nord de La Nouvelle-Orléans, sur les incroyables terrassements géométriques et astronomiques de Poverty Point décrits au chapitre 3.

Puis nous avons visité Emerald Mound, également en Louisiane, les tumulus de Winterville, Mississippi, et, le quatrième jour de notre voyage, nous avons atteint Moundville en Alabama.

Là, outre des repères géométriques et astronomiques, un étrange sentiment de déjà vu lié à l'Égypte m'attendait après qu'on a gravi le tumulus B. Cet excellent point de vue pour les photographies de Santha, de forme pyramidale et de 18 mètres de haut, domine tout le site spectaculaire qui s'étend au sud de la rivière Black Warrior. La vaste esplanade à nos pieds, bordée par une grosse vingtaine de tumulus disposés un peu comme à Watson Brake, dessinait une longue ellipse. Au centre de cette place, que Santha cadrait, se dressait un grand tumulus à la plate-forme rectangulaire – le tumulus A – et, tandis qu'elle le photographiait, je me suis écarté pour lire la plaque historique officielle.

Elle donnait l'exposé classique sur la construction du site, qui avait apparemment été effectuée sur environ 100 ans aux XIIe et XIIIe siècles. On y postulait aussi, de façon prévisible, que la religion avait dû servir à contraindre ou à convaincre la population de faire tout ce travail. Puis tout à coup, les choses devenaient intéressantes. « À Moundville », lisait-on,

> le motif de la main et des yeux constituait un parfait exemple d'une puissante image religieuse. Le « disque au serpent à sonnette » reproduit sur ce panneau en offre la version la plus connue, bien que de nombreuses variations se retrouvent sur des poteries et des objets en cuivre, en pierre ou en coquillages.
>
> Les histoires transmises au sein de diverses tribus racontent que les morts entrent dans l'Au-delà par une ouverture marquée par la main d'un grand guerrier dans le ciel. Selon l'un de ces récits, cette main serait notre constellation d'Orion, la ceinture d'Orion figurant le poignet, les doigts pointant vers le bas. L'amas ténu d'étoiles au centre de la paume est le portail vers le chemin des âmes ou la voie vers la terre des morts. Les chercheurs spéculent que la main et l'œil représentent cette constellation[8].

J'étais perplexe. J'essaie toujours de me préparer à fond, mais un point important devait m'avoir échappé lors de mes lectures préparatoires avant ce voyage. Le lien entre la constellation d'Orion et la terre des morts était un aspect fondamental de l'ancienne religion égyptienne, et c'était un drôle de retour au pays – l'intimité confortable du territoire familier – que de le retrouver ici, dans une religion amérindienne.

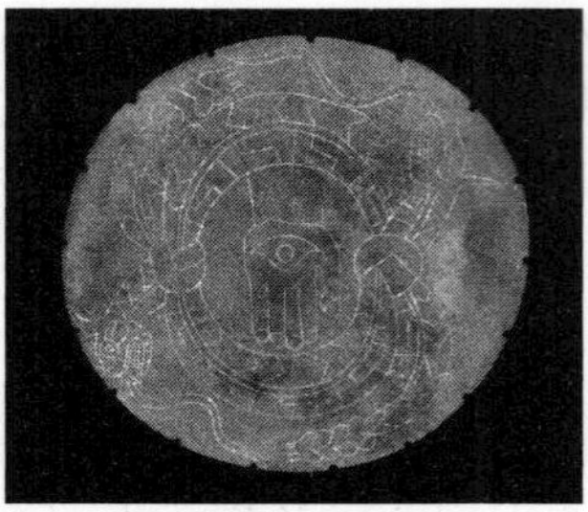

Moundville : disque au serpent à sonnette avec le symbole de « la main et l'œil ». PHOTO : AVEC L'AIMABLE AUTORISATION DES MUSÉES DE L'UNIVERSITÉ D'ALABAMA, TUSCALOOSA, ALABAMA.

Mais j'aurais dû le savoir !

Le disque au serpent à sonnette se trouvait au musée que nous avions traversé brièvement sur le chemin du site, comptant plutôt voir les expositions en détail à la fin de notre visite.

Là, soudain, il devenait la priorité absolue. Dix minutes plus tard, nous nous tenions donc face à sa vitrine.

C'est une image mystérieuse et complexe sur un disque de grès gris foncé de 32 centimètres de diamètre. Tout autour de sa bordure sont ciselées 17 encoches équidistantes, lui donnant un aspect de rouage. Puis, en taille-douce, viennent deux serpents à sonnette entrelacés, dardant leurs longues langues, leurs corps noués. Curieusement, ils ont des cornes. L'enceinte ovale formée par leurs corps enroulés encadre une main humaine arborant en son centre ce qui semble bien être un œil gravé.

« La main et l'œil », ai-je lu dans la description adjointe,

> est un motif éminent de Moundville dont on estime qu'il représente une partie de la constellation d'Orion. Pris en tant que groupe, les serpents noués et la main et l'œil passent pour une représentation du ciel nocturne. Les serpents sont les cordes qui relient terre et ciel. Dans la paume de la main se trouve le portail ou la porte par laquelle les esprits des morts peuvent gravir le chemin des âmes (...) une route ou un ruban de lumière, la Voie lactée, qui s'étend devant les âmes en voyage. Ce fleuve de lumière (...) dépose les âmes, après une série d'épreuves, au royaume des morts. Des familles de toute la chefferie de Moundville amenaient et enterraient leurs morts ici parce qu'elles croyaient qu'il s'agissait du lieu approprié pour que l'esprit entame son trajet le long du chemin des âmes. Au fil du temps, Moundville est ainsi devenue, dans l'esprit de son peuple, non seulement la porte symbolique du royaume des morts, mais aussi l'image matérialisée de ce domaine sacré sur terre[9].

Donc, non seulement la constellation d'Orion et le voyage vers le Royaume des morts faisaient partie de l'histoire de Moundville, mais, en plus, j'apprenais qu'une série d'épreuves attendait les voyageurs, que la Voie lactée y jouait un rôle et, enfin, qu'on avait tenu Moundville elle-même pour une image, ou une copie, du Royaume des morts sur terre. Tous ces éléments étaient des symboles, concepts et récits importants dans les textes funéraires égyptiens antiques qui me fascinaient depuis plus de 20 ans. N'en trouver que deux réunis au sein d'une culture éloignée et déconnectée serait déjà frappant, mais qu'ils soient tous présents dans l'Antiquité nord-américaine comme dans l'Égypte ancienne, au service des mêmes buts, était une anomalie significative.

Le musée offrait d'autres superbes exemples de l'iconographie de Moundville, l'art amérindien dans sa splendeur indubitable, l'œuvre de la même culture mississippienne responsable de Cahokia. Chaque pièce d'exposition dans les vitrines avait été produite entre 1150 et 1500 après J.-C., date de l'abandon de Moundville, et les archéologues avaient si bien travaillé que ces dates ne faisaient aucun doute. Cela exclut toute possibilité d'influence directe, car l'Égypte ancienne a rendu son dernier souffle sous l'occupation romaine au Ve siècle après J.-C., au moins 500 ans avant l'émergence de la culture du Mississippi.

Comment alors expliquer le fait que certains des symboles fondamentaux et des idées des religions qu'on pratiquait à Moundville comme dans l'Égypte ancienne – des idées et des symboles spécifiques au voyage de l'âme dans l'Au-delà –semblent identiques ?

6.

Le portail et le chemin

Selon le panneau au sommet du tumulus B, « un récit » liait la constellation dite d'Orion aux traditions de « la main d'un grand guerrier dans le ciel ». Cela se révèle inexact. Il y a des dizaines de tels récits faisant spécifiquement référence à une ancienne constellation amérindienne où les étoiles de la ceinture d'Orion forment le poignet de cette main, parfois attribuée à un grand chef guerrier et parfois à un être céleste malveillant appelé « Long Bras » qui l'a utilisée pour tenter de bloquer un portail entre la terre et le ciel, mais l'a perdue quand un héros humain la lui a tranchée[1].

À part qu'elles sous-estiment le nombre de ces récits, il m'a fallu une heure au plus sur Google pour confirmer que les informations sur les croyances mississippiennes en matière d'Au-delà affichées à Moundville, quoique maigres, se basent sur des recherches sérieuses et reflètent fidèlement les points de vue des chercheurs de premier plan dans le domaine.

La Voie lactée, le lien avec Orion, le périlleux voyage de l'âme dans l'Au-delà et la notion de créer une image ou une copie du royaume des morts sur le terrain figuraient tous bel et bien dans la religion de la culture du Mississippi comme dans l'ancienne religion égyptienne. Quiconque connaît les Textes des pyramides et le *Livre des morts* ne peut manquer de noter ces similitudes évidentes. Je ne suis pas le premier à le faire. Andrew Collins et Gregory Little abordaient le sujet en 2014 ; d'autres le mentionnaient brièvement en 2012[2]. Mais à ma connaissance, alors que j'écris ceci, on n'a jamais mené de véritable étude comparative pour déterminer s'il existe un lien réel entre ces deux cultures par ailleurs très différentes, séparées non seulement par la géographie, mais aussi par le temps.

Ne s'agit-il que d'une coïncidence ?

Ou peut-on l'exclure ?

La question me semblait assez importante pour justifier une enquête approfondie, et j'avais une longueur d'avance, puisque les textes funéraires égyptiens, même s'ils n'avaient rien de « facile », m'étaient familiers. Je les avais consultés si souvent pour me documenter lors des livres précédents que je n'ai eu aucun mal à renouer avec eux. En prime, j'avais encore des centaines de pages de notes détaillées sur toutes les recensions clés faites au fil des ans, et la plupart de ces notes, avec des numéros de page se référant aux éditions imprimées soulignées et marquées dans mes étagères, étaient sous forme électronique, ce qui permettait d'y mener des recherches.

Les anciens Égyptiens nous ont laissé une énorme quantité de documents dans leur magnifique écriture hiéroglyphique et nous savons les lire depuis que Champollion a déchiffré la pierre de Rosette au XIXe siècle. Nous avons également des témoignages historiques sur les anciens Égyptiens et leurs croyances religieuses, écrits dans l'Antiquité par des témoins oculaires de leur civilisation, tel Hérodote. On dispose donc d'un matériau abondant.

Dans le cas de l'Amérique du Nord, par contre, il n'y a pas de comptes-rendus de témoin oculaire pour nourrir un dossier historique précolombien et, comme les Amérindiens n'avaient pas de langue écrite, ils n'ont laissé aucun document. Même s'ils l'avaient fait, l'exemple de l'autodafé des codex mayas pendant la conquête espagnole du Mexique laisse à penser qu'il en resterait bien peu à étudier de nos jours[3]. Les cultures indigènes nord-américaines ont subi une destruction si massive que c'est un miracle qu'aient survécu certaines de leurs images peintes et gravées sur la poterie, la pierre, le cuivre, les coquillages et les os.

On ne peut que deviner les pertes et travailler avec les vestiges. À cet égard, comme l'explique l'anthropologue Mark Seeman, alors que des sites comme Watson Brake, le tumulus du Grand serpent et même les terrassements Hopewell sont si anciens que

« les liens historiques sont très difficiles à établir », il en va autrement pour la culture du Mississippi, « assez proche dans le temps pour la relier aux pratiques religieuses et aux traditions orales de groupes historiques comme les Chicachas, les Creeks, les Caddos et les Osages[4] ».

Des liens similaires avec les Lakotas, les Mandans, les Hidatsas, les Crows, les Arapahos, les Oglalas et d'autres locuteurs des langues siouanes ainsi qu'avec les Ojibwés et d'autres locuteurs des langues algonquiennes ont ajouté des données vitales à l'enquête[5].

Avec ces ressources à portée de main, et grâce à un labeur de détective interdisciplinaire impliquant des archéologues, des anthropologues et des ethnologues, le code des idées et de l'iconographie mississippiennes a été décrypté, permettant de voir, comme l'indiquent les anthropologues Kent Reilly et James Garber, qu'une bonne part de l'imagerie « a un lien avec le matériau ethnographique qui décrit l'emplacement du Royaume des morts et le voyage des âmes mortes vers l'Au-delà[6] ».

Il y a « variation des détails ethnographiques d'un groupe tribal à l'autre, comme on pourrait s'y attendre », ajoute le professeur George Lankford, une autorité internationale sur le folklore, l'anthropologie, les études religieuses et l'ethnohistoire des amérindiens[7]. Néanmoins :

> Une métaphore unificatrice existe qui plaide en faveur d'un socle de croyance commun qui s'étendrait des forêts de l'Est aux Grandes Plaines et probablement même au-delà de cette zone. Elle considère la Voie lactée comme un chemin que les âmes des défunts doivent emprunter[8].

Ailleurs, Lankford réitère que ce système de croyance ne se limitait nullement aux Grandes Plaines, aux forêts de l'Est et à la vallée du Mississippi. Il participe plutôt, soutient-il, d'un « modèle religieux répandu » présent partout en Amérique du Nord et « plus puissant que la tendance à la diversité culturelle[9] ». En effet, les preuves suggèrent l'existence d'une « ancienne religion internationale nord-américaine[10] (...) une ethno-astronomie commune (...) et une mythologie commune. Une telle réalité multiculturelle laisse entrevoir une connaissance partagée qui se dissimulait derrière la façade de la diversité culturelle unie par les réseaux commerciaux internationaux. Le domaine conceptuel dans lequel cette connaissance commune se concentrait probablement, c'est la croyance mortuaire [et] (...) le symbolisme entourant la mort [11] ».

Les âmes de l'Égypte ancienne

Dans l'ancienne Amérique du Nord indigène et dans l'Égypte ancienne, l'univers était considéré comme étant composé de « couches » – avec Ce Monde, le royaume matériel quotidien, habité par des humains, pris en sandwich entre un Monde Souterrain (souvent avec de puissants aspects sous-marins) et un Monde Supérieur, ou Monde Céleste, au-dessus. Dans l'ancienne Amérique du Nord indigène et dans l'Égypte ancienne, le voyage après la mort a été envisagé comme se déroulant parmi les étoiles. Mais, dans chacune de ces deux croyances, ce cadre apparemment céleste comptait, de façon contradictoire, des éléments caractéristiques du Monde Souterrain, incluant des masses d'eau et d'autres obstacles à traverser, des espaces architecturaux à travers lesquels il fallait naviguer, et des adversaires monstrueux à affronter.

Les notions égyptiennes antiques de l'âme peuvent sembler extrêmement complexes à première vue. En effet, selon la grande autorité sur le sujet, Sir E. A. Wallis Budge, ancien conservateur des antiquités égyptiennes au British Museum, il ne s'agit pas seulement d'une âme mais plutôt d'une multiplicité d'âmes, toutes distinctes, mais en même temps en quelque sorte liées au *khat*, le corps physique, « ce qui est susceptible de pourrir [12] ».

Selon le résumé de Budge, ces « âmes » distinctes, non physiques – peut-être les termes « aspects de l'âme » les décriraient-ils mieux – comprennent notamment :

- Le *ka*, ou « double », qui reste sur terre après la mort, à proximité immédiate du cadavre et de la tombe ;
- Le *ba*, représenté comme un oiseau ou un oiseau à tête humaine qui peut voler librement « entre le tombeau et le monde souterrain » ;
- Le *khaibit*, ou ombre ;

☽ Le *khu*, ou « âme spirituelle » ;

☽ Le *sekhem*, ou « pouvoir » ;

☽ Le *ren*, ou « nom » ;

☽ Le *sahu*, ou « corps spirituel », qui formait l'habitation de l'âme ;

☽ L'*ab*, ou cœur, « considéré comme le centre de la vie spirituelle et pensante. (...) Il caractérise tout ce que signifie pour nous le mot "conscience" ». Le cœur, et ce que son propriétaire lui a imparti par ses choix au cours de la vie, est l'objet spécifique du jugement dans l'Au-delà [13].

On pourrait écrire un livre entier, voire plusieurs, autour des complexités des croyances égyptiennes sur l'âme. À mon avis, cependant, une fois que l'on se débarasse des fioritures baroques, des éléments dramatiques et des multiples itérations, les huit « âmes » ou « aspects de l'âme » énumérés ci-dessus peuvent se réduire à deux, reflétant l'antique vision égyptienne de la nature duelle de la créature humaine comme être à la fois spirituel et matériel.

D'une part, il y a cet aspect de nous-mêmes non physique et spirituel, potentiellement éternel et immortel, aspirant à la « vie de millions d'années », comme le formulent les textes funéraires. Ayant porté le corps tel un costume, cette « âme » en est libérée à la mort et peut monter vers les étoiles, plus précisément vers la constellation d'Orion, pour commencer l'étape suivante de son voyage.

D'autre part, il y a le corps physique et la force motrice censée avoir aidé à ses fonctions vitales au cours de la vie. Tenue aussi pour une sorte d'« âme », une entité surnaturelle à part entière, c'est le lot de cette présence fantomatique et non physique – combinant notamment les caractéristiques du *ka* (« double ») et du *khaibit* (« ombre ») – de demeurer sur terre avec le cadavre.

Inévitablement, dans un pareil système, la terre et le ciel deviennent des dualités opposées symbolisant le royaume matériel qui doit être abandonné et le royaume spirituel où monte l'aspect potentiellement immortel et non physique du défunt. Ainsi, nous lisons dans les Textes des pyramides :

> La Terre est la détestation de ce roi. (...) Ce roi est destiné au ciel [14].

> L'esprit est destiné au ciel, le cadavre est destiné à la terre[15].
> Le roi est l'un de ces (...) êtres (...) qui ne tombera jamais du ciel sur la terre[16].

Dans une veine similaire, et avec une certaine complexité concernant les activités de l'« ombre », *Le livre de l'Amdouat* dit ceci :

> Que votre âme soit dans le ciel (...) que votre ombre pénètre le lieu caché, et que votre corps soit à la terre[17].

On pourrait citer bien d'autres exemples, mais, en résumé, les anciens Égyptiens croyaient en deux âmes ou aspects fondamentaux de l'âme. L'un d'eux (ne chipotons pas sur ses différents avatars) restait lié à la dépouille et à la tombe. L'autre, là encore sous ses diverses formes, avait le loisir de monter au ciel et de commencer son voyage vers le royaume des morts.

Les âmes de l'Amérique ancienne

Quid des conceptions amérindiennes de l'âme ?

Ici aussi, on trouve d'abord une multiplicité déconcertante.

Les Quileutes de la côte nord-ouest des États-Unis croient que le corps humain inclut plusieurs âmes qui « ressemblent exactement à l'être vivant et peuvent s'enlever ou s'endosser telle la mue d'un serpent[18] ».

Ce sont une âme interne, « l'âme principale, robuste », une âme externe, « l'ombre extérieure », une âme de vie, « l'être par lequel on vit », et le « fantôme » de la personne vivante, « la chose où l'on grandit[19] ».

Notons en passant que le *Livre des morts* égyptien déclare au chapitre 164 :

> J'ai fait pour toi une peau, à savoir une âme divine[20].

Revenons en Amérique du Nord, où les Yuchis de l'Oklahoma croyaient que l'individu « possède quatre esprits (...) dont l'un, à la mort, reste là où la désincorporation a eu lieu, tandis que deux autres planent à proximité des membres de la tribu et des parents.

(...) Le quatrième entame un voyage de quatre jours » vers le havre des âmes[21].

Dans d'autres récits recueillis chez les Ojibwés disséminés partout au nord-est de l'Amérique du Nord, l'ethnographe Vernon Kinietz a appris que les humains ont sept âmes – une seule d'entre elles, « l'âme véritable », rejoignant le Royaume des morts[22]. Un autre groupe d'Ojibwés a indiqué que, selon leurs traditions, l'être humain se compose de trois parties :

> Le corps (*wiyo*) qui se désintègre après la mort, l'âme (*udjitchog*) qui au décès part pour le Royaume des morts à l'ouest, et l'ombre (*udjibbom*) qui après la mort devient un fantôme de la tombe[23].

Exprimant la même idée de manière un peu différente, les Menominee du Wisconsin affirment qu'il y a deux âmes en chaque être humain :

> L'une, appelée « ombre transversale », qui réside dans la tête, est l'intellect ; après la mort, elle devient un fantôme de la tombe. L'autre, c'est l'âme véritable, *tcebai*, qui a son siège dans le cœur et qui, au décès, gagne le Royaume des morts[24].

Pour les Choctaws aussi, les humains ont deux âmes, le *shilombish*, « l'ombre extérieure », et le *shilup*, « l'ombre intérieure », ou fantôme, qui à la mort rejoint la terre des fantômes. Le *shilombish* reste sur terre[25].

Et, une fois éliminés les détails inutiles et la terminologie confuse, il apparaît que les Amérindiens d'une vaste zone géographique croyaient à deux âmes, comme les anciens Égyptiens – l'une liée au corps et à la terre, l'autre libre de monter au ciel. « Le dualisme de l'âme », conclut en 1953 le célèbre anthropologue suédois Ake Hultkrantz, dans son grand ouvrage encore souvent cité *Conceptions of the Soul Among North American Indians*, « constituait le type prédominant de croyance à l'âme en Amérique du Nord[26] ».

Au cœur de ce système de croyance répandu se trouvent des concepts jumeaux que Hultkrantz appelle « l'âme-libre » et « l'âme-corps ». Cette dernière, parfois appelée « l'âme vitale », représente « les forces qui gardent le corps actif ». L'« âme-libre », pour sa part, représente « l'individu dans sa forme extracorporelle » augmenté d'un pouvoir de mobilité illimité[27].

À quelle fin servait cette liberté de mouvement ?

Parmi les anciens Amérindiens du Nord, comme l'explique George Lankford, on croyait

> [qu']à un moment crucial du processus de mort, l'« âme-libre », consciente et dotée d'une personnalité identifiable par rapport au défunt, se sépare du corps, laissant derrière elle l'âme vitale, une force insouciante parfois dangereuse pour les vivants, prise au piège à l'intérieur ou près de la dépouille. L'âme-libre reste dans les parages durant une brève période, puis (...) s'en va vers l'ouest pour son dernier voyage. (...) Si, le long du chemin, elle acquiert le pouvoir ou la volonté de retourner à la vie terrestre, elle peut revenir à tout moment sur ses pas pour réintégrer son corps. (...) Les rituels mortuaires doivent donc inclure au moins deux tâches différentes prenant soin de deux âmes différentes[28].

Pour les mêmes motifs, les rituels funéraires égyptiens antiques se caractérisaient par les mêmes soin et attention accordés à deux « âmes[29] ». Il paraît clair que ces « âmes » égyptiennes séparées sont essentiellement interchangeables avec les notions amérindiennes d'« âme-corps » et d'« âme-libre ».

La route vers l'ouest

Dans les Textes des pyramides, ligne 1109, une âme atteint le royaume des morts pour entendre une voix lui dire :

> Repars, ô toi qui n'es pas encore rendu au compte de tes jours.[30]

Une légende des Outaouais, un peuple amérindien qui vivait au Michigan et en Ohio avant de migrer en Oklahoma où on trouve désormais la plupart des membres de la tribu, parle d'un individu qui entre encore vivant au Royaume des morts. Une voix, « telle une douce brise », lui murmure à l'oreille :

> Retourne sur la terre d'où tu arrives. Ton heure n'est pas venue[31].

L'âme libre peut se détacher du corps non seulement dans la mort, mais aussi pendant un rêve, une vision, un coma. Du point de vue amérindien, la « mort » n'est définitive qu'une fois établie la certitude que l'âme-libre absente ne reviendra plus. De ce fait, explique Lankford, « on n'enterre presque jamais les "défunts" sur-le-champ et la plupart des peuples respectent un temps d'attente spécifié [32] ». Les Ojibwés étaient réputés pour leur « habitude de conserver les morts quatre jours, dans l'espoir que l'âme s'en retourne du monde des esprits et que la personne revienne à la vie [33] ».

Mais quand l'âme ne revient pas, où va-t-elle et comment y arrive-t-elle ? Une légende du peuple amérindien Tachi Yokut raconte l'histoire d'un mari dont la femme chérie avait péri. Endeuillé, il alla à sa tombe et creusa un trou à proximité :

> Là, il resta à regarder, sans manger. (...) Au bout de deux nuits, il la vit se lever, épousseter la terre qui la recouvrait et partir pour [le pays] des morts [34].

De même, dans les anciens Textes des pyramides, lignes 747-748, on lit l'invocation suivante au défunt :

> Sors du tombeau, retire la terre, époussette-toi, lève-toi, afin que tu puisses voyager en compagnie des esprits [35].

Dans l'Égypte ancienne, la première étape du voyage vers le royaume des morts consistait à s'assurer de la stricte observance des rites mortuaires. Le but de ces rites, explique Wallis Budge, était de permettre « à l'esprit désincarné (...) de passer de la tombe vers la région juste à l'ouest de la chaîne montagneuse sur la rive ouest du Nil, qu'on peut considérer comme une montagne et appeler Manu, ou la montagne du coucher du soleil [36] ».

Dans le cas du voyage amérindien dans l'Au-delà, il en va de même, comme le résume Lankford :

> Le chemin mène vers l'ouest, la place du soleil couchant, la fin du passage cosmique est-ouest, le point de transition du jour à la nuit [37].

Pour revenir à l'Égypte ancienne, la première étape du voyage dans l'Au-delà a lieu sur le plan terrestre et amène l'âme en un lieu spécial à l'ouest, décrit comme par-delà « la montagne du coucher du soleil ». Là, poursuit Budge,

> sont réunis de nombreux esprits, tous résolus à rejoindre la demeure des bienheureux ; ce sont eux qui ont quitté leur corps pendant la journée[38].

Dans la culture amérindienne, aussi, il s'agit d'atteindre un endroit à la limite ouest du « disque terrestre » où les morts se rassemblent et doivent attendre le bon moment, après la tombée de la nuit, pour faire la transition du plan terrestre vers le Monde Céleste. « Il peut y avoir un lieu de campement pour l'âme libre », nous dit Lankford :

> Car il peut y avoir une attente jusqu'à ce que les conditions se prêtent à la poursuite du voyage[39].

Orion, le « saut » et le portail dans l'Amérique ancienne

Dans l'Égypte ancienne, la constellation d'Orion, située en bonne place sur la rive ouest de la Voie lactée, passait pour la figure céleste du dieu Osiris, seigneur du Royaume des morts. Les textes funéraires incitent ainsi de façon explicite et répétée l'âme à monter au ciel et à s'unir à Orion. Quelques exemples :

> Tu atteindras le ciel comme Orion[40].
> Puisse un escalier vers l'Au-delà être mis en place pour toi là où se trouve Orion[41].
> J'ai gravi l'échelle avec mon pied sur Orion[42].
> L'Au-delà a pris ta main là où se trouve Orion[43].
> Puisse Orion me donner sa main[44].

L'intention, confirmée en architecture par le puits stellaire de la pyramide de Khéops (voir au chapitre précédent), est indubitable. Après avoir terminé son voyage vers l'ouest sur le plan terrestre et s'être rassemblée avec d'autres âmes en un point de transit, la forme spirituelle du défunt doit trouver un moyen d'accéder « là où se trouve Orion », endroit depuis lequel se déroulera le reste de son voyage au Royaume des morts.

Mais comment rejoindre Orion ?

Les moyens suggérés dans les énoncés cités ci-dessus comprennent un escalier, une échelle et la « main » de la constellation même. Une autre déclaration dit plus vaguement : « On lui apporte un moyen de monter au ciel [45] » et, cinquante lignes plus tard, on lit :

> Voici celui qui a fait l'ascension, voici celui qui a fait l'ascension ! Voici celui qui a grimpé, voici celui qui a grimpé ! Voici celui qui a volé, voici celui qui a volé [46].

Comment la transition vers le Monde Céleste s'opérait-elle dans le voyage amérindien vers l'Au-delà lorsque l'âme avait atteint le point de transit au bord du disque terrestre ? Lankford puise dans son vaste savoir ethnographique sur ce sujet quand il nous dit que, pour poursuivre son trajet vers le Royaume des morts :

> Ce que l'âme-libre doit faire (...) c'est un saut terrifiant. Le royaume des morts (...) ne s'atteint qu'en parcourant le Chemin des Âmes, la Voie lactée, à travers le ciel nocturne. Pour arriver sur le chemin, toutefois, il faut quitter le disque terrestre et entrer au royaume céleste. Le portail assigné à l'âme-libre lors de la mort se situe sur le bord du Chemin des Âmes. Il s'agit d'une constellation en forme de main, et le portail se trouve dans sa paume [47].

Comme je l'ai appris à Moundville, cette constellation amérindienne de la « Main » n'est autre que notre constellation d'Orion, les trois étoiles notables de sa ceinture formant le poignet. Sous ces astres, qui pour les Grecs faisaient partie de l'épée d'Orion, il y a un objet céleste lumineux connu sous le nom de Messier 42, ou la nébuleuse d'Orion. Dans le motif « main-et-œil », cette nébuleuse tenue par les astronomes modernes pour une « pépinière stellaire » où naissent sans cesse de nouvelles étoiles [48], figure « l'œil ». Cette description est cependant trompeuse et obsolète depuis longtemps ; on ne l'utilise plus que par habitude. La vérité, comme les spécialistes en conviennent désormais, c'est que dans l'iconographie mississippienne, elle ne représente pas du tout un œil, mais « un trou dans le ciel, un portail [49] » par lequel l'âme-libre doit passer afin d'atteindre le royaume des morts.

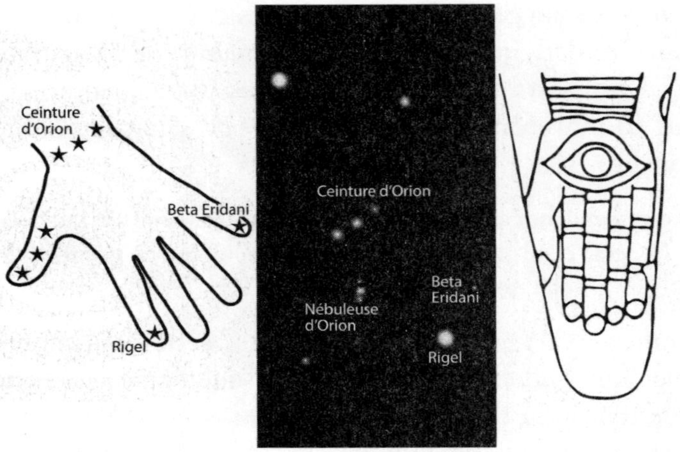

GAUCHE : Constellation amérindienne de la « Main » où les trois étoiles de la ceinture d'Orion forment le poignet. CENTRE : La ceinture d'Orion et la nébuleuse d'Orion. DROITE : Un exemple du motif « main-et-œil » de Moundville. La nébuleuse d'Orion est représentée par « l'œil », et passait pour un portail à travers lequel l'âme devait sauter dans son voyage vers l'Au-delà.

George Lankford clarifie la confusion :

> Le trou dans le ciel apparaît comme une fente qui s'écarte, et son caractère céleste est souvent souligné par l'inclusion d'un cercle ou d'un point représentant une étoile. Le double signe qui en résulte a ainsi l'aspect d'un œil, mais (…) il s'agit d'une similitude fortuite. « L'œil » n'est qu'un portail avec une étoile en son centre. La combinaison main-et-œil indique ainsi le début du voyage spirituel, l'entrée de l'âme dans la Voie lactée au niveau d'Orion[50].

Dans l'Égypte ancienne, la représentation hiéroglyphique de la Douât (l'Au-delà également accessible via Orion et la Voie lactée) utilisait les mêmes concepts en les exprimant dans le symbolisme local approprié. Si, dans l'art mississippien, il était d'usage de symboliser une étoile par un cercle ou un point, sa représentation dans l'Égypte ancienne évoquait la version à cinq branches qu'on utilise encore aujourd'hui. De même, dans l'art mississippien, le portail céleste apparaît comme une ouverture sous la forme d'une fente ouverte, tandis qu'elle est représentée par un cercle dans l'Égypte ancienne.

À GAUCHE : ÉGYPTE ANCIENNE : Le hiéroglyphe du Douât représente un trou dans le ciel avec une étoile en son centre. À DROITE : AMÉRIQUE ANCIENNE : Le trou dans le ciel apparaît comme une fente qui s'écarte, et son caractère céleste est souvent souligné par l'inclusion d'un cercle ou d'un point représentant une étoile.

Orion, le « saut » et le portail dans l'Égypte ancienne

La moitié supérieure d'« Orion » au-dessus des étoiles de la ceinture figure d'une manière évidente dans l'ancienne constellation égyptienne de *Sahu*, mais elle ne fait pas partie de la « Main ». Les récits qu'on racontait dans les vallées du Nil et du Mississippi pour mettre en scène cette imagerie sont aussi très différents. Néanmoins, il est étrange que la même constellation joue un rôle aussi crucial dans les croyances des Amérindiens comme dans celles des Égyptiens anciens à propos du voyage dans l'Au-delà.

En outre, bien que les échelles et les escaliers figurent parmi les « moyens d'ascension » suggérés à l'âme dans les textes funéraires égyptiens, ce ne sont pas, et de loin, les seuls. On s'approche de la notion amérindienne du « Saut » vers le portail dans l'énoncé 478 des Textes des pyramides, ligne 980, où le défunt déclare :

> Je bondis vers le ciel pour arriver en présence du dieu[51].

De même, dans l'énoncé 467, lignes 890-891, on lit :

> Quelqu'un s'envole. Je m'envole au-dessus de vous, ô les hommes ; je ne suis pas de la terre, je vise les cieux [52].

Et sur un mode presque technologique, dans l'énoncé 261 :

> Le Roi est une flamme qui se déplace devant le vent jusqu'au bout du ciel [53].

De telles références, et maints autres exemples possibles, laissent peu de place à une mauvaise interprétation. Il en va de même pour les Amérindiens et les Égyptiens anciens – un « saut » par un moyen quelconque depuis le plan terrestre jusqu'à Orion constituait une étape essentielle du voyage dans l'Au-delà.

On pourrait objecter que la constellation *Sahu*/Orion était, pour ces Égyptiens, la figure céleste d'Osiris, seigneur du Royaume des morts, sans rien d'un « portail » au sens amérindien du terme. C'est oublier, toutefois, la possibilité que, dans le système subtil des textes funéraires égyptiens, des symboles comportent divers niveaux de signification. Une étude attentive des textes révèle que le passage de l'âme par un portail céleste constituait bien une étape fondamentale du voyage dans l'Au-delà.

Revenons aux Textes des pyramides.

> Portail des Abysses, je suis venu à toi ; ouvre-toi pour moi [54].
>
> Les portes du ciel s'ouvrent à toi, les portes du ciel étoilé s'ouvrent à la volée pour toi [55].
>
> Les portes de fer qui sont dans le ciel étoilé sont ouvertes pour moi et je les franchis [56].
>
> Ouvre les portes qui sont dans les Abysses [57].
>
> L'ouverture de la fenêtre céleste s'offre à toi [58].
>
> Le portail céleste vers l'horizon s'ouvre à toi [59].
>
> Je suis celui qui a ouvert une porte dans le ciel [60].
>
> La porte du ciel à l'horizon s'ouvre pour toi [61].

« La nébuleuse d'Orion, clarifie Susan Brind Morrow dans une nouvelle étude des Textes des pyramides, est dans la porte du ciel [62]. »

Et au cas où un doute subsisterait, l'adresse céleste de ce portail par lequel le défunt doit passer afin d'entrer dans l'Au-delà qu'est la Douât est répétée à de multiples occasions dans les Textes des pyramides, ainsi :

> La Douât t'a pris par la main là où se trouve Orion [63].

Et, comme on l'a vu :

> Puisse un escalier vers l'Au-delà être mis en place pour toi là où se trouve Orion [64].

Le moment du « saut »

Pour les Égyptiens anciens, l'arrivée au sommet de l'« escalier » métaphorique, le « saut » vers le ciel « en présence du dieu », devait coïncider avec le moment où :

> Orion est englouti par la Douât [65].

Selon R.O. Faulkner, traducteur des Textes des pyramides, cela se produit quand « les étoiles disparaissent à l'aube [66] ». De manière plus générale, la « déglutition » d'Orion par la Douât peut être liée au coucher de la constellation à l'ouest, quelle que soit l'heure du jour ou de la nuit où il intervient.

Revenons au récit de George Lankford faisant autorité sur le voyage mississippien dans l'Au-delà et le saut de l'âme vers le portail de la nébuleuse d'Orion dans la constellation que les Amérindiens du Nord appelaient la « Main ». Afin de pouvoir tenter le saut, il faut que la constellation s'approche au plus près du bord du disque terrestre, se couchant bas à l'ouest au-dessous de la Voie lactée juste avant de disparaître sous l'horizon, le moment précis, tant pour les Égyptiens que pour les Amérindiens anciens, où la porte du ciel, « le portail céleste vers l'horizon », était censée s'ouvrir. Comme le dit clairement Lankford :

> Il faut passer le portail de la Main par un saut au moment optimal, soit une fenêtre de dix minutes une fois par nuit, du 29 novembre, quand la Main disparaît (…) vers l'ouest à l'aube, jusqu'au 25 avril, quand la Main s'abîme au crépuscule pour ne plus reparaître durant six mois. Pendant cette période hivernale, le portail se trouve sur l'horizon tout juste quelques minutes

chaque nuit, et les âmes-libres doivent le franchir à ce moment-là sous peine de se perdre. Celles qui seraient privées de transition restent dans l'ouest et peuvent finir par devenir de tristes menaces pour le royaume des vivants[67].

De même, dans l'Égypte ancienne, indique Budge, ceux qui ont négligé de bien se préparer au voyage dans l'Au-delà sont destinés à rester pris au piège sur le plan terrestre où, « faute d'avoir réussi à se présenter dans la salle de jugement d'Osiris », les attend un sort malheureux[68].

Et dans l'Égypte comme l'Amérique du Nord anciennes, on croyait que les âmes qui avaient réussi à s'élever vers Orion devaient continuer leur voyage long et ardu, transposées du plan terrestre au Monde Céleste. Au cours de leur trajet, elles croiseraient des monstres et des terreurs. Les Livres des morts égyptiens et les traditions parallèles orales et iconographiques de la civilisation du Mississippi semblent avoir été conçus pour les y préparer[69].

Avant d'explorer ces autres similitudes entre les religions prétendument totalement déconnectées du Mississippi et du Nil, rappelons-nous au passage le système spirituel qui a évolué dans la forêt amazonienne autour de l'usage de l'ayahuasca, la « liane des morts ». Le lecteur se rappellera qu'elle porte ce nom parce que, dans le « contexte indigène », l'ayahuasca est « intimement lié à la mort[70] ». On considère que les visions apportées par sa transe évoquent la mort et anticipent son processus et, par conséquent, la « liane des morts » semble exercer la même fonction qu'un « livre des morts » mais au niveau de l'expérience plutôt que de l'étude.

Les chamans qui boivent l'ayahuasca en Amazonie disent « mourir » quand ils absorbent le breuvage. Là encore, on peut voir des liens cachés dans le fait qu'ensuite, comme on l'a vu au chapitre 17 de la première partie de cet ouvrage, publiée en 2020, ils « se sentent monter jusqu'à la Voie lactée », et ce « telle une flèche au firmament » (on jurerait un « saut »), pour atteindre « l'Autre monde » qui se trouve « de l'autre côté de la Voie lactée ».

Parfois, au cours de ces voyages, les chamans rencontrent des épreuves et des adversaires qui les mettent à l'épreuve :

> Des monstres terrifiants (...) jaguars et serpents s'approchant et menaçant de dévorer la personne qui, frappée de terreur, pousse des cris d'angoisse[71].

Terreurs et obstacles dans l'Au-delà égyptien ancien

Dans l'hémisphère Nord, quiconque prête la moindre attention au ciel ne peut manquer de remarquer la présence de la majestueuse constellation Orion durant les mois d'hiver ni le fait qu'elle se trouve sur le côté ouest – on pourrait dire la rive ouest – du ruban scintillant de lumière stellaire qui est notre propre galaxie en forme de disque vue de l'intérieur. Ce ruban de lumière, on l'appelle la Voie lactée. Pour les Égyptiens, c'était le « Cours d'eau sinueux[72] », le grand fleuve qui, Wallis Budge nous l'explique,

> traversait la Douât tout comme le Nil l'Égypte. Il y avait des habitants sur chacune de ses rives, tout comme il y avait des êtres humains de chaque côté du Nil[73].

En outre, le saut de l'âme vers Orion n'était pas une fin en soi, mais son moyen d'entrée dans le Monde Céleste. Une fois là-bas, le Cours d'eau sinueux fournissait le cadre de la prochaine étape du voyage dans l'Au-delà. « Puissiez-vous m'emmener et m'élever jusqu'au Cours d'eau sinueux », disent les Textes des pyramides[74].

Curieux, donc, que dans l'Amérique du Nord antique, on ait appelé la Voie lactée le « Chemin des âmes[75] », et que ç'ait été sur ce chemin, après la traversée du portail d'Orion, que les esprits des défunts se retrouvaient. Lankford reprend le fil de l'histoire :

> Une fois l'âme-libre entrée au royaume céleste, le Chemin des âmes s'étend devant elle. Si selon la plupart des récits ce royaume évoque la contrepartie terrestre qu'elle a quittée, certains le décrivent sous l'aspect d'un fleuve de lumière près duquel campent les âmes-libres. Celle-ci doit descendre le Chemin vers le royaume des morts[76].

Forcément, avec la grande rivière qui y coulait, la Douât « avait la forme d'une vallée[77] ». Toutefois, contrairement à la vallée du Nil, à laquelle elle ressemblait par ailleurs, le royaume des morts égyptien était « drapé de ténèbres et de nuit (...) un lieu de peur et d'horreur[78] ».

C'était en outre un endroit rempli d'obstacles et de défis redoutables, y compris :

> des abîmes d'obscurité, des poignards meurtriers, des ruisseaux d'eau bouillante, des puanteurs nauséabondes, des serpents ardents, des monstres et des créatures hideux à tête d'animal, et des êtres cruels et mortels aux formes variées[79].

Quelques heures à contempler les vignettes et les peintures funéraires vous en donneront une idée.

La Douât est un univers parallèle inquiétant, à la fois un « monde surnaturel » et un domaine physique étrange aux passages étroits, aux galeries sombres, aux salles peuplées de démons et de terreurs. Il y a des entités qui ont pour tâche de « couper les âmes en morceaux ». Il y a des serpents d'une taille énorme, des serpents avec des jambes et des pieds, des serpents à plusieurs têtes, des serpents ailés. Il y en a qui soufflent du feu, inondant des couloirs de leurs flammes. Il y a en particulier le monstrueux serpent Apep et une escadre de neuf dieux vouée à le tuer. Il y a des foyers sur lesquels on grille les âmes, parfois la tête vers le bas. Il y a des plans d'eau à traverser et des « profondeurs abyssales d'obscurité ». Il y a des piloris. Il y a des dieux armés de couteaux qui tuent les âmes mal préparées[80]. Une vignette particulièrement curieuse montre « une déesse debout, les mains posées sur le sommet de la tête d'un homme qui, à genoux devant elle, s'ouvre le crâne avec une hachette[81] ».

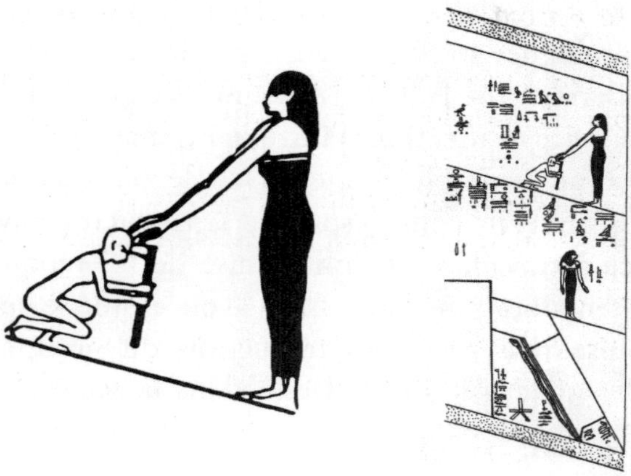

Vignette du *Livre de l'Amdouat*. E.A. Wallis Budge n'offre aucune traduction des hiéroglyphes en question, se contentant de décrire la scène comme suit : « Une déesse debout, les mains posées sur le sommet de la tête d'un homme qui, à genoux devant elle, s'ouvre le crâne avec une hachette. » À GAUCHE : Détail de la vignette. À DROITE : La vignette dans son contexte.

La vignette[82] a attiré mon attention pour des raisons que je vais exposer ci-dessous. Budge n'exprime aucune opinion dans sa description et puisque je ne lis pas les hiéroglyphes, je ne pouvais être sûr de ce qui se passait. Une interprétation m'est venue à l'esprit : la déesse voulait **empêcher** l'homme agenouillé de se fracasser le crâne. Mais cette scène bizarre, plutôt lugubre, suggérait une possibilité très différente. De la façon dont les bras tendus et les mains de la déesse ont été dépeints, il me semblait plutôt qu'elle **l'encourageait** à se donner un coup de hache en pleine tête – voire employait sa volonté divine pour l'y **forcer**.

Puisqu'il y a des références répétées à une figure féminine menaçante, souvent appelée la « briseuse de crâne » ou la « voleuse de cerveau » dans les récits amérindiens de voyage vers l'Au-delà, il m'a semblé que l'occasion se présentait de tester la valeur de ma théorie en constante évolution d'un lien structurel profond entre les systèmes spirituels de l'Égypte et ceux de la vallée du Mississippi. Il ne me restait qu'à trouver un égyptologue pour me traduire les hiéroglyphes de la vignette. Si la traduction ne montrait aucune relation entre la déesse représentée et la « briseuse de crâne » amérindienne, alors ma théorie serait affaiblie. Si, par contre, une relation claire émergeait, ma théorie serait renforcée.

Si les égyptologues m'évitent en général, j'ai eu la chance que Louise Ellis-Barrett, du British Museum, accepte ma commande. Le motif de cette traduction l'intriguait, mais j'ai décidé qu'il devait s'agir d'un véritable test en aveugle où aucune idée préconçue ne s'insinuerait dans l'esprit de la traductrice avant qu'elle ne commence à travailler, et donc refusé de lui répondre.

Quelques semaines plus tard, après avoir étudié le sujet en profondeur, Louise m'a rendu sa traduction du groupe de hiéroglyphes décrivant le rôle de la déesse dans la scène :

> Elle vit du sang des damnés
> Et de ce que ces dieux lui fournissent
> Cette âme Ba qui appartient aux damnés
> La démolisseuse, qui coupe les damnés en morceaux.

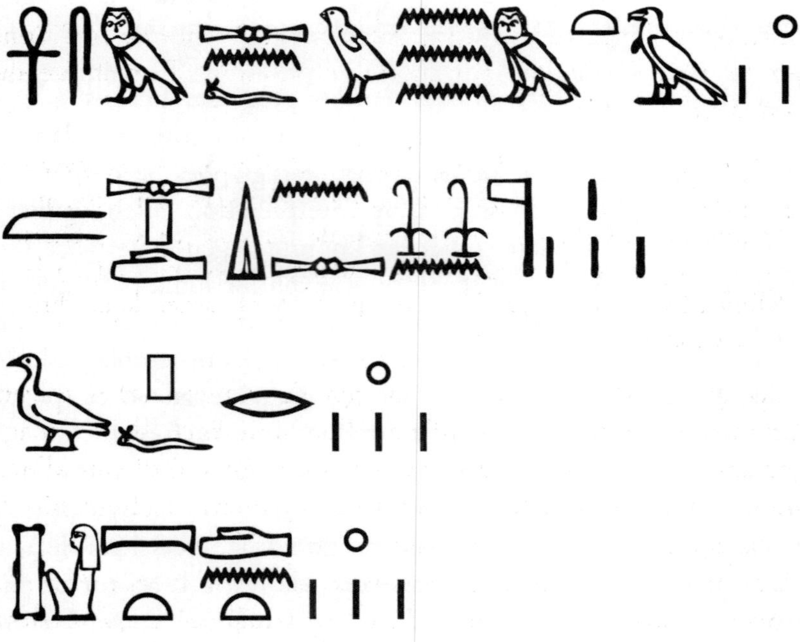

Pour plus de précisions, Louise ajoutait que le *Livre de l'Amdouat* « se divise en Heures, dont chacune est une unité de texte et d'illustration ». La vignette illustre la Cinquième Heure du voyage dans la Douât (souvent appelée la « Cinquième Division de la Douât ») où, comme on va le voir, la scène du Jugement se déroule. De plus, bien que la vignette ne fasse pas formellement partie du Jugement, tout le fardeau de la Cinquième Heure, comme Louise l'a indiqué dans le document qu'elle m'a préparé, est :

> d'indiquer le tournant que prend la vie. Ici, elle sera soit renouvelée, soit anéantie. La dernière scène de la frise supérieure [où se trouve la vignette] montre la tâche des divinités dont la responsabilité est l'anéantissement, la déesse démontrant comment les damnés seront traités.

En d'autres termes, ils seront traités, comme dans l'ancien système de croyance amérindien, en se faisant fracasser le crâne.

Terreurs et obstacles dans l'Au-delà américain ancien

L'anthropologue Ake Hultkrantz relève l'existence de traditions chez les Ojibwés et des Hurons du nord-est de l'Amérique du Nord à propos de :

> la soi-disant briseuse de crâne [qui] (...) prive les voyageurs au pays des morts de leur cerveau. (...) La gardienne qui s'empare du cerveau a en général quelque chose de démoniaque. (...) Dans les conceptions eschatologiques des Indiens Sauks et Fox (...) le défunt périt pour de bon s'il est incapable de se garder de la « briseuse de crâne [83] ».

George Lankford donne un aperçu de ces mythes à travers l'Amérique du Nord et confirme l'omniprésence de « l'image effrayante de la briseuse de crâne – car il s'agit d'ordinaire d'une femme – qui a pour tâche de détruire la mémoire (et l'humanité ?) en retirant ou en broyant le cerveau [84] ».

Une variante intéressante, rapportée par l'ethnologue Alanson Skinner au début des années 1920, vient des Sauks qui parlent d'un obstacle sur le Chemin des âmes à l'endroit où on doit traverser le fleuve céleste :

> Un rondin sert de pont, gardé par un être appelé Po'kitapawa, « Fait-un-trou-dans-la-tête » ou « Arracheuse de cerveau ». Cette arracheuse de cerveau a un chien de garde qui aboie chaque fois qu'une nouvelle âme approche et l'esprit qui fuit doit se montrer rapide pour éviter d'avoir le cerveau broyé. Si cela se produit, il est détruit ou perdu à jamais[85].

Il semble que la « briseuse de crâne » amérindienne et la déesse égyptienne dans la vignette de la Cinquième Heure de la Douât remplissent la même fonction : l'anéantissement et la destruction permanente d'âmes indignes au cours du voyage dans l'Au-delà. Il existe des différences dans les traditions, certes, comme on s'y attendrait si elles venaient d'un tronc commun remontant à plusieurs millénaires et avaient évolué séparément. Toutefois, les similitudes fondamentales du rôle sont incontournables.

Ce matériau renvoie aussi à la question plus générale des épreuves et tribulations que l'âme affronte. Voir les obstacles varier entre le passé amérindien et le passé égyptien n'a rien d'étonnant, mais les similitudes frappantes dans la structure centrale du « récit » – la mort physique, le voyage terrestre de l'âme, le saut vers le ciel impliquant Orion suivi d'un nouveau voyage avec des périls et des défis à relever, à travers la vallée de la Voie lactée – plaident pour une connexion encore inexpliquée.

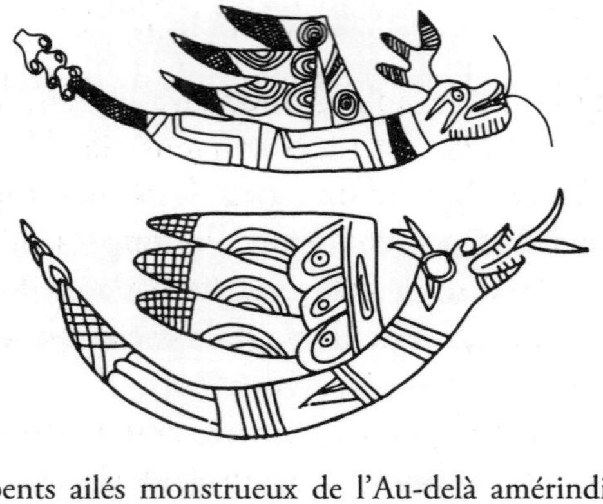

Serpents ailés monstrueux de l'Au-delà amérindien.

Dans la tradition amérindienne, un pont, parfois fragile, parfois fin comme une lame, d'où l'âme peut aisément chuter et se perdre à jamais dans le torrent déchaîné en-dessous, fait partie des nombreux défis sans cesse mentionnés dans les récits ethnographiques[86]. Un autre personnage récurrent (qui, tout comme le pont, apparaît dans l'une des recensions de la briseuse de crâne citée ci-dessus) est un chien, souvent monstrueux et féroce, décrit par les Algonquins comme « le chien à la bouche sanglante qui dévore les âmes[87] ».

Dans certains récits, le pont a le pouvoir de se transformer en serpent[88], ce qui complique encore davantage la tâche des esprits sur le Chemin des âmes. Le voyage dans l'Au-delà amérindien comporte presque autant de monstres reptiliens que la Douât égyptienne. Le plus remarquable à cet égard, c'est le Grand serpent d'eau à cornes, parfois décrit comme « le Maître du Monde Inférieur » et parfois comme « le Grand serpent au joyau rouge sur le front[89] » :

> Si l'âme-libre sait comment traiter avec le Serpent et reçoit la permission de passer, elle entre au royaume des morts[90].

Dans la tradition égyptienne aussi, les gardiens de diverses portes et passages dans la Douât, prenant souvent la forme de serpents, permettaient à l'âme de passer tant qu'elle avait « la connaissance de certaines formules ou mots de pouvoir et des noms magiques[91] ».

La Panthère aquatique et le Grand Sphinx

D'autres curiosités notables incluent le fait, déjà noté, que les serpents de la Douât sont très souvent ailés[92] et parfois représentés nantis de jambes et de pieds[93]. Il en va de même pour le Grand serpent d'eau à cornes, presque toujours ailé[94], et décrit en outre dans un récit sioux comme un « monstre aquatique qui (...) ressemblait à un serpent à sonnette, mais avait de courtes jambes[95] ».

Comme nous bénéficions d'une documentation abondante, de peintures et de gravures, les descriptions de la Douât qui nous viennent d'Égypte ancienne sont plus vivaces et plus détaillées que celles du Chemin des âmes dans les vestiges de la tradition orale amérindienne – vestiges qui, néanmoins, suffisent à confirmer qu'outre les serpents, beaucoup d'autres monstres et démons de la Douât ont leurs homologues dans l'Au-delà amérindien[96].

À cet égard, la Panthère aquatique, une curieuse figure hybride, est décrite par les Ojibwés comme « une étrange combinaison de couguar, de serpent à sonnette, de cerf et de buse[97] » et tenue pour un avatar, ou un alter ego, du Grand serpent d'eau à cornes[98].

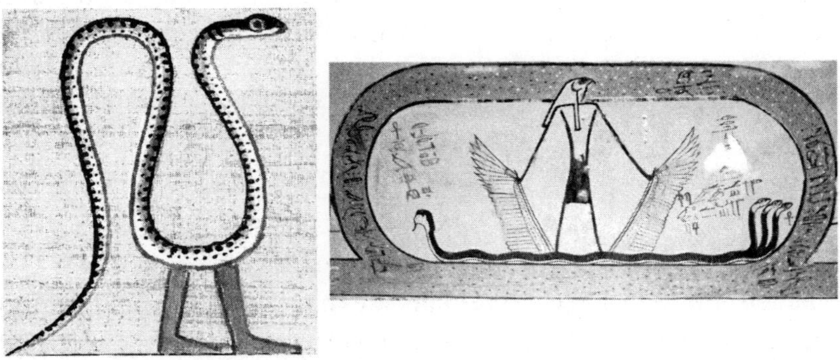

Serpents monstrueux de l'Au-delà égyptien – pourvu de jambes (à gauche) et d'ailes (à droite).

Différents peuples amérindiens ont donné des aspects et des noms différents à la panthère aquatique – *Mishebeshu* et *Michibichi* étant les plus communs –, mais on la connaissait aussi, chez les tribus algonquiennes, sous celui de *Pizha*, ce qui signifie « panthère[99] ». En raison de ce nom-ci et d'une image jadis peinte sur une falaise dominant le Mississippi à Alton, Illinois, les voyageurs européens curieux l'ont appelée « Piasa » et décrite de façon confuse à la fois comme un « tigre » et comme « une espèce de dragon [100] ». En 1839, Arnz et Cie, de Dusseldorf, publia un dessin au trait « relevé sur place par des artistes allemands », reproduit ci-dessus. Le pétroglyphe d'origine n'existe plus, car la paroi de la falaise sur lequel il était représenté a été extraite en 1846-47 [101].

D'autres images, depuis longtemps perdues, de la panthère aquatique ont été vues en 1664 par Nicolas Perrot qui l'appelait la « Grande Panthère », tandis que les Ojibwés la qualifient aujourd'hui de « tigre de mer », préservant son association avec l'eau, et d'« énorme chat brun [102] ». Selon certains comptes, la Piasa a « une tête humaine [103] ».

Si la variété des descriptions est déconcertante, elle ne devrait pas nous surprendre, car on a affaire à l'Au-delà et à ses habitants qui se transforment. Qu'on ait considéré la panthère aquatique comme dotée de traits félins, toutefois, ne fait aucun doute, grâce à diverses représentations survivantes de la créature.

Parmi eux se trouve une figurine en céramique, reproduite dans le collage ci-dessous, que j'ai vue de mes yeux au musée de Moundville. Malgré l'énorme différence d'échelle, il me semble qu'il y a là plus qu'une vague ressemblance avec le Grand Sphinx de Gizeh. Le Sphinx, bien entendu, a une tête humaine, pas féline, mais gardons à l'esprit ces traditions où on décrit des piasas à tête humaine. On peut aussi noter que le Sphinx préhistorique d'origine, qui datait peut-être de plus de 12 000 ans, avait, en plus du corps, la tête d'un lion. Après une sévère érosion sur plusieurs millénaires, on a retaillé la tête léonine pour lui donner forme humaine au début de la période dynastique [104]. Enfin, les traditions amérindiennes de la panthère aquatique évoquent une époque où coexistaient « quatre piasas, chacune associée à son point cardinal [105] ». Est-ce une coïncidence que le Sphinx de Gizeh, offrant une forte ressemblance familiale avec la panthère aquatique, soit un marqueur équinoxial qui cible l'un des quatre points cardinaux pour faire face au lever du soleil à l'est pendant l'équinoxe ?

EN HAUT : Panthère aquatique, Moundville. Notez la position de la queue et des pattes. PHOTO: SANTHA FAIIA. EN BAS À DROITE : Le Grand Sphinx de Gizeh. PHOTO : ALBI, DREAMSTIME.COM [21951]. Notez la position de la queue et des pattes. EN BAS À GAUCHE : Détail de la queue du Grand Sphinx. Comparez avec la queue de la panthère aquatique.

Chiens et autres « coïncidences »

Les chiens féroces qui se posent en obstacles et défis lors du voyage amérindien dans l'Au-delà ont leurs homologues parmi les monstres de la Douât décrits dans les livres des morts de l'Égypte ancienne. « Ce dieu qui vit par le massacre », par exemple, au sort 335 des Textes des sarcophages, « dont le visage est celui d'un chien[106] ».

Et ce n'est pas le seul lien curieux impliquant des chiens.

Exception à la règle générale des peuples amérindiens, au lieu de décrire la Voie lactée comme le « Chemin des âmes », les Cherokees y voient l'endroit « où le chien a couru[107] ». Cela fait référence au mythe d'un moulin géant, d'un côté du disque terrestre, où on broyait le maïs et où on gardait la farine dans une vasque. Durant plusieurs jours, le matin, les gens qui travaillaient là ont constaté qu'une partie de cette réserve manquait. Les vols se poursuivant, ils ont enquêté et trouvé des traces de chien. La nuit suivante,

> Ils ont monté la garde, et quand le chien est venu (...) manger dans la vasque, ils ont surgi pour le fouetter[108].

Le chien, qui vivait de l'autre côté du disque terrestre, a bondi dans le ciel et détalé « en hurlant » vers chez lui,

> avec le repas tombant de sa bouche comme il courait, et laissant une piste blanche là où on voit désormais la Voie lactée, que les Cherokees appellent depuis lors *Gi'li-utsun' stanun' yi*, « où le chien a couru[109] ».

Bizarrement, en Égypte ancienne aussi, où la Voie lactée était le Cours d'eau sinueux, il y a une exception, dans un curieux « sort » des Textes des sarcophages qui ne mentionne aucun chien mais où le défunt déclare :

> Je suis devenu un esprit. (...) Je suis celui qui est en charge des questions secrètes. (...) Je viens pourvu de magie, par laquelle j'ai étanché ma soif. Je vis d'amidonnier blanc, remplissant le Cours d'eau sinueux[110].

L'amidonnier blanc, c'est, bien entendu, l'une des variétés domestiquées du blé, très populaire en Égypte ancienne[111]. Comme pour le maïs aux Amériques, on doit le moudre pour produire de la farine utilisable. Dans cette tradition antique égyptienne différente, comme dans la cherokee, le chemin céleste sur lequel se déroule le voyage dans l'Au-delà se voit comparé à une traînée blanche de farine moulue.

Les bizarreries ne s'arrêtent pas là.

Prenons le cas de la divinité de « l'Homme-oiseau », héros dont de multiples représentations ont survécu dans la vallée du Mississippi. Sans conteste, il est moitié faucon, moitié homme, tout comme le dieu Horus de la vallée du Nil. Tout comme chez Horus, les associations célestes de l'oiseau incluent à la fois l'étoile du matin et le Soleil[112]. Et tout comme Horus, il a pour rôle fondamental de symboliser le triomphe de la vie sur la mort. « Même si chacun finit par mourir », explique le professeur James Brown de l'université Northwestern,

> la vie l'emporte par la survie des descendants. L'avatar de cette lutte de la vie pour se réaffirmer face à la mort inévitable est le faucon, et l'un de ses aspects, l'étoile du matin. Dans la lumière d'avant l'aube, l'étoile du matin repousse l'obscurité pour faire place au soleil qui entretient la vie. Le fait que [le mythe

amérindien de] l'Homme-oiseau a intégré le progrès diurne de nuit et de jour, le passage des corps célestes et les directions cardinales nous dit qu'ils font partie d'une cosmologie particulière. Ces éléments ne se contentent pas d'être vaguement connectés [113].

On ne va pas s'appesantir sur le mythe de l'Homme-oiseau ni sur les vastes traditions entourant le dieu Horus, l'une des figures les plus célèbres et complexes du panthéon égyptien. Des livres entiers pourraient être, et ont été, écrits sur chacun. Entre les deux, il existe de grandes différences mais aussi quelques similitudes plutôt frappantes. Il reste à savoir si ce sont de simples coïncidences ou s'il existe un lien caché, profond, passé jusqu'à présent inaperçu.

Ensuite, il y a la question des pygmées et des nains. Ils jouissaient d'une faveur particulière en Égypte ancienne, où leurs restes momifiés ont survécu dans un certain nombre de tombes. On les tenait pour dotés de pouvoirs surhumains – il y a même un dieu pygmée nommé Bès – et on leur accordait un rôle important dans les textes funéraires [114]. Par exemple, dans une vignette au chapitre 164 du *Livre des morts*, on voit une déesse flanquée de deux nains, chacun représenté avec deux têtes, l'une d'homme, l'autre de faucon [115]. Et dans les Textes des pyramides, le défunt en voyage dans l'Au-delà déclare :

> Je passe pour juste dans le ciel et sur terre. (…) Je suis ce pygmée des « danses divines » qui divertit le dieu devant son grand trône [116].

À GAUCHE : Coquille de buccin gravé représentant l'ancien dieu-héros du Mississippi appelé par les archéologues « l'Homme-oiseau ». PHOTO : THE NATIONAL MUSEUM OF THE AMERICAN INDIAN (NMAI), SMITHSONIAN INSTITUTION [18/9121]. À DROITE : Statue de l'ancien dieu-héros égyptien Horus. Tous deux avaient pour rôle fondamental de symboliser le triomphe de la vie sur la mort. PHOTO : RAOUL KIEFFER.

De même, nains et pygmées jouissaient d'une faveur et d'un respect tout particuliers chez les anciens Amérindiens. Hultkrantz rapporte « une croyance répandue en ce que les nains sur terre soit étaient associés au concept d'une race "préhistorique" plus ou moins éteinte, soit étaient liés au concept d'êtres spirituels [117] ».

Comme en Égypte ancienne, on a trouvé des squelettes de nains dans des tombes amérindiennes ; comme en Égypte ancienne, on croyait qu'ils possédaient des pouvoirs magiques, surhumains. Il y a même des preuves de l'existence de chamans nains dans la vallée du Mississippi [118].

N'oublions pas l'apparence et la manifestation des âmes. On a déjà vu qu'en Égypte, on dépeignait l'âme *Ba*, libre de voler, comme un oiseau, ou comme un oiseau à tête humaine. « Il t'ouvre les portes du ciel », déclarent les Textes des pyramides :

> il t'ouvre grand les portes du firmament, il trace une route que tu peux gravir pour rejoindre les dieux, alors que tu es vivant dans ta forme d'oiseau [119].

Chez les anciens Amérindiens également, on représente et on décrit souvent l'âme-libre sous la forme d'un oiseau. Ainsi, dans la tribu Modoc, un garçon qui se formait pour devenir chaman tomba dans une transe mortelle. Dans cet état, il rencontra un esprit féminin qui lui ôta le cœur. Le garçon l'entendit alors parler à son cœur, qu'elle tenait dans la main :

> Au bout d'un moment, elle ouvrit la main et lâcha le cœur. Puis le garçonnet crut voir un oiseau arrivant de l'ouest qui vint à lui et se posa sur sa poitrine. À ce moment-là, il sauta [120].

Selon Hultkrantz, chez les Shoshones « Blancs Couteaux » l'âme a l'apparence d'un oiseau tandis que « les Huichols la décrivent comme un petit oiseau blanc et les Luiseños affirment qu'il s'agit d'une colombe. Les Kootenays croient que l'âme-libre peut adopter l'aspect d'une mésange ou d'un geai [121] ». « L'âme-libre des Bella Coolas évoque un oiseau enfermé dans un œuf [le corps physique] ; si sa coquille se brise et que l'âme s'envole, son propriétaire doit mourir [122]. »

Une fois encore, il semble qu'une partie des idées et des images du processus de la mort étaient, durant leurs antiquités, communes aux peuples indigènes des Amériques et aux Égyptiens. Une fois encore, la seule question à trancher, c'est de savoir s'il s'agit ou non d'une coïncidence.

Jugement

Les voyages dans l'Au-delà des anciens Égyptiens comme ceux des anciens Amérindiens insistent sur le Jugement. Dans un sens, l'épreuve entière, dans les deux cas, consiste à juger l'âme pour ses choix – pour ce qu'elle a fait et n'a pas fait, pour l'usage qu'elle a fait du don de la vie – durant son incarnation physique. Dans les deux cas, à tout moment du voyage, l'âme indigne peut subir l'anéantissement par les dieux, les démons et les monstres (aux mains de la figure de la « briseuse de crâne », par exemple) mais, pour ceux qui ont poussé plus loin dans l'Au-delà, un jugement spécifique les attend.

Dans le système des Égyptiens, le Jugement intervient à la Cinquième Division (ou « Heure ») de la Douât, dans la salle de jugement d'Osiris, aussi appelée Salle des deux Maât – un lieu que seuls ceux qui ont bénéficié d'une protection spirituelle pour traverser les quatre divisions précédentes atteindront.

Dans mes ouvrages antérieurs, j'ai longuement décrit la scène, de sorte que je passerai sur les détails ici. En résumé, toutefois, on introduit le défunt dans une vaste salle où trône, partiellement momifié, Osiris, dieu suprême de la Mort et de la Résurrection, que l'ancienne religion céleste égyptienne identifie à la constellation Orion. Sont également présents Maât, la déesse de la Vérité et de la Justice cosmique, vêtue d'une coiffe de plumes, et quarante-deux figures impartiales, accroupies tels des scribes penchés sur des papyrus, chacune tenant la plume de Maât qui symbolise la Vérité. Il s'agit des quarante-deux assesseurs des morts, devant lesquels chaque défunt doit pouvoir se déclarer innocent de certains actes répréhensibles sur le plan moral – notamment le meurtre.

Une fois terminée cette étape de son examen, l'âme se voit confrontée à une grande balance sous les bras de laquelle on voit des représentations d'Anubis, le guide des âmes à tête de chacal, et Horus, le fils d'Osiris à tête de faucon. Un plateau de la balance contient un objet, en forme de petite urne, qui symbolise le cœur du défunt, « considéré comme le siège de l'intelligence, donc l'instigateur des actions et de la conscience de l'homme[123] ». Dans l'autre plateau est placée la plume de Maât, symbolisant, une fois de plus, la Vérité.

Pour que l'âme sorte victorieuse du Jugement, le cœur et la plume doivent rester en équilibre. Si c'est le cas, la récompense advient : l'éternité au royaume des morts d'Osiris. Mais si le cœur, lesté par la méchanceté et un gaspillage délibéré du don de la vie, échoue à s'équilibrer avec la plume de la Vérité, c'est l'extinction éternelle qui attend. Pour nous le rappeler, dans chaque représentation de la scène, on voit un hybride monstrueux de crocodile, de lion et d'hippopotame, Âmmout, la « Dévoreuse », la « Mangeuse de morts », celle qui va punir l'âme fautive, qui va la broyer entre ses mâchoires baveuses[124].

Le voyage amérindien dans l'Au-delà n'offre certes pas une version de cette scène aussi formalisée et élaborée que l'égyptienne, mais il n'en comporte pas moins, lui aussi, et sans équivoque, un jugement. Au début des années 1900, par exemple, Francis La Flesche, de la tribu Omaha du Nebraska et de l'ouest de l'Iowa, a collaboré au recueil des traditions de son peuple avec Alice C. Fletcher du Peabody Museum de Harvard. Le résultat, publié par le Bureau of American Ethnology en 1911, inclut ce récit d'un moment crucial du voyage dans l'Au-delà :

> On disait qu'aux embranchements du chemin des morts (la Voie lactée) « était assis un vieil homme drapé dans une robe de buffle, et quand les esprits des morts passaient, il orientait les bons et paisibles vers le court sentier qui menait droit à la demeure de leurs parents, mais laissait les récalcitrants emprunter le long détour sur lequel ils erraient avec lassitude »... Il semble qu'on croyait depuis les temps anciens que la Voie lactée était le chemin des morts et que l'esprit d'un meurtrier « ne retrouvait jamais ses proches, mais les cherchait sans cesse, sans repos [125] ».

De même, feu Joseph Epes Brown, fondateur du Native American Studies Program de l'université de l'Indiana, donne ce récit sioux du voyage dans l'Au-delà :

> On raconte (...) que l'âme libérée part vers le sud le long du « Sentier de l'esprit » (la Voie lactée) jusqu'à atteindre le lieu où le chemin se divise. Là, une vieille femme, appelée *Maya owichapaha*, est assise : « Celle qui les pousse sur la rive » effectue le jugement ; elle permet aux âmes dignes de suivre le chemin vers la droite, mais les indignes, elle les « pousse sur la rive », à gauche [126].

En 1967, Ake Hultkrantz s'est joint à Fletcher et Brown pour lier ces traditions au fait que :

> le chemin des âmes n'est pas toujours un et indivisé. Dans l'hémisphère Nord, la Voie lactée se divise en deux bras. De façon plutôt attendue, les Indiens ont associé ce phénomène à l'idée de passages distincts vers l'autre monde et de destins séparés après la mort. La tradition veut que l'une des routes (...) mène à la terre bénie des morts, et l'autre à la chute dans le néant [127].

George Lankford ajoute un détail crucial ayant échappé à Hultkrantz : il y a « une étoile brillante – Deneb – placée juste à l'embranchement du chemin et pouvant donc servir de marqueur au lieu où la décision se prend ou représenter la figure de celui qui décide [128] ».

Pour faire court à nouveau, ce que Lankford montre, c'est qu'un oiseau féroce, un rapace au bec crochu, joue le rôle d'un « ennemi » ou « adversaire » caractéristique au cours du voyage dans l'Au-delà, comme dépeint sur les poteries de Moundville. À son avis, ce « rapace de Moundville » est l'équivalent mississippien de la vieille femme qui pousse les âmes sur la rive ou du vieil homme qui condamne les âmes des meurtriers à une éternité d'errance sans repos. Et pour étayer son argument, il attire notre attention sur les Alabamas et les Séminoles, « de sérieux candidats en tant que groupes descendants des habitants préhistoriques de Moundville », qui placent en effet un aigle dans le rôle d'un adversaire sur le chemin des âmes qu'est la Voie lactée[129].

Deneb, c'est bien sûr Alpha Cygni, l'étoile de première magnitude, la plus brillante, de la constellation du Cygne en laquelle les Grecs voyaient un oiseau, plus spécifiquement un cygne. « Intéressante coïncidence potentielle, écrit Lankford, les habitants de Moundville aussi la voyaient de cette façon, mais sous l'aspect d'un aigle au lieu d'un cygne[130]. »

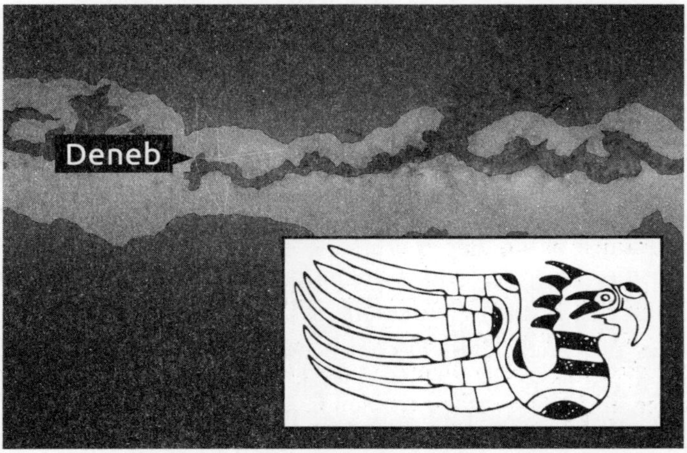

L'étoile Deneb dans la constellation dite du Cygne se situe sur la rive de la Voie lactée, à l'embranchement où un second « chemin », en impasse, bifurque. George Lankford associe Deneb – et le Cygne dans son ensemble – au rapace de Moundville (encart), un adversaire sur le trajet de l'âme.

Spécialiste des religions amérindiennes, Lankford n'avait aucune raison d'étudier les Textes des pyramides égyptiens. S'il l'avait fait, toutefois, il aurait sans doute été frappé par l'énoncé 304, où l'âme qui traverse la Douât est confrontée à un adversaire oiseau qui paraît susceptible de lui barrer le chemin. Il serait difficile de donner une autre interprétation à cette rencontre, puisque l'âme y déclare :

> Salut à toi, autruche qui es sur la rive du Cours d'eau sinueux ! Écarte-toi pour me laisser passer[131].

Une autruche n'est pas un cygne, et un cygne n'est pas un aigle. Néanmoins, on notera que dans les religions anciennes d'Égypte et du Mississippi, on croise un oiseau, sur une rive de la Voie lactée, doté du pouvoir de bloquer l'avancée de l'âme.

Et comment ne pas reconnaître le même embranchement de la Voie lactée, considéré comme si sinistre dans le mythe amérindien, dans l'énoncé 697 des Textes des pyramides, où on lit :

> Ne voyagez pas sur ces cours d'eau de l'ouest, car ceux qui y voyagent ne reviennent pas, mais voyagez sur les cours d'eau de l'est[132].

Chefs astronomes

Les Textes des sarcophages incluent un passage adressé au défunt où on lit :

> Puisses-tu reconnaître ton âme dans le ciel supérieur tandis que ta chair, ton cadavre, demeure à *On*[133].

Ce dernier lieu, désormais un faubourg du Caire, 20 kilomètres au nord-est de l'immense cimetière de l'Ancien Empire et des célèbres pyramides de Gizeh, était le centre névralgique d'un culte religieux au service de la nécropole de Gizeh dans l'Antiquité égyptienne. C'étaient les Hébreux bibliques qui l'appelaient *On* – il y est fait référence dans la Genèse, Jérémie et Ezéchiel[134]. Son nom originel en langue égyptienne, toutefois, c'était *Innu* – « le pilier » – et les Grecs le rebaptiseraient plus tard *Héliopolis* , « la cité du Soleil[135] ».

Les Textes des pyramides, d'où descendent les Textes des sarcophages ainsi que tous les textes funéraires ultérieurs, sont souvent appelés la « Recension d'Héliopolis du Livre des morts[136] » parce qu'on les croit originaires des archives de ce centre religieux. Les archives n'ont pas survécu aux millénaires, mais les textes mêmes constituent des preuves convaincantes de leur existence, car ils « contiennent des formules et des paragraphes qui, à en juger par leurs formes grammaticales, doivent avoir été composés, sinon notés, aux premiers temps de la civilisation égyptienne[137] ».

Notons au passage que le Grand Prêtre d'Héliopolis portait le titre de « chef des astronomes » et que les peintures et les statues funéraires le représentent portant un manteau orné d'étoiles[138]. Chose intéressante, lorsque les ethnographes ont enregistré les coutumes et les croyances des Pawnees Skidis d'Oklahoma au XIXe siècle, ils ont signalé qu'ils avaient des chamans, élevés au rang de chefs, spécialisés en astronomie. Dans les archives de la Smithsonian Institution, un cliché de l'un de ces individus, appelé Son Principal Soleil, le montre portant un manteau orné d'étoiles[139]. Les Pawnees Skidis avaient aussi coutume d'envelopper les nouveaux nés dans une peau de chat sauvage mouchetée, ce qui, a-t-on expliqué aux ethnographes :

> revenait à déclarer : « Je drape l'enfant dans les cieux », car la peau représentait le ciel et les étoiles[140].

À GAUCHE : Dans l'Égypte ancienne, des prêtres en manteau de léopard, sur lequel les taches représentaient des étoiles, jouaient un rôle clef dans les cérémonies funéraires pour préparer le défunt au voyage dans l'Au-delà. IMAGE DE LA TOMBE DE TOUTANKHAMON. AU CENTRE : Le Grand Prêtre d'Héliopolis, le centre du culte des pyramides de Gizeh, portait le titre de « chef des astronomes » et un manteau comme celui-ci, orné d'étoiles. PHOTO : FEDERICO TAVERNI ET NICOLA DELL'AQUILA/MUSEO EGIZIO. À DROITE : Chef astronome Skidi Pawnee. PHOTO : THE NATIONAL ANTHROPOLOGICAL ARCHIVES (NAA), SMITHSONIAN INSTITUTION [BAE GN 01285].

Dans le cas du « chef des astronomes » héliopolitain, on voit clairement, d'après les représentations survivantes, que son manteau, sur lequel les étoiles figurent en relief, était en fait une peau de léopard. Sur les peaux laissées à l'état brut, il semble que les taches mêmes symbolisaient les étoiles[141]. Une classe spécialisée, les prêtres *sem*, eux aussi revêtus de manteaux en peau de léopard, jouait un rôle crucial dans les cérémonies funéraires[142].

Il ne fait aucun doute que les grands centres religieux du Mississippi tels Cahokia et Moundville se concentraient sur un culte des morts, et bien qu'il n'y ait pas de sépulture dans tous les tumulus, c'est le cas pour la plupart, ainsi que pour de nombreux autres tumulus et terrassements d'Amérique du Nord. Certains des plus anciens, comme Monte Sano, offrent des preuves d'un traitement *post-mortem* des corps[143]. Les tumulus d'Adena sont en majorité des tertres funéraires[144]. Quant aux terrassements Hopewell, écrit William Romain :

> La grande majorité des (...) dépouilles connues gît dans les tumulus situés à l'intérieur des enceintes géométriques. Forcément, donc, la relation physique entre les corps et les enclos nous apprend que les Hopewells associaient les enceintes géométriques au passage de la vie à la mort[145].

Il se peut même, ajoute-t-il,

> que les Hopewells aient vraiment tenu les enceintes géométriques pour des portails ou des portes vers l'Au-delà. La notion d'édifices utilisés pour créer des entrées dans l'autre monde était répandue dans toute l'Amérique du Nord. Ainsi, l'orifice circulaire au sommet de la tente médicinale ojibwé permettait « l'envol de l'âme vers le Trou dans le ciel et à travers la barrière du royaume spirituel[146] ».

Malgré la différence de degré en termes d'ingénierie requise, il n'y a aucune différence de nature entre l'orifice de la tente ojibwé et le puits stellaire de la pyramide de Khéops – qui semblait aussi servir à faciliter le voyage de l'âme au ciel à travers la barrière du royaume des esprits.

De même, malgré, là encore, une différence importante de degré, il n'y a aucune différence de nature entre les structures géométriques et astronomiquement alignées du plateau de Gizeh et les structures géométriques et astronomiquement alignées de la vallée du Mississippi. Tous semblent liés par le seul but de garantir le triomphe de l'âme sur la mort et par les moyens déployés pour atteindre cet objectif.

Mais pourquoi ces structures étaient-elles nécessaires ? Et pourquoi ces types spécifiques de structures ?

7.

Astronomie et géométrie dans l'Au-delà

Loin de moi l'idée de suggérer que la religion égyptienne aurait été importée en Amérique du Nord ancienne, et encore moins que la religion nord-amérindienne l'aurait été en Égypte ancienne. J'accepte le consensus scientifique selon lequel l'Ancien et le Nouveau Monde sont demeurés isolés les uns des autres, sans contacts génétiques ni culturels significatifs pendant plus de 12 000 ans. En outre, les similitudes entre les systèmes religieux pratiqués alors en Égypte et en Amérique du Nord ne sauraient s'expliquer par une activité « missionnaire » ou « de conversion », qu'on l'ait pratiquée de façon relativement précoce ou relativement tardive. Il y a trop de différences flagrantes et évidentes, trop adaptées aux conditions et aux circonstances culturelles locales, pour que cela puisse s'envisager.

Que faire toutefois de l'ensemble frappant de croyances et de symboles communs examiné au chapitre précédent ? Dans les deux cas, on a donc le trajet de l'âme vers un lieu de rassemblement à l'ouest, le « saut » vers un portail dans la constellation d'Orion, la transition par ce portail vers la Voie lactée, le voyage le long de la Voie lactée au cours duquel il faut affronter des défis et des épreuves, et un jugement où le sort de l'âme se décide.

Tout comme les différences excluent une influence directe, de même, à mon avis, les similitudes sont trop nombreuses et évidentes pour être rejetées comme simples « coïncidences ». Il faut rechercher une meilleure explication et, à cet égard, on se rappellera avec profit que des situations analogues peuvent se produire en génétique. Parfois, deux groupes en apparence tout à fait différents, séparés par d'énormes distances et de formidables barrières géographiques, sans loisir d'échanger de l'ADN, se révèlent partager des ensembles distincts de gènes. La réponse réside souvent dans l'existence d'une population antérieure, peut-être sans membres survivants – une population « fantôme » –, ancêtre commun éloigné des deux groupes par ailleurs indépendants chez lesquels on a trouvé de surprenantes ressemblances génétiques.

Dans le domaine de l'archéologie, E. A. Wallis Budge a affronté un problème comparable avec les similitudes qu'il avait identifiées entre la divinité mésopotamienne Sin, un dieu de la Lune, et la divinité égyptienne Thot, également associée à la lune. Les ressemblances, de l'avis de Budge, sont « trop proches pour tenir du hasard. Dire que les Égyptiens ont emprunté aux Sumériens ou les Sumériens aux Égyptiens serait faux, mais on peut faire valoir que les lettrés des deux peuples ont emprunté leurs systèmes théologiques à une source commune quoique extrêmement ancienne [1] ».

Feu Walter Emery, de la chaire Edwards d'égyptologie à l'université de Londres, s'est également penché sur les similitudes entre l'Égypte et la Mésopotamie antiques. Il a estimé impossible de les expliquer par l'influence directe de l'une sur l'autre et conclu :

> On envisage un lien indirect, voire l'existence d'un tiers, dont l'influence a atteint tant l'Euphrate que le Nil. (...) Les chercheurs modernes ont eu tendance à négliger la possibilité d'une immigration dans ces deux régions depuis une région hypothétique et encore inconnue. [Toutefois] un tiers ayant transmis ses réalisations culturelles de manière indépendante à l'Égypte et à la Mésopotamie expliquerait mieux les traits communs et les différences fondamentales entre les deux civilisations [2].

J'avance la même hypothèse. Ce qui explique le mieux les étranges convergences et les différences fondamentales entre les anciennes religions égyptienne et nord-amérindienne, c'est qu'elles avaient comme ancêtre commun une religion plus ancienne, d'origine encore non identifiée. La présence de son « ADN » en Égypte et en Amérique du Nord a aussi des implications sur le plan de la chronologie. Puisque les preuves montrent que l'Ancien et le Nouveau Monde ont été isolés pendant plus de 12 000 ans, de la fin de l'ère glaciaire à l'époque de Christophe Colomb, l'ancêtre commun éloigné de ces religions qui s'épanouiraient plus tard dans les vallées du Nil et du Mississippi doit donc remonter plus loin. Je suggère que cette religion – *système* serait peut-être un meilleur terme – utilisait des mèmes astronomiques et géométriques, qu'elle exprimait dans des projets architecturaux, comme moyen de se perpétuer à travers les cultures et les âges, et que le système avait pour caractéristique de pouvoir rester en sommeil des siècles durant pour ensuite resurgir pleinement épanoui.

Inspiré par l'ayahuasca, l'art des Shipibos, en Amazonie péruvienne, est réputé pour son imagerie géométrique complexe. Photos: En haut à gauche et en bas : Luke Hancock. En haut au centre : NMAI. Smithsonian Institution [19/5940]. En haut à droite : « Daderot ».

Bien que mon but ne soit pas de soutenir cette thèse ici, la possibilité que le système hiberne encore sous une forme ou une autre au XXIe siècle ne saurait être exclue, ni celle qu'il puisse à un moment se réveiller, sous une forme adaptée à son temps.

En fait, on en voit peut-être les prémices avec l'explosion d'intérêt partout dans le monde pour l'ayahuasca en tant que plante pédagogique et l'intérêt grandissant pour les géométries initiatrices de l'art qu'elle inspire ?

Cette suggestion n'invalide pas l'idée qu'il y ait des agents humains derrière la propagation du système. Au contraire, le système même peut trouver son origine dans des expériences visionnaires, auquel cas ses thuriféraires auraient sans doute employé des « alliés végétaux » quel que soit l'endroit où ils les aient trouvées.

Des réponses là où on ne les attendrait pas

L'incendie de la bibliothèque d'Alexandrie et le pillage frénétique des temples par des foules de chrétiens fanatiques aux Ve et VIe siècles nous ont privés d'une grande partie de la sagesse qui faisait de l'Égypte ancienne la « lumière du monde ». Mais ces Égyptiens ont tant sculpté dans la pierre, écrit sur le papyrus et d'autres supports, produit d'œuvres d'art et bâti pendant plus de 3 000 ans qu'ils nous ont transmis un vaste savoir en matière spirituelle.

La destruction, le génocide et l'anéantissement quasi total des cultures autochtones en Amérique du Nord pendant la conquête européenne se situent à une échelle très différente – un cataclysme culturel intégral, rapide, qui nous a laissés sans archives ou avec d'énormes lacunes dans les archives. Ainsi, même si on peut être sûrs que les grands terrassements et les tumulus de la vallée du Mississippi étaient liés à des croyances sur la mort et l'Au-delà, aucun mythe ou tradition n'a survécu pour expliquer **pourquoi** il était essentiel à ces croyances d'édifier des géoglyphes et des tertres, ni pourquoi ces structures devaient incorporer géométrie complexe et alignements astronomiques.

Après tout, pour créer Cahokia, Moundville, Newark ou, d'ailleurs, Watson Brake, il a fallu quantité d'énergie, d'efforts, d'ingéniosité, de main-d'œuvre et de compétence organisationnelle. Croire que de tels projets aient pu être entrepris sans un motif extrêmement important qui a inspiré tous les participants serait donc illogique. Faute d'indices sur ce qu'était ce motif en

Amérique du Nord, se pourrait-il que les textes funéraires égyptiens fournissent une réponse ?

Carrés, rectangles, ellipses et cercles

De ma fréquentation précédente des textes, je me rappelais qu'ils incluaient des références à la géométrie. Je suis donc parti à leur recherche.

Quelques exemples.

Le chapitre 108 du *Livre des morts* évoque la « montagne du Lever du soleil (...) dans le ciel de l'est. Elle mesure 30 000 coudées de long et 15 000 coudées de large [3] ».

Il s'agit d'un rectangle parfait de 2 par 1, quel que soit le système de mesure auquel vous le convertissiez, équivalant à environ 15 000 mètres sur 7 500.

Drôle de « montagne » !

Au chapitre 81, il y a une obscure référence géométrique à « quatre côtés du domaine de Râ et quatre fois la largeur de la terre [4] ».

Râ est dieu du Soleil et c'est l'affaire de la « géométrie » – littéralement la « mesure de la terre » – que de connaître la « largeur de la terre ».

En allant au chapitre 110 du *Livre des morts*, on lit :

> Le dieu Horus se fait fort comme la Buse qui mesure mille coudées de long et deux mille coudées de large [5].

Il semble qu'un scribe recopiant un document source plus ancien ait confondu longueur et largeur, mais il s'agit bien ici d'un rectangle de 2 par 1 aux dimensions d'environ 1 000 mètres sur 500.

Le *Livre de l'Amdouat* mentionne un autre district rectangulaire, Sekhet-Hetepet, de longueur et largeur si proches qu'il forme presque un carré, au point d'apparaître ainsi dans les vignettes. Sa forme est définie par un fossé ininterrompu rempli d'eau. Le terrain délimité est entrecoupé par des canaux [6].

Un deuxième district de la Douât, « Tchau », mesure « 440 coudées de long sur 440 de large [7] ».

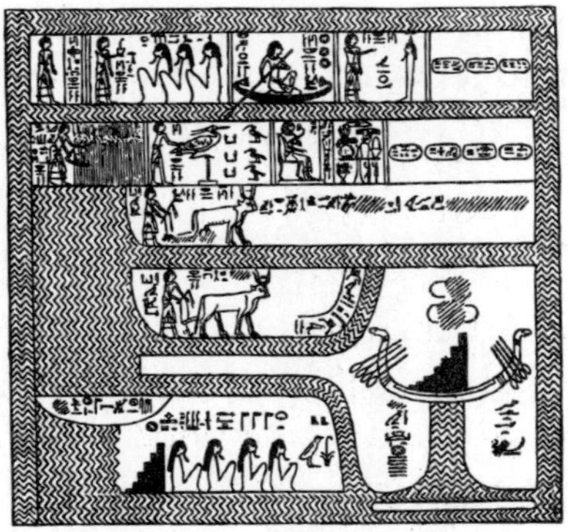

Sekhet-Hetepet (papyrus de Nebseni, British Museum).

Voilà un carré parfait, quel que soit le système de mesure dans lequel vous le convertissiez, équivalant à environ 220 mètres par 220.

Plus tard, dans la Septième Division de la Douât, on croise une autre enceinte carrée aux dimensions identiques[8].

Au pays de Sokar, qui fait partie de la Cinquième Division, au lieu du Jugement, on trouve une « déesse du sommet[9] ». Dans cette même division, on rencontre également « le dieu de son angle » dont le hiéroglyphe inclut un triangle droit[10], fondamental pour l'arpentage et la trigonométrie. Le cœur du pays de Sokar, qui repose sur deux sphinx – des lions à tête humaine – se tournant le dos, forme une ellipse allongée sur laquelle se dresse une pyramide au sommet en forme de tête de déesse[11].

Pyramide au-dessus d'un enclos elliptique au pays de Sokar.

Si on considère les Textes des sarcophages, on trouve une immense embarcation – une « barque » – aux dimensions suivantes :

> Un million de coudées font la moitié de la longueur de la barque ; le tribord, la proue, la poupe et le bâbord font quatre millions de coudées [12].

Soit environ 500 kilomètres pour « la moitié de la longueur de la barque » et un total de 2 000 kilomètres pour ses autres parties énumérées, une progression géométrique avec un ratio de 4.

Parmi les carrés, rectangles et ellipses de l'Au-delà étoilé de l'Égypte ancienne, il y a aussi partout des cercles parfaits.

Toujours dans les Textes des pyramides, on découvre « le cercle du pilier d'Horus qui est au nord de l'ouverture des ténèbres [13] ».

Dans le *Livre des morts*, on croise « les dieux du *Querti* », – littéralement les « Cercles » – auxquels l'âme en voyage dans l'Au-delà doit chanter des hymnes de louange [14].

Dans le *Livre de l'Amdouat*, à la Cinquième Division et associé à Râ, le dieu Soleil, un « cercle (...) s'unit aux routes de la Douât [15] ». À la Septième Division, un trajet s'effectue « sur le chemin du cercle d'Osiris [16] », tandis qu'à la Huitième Division, on découvre « les cercles des dieux cachés qui sont sur leur sable [17] ». En outre, cinq « cercles de la Douât », chacun accessible par une « porte », sont décrits [18].

Et les textes ne cessent de mentionner « le cercle caché de la Douât [19] », un endroit d'une grande importance, comme on va le voir. Selon certaines indications, la Douât elle-même passait pour avoir une forme circulaire. Comme le souligne Wallis Budge, une scène du *Livre des portes* décrit « le corps d'Osiris en cercle, les hiéroglyphes qu'il enclot déclarant qu'il s'agit de la Douât [20] ».

Soleil et lune

Outre de multiples références aux étoiles et aux constellations, trop nombreuses et omniprésentes dans les textes funéraires pour mériter mention ici [21], on rencontre souvent la lune au cours du voyage à travers la Douât. À la Deuxième Division, par exemple, une vignette montre un bateau dont le but, comme le décrit Budge, est de « porter le disque de la pleine lune. (...) Près du disque, un dieu à genoux "soutient Maât", symbolisée par une plume et décrite par le mot MAÂT [22] ».

Le concept de Maât, primordial dans la scène du jugement décrite au chapitre précédent, consacre les notions de justice cosmique, d'harmonie et d'équilibre. Son association avec la lune est appropriée, puisque cette dernière joue un rôle clef d'« équilibrage » ou de « stabilisation » pour la terre [23].

De même, on représente souvent le soleil transporté à bord d'un bateau et il figure en bonne place dans la Douât, ouvrant, indomptable, un chemin à travers ses terreurs chaque nuit, un symbole d'espoir et de résurrection en compagnie duquel, s'ils ont de la chance, les âmes de certains défunts peuvent être autorisées à monter. Rien de très surprenant, mais le plus intéressant, ce sont les passages des textes qui nous aident à comprendre la vive attention accordée par les Égyptiens aux solstices, plusieurs temples majeurs de la vallée du Nil, dont le temple de Karnak à Louxor, incorporant de spectaculaires alignements solsticiaux.

Une caractéristique déterminante des solstices, vers le 21 juin et le 21 décembre, quand le soleil se lève et se couche le plus au nord et le plus au sud, c'est que le balancement du disque solaire le long de l'horizon semble s'arrêter, sans oscillation plus au nord ou au sud, pendant un intervalle de trois jours. À cet égard, rappelons-nous la « montagne du Lever du soleil », particulièrement géométrique. Le passage la concernant dans le chapitre 108 du *Livre des morts* que je citais précédemment continue comme suit :

> Il y a un serpent sur le front de cette montagne, et il mesure 30 coudées de longueur ; les 8 premières coudées de sa longueur sont recouvertes de silex et de plaques de métal brillantes. (...) Après que Râ s'est immobilisé, il incline ses yeux vers lui, le bateau

de Râ s'arrête, et un sommeil puissant s'empare de l'occupant du bateau [24].

Difficile d'interpréter ce passage autrement que comme la description colorée, lyrique, poétique d'un solstice.
De même, dans les Textes des sarcophages, nous lisons :

> Je viens dès la levée de l'horizon révéler Râ aux portes du ciel. (...) Un chemin est préparé pour Râ quand il s'arrête [25].

Une fois encore, à part un solstice, qu'est-ce qui pourrait arrêter Râ, le dieu Soleil tout-puissant ?

Terrassements

Il y a des chaussées dans l'Au-delà égyptien ancien.
« Je voyagerai sur cette grande chaussée, proclame le défunt dans le sort 629 des Textes des sarcophages, où vont ceux dont les formes sont majestueuses [26]. »
Dans l'énoncé 676 des Textes des pyramides, un passage qui rappelle un pèlerinage avec des reliques dit :

> Fais pour lui ce que tu as fait pour son frère Osiris ce jour-là, mettre les os en ordre, arranger les semelles et parcourir la chaussée [27].

Et dans l'énoncé 718 :

> La femme en deuil te convoque comme Isis, le poste d'amarrage t'appelle comme Nephtys, toi qui es apparu sur ta chaussée [28].

Très souvent, les mentions des chaussées les associent à des tumulus. Le passage ci-dessus poursuit :

> Puissiez-vous voyager autour de vos tumulus horites [consacrés au dieu Horus], puissiez-vous voyager autour de vos tumulus séthites [consacrés au dieu Seth]. Vous avez votre esprit, ô mon père le roi. (...) Changez-vous en esprit [29].

À l'énoncé 470, le défunt indique à l'âme de sa mère, la « Dame de la Terre secrète » :

> « Je vais dans le ciel pour voir mon père. »

« Aux Hautes Buttes ? demande-t-elle, ou aux tumulus de Seth ? »

« Les Hautes Buttes me mèneront aux tumulus de Seth », répond le défunt[30].

C'est un langage très curieux, visiblement codé, hors de portée d'une traduction simple, qui se répète tout au long des textes funéraires.

Outre les tumulus horites et les séthites, il y a les tumulus d'Osiris[31], et aussi les tumulus du Sud et du Nord que l'âme doit parcourir et traverser au cours de son voyage à travers la Douât[32]. Et la structure à la Cinquième Division de la Douât que Budge appelle une pyramide est parfois décrite comme un « tumulus creux[33] » et un « tumulus de terre[34] ».

Dans les Textes des sarcophages, on parle des « dieux sur leurs tumulus[35] » et il est dit plus loin que « les tumulus seront des villes et les villes des tumulus[36] ».

Il y a aussi diverses références aux « cités des dieux », comme dans :

> Une cité divine a été construite pour moi; je le sais et je connais son nom. Elle s'appelle Sekhet-Aaru[37].

Ou :

> Je viens de la cité du dieu, la région primitive[38].

Je mentionne ces références aux « cités » car, si les villes peuvent être des tumulus et les tumulus des villes, alors les « cités » peuvent sans doute aussi être des villes et donc des tumulus ? En outre, l'image se complique beaucoup quand on lit d'un dieu qu'il « met les étoiles dans leurs lieux[39] » mais que le traducteur précise que le mot qu'il a choisi de rendre par « lieux » signifie en fait « villes ». Ce que ce dieu fait, donc – bien que le traducteur semble y voir un concept impossible –, c'est, littéralement, de mettre des étoiles sur terre dans les « villes ».

Et on sait déjà que les villes peuvent être des tumulus et les tumulus des villes. Que les uns et les autres puissent aussi être des étoiles n'a rien d'une contradiction si on raisonne en Égyptien !

Comment équiper un esprit pour voyager

Les Égyptiens anciens considéraient leur existence comme l'occasion de se préparer aux épreuves du voyage à travers la Douât qu'ils devraient affronter en tant qu'âmes après la mort. Les enjeux étaient élevés, l'anéantissement éternel et l'immortalité en étant les deux issues possibles. Le Jugement avait sans aucun doute un aspect éthique, on l'a vu, mais il fallait aussi autre chose, une gnose, une compréhension profonde, et, bizarrement, il s'avère que ceux qui voulaient vraiment l'immortalité – « la vie de millions d'années » – devaient réaliser sur terre des copies parfaites « du cercle caché de la Douât dans le corps de Nut [le ciel] [40] ».

> Celui qui fera une copie exacte de ces formes, et qui le saura, sera un esprit bien équipé à la fois dans le ciel et sur la terre, infailliblement, et régulièrement et éternellement [41].
>
> Qui en fera une copie, et le saura sur terre, la verra agir comme une protection magique pour lui à la fois dans le ciel et sur la terre [42].
>
> Si des copies de ces choses sont faites conformément aux ordonnances de la maison cachée, et à la manière de ce qui est ordonné dans la maison cachée, elles agiront comme des protections magiques pour l'homme qui les réalise [43].
>
> Celui qui n'a aucune connaissance de l'ensemble ou d'une partie des représentations secrètes de la Douât sera condamné à la destruction [44].
>
> Qui connaîtra ces images secrètes sera dans l'état d'un esprit équipé pour voyager [45].

Ce qui habite ce style archaïque imagé, c'est la croyance – ou l'inculcation de la croyance – que le destin immortel de l'âme peut être infléchi par le projet architectural de copier sur le terrain une partie « cachée » ou « secrète » du ciel de la Douât dont les coordonnées figurent dans les archives de la « maison cachée ».

Les égyptologues acceptent déjà que la Voie lactée et la constellation d'Orion sur sa rive ouest sont des marqueurs clefs de la géographie céleste de la Douât et, en 1996, Robert Bauval et moi affirmions dans notre ouvrage *Le Mystère du Grand Sphinx* que la constellation du Lion en faisait partie. Pour faire court, notre argument, que nous défendons encore, est que les idées exprimées dans les textes funéraires se sont manifestées dans l'architecture égyptienne par le biais de la Grande Pyramide, du Sphinx, et des couloirs et des salles sous ces monuments.

Le complexe a été construit, croyons-nous, comme une réplique en trois dimensions, une maquette ou une simulation de la Cinquième Division, intensément géométrique, de la Douât, aussi appelée « royaume de Sokar » et toujours tenue pour un lieu particulièrement caché et secret[46]. En outre, nous suggérons que ce qui a motivé la population à soutenir ce projet gigantesque c'était justement la promesse d'obtenir ainsi cette « protection magique », ce pouvoir de devenir « un esprit équipé pour voyager », qui assurerait un passage réussi dans l'Au-delà.

Il n'est pas nécessaire, pour le bien de mon argument, d'entrer dans le débat sur les mérites et les défauts de telles croyances. Disons simplement qu'elles ont perduré sur une très longue période en Égypte ancienne, ce que montrent les Livres des morts et le complexe de Gizeh. Il n'est pas non plus disruptif d'ajouter que c'est autour du système de croyance exprimé dans ces textes et monuments que toute la civilisation extraordinaire de la vallée du Nil s'est organisée et mobilisée dès le début – et comme elle a duré, et nourri son peuple et sa spiritualité durant plus de 3 000 ans, il paraît évident qu'au niveau fondamental, le système a fonctionné.

Questions et réponses

Nous revenons donc à la question de savoir pourquoi, sur une période de plusieurs milliers d'années, parfois ponctuée de longs intervalles culturellement stériles, un grand nombre de projets architecturaux liés à un ensemble très distinctif de croyances sur le trajet de l'âme dans l'Au-delà, dont de de nombreux éléments de base sont partagés avec la cosmologie spirituelle de l'Égypte ancienne, ont été entrepris tout le long de la vallée du Mississippi.

Si les ressemblances étaient fortuites, on ne s'attendrait pas à ce que les textes funéraires égyptiens fournissent des réponses immédiates et sensées à certaines questions en suspens sur les monuments du Mississippi. À mon avis, le fait qu'ils le fassent augmente la probabilité que le lien soit réel.

Pourquoi les sites de la vallée du Mississippi sont-ils construits à une échelle aussi gigantesque et pourquoi les alignements célestes y ont-ils une telle importance ?

Pour les mêmes raisons qui, dans les textes funéraires égyptiens, justifient la construction de l'architecture ciel-sol de la vallée du Nil : le ciel est gigantesque et le but de cette architecture est d'honorer, de se connecter avec, et surtout de « ressembler au ciel ».

Pourquoi la constellation d'Orion et la Voie lactée jouent-elles un rôle si important dans le symbolisme funéraire de la culture du Mississippi ? Et pourquoi la Voie lactée est-elle le « Chemin des âmes » ?

Pour les mêmes raisons que celles données dans les textes funéraires égyptiens : dans le ciel étoilé, c'est Orion qui accueille le portail par lequel l'âme doit passer pour atteindre le « Cours d'eau sinueux » qui la pousse plus avant dans son voyage à travers le Pays des morts.

Pourquoi la géométrie, et sa manifestation particulière sous la forme d'enceintes rectangulaires, carrées, circulaires et elliptiques, sont-elles des éléments si importants des sites de la vallée du Mississippi ?

Pour les mêmes raisons qui, dans les textes funéraires égyptiens justifient le caractère géométrique particulier de l'architecture ciel-sol de la vallée du Nil : la géométrie est une caractéristique fondamentale du Pays des morts, et les enceintes rectangulaires, carrées, circulaires, et elliptiques sont les formes typiques des « districts » célestes à travers lesquels l'âme doit transiter au cours de son voyage dans l'Au-delà.

Pourquoi les sites de la vallée du Mississippi disposent-ils de chaussées et de tumulus ?

Pour les mêmes raisons qui, dans les textes funéraires égyptiens justifient l'incorporation de chaussées et de tumulus dans l'architecture ciel-sol de la vallée du Nil : ces chaussées et tumulus sont des caractéristiques importantes du Pays des morts céleste que l'architecture a pour but de reproduire sur terre.

Pourquoi les peuples de la vallée du Mississippi acceptaient-ils de consacrer tant de richesses et d'énergie à créer des sites spectaculaires comme Moundville, Cahokia et Newark ? Pourquoi prenaient-ils soin d'y inclure des traits géométriques soutenus et de s'assurer que chacun à sa manière « ressemblait » au ciel et formait avec lui des liens intimes ?

Pour les mêmes raisons que celles données dans les textes funéraires égyptiens : la croyance que les âmes qui n'avaient pas fait le travail nécessaire de copie au sol (et d'une certaine façon, d'exploration, de parcours et d'apprentissage avant la mort), du ciel ou d'un aspect « caché » ou « secret » de celui-ci, n'étaient pas équipées de la connaissance des « représentations secrètes » et se verraient donc « condamnées à la destruction ».

Le ciel et la terre

En tant que technique de motivation, la perspective d'une damnation éternelle, comme l'Église catholique romaine l'a démontré tout au long du Moyen Âge, peut se révéler très efficace. Je suggère qu'en Égypte ancienne, une perspective similaire de « destruction » ou d'« anéantissement » de l'âme, et la possibilité d'éviter un tel destin, énoncées dans les textes funéraires, ont motivé la construction des temples et des pyramides sol/ciel de la vallée du Nil. Il s'agissait, en un sens, de gigantesques Livres des morts dans la pierre et certains – le complexe de Gizeh en particulier – sont sans nul doute passés pour « des portails ou des portes vers l'Au-delà ». Je reprends ici cette expression de William Romain, citée à la fin du chapitre précédent en référence aux terrassements Hopewell, pour souligner le caractère interchangeable des croyances spirituelles dans la vallée du Nil et dans la vallée du Mississippi. Bien que largement séparés dans l'espace-temps, les anciens habitants de ces deux régions semblent avoir partagé un ensemble de principes fondamentaux sur l'Au-delà et, en outre, sur leur manifestation dans l'architecture, mais aussi sur de nombreux traits spécifiques de cette architecture, et sur l'objectif qu'elle devait servir.

Ainsi, alors que les uns reproduisaient la Ceinture d'Orion et la constellation du Lion tandis que les autres orchestraient des danses architecturales complexes alignées sur les lunistices et les solstices, leur but commun était d'ouvrir des portails entre le ciel et le sol par lesquels les âmes des morts pouvaient passer.

Je n'exclus pas la possibilité que certains des monuments de la vallée du Mississippi soient des « diagrammes de constellation » ou des parties constitutives de « diagrammes de constellation » – un peu comme les monuments de Gizeh. En effet, Ross Hamilton, comme nous l'avons vu dans la Partie 1 de la première partie de cet ouvrage, publiée en 2020, estime depuis longtemps que le tumulus du Grand serpent est une figure terrestre de la constellation du Dragon. George Lankford, d'autre part, argüe de façon convaincante qu'il représente la constellation du Scorpion[47]. Que l'un ou l'autre ait raison ou tort, tous deux voient la possibilité que les tumulus et les terrassements ont pu servir à représenter des constellations.

Peut-être n'aurons-nous jamais de certitude, puisqu'une grande partie du patrimoine précolombien nord-américain a été détruit. Néanmoins, le travail est déjà en cours.

En remontant à la civilisation du Mississippi, par exemple, les études détaillées de William Romain sur les Hopewells l'amènent à conclure que, dans l'esprit de ceux qui les ont réalisés :

> Les terrassements de Newark étaient un portail vers l'Au-delà qui permettait le mouvement interdimensionnel de l'âme au cours de certaines configurations solaires, lunaires et stellaires[48].

Il soutient aussi que « la Grande route Hopewell », une ancienne chaussée qui courait autrefois tout droit sur environ 100 kilomètres entre Newark et High Bank (voir le chapitre 3), « était l'équivalent terrestre du Chemin des âmes de la Voie lactée fournissant une direction pour le voyage de l'âme au Royaume des morts[49] ».

En outre, rejoignant George Lankford, il relie le tumulus du Grand serpent au Scorpion et conclut qu'il s'agissait d'un « parent du Grand serpent du Monde Souterrain qui gardait le Royaume des morts[50] ».

Nous nous trouvons donc, dans la culture Hopewell, comme dans l'ancienne Égypte et dans la civilisation du Mississippi, face à un royaume des morts dans le ciel et à sa représentation par des structures architecturales au sol. Ces édifices ont ceci de brillant qu'ils peuvent jouer divers rôles sur la scène cosmique. Ainsi, alors que le Grand Sphinx peut être la contrepartie terrestre de la constellation du Lion, son regard sacralise l'union du ciel et de la terre au lever du soleil à l'équinoxe. Et tandis que le tumulus du Grand serpent peut en effet être le jumeau terrestre du Scorpion, ses mâchoires ouvertes et le terrassement ovale qu'elles enserrent servent aussi à unir la terre et le ciel au coucher du soleil au solstice d'été.

À cet égard, revenons sur la référence dans le *Livre des morts* sur un grand serpent au sommet d'une montagne qui arrête le bateau du dieu Soleil Ra, plongeant cette divinité dans un « sommeil profond » d'un simple coup d'œil[51]. Car que voit-on sur la falaise au-dessus de Brush Creek, sinon une effigie massive de serpent dont le regard vise le soleil au solstice d'été ? Il s'agit en effet, comme on l'a vu, d'un moment où le point de coucher du disque solaire semble rester fixé au même endroit à l'horizon pendant trois jours, événement qui, dans un langage mythique, pourrait bel et bien s'exprimer comme un « sommeil profond » provoqué par le regard du grand serpent.

De même, le *Livre des morts* décrit le grand serpent comme ayant « les 8 premières coudées de sa longueur » – sa tête et son cou, en d'autres termes – « recouvertes de silex et de plaques de métal brillantes[52] ». Cela renvoie à l'étude de George Lankford sur les traditions amérindiennes du Grand serpent d'eau à cornes (voir le chapitre 6), dit parfois « le Maître du Monde Inférieur » et parfois « le Grand serpent au joyau rouge sur le front » – une notion pas si éloignée de l'ancienne représentation égyptienne où la tête et le cou de la créature arborent « des silex et du métal brillant ». Ce Grand serpent orné de bijoux, cet adversaire sur le

Chemin des âmes, conclut Lankford, figure très souvent dans les dessins de Moundville où il se voit lié à d'autres images associées au voyage dans l'Au-delà. Il soutient aussi que le tumulus du Grand serpent est une représentation tridimensionnelle du même être surnaturel [53] et, de manière fascinante, le compare aux mythes des Cherokees décrivant l'Uktena, « un grand serpent, du diamètre d'un tronc d'arbre », avec :

> une crête flamboyante tel un diamant sur son front, et des écailles brillant comme des étincelles de feu [54].

Les mêmes mythes disent aussi que le regard de ce reptile avait le pouvoir d'« étourdir » les gens qui, stoppés net, ne pouvaient fuir [55]. De nouveau, on a un parallèle notable avec le grand serpent du *Livre des morts* dont le regard plonge même le soleil dans un « sommeil profond [56] ».

Renouveau et renaissance

Les chercheurs ne doutent pas que les idées sur le voyage de l'âme dans l'Au-delà qu'expriment les textes funéraires égyptiens sont beaucoup plus anciennes que les inscriptions survivantes et remontent aux traditions orales de la période prédynastique, avant l'écriture, voilà plus de 5 500 ans [57].

De même, malgré l'absence de hiéroglyphes et d'inscriptions en Amérique du Nord, notons qu'on retrouve les mêmes préoccupations géométriques et alignements sur le coucher du soleil au solstice d'été du tumulus du Grand serpent, soi-disant de la période « Adena » il y a 2 300 ans, à Watson Brake il y a 5 500 ans. Et en effet, on peut dire que la frénésie de construction de tumulus et de terrassements le long de la vallée du Mississippi inférieur il y a 6 000 à 5 000 ans reste mystérieuse, inexpliquée. Comme la haute civilisation égyptienne, le phénomène se manifeste tout d'un coup, sans antécédents apparents, mais déjà nanti d'un savoir avancé.

Les premiers sites de tumulus connus d'Amérique du Nord datent possiblement d'il y a 8 000 ans [58]. Plus loin dans le temps, la piste se perd.

Mais pourquoi cela devrait-il nous surprendre ? La piste se perd durant mille ans de la fin de l'époque Watson Brake au début de Poverty Point, et de nouveau plusieurs fois par la suite, pour renaître et se renouveler après chaque lacune. Le caractère entrecoupé du processus signifie toutefois qu'on ne peut pas assigner le début de la tradition à ses plus anciennes manifestations découvertes jusqu'à présent.

Premièrement, nos connaissances archéologiques sont loin d'être complètes, et vu la destruction d'une grande partie des preuves préhistoriques, elles ne le seront jamais, de sorte que notre capacité de comprendre ce qui s'est réellement passé dans le passé nord-américain est gravement compromise. Il se peut qu'il n'y ait pas eu de tumulus avant cette limite des 8000 ans, mais il se peut tout aussi bien que la preuve d'un épisode antérieur de construction ait simplement été perdue.

Deuxièmement, comme nous avons affaire à un système d'idées capable d'apparaître, de disparaître et de réapparaître pleinement formé, il nous faut envisager l'éventualité que les « premiers » sites de tumulus identifiés par l'archéologie témoignent en fait d'une « réapparition » – autrement dit, que les compétences manifestes sur ces sites déjà très anciens aient été, comme feu mon ami John Anthony West le disait volontiers à propos de l'Antiquité égyptienne, « un héritage plutôt qu'un développement ».

Mais l'héritage de quoi ? Remontant à quelle époque ? Et comment se fait-il qu'il continue à resurgir partout dans le monde, en différents endroits à des moments différents, mais en exprimant toujours les mêmes idées de base ?

De nouveau, les textes égyptiens nous offrent des réponses évocatrices.

Renaissance d'un monde perdu

Cette fois, je ne me réfère pas aux textes funéraires mais aux Textes d'Edfou, ainsi appelés parce qu'inscrits sur les murs du Temple d'Horus à Edfou en Haute-Égypte.

Ils nous ramènent à une période très éloignée, dénommée « l'ère originelle des dieux[59] », des dieux dont il se trouve qu'ils n'étaient pas initialement égyptiens[60], mais vivaient sur une île sacrée, la « terre des Originels », au milieu d'un grand océan[61]. Puis, à une époque indéterminée du passé, un immense cataclysme fit trembler la terre et inonda l'île où « les premières demeures des dieux » avaient été fondées[62], la détruisant complètement, submergeant tous ses lieux saints et tuant la plupart de ses habitants divins[63]. Certains ont survécu, toutefois, et auraient fait voile sur leurs navires (car les textes affirment sans ambiguïté que ces « dieux » de l'ère originelle étaient des navigateurs[64]) pour « parcourir » le monde[65]. Leur but, ce faisant, n'était rien de moins que recréer et ressusciter l'essence de leur patrie perdue[66], bref, d'amener :

> La résurrection de l'ancien monde des dieux[67]. (...)
> La recréation d'un monde détruit[68].

Pour les lecteurs qui ne connaissent pas déjà l'énigme des Textes d'Edfou et qui voudraient en savoir plus, j'en propose une analyse détaillée dans *Magiciens des dieux*. Je ne vais ni répéter la démonstration que j'y effectuais, ni l'étayer par les preuves que j'y avançais. Ce qu'il faut retenir, c'est que ces textes invitent à envisager la possibilité que les survivants d'une civilisation perdue, passant pour des « dieux », mais manifestement humains, aient « erré » de par le monde à la suite d'un cataclysme global ayant entraîné une extinction massive. Par hasard, c'étaient des populations de chasseurs-cueilleurs, gens des montagnes, des jungles et des déserts, « les illettrés et les ignorants[69] », comme Platon l'a dit avec éloquence dans son récit de la fin de l'Atlantide, qui avaient été épargnés par le déluge. En s'installant parmi eux, les errants se sont accrochés à l'espoir fou que leur haute civilisation puisse renaître, ou du moins qu'un peu de leur savoir, leur sagesse et leur spiritualité se transmette, afin que les humains, après cette apocalypse, ne se retrouvent pas « au point de départ comme des jeunes, ne sachant rien de ce qui s'est passé dans les temps anciens[70] ».

Ai-je tort de voir dans ce récit venu d'Edfou une forte ressemblance avec le mythe d'origine des Tucanos abordé au chapitre 1 ? Il raconte que le « Timonier » et la « Fille du Soleil » ont apporté les dons du feu, de l'horticulture, de la poterie et d'autres compétences aux premiers humains à entrer en Amazonie tandis que d'autres « êtres surnaturels » naviguaient sur les rivières, exploraient les collines isolées, identifiaient les meilleurs sites où s'installer et « préparaient la terre de telle façon que les mortels puissent y vivre ».

Avant de repartir là d'où ils étaient venus, ces soi-disant êtres surnaturels :

> laissaient leur empreinte durable en de nombreux endroits afin que les générations futures aient une preuve ineffaçable de leur séjour terrestre et se souviennent à jamais d'eux et de leurs enseignements [71].

Ces lieux, souvent marqués par des pétroglyphes, restent sacrés pour les Tucanos actuels, confirme l'anthropologue Gerardo Reichel-Dolmatoff, en tant que « preuves de l'origine divine de leur patrimoine culturel dont les fondements ont été posés par les esprits qui, à cette époque, habitaient encore sur terre [72] ».

Revenons à l'Égypte ancienne et aux textes d'Edfou, où on nous dit que les survivants de l'île des Originels :

> traversèrent les (...) terres de la période originelle (...) [73]. Partout où ils s'installèrent, ils fondèrent de nouveaux domaines sacrés [74].

Nous pouvons donc déduire qu'une partie de leur mission était de promulguer à nouveau la religion perdue d'avant le déluge.

Puis on apprend que l'architecture, d'abord sous forme de tumulus, était aussi au cœur de leur mission – si centrale, en fait, qu'ils apportaient avec eux un livre, *Les Spécifications des tumulus de la période originelle*, qui, littéralement, « spécifiait » les emplacements dans la vallée du Nil sur lesquels chaque tumulus devait se situer, ainsi que leur caractère, leur apparence, et indiquait que ces tumulus fondateurs devaient servir de sites à tous les temples et pyramides qui seraient construits en Égypte à l'avenir [75].

On ne s'étonnera donc guère que, parmi les « dieux » d'Edfou, il y ait eu le *Shebtiw*, un groupe de divinités chargées d'une responsabilité spécifique de « création [76] », des « dieux bâtisseurs » ayant assuré « la construction [77] », et les « Sept Sages » qui, outre dispenser la sagesse, comme leur nom l'indique, étaient très impliqués dans la conception des structures et la pose des fondations [78].

J'ai longtemps soutenu que les Textes d'Edfou reflètent les événements réels d'un vrai cataclysme ayant eu lieu entre 12 800 et 11 600 ans dans le passé, une période appelée par les paléoclimatologues le Dryas récent, et par les textes « l'âge originel ». J'ai postulé que les graines de ce qui allait devenir l'Égypte dynastique avaient été plantées dans la vallée du Nil il y a plus de 12 000 ans par les survivants d'une civilisation perdue, époque lointaine dont dataient les édifices comme le Grand Sphinx, ses temples mégalithiques associés et la salle sous la Grande Pyramide. J'ai en outre avancé qu'une sorte de culte religieux ou d'ordre monastique, recrutant des initiés au fil des générations, déployant des mèmes de géométrie et d'astronomie, diffusant un système de pensée « ce qui est en bas est comme ce qui est en haut » et enseignant que l'anéantissement éternel attendait ceux qui négligeaient de servir et d'honorer le système, aurait été le véhicule le plus probable pour porter les idées des fondateurs originels tout au long des millénaires jusqu'à ce qu'elles puissent refleurir à l'âge des pyramides.

L'île de la Tortue

Si on prend au sérieux les Textes d'Edfou, qui dépeignent des missions maritimes envoyées partout dans le monde pour redémarrer une civilisation après un cataclysme global, et si l'Égypte ancienne est le descendant éloigné d'une de ces missions, il faut s'attendre à en trouver d'autres ailleurs dans le monde.

Je soutiens ici qu'on trouve une de ces civilisations descendantes dans la vallée du Mississippi et qu'elle porte, comme l'Égypte ancienne, l'ADN d'une civilisation « fantôme » d'une préhistoire très lointainte. Sur des sites tels que Cahokia et Moundville, 1 000 ans plus tôt à Newark et High Bank, 1 000 ans auparavant à Poverty Point et encore 2 000 ans avant cela à Watson Brake, on voit à l'œuvre le même système géométrique et astronomique sol/ciel, ses origines continuant de s'éloigner jusqu'à ce que sa trace se perde il y a environ 8 000 ans. Pour les sites plus anciens – malgré les preuves d'une place spéciale accordée à la constellation d'Orion partout en Amérique du Nord[79] – il n'y a pas assez d'information pour établir avec certitude les croyances en l'Au-delà de leurs bâtisseurs, ni le lien avec le complexe « Chemin des âmes » qu'on retrouve si souvent dans les sites ultérieurs. Mais le fait que ces croyances soient confirmées à Cahokia, Moundville et d'autres sites relativement récents du Mississippi où les preuves archéologiques peuvent être enrichies de données ethnographiques, et qu'elles soient fortement sous-entendues dans les sites Hopewell et Adena comme Newark, High Bank, et le tumulus du Grand serpent, suggère que le « paquet culturel » de géométrie et d'astronomie sol/ciel, lié au même ensemble de croyances sur le voyage de l'âme dans l'Au-delà, a pu s'exprimer du début à la fin de l'entreprise de construction de tumulus en Amérique du Nord.

Puis il y a la question de l'Amazonie où des terrassements incarnant des mèmes géométriques et astronomiques pareils à ceux manifestés dans les vallées du Nil et du Mississippi émergent de la jungle en même temps que les traditions des « dieux géométriques » et des preuves d'une quête ancienne utilisant des plantes productrices de visions pour acquérir la connaissance du Royaume des morts.

Par conséquent, toute la question de l'histoire du peuplement des Amériques peut être remise en jeu. On sait que le Nouveau Monde a été séparé de l'Ancien – une île gigantesque – par la montée du niveau de la mer à la fin de l'ère glaciaire voilà 12 800 à 11 600 ans. On sait qu'il n'y a eu par la suite aucun transfert significatif de culture ni de gènes entre les deux jusqu'à environ 500 ans, quand la conquête européenne des Amériques a débuté. On en conclura donc avec assurance que tout ce que l'Ancien et le Nouveau Monde ont en commun sur le plan culturel ou génétique et qui ne résulte pas d'un mélange effectué au cours des 500 dernières années relève de la coïncidence ou bien remonte au moins à 11 600 ans – voire, bien sûr, encore plus loin.

La coïncidence n'est vraiment pas de taille à expliquer les similitudes incroyables entre l'Égypte et l'Amérique du Nord que nous avons vues, pourtant les différences, et la séparation physique et temporelle des civilisations du Nil et de la vallée du Mississippi, signifient qu'une influence directe est aussi à exclure.

Reste la possible explication par l'existence d'un tiers éloigné, une civilisation perdue, peut-être même « l'île » que les textes d'Edfou appellent la terre des Originels détruite lors du cataclysme global voilà 12 800 ans.

On tient presque toujours par réflexe l'Amérique du Nord, « l'île de la Tortue » dans la tradition amérindienne, pour un lieu où la culture a été amenée de l'extérieur, mais changeons de cadre de référence. Et si l'Amérique du Nord était la terre des Originels ? Et si le système d'idées distinctif impliquant le voyage de l'âme dans l'Au-delà et la construction de types très spécifiques de structures conçues pour le faciliter n'avait pas été **amenés** en Amérique du Nord, mais en provenaient ?

L'absurde « Clovis First » étant enfin remisé, on sait avec certitude que l'humanité peuple les Amériques depuis au moins 25 000 ans, et des preuves convaincantes font envisager une présence antérieure remontant à 50 000 ans ou plus. En effet, si Tom Deméré et son équipe ont correctement lu les indices du site Cerutti Mastodon, les véritables paléoaméricains étaient peut-être déjà présents sur le Nouveau Monde – aussi loin au sud qu'à San Diego – il y a 130 000 ans.

Même si le continent n'avait été habité qu'il y a 25 000 ans, toutefois, cela laisse une immense période de temps avant les premières preuves de construction de tumulus en Amérique du Nord voilà environ 8 000 ans. L'intervalle est assez long pour que de grandes innovations dans la culture humaine se soient produites, mais dans ce cas, pourquoi n'en trouvons-nous aucune trace ?

On a déjà vu, sans conteste, je pense, qu'un vaste héritage culturel amérindien, dont leurs savoirs et leurs croyances, a été totalement effacé par la conquête européenne au cours des 500 dernières années, l'un des motifs pour lesquels le dossier est criblé de trous.

L'autre motif, comme l'a expliqué Tom Deméré (voir la partie II de la première partie de cet ouvrage, publiée en 2020), c'est que les archéologues refusaient, encore tout récemment, de fouiller des dépôts plus anciens : ils estimaient a priori qu'on n'y trouverait rien.

Mais un troisième facteur, qui pourrait s'avérer bien plus crucial que les deux autres, découle du cataclysme global que la terre a connu il y a 12 800 ans. Bien que le monde entier ait été touché, toutes les preuves indiquent que l'épicentre se situait en Amérique du Nord. Une calotte glaciaire géante, de 2 kilomètres d'épaisseur et descendant alors aussi loin au sud que le Minnesota, s'est vue massivement déstabilisée, et la destruction presque totale qui en a résulté a, de fait, effacé toutes les traces archéologiques sur une zone immense.

Que s'est-il passé en Amérique du Nord ?

PARTIE III

Une apocalypse

Le mystère du cataclysme

8.

Éloïse

Nous sommes au début du mois d'octobre 2017, par un milieu de matinée torride. Nous venons de quitter Tucson, en Arizona, pour un trajet de 130 kilomètres jusqu'à Murray Springs, un site Clovis très riche et complexe environ 23 kilomètres au sud-ouest de la ville de Tombstone et 32 au nord de la frontière mexicaine. Notre itinéraire passe par la I-10 et l'AZ-90 dans une brousse de plus en plus desséchée sous un ciel impitoyable, mais après avoir atteint Murray Springs, garé la voiture, salué les gardes au portail et parcouru à pied les quelques kilomètres du sentier autour du site archéologique, on aboutit à une sorte d'oasis où les mesquites qui poussent en abondance sur les berges d'un arroyo sinueux – un canal de crue – offrent un ombrage appréciable. Malgré les crues subites qui surviennent parfois ici, il se murmure que la luxuriance du cadre doit davantage au déversement des eaux usées traitées.

Santha et moi sommes accompagnés par le géophysicien Allen West et sa femme Nancy. West, qui travaille avec James Kennett, géoscientifique et océanographe à l'université de Californie, et Richard Firestone, un chimiste analytique dans le domaine nucléaire au Lawrence Berkeley National Laboratory, est l'un des principaux membres d'une coalition de plus de soixante chercheurs de nombreux domaines qui unissent leurs forces depuis 2007 pour tenter de résoudre un grand mystère. Ils travaillent sur le Dryas récent, cet intermède de changement climatique global cataclysmique coïncidant avec l'extinction du Quaternaire durant laquelle trente-cinq genres de mégafaune nord-américaine (chacun incluant plusieurs espèces) ont disparu il y a environ 12 800 ans. Le peuple Clovis et sa culture caractérisée par son armement « à pointes cannelées » ont partagé leur sort.

Nous descendons au fond de l'arroyo – de 2 mètres de profondeur et 12 mètres de large à cet endroit – pour le longer. Au bout de quelques instants, Allen fait halte. « C'est ici qu'ils ont extrait Éloïse », dit-il, faisant référence à l'un des mammouths pris en embuscade et massacré à Murray Springs par le peuple Clovis voilà 12 800 ans. Il nous raconte qu'on a retrouvé le squelette d'Eloïse intact, à l'exception des pattes postérieures, coupées juste après qu'elle a été tuée. L'une d'entre elle a été déplacée et posée à côté de sa tête. Les archéologues ont découvert l'autre quelques centaines de mètres plus loin, près des résidus d'un ancien feu de camp. On a aussi trouvé le bout d'une pointe Clovis brisée près de ce foyer, l'autre partie étant restée « fichée dans Éloïse ».

L'archéologue qui a mis au jour ce mammouth dans les années 1960, et amènerait Allen West et Richard Firestone sur ce site des années plus tard, était Vance Haynes, professeur émérite à l'université d'Arizona et membre de la National Academy of Sciences. Le lecteur se souviendra que sa défense catégorique du « Clovis First » a beaucoup contribué à la survie de cette théorie maintenant discréditée et inhibé d'autres recherches indiquant un peuplement bien antérieur des Amériques.

Toutefois, en tant que découvreur de Murray Springs, c'est à lui que revient le mérite d'avoir attiré l'attention sur un aspect très curieux du site – une couche de sol sombre drapée « tel un film plastique », comme dit Allen West, sur les vestiges Clovis et la mégafaune éteinte, y compris Éloïse.

Haynes a identifié cette « strate noire » (le terme est de lui) non seulement à Murray Springs, mais aussi sur des dizaines d'autres sites à travers l'Amérique du Nord [1], et reconnu le premier son association évidente avec l'extinction massive du Quaternaire. Il parle des « circonstances remarquables » de l'événement, de la mort brutale sur le continent entier de tous les grands mammifères « juste avant le dépôt de la (...) strate noire », et l'absence totale par la suite des « mammouth, mastodonte, cheval, chameau, *Canis*

Photo : William Iseminger.

1. Woodhenge, Cahokia. Alignement du poteau central et du marqueur équinoxial avec le lever du soleil d'équinoxe sur la face sud du tumulus des Moines.

Photo : Santha Faiia.

2. Vue d'ensemble de Woodhenge. Une reconstruction moderne d'un ancien dispositif d'observation astronomique.

Photo : William Iseminger.

3. Tumulus des Moines, Cahokia, depuis le ciel.

Photo : Santha Faiia.

4. Le tumulus des Moines, ce «prodigieux tas de terre», troisième plus grande pyramide en Amérique après celle de Quetzalcóatl à Cholula et celle du Soleil à Teotihuacan.

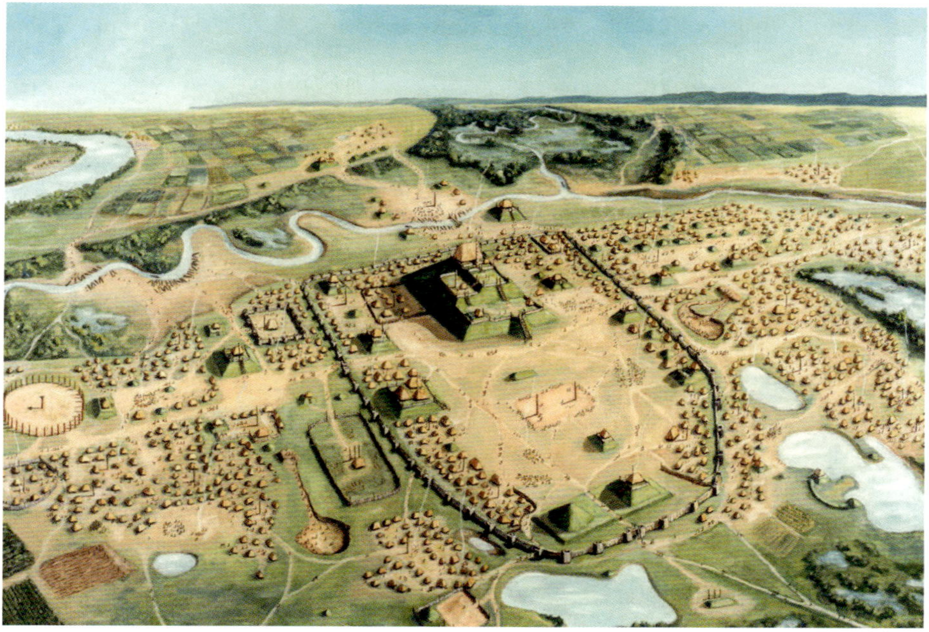
Dessin : William Iseminger.

5. Vue d'artiste de Cahokia à son apogée.

Photo : Santha Faiia.

6. Le tumulus de l'Oiseau – aussi appelé tumulus A – à Poverty Point, deuxième plus grand tumulus en Amérique du Nord après le tumulus des Moines.

Photo : Santha Faiia.

7. Moundville, Alabama : tumulus A photographié depuis le tumulus B, avec une vue sur trois autres tumulus de l'ellipse extérieure.

Photo : Santha Faiia.

8. À Moundville, on trouve le motif «main-et-œil» partout – ici sur une poterie.

Photo : avec l'aimable autorisation des musées de l'Université d'Alabama, Tuscaloosa, Alabama.

9. Le «disque au serpent à sonnette» de Moundville, une transcription du motif « main-et-œil ». Dans la culture mississippienne, la main symbolise la constellation d'Orion et l'œil un portail dans le ciel. Ce dernier est identifié comme la nébuleuse d'Orion, à travers laquelle les âmes des morts doivent passer durant leur voyage dans l'Au-delà. Voir chapitres 5 et 6.

Photo : Santha Faiia.

10. Énoncés des *Textes des Pyramides* dans la chambre funéraire de la pyramide d'Ounas (V^e dynastie) à Saqqarah en Haute-Égypte. Antérieurs au plus célèbre *Livre des morts*, les *Textes des Pyramides* ont pour but de préparer le défunt à son voyage dans l'Au-delà. Celui-ci est étrangement similaire au voyage décrit par la culture mississippienne.

Photo : Santha Faiia.

11. Le dieu Osiris, assis. Dans le système religieux de l'Égypte ancienne, Osiris était associé à la constellation d'Orion. Comme dans le cas du motif « main-et-œil » chez les Mississippiens, la constellation d'Orion est vue comme un portail vers le voyage dans l'Au-delà.

Photo : Santha Faiia.

12. Dans le système de l'Égypte ancienne, Âmmout, la «Mangeuse de morts», avec ses mâchoires baveuses, était chargée d'anéantir ceux dont les âmes étaient considérées indignes lors du Jugement.

Photo : Santha Faiia.

13. Dans le système mississippien, la panthère aquatique, avec ses mâchoires baveuses, était chargée de la même mission.

Photos : Santha Faiia.

14. La pesée du cœur face à la plume de Maât dans la scène du jugement en Égypte ancienne. Les anciens Égyptiens comme les anciens Mississippiens croyaient que l'âme devait se confronter à un jugement après la mort.

Photos : Santha Faiia.

15. Le temple d'Horus à Edfou a préservé les *Textes d'Edfou*. Ceux-ci racontent l'histoire d'une grande civilisation divine détruite lors d'un cataclysme mondial durant la Préhistoire. Bien que les égyptologues soient réticent à faire le lien, l'« île des dieux » détruite, la « Terre des Originels » comme l'appellent les *Textes d'Edfou*, ont beaucoup en commun avec l'histoire de l'Atlantide racontée par Platon – dont il a été dit qu'elle dérivait d'une source égyptienne.

Photos : Santha Faiia.

16. **17**. Les Textes d'Edfou racontent qu'il y a eu des survivants au cataclysme qui avait détruit la « Terre des Originels ». Il est dit que ces survivants ont parcouru le monde dans l'espoir désespéré que leur haute civilisation puisse renaître, ou du moins qu'un peu de leur savoir, leur sagesse et leur spiritualité se transmette, afin que les humains, après cette apocalypse, ne se retrouvent pas « au point de départ comme des jeunes, ne sachant rien de ce qui s'est passé dans les temps anciens » (d'après les termes de Platon au sujet des conséquences de la fin de l'Atlantide).

Photo : Santha Faiia.

18. Graham Hancock avec Allen West, géophysicien membre du Comet Research Group, examinant le dépôt de la strate noire à Murray Springs en Arizona. Lorsqu'elle se trouve en présence de traces d'impacts comme le verre fondu, les sphérules de carbone et les nanodiamants, la strate noire est caractéristique du cataclysme global qui aurait été provoqué il y a 12 800 ans par une importante série d'impacts de fragments d'une comète en désintégration. L'évènement a été si important qu'il a interrompu l'histoire de l'humanité et a effacé toute trace de l'existence d'une civilisation avancée durant l'ère glaciaire. Cependant, quelques pistes et indices relatifs à la nature de cette civilisation persistent.

Photo : Santha Faiia.

19. Prenons l'exemple de ces poutres monolithes de granite, pesant dans les soixante-dix tonnes chacune, sises au cœur de la pyramide de Khéops, dans les « chambres de décharge » empilées au-dessus de la chambre du roi, plus de cinquante mètres au-dessus du niveau du sol. Que ces mégalithes aient été facilement mis en place au moyen de cylindres de bois ou de sable lubrifié relève du vœu pieux, à une telle hauteur. Le fait est que les poutres massives qui forment le plafond et le sol de ces chambres de décharge sont là – et que pour être arrivées là, il a fallu les hisser plus de cinquante mètres au-dessus du sol. Le levier, l'avantage mécanique et les technologies basiques attribuées aux anciens Égyptiens par les archéologues auraient été incapables d'accomplir un tel exploit. Sommes-nous alors confrontés aux prouesses d'une science disparue ?

Photo : Santha Faiia.

20. Le trilithon, à Baalbek. La partie haute du mur, trouée, est une reconstruction relativement récente. En dessous en revanche, se trouvent trois anciens blocs du trilithon. La jointure entre les deux premiers blocs se trouve juste sous le trou. Celle entre le deuxième et le troisième blocs, plus à gauche, est si bien ajustée qu'elle est à peine visible. Chacun des trois blocs pèse environ 900 tonnes – à peu près le poids de 450 gros SUV. À nouveau, les technologies basiques de levier et d'avantage mécanique semblent incapables de réaliser la prouesse de soulever de tels blocs et de les positionner aussi parfaitement.

Photo : Santha Faiia.

21. Sacsayhuamán, au Pérou. Ces murs mégalithiques colossaux sont disposés en une série de zigzags et composés de blocs polygonaux imbriqués les uns dans les autres. Chaque bloc est unique et tous sont si étroitement encastrés les uns dans les autres qu'il est impossible de glisser une feuille de papier entre les joints. Les efforts des archéologues pour reproduire la technique employée à Sacsayhuamán ont chaque fois échoué car le seul cadre de référence jugé acceptable, impliquant le levier et l'avantage mécanique, est incapable d'expliquer les anomalies les plus complexes du site.

Photo : Santha Faiia.

22. Le poids estimé de cet énorme bloc polygonal est de 360 tonnes. Les archéologues attribuent la construction de Sacsayhuamán aux Incas mais il n'y a pas de traces de leur capacité à déplacer des poids si importants et, d'après un récit, lorsqu'ils s'y sont essayé, cela s'est conclu par un désastre.

Photo : Santha Faiia.

23. Sacsayhuamán : détail des jointures entre les blocs, avec des indices qui tendent à faire penser que la pierre a été moulée avant d'être installée. Les traditions parlent de sages en méditation, de l'usage de certaines plantes, de la concentration des initiés, de travail manuel miraculeusement rapide, et de mélopées ou de notes spéciales jouées sur des instruments de musique ayant un rapport avec l'élévation, la disposition, l'assouplissement et le modelage des mégalithes. Devant la diffusion mondiale de tels récits et l'incontestable réalité des sites eux-mêmes, il nous faut nous demander si nous ne nous trouvons pas face aux échos d'une ancienne technologie que nous ne comprenons pas, fondée sur des principes qui nous sont totalement étrangers.

Photo : Santha Faiia.

24. L'incroyable temple de Kailâsanâtha, taillé dans du basalte massif à Ellora, dans l'État indien du Maharashtra. Les traditions parlent de recours à la magie pour sa construction mais, comme il a été dit, «toute technologie suffisamment avancée est indiscernable de la magie».

Photo : Santha Faiia.

25. Avec ses murs en pierre, ses enceintes et sa pyramide de terre en ruines, l'ancien site mégalithique de Tiahuanaco dans les hauteurs des Andes fait écho à la géométrie précise des terrassements que l'on découvre maintenant dans la jungle amazonienne.

Photo : Santha Faiia.

26. Teotihuacan, au Mexique, «la cité où les hommes deviennent des dieux». Avec ses pyramides de la Lune (au fond) et du Soleil (à l'avant) disposées le long de l'immense axe du «chemin des morts», le site est riche en géométrie et en alignements cosmiques.

Photos : Santha Faiia.

Photos : Santha Faiia.

27. **28**. Méconnues et aujourd'hui fréquemment défigurées par des graffitis, de nombreuses et surprenantes structures mégalithiques attendent d'être étudiées dans les forêts de Nouvelle-Angleterre. Les archéologues les attribuent toutes à la période coloniale des siècles derniers sans véritable preuve et refusent de considérer que les Amérindiens aient pu être impliqués dans leur construction.

Photo : Santha Faiia.

Photo : Santha Faiia.

Photo : Santha Faiia.

29. **30**. **31**. La dimension mégalithique des structures de Nouvelle-Angleterre et le fait que leurs entrées soient souvent orientées vers des points où le soleil se lève aux solstices plaident en faveur de leur ancienneté et réfute la théorie fantaisiste des archéologues selon laquelle il s'agirait de «caves coloniales».

dirus, lion américain, tapir et autres [représentants de la mégafaune], ainsi que du peuple Clovis[2] ».

Haynes note également que « la strate noire basale marque un changement climatique majeur, du temps chaud et sec de la fin de l'Alleröd au froid glacial du Dryas récent[3] ».

Il y a environ 18 000 ans, et durant plusieurs millénaires, les températures mondiales ont augmenté, lentement mais sûrement, et les calottes glaciaires fondu. Nos ancêtres auraient eu raison d'en espérer la fin de ce long hiver et l'annonce d'une nouvelle ère de climat agréable. Ce processus de réchauffement est devenu très prononcé voilà 14 500 ans. Puis, tout à coup, il y a 12 800 ans, le changement climatique s'est inversé et le monde a aussitôt renoué avec un froid aussi terrible qu'à l'apogée de l'ère glaciaire, des milliers d'années plus tôt. Ce grand froid – la période mystérieuse désormais baptisée Dryas récent –, a duré environ 1 200 ans, jusqu'il y a 11 600 ans, date à laquelle les conditions climatiques ont de nouveau basculé, les températures mondiales augmenté rapidement, les calottes glaciaires restantes fondu pour s'effondrer dans les océans, et le monde est devenu aussi chaud qu'il l'est aujourd'hui[4].

Outre Murray Springs, Vance Haynes relate avoir trouvé :

> au moins quarante autres lieux aux États-Unis avec des dépôts de strate noire datant du Dryas récent[5]. (...) Cette couche ou strate recouvre le paysage ou la surface de l'ère Clovis qui garde trace des derniers vestiges de la mégafaune du Pléistocène supérieur. D'un point de vue stratigraphique et chronologique, l'extinction paraît avoir été catastrophique, trop subite et étendue pour que la prédation humaine ou le changement climatique en ait été la cause principale. Cette fin brutale (...) paraît avoir coïncidé avec le passage soudain de la chaleur de l'Alleröd au froid du Dryas récent. Des indices récents d'un impact extraterrestre, bien qu'encore peu convaincantes, exigent un examen plus poussé, parce qu'il s'est produit une perturbation remarquable (...) qu'il faut expliquer[6].

Haynes a publié ces réflexions en mai 2008 dans *Proceedings of the National Academy of Sciences*. L'impact « extraterrestre » dont il parle (et dont il juge les indices « encore peu convaincants ») n'a rien à voir avec des « aliens » mais fait référence à une théorie scientifique sérieuse, l'hypothèse de l'impact cosmique du Dryas récent (HICDR), présentée de façon formelle pour la première fois – dans le *PNAS*, également – en octobre 2007[7]. Le papier, coécrit par Allen West, Richard Firestone, James Kennett et plus de vingt autres scientifiques, présente des preuves que des fragments d'une comète géante – un essaim de fragments –, ont frappé la terre avec des conséquences désastreuses il y a 12 800 ans. Les effets ont été globaux, mais l'épicentre du cataclysme se situait au-dessus de la calotte glaciaire nord-américaine, que les impacts ont déstabilisée, déclenchant la glaciation du Dryas récent et les extinctions de la mégafaune[8].

Haynes avait raison de dire, en 2008, que cette hypothèse radicale nécessitait un examen plus poussé. Elle le recevrait au cours des années suivantes jusqu'à occasionner un débat enragé qui a divisé les scientifiques et continue de le faire. D'un côté, de nombreux spécialistes hautement qualifiés et expérimentés de maints domaines différents sont convaincus que notre planète a croisé un essaim cométaire il y a environ 12 800 ans, ce qui a abouti à une catastrophe mondiale dont les effets les plus extrêmes ont concerné l'Amérique du Nord. De l'autre, un groupe plus petit mais plus visible et très influent de sceptiques rejette la théorie. J'ai rapporté le débat entre les deux factions en détail dans mon livre *Magiciens des dieux*, donc je ne me répéterai pas ici. Alors que j'écris ces lignes en 2018, et malgré une décennie de critiques incessantes et de tentatives ciblées de réfutation, l'hypothèse de l'impact cosmique du Dryas récent a résisté à l'épreuve du temps, gagné un soutien plus large au sein de la communauté scientifique, et reste de loin la meilleure et la plus cohérente explication des événements cataclysmiques et des extinctions, cette « perturbation remarquable » qui a bel et bien eu lieu il y a environ 12 800 ans.

Allen West est à la pointe de la recherche sur ce mystère colossal et le coauteur de plus de quarante articles scientifiques qui l'étudient en profondeur.

J'ai eu le privilège qu'il se joigne à moi à Murray Springs.

La strate noire

Allen nous conduit vers la paroi qui longe l'arroyo, expliquant que la région avait un aspect très différent il y a 12 800 ans. En particulier, elle était « bien plus humide », avec « une chaîne de lacs » servant de points d'eau pour la mégafaune que les chasseurs Clovis venaient tuer ici. L'arroyo lui-même est une caractéristique assez récente mais il est utile parce qu'il constitue une coupe franche dans 2 mètres de sédiments déposés avant et après le début du Dryas récent : fonctionnant un peu comme une tranchée archéologique, il révèle les couches empilées – et leur contenu.

Une couche sombre et nette, horizontale telle une couche de gâteau, se distingue sur les deux parois de l'arroyo, un mètre sous le niveau actuel du sol. Elle traverse toute la région, bien sûr, mais, ici, elle a été révélée par les crues qui ont taillé le ravin comme si, pour poursuivre notre analogie, on avait retiré une « tranche » du gâteau afin d'offrir un aperçu de l'intérieur.

Cette couche est épaisse de la largeur d'une main.

« C'est la strate noire », confirme Allen.

Elle n'évoque en rien un cataclysme, mais les apparences peuvent être trompeuses.

Le signe le plus évident d'un impact d'astéroïde ou de comète est un cratère – ou plusieurs dans le cas d'un essaim. Mais comme la surface de la terre est en mouvement, les cratères peuvent être effacés par l'érosion ou d'autres processus géologiques, voire recouverts par des sédiments ultérieurs ou submergés par l'élévation du niveau de la mer. Des impacts sur la calotte nord-américaine de 2 kilomètres d'épaisseur, comme envisagés par l'HICDR, auraient creusé des cratères dans une glace qui aurait par la suite fondu, laissant peu ou pas de preuves sur le sol en dessous.

Les scientifiques ont donc mis au point d'autres mesures, plus subtiles que la recherche de cratères, pour détecter les impacts cosmiques. Les nanodiamants, par exemple, sont des diamants microscopiques qui se forment dans des conditions rares de choc, de pression et de chaleur extrêmes, et sont reconnus comme l'une des empreintes caractéristiques – l'une des « proxies » en langage scientifique – des impacts puissants de comètes ou d'astéroïde[9]. D'autres proxies incluent le verre fondu à haute température (évoquant la trinitite), les minuscules sphérules de carbone qui se forment quand les gouttelettes fondues refroidissent rapidement dans l'air, les microsphérules magnétiques, le charbon de bois, la suie, le platine, les molécules de carbone contenant de l'hélium-3 – un isotope rare –, et les grains magnétiques riches en iridium [10].

Certains des proxies liés au verre et au métal nécessitent des températures supérieures à 2200 °C pour se former. Dans la nature, il n'y a que la combinaison de la chaleur et du choc d'un impact cosmique, qui peut instantanément générer de telles températures [11]. On pourrait proposer des explications différentes pour certains des autres proxies, mais quand ils surviennent ensemble et en abondance un impact cosmique paraît, là encore, le plus probable [12].

En outre, les chercheurs ne connaissent à ce jour que deux couches de sédiments « qui, largement réparties sur plusieurs continents, présentent des pics d'abondance simultanés à travers un assemblage exhaustif des marqueurs d'impact cosmique, y compris les nanodiamants, les sphérules étanches à haute température, le verre fondu à haute température, les sphérules de carbone, l'iridium et le carbone aciniforme [13] ».

On trouve ces couches à la limite Crétacé-Tertiaire il y a 65 millions d'années, date à laquelle on convient depuis longtemps qu'un énorme impact cosmique dans le golfe du Mexique a causé l'extinction massive des dinosaures, et à la limite du Dryas récent (LDR) il y a 12 800 ans [14].

J'ai une question pour Allen. « La strate noire drapée sur Éloïse – comme du "film plastique", selon votre expression – qu'on a trouvée a dû commencer à se former très peu de temps après que la bête a été tuée et dépecée, avec la plupart de ses restes laissés sur place ?

— Ce qu'on voit, c'est qu'au fond de cette strate noire, la première chose en contact avec ces os, ce sont des sphérules, de l'iridium, du platine et de petits morceaux de verre fondu. Ça ne signifie pas que l'animal était en vie au moment de l'événement, mais qu'il devait l'être très, très peu de temps auparavant, tout au plus quelques semaines. »

Je prie Allen de m'expliquer la strate noire. « Je crois comprendre que sa partie inférieure regorge de proxies d'impact déposés au moment où la couche a commencé à se former, mais il est clair qu'ils ne sont pas la strate même…

— La strate noire s'est formée au-dessus de la couche de proxies, répond Allen. Ici, elle contient beaucoup de charbon de bois, mais aussi des restes d'algues, donc il n'y avait pas que du feu. Le Dryas récent a modifié le climat et rendu la région beaucoup plus humide. Les algues ont commencé à pousser le long des bords des lacs. » Il plaque sa main sur la bande sombre le long de la paroi de l'arroyo. « Ainsi, les restes d'environ 1 000 ans d'algues mortes, de charbon de bois et de bien d'autres matériaux sont tous encastrés ici, tandis qu'en bas, au niveau de l'impact, on trouve l'iridium, le platine, et une couche de sphérules fondues par une température si élevée qu'elle réduirait une voiture actuelle à une flaque de métal.

— Donc, selon vous, il s'est produit un impact ici ? À Murray Springs ? »

Allen répond que ce n'est pas aussi simple. « Les plus gros impacts ont eu lieu au nord. Ici, il devait plutôt s'agir d'un fragment de la comète qui a littéralement explosé dans le ciel avant de toucher le sol...

— Et l'effet d'un tel phénomène, ç'aurait été… ?

— En vous tenant ici, vous auriez cru que le ciel entier prenait feu, son centre étant encore plus lumineux que le soleil. Et le truc, c'est qu'un silence absolu aurait régné. Au début, on n'aurait rien entendu. Parce que la vitesse du son est bien moindre que la vitesse de la lumière. »

Mon imagination prend la tangente. « Les chasseurs Clovis étaient-ils en train de dépecer Éloïse ? »

Allen secoue la tête. « On sait que ça ne s'est pas produit tout de suite, me rappelle-t-il, parce qu'ils lui ont coupé les jambes, en ont emporté une et l'ont fait cuire. Mais ça a pu arriver plus tard le même jour et, comme je vous l'ai dit, il ne s'est pas écoulé plus de quelques semaines au maximum, si on se base sur les données actuelles à propos des éléphants tués en Afrique. Les charognards ne tardent jamais à venir désarticuler le squelette, ce qui n'a pas été le cas ici. »

Pour moi, ce site de massacre a un goût d'inachevé.

« Le cuissot laissé près de sa tête, le reste intact... Cela ne suggère-t-il pas que les chasseurs étaient dans les environs et avaient l'intention de revenir pour finir de la dépecer, mais qu'ils ne l'ont pas fait, pour une raison quelconque ? »

Allen me rejoint. « Bon, pure spéculation, bien sûr, parce qu'on ne saura jamais avec certitude la séquence exacte des événements ici il y a 12 800 ans, mais les indices permettent d'envisager les chasseurs assis autour de leur feu de camp à cuire leur cuissot de mammouth, quand tout à coup, le ciel explose...

— Et c'est pour ça qu'ils ne retournent jamais chercher le reste de sa dépouille ? Parce qu'ils sont tous morts ?

— C'est possible », convient Allen. Il tapote d'un doigt la base de la couche. « Mais ce dont on peut être sûrs, c'est que ce moment a marqué la fin de leur histoire, et d'une époque. En Amérique du Nord, on n'a pas trouvé un seul site Clovis situé au-dessus de la strate noire : ils sont tous dedans ou dessous. *Idem* pour les squelettes de mammouth. Le plus clair de l'extinction a pu résulter des impacts mêmes, mais les chocs et les explosions aériennes au sud de la calotte glaciaire, surtout aussi loin au sud que le Nouveau-Mexique, auraient également déclenché des feux de forêt. Il y a des preuves accablantes que de gigantesques incendies ont fait rage au début du Dryas récent – on a trouvé plus de suie à la LDR qu'à la limite Crétacé-Tertiaire. On a effectué le calcul : apparemment, jusqu'à 25 % de la biomasse combustible et environ 9 % de la biomasse totale de la planète ont brûlé en quelques jours ou semaines. Dans bien des zones, si les animaux n'ont pas été tués net, ils n'ont plus trouvé suffisamment de nourriture pour survivre. Les herbes avaient brûlé et les feuillages disparu... Ajoutons que les fragments de comète entrants arrivent à une allure incroyable. Ils perforent l'atmosphère. En réalité, ils fendent l'air, apportent le froid spatial et, une fois qu'ils ont explosé en altitude, le faisceau glacial continue jusqu'au sol. Tout ce qui se trouve assez proche de l'endroit où tombe le faisceau gèle littéralement sur place. Il se peut que ces gens aient été frits puis congelés en l'espace de quelques secondes. »

De multiples injections de platine

Je demande à Allen combien de temps, d'après lui, les multiples impacts qui ont donné le coup d'envoi du Dryas récent ont duré. Une nuit ? Des jours ? Des semaines ? Il me répond qu'il y a des niveaux d'incertitude, des variables qui resteront sans doute toujours floues, mais qu'au lieu de jours ou de semaines, les preuves indiquent **21 ans** de dévastation totale, d'horreur et de cataclysme entre il y a 12 836 et 12 815 ans, avec un pic vers il y a 12 822 ans.

Cette capacité de zoomer à très haute résolution sur une fenêtre d'à peine 21 ans près de 13 000 ans dans le passé nous vient d'une étonnante ressource scientifique composée de carottes de glace du Groenland. Extraites par des foreuses tubulaires pouvant atteindre des profondeurs de plus de 3 kilomètres, elles conservent les données sur 100 000 ans de tout événement environnemental et climatique partout dans le monde qui a pu affecter la calotte glaciaire du Groenland. Ce qu'elles montrent, et à quoi Allen fait référence, c'est un pic mystérieux d'un élément métallique spécifique – « 21 ans de platine élevé, ce qui nous donne la durée de cet événement d'impact, parce qu'une fois le platine tombé sur l'inlandsis, il ne peut guère se déplacer. Il est plutôt bloqué sur place ».

Les dire d'Allen sont appuyés par un article que je connais déjà de Michail Petaev, du département des sciences de la terre et des planètes de l'université Harvard, et ses collègues Shichun Huang, Stein Jacobsen, et Alan Zindler. Publié dans les *Proceedings of the National Academy of Sciences* en août 2013, il s'intitule : « L'importante anomalie du Pt dans la calotte glaciaire groenlandaise indique un cataclysme au début du Dryas récent ».

Bien sûr, cet élément, on le trouve sur terre, mais l'analyse du platine dans la carotte par Petaev et ses collègues révèle sa composition très différente du platine terrestre et les amène à choisir une « source extraterrestre », peut-être « un impacteur métallique de composition inhabituelle », pour explication la plus probable[15]. Ils relèvent aussi que durant l'intervalle de 21 ans entre il y a 12 836 et 12 815 ans, comme l'indiquait Allen :

> Les concentrations de Pt sont peu à peu multipliées par au moins cent en ~14 ans, puis elles retombent sur les ~7 années suivantes. (...) La croissance graduelle de la concentration de Pt dans la glace qu'on observe pendant plus de ~14 ans peut suggérer des injections multiples de poussière riche en Pt dans la stratosphère[16].

La lecture, largement partagée par ses collègues, que fait Allen des résultats obtenus par Petaev, c'est qu'il y avait non pas un, mais de multiples impacteurs, des fragments d'une comète qui, venue du système solaire extérieur, avait adopté une orbite l'amenant à croiser la Terre avec des résultats potentiellement cataclysmiques.

Bien que maintenues par de la glace, les comètes ont des noyaux rocheux souvent volatils qui tendent à se fragmenter. Prenez Shoemaker-Levy 9 : elle s'est brisée en 21 fragments, qui se sont écrasés de façon spectaculaire sur la planète Jupiter durant six jours en juillet 1994, générant d'énormes explosions et des cicatrices sombres, dans certains cas plus grandes que la Terre, qui ont persisté à la surface de la géante gazeuse pendant des mois.

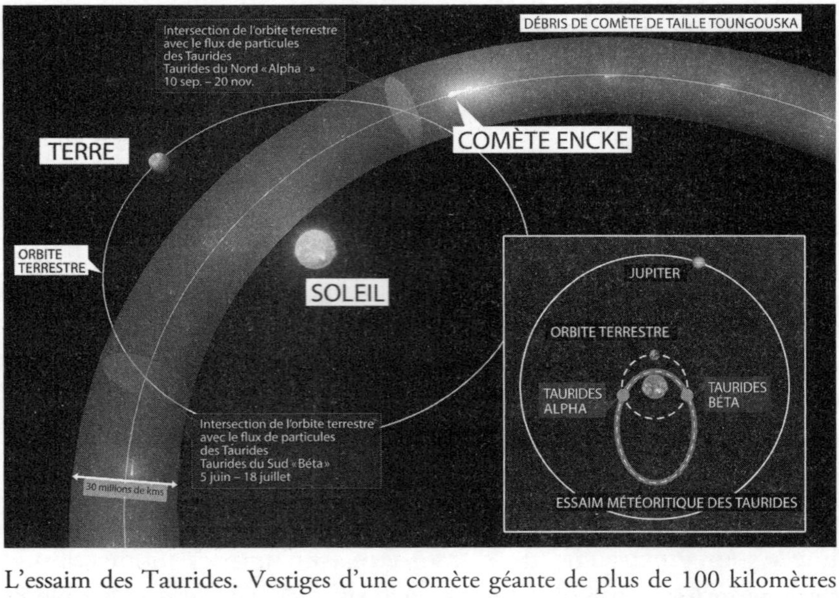

L'essaim des Taurides. Vestiges d'une comète géante de plus de 100 kilomètres de diamètre avant sa fragmentation. Il comprend trois comètes ou objets ressemblant à des comètes, à savoir : Encke, Oljato et Rudnicki, et 19 des objets proches de la Terre les plus brillants.

Allen, comme encore une fois beaucoup de ses collègues, estime que la Terre a connu un événement assez semblable à la limite du Dryas récent. S'appuyant aussi sur le travail de William Napier, professeur d'astrobiologie à l'université de Cardiff, ce que propose l'HICDR, en bref, c'est l'existence d'une vaste comète mère de l'ordre de 100 kilomètres de diamètre. Issue du système solaire extérieur, elle aborde une orbite l'amenant à croiser la Terre il y a environ 30 000 ans et demeure intacte durant les 10 000 années suivantes. Voilà 20 000 ans, en raison des forces gravitationnelles du système solaire intérieur, elle subit un « événement de fragmentation » massif qui la métamorphose d'objet tueur de planète en objets au diamètre variable : un kilomètre ou davantage (les plus dangereux), des dizaines de mètres, la taille d'une voiture, d'un rocher, d'un poing, puis des milliards de gravillons et un immense halo de poussière. Au fur et à mesure des millénaires, cette masse turbulente en orbite à des dizaines de milliers de kilomètres à l'heure commence à se séparer en de multiples filaments, chacun rempli de débris, s'élargissant enfin pour former un « essaim météoritique » tubulaire géant d'environ 30 millions de kilomètres de diamètre et s'étendant sur plus de 300 millions de kilomètres le long de l'orbite de la Terre, qu'il coupe en deux endroits, de sorte que nous passons à travers l'essaim deux fois l'an. Parcourant chaque jour 2,5 millions de kilomètres le long de son orbite, notre planète met à chaque fois douze jours à traverser l'essaim [17].

Comme il produit des pluies d'« étoiles filantes » qui, du point de vue des observateurs au sol, semblent provenir de la région du ciel occupée par la constellation du Taureau, on a baptisé ce phénomène les Taurides. Notre planète le traverse toujours deux fois l'an, en négociant ses dangereux filaments intérieurs de fin juin à début juillet (on les croise en plein jour, donc on ne voit pas d'étoile filante), puis de fin octobre à novembre, où un spectaculaire feu d'artifice d'Halloween a lieu [18].

Lors de la plupart de ces rencontres semestrielles avec les Taurides, on n'a que les jolis feux d'artifice, mais cela va parfois plus loin. Ainsi, le 30 juin 1908, un objet qui aurait quitté l'essaim de météorites [19] et dont on estime qu'il mesurait de 60 à 190 mètres de diamètre a pénétré l'atmosphère terrestre. Il a explosé en l'air – par bonheur, au-dessus d'une région inhabitée de Sibérie –, abattant 80 millions d'arbres sur une superficie de 2 000 kilomètres carrés. Pour contextualiser cet événement, le Grand Londres occupe 1 582 kilomètres carrés et abrite sept millions de personnes. « Transposée à Londres, estime le professeur Napier, l'explosion de la Toungouska :

> aurait été entendue dans tout le Royaume-Uni, au Danemark au nord et à travers l'Europe jusqu'en Suisse. La couche supérieure du sol aurait été pelée des champs du nord de l'Angleterre, la population d'Oxford aurait été projetée en l'air et gravement brûlée, une colonne de matière incandescente aurait jailli à 20 kilomètres d'altitude au-dessus de Londres, et la ville elle-même aurait été détruite jusqu'à peu près la rocade actuelle. Selon les estimations, l'impact aurait libéré une énergie de 3 à 12,5 mégatonnes d'équivalent TNT[20].

Les conséquences si un objet de taille similaire devait exploser au-dessus d'une grande ville de nos jours seraient, en d'autres termes, tout à fait catastrophiques, mais comme l'événement de Toungouska a eu lieu dans une région isolée avant l'ère des communications de masse modernes, très peu de gens ont conscience du danger mortel que représentent des morceaux même relativement petits de roche spatiale.

Toungouska – une explosion aérienne à une altitude de 5-6 kilomètres. On estime que l'objet possédait un diamètre d'entre 60 et 190 mètres. Il a abattu 80 millions d'arbres sur plus de 2 000 kilomètres carrés, une superficie supérieure à celle de Londres. Si l'événement s'était produit au-dessus d'une grande ville et non d'une zone inhabitée, les pertes humaines auraient été catastrophiques. PHOTOS : LEONID KULIK.

Le professeur Napier et son collègue Victor Clube, ancien doyen du département d'astrophysique de l'université d'Oxford, vont jusqu'à décrire le « complexe unique de débris » dans l'essaim des Taurides comme « le plus grand risque de collision auquel la Terre est confrontée à l'heure actuelle[21] ». La coordination de leurs découvertes avec celles d'Allen West, James Kennett et Richard Firestone a conduit les deux équipes – géophysiciens et astronomes – à conclure qu'il y avait de fortes probabilités pour que ce soient des objets de l'essaim des Taurides, alors beaucoup plus jeune, qui ont heurté la Terre il y a environ 12 800 ans et engendré le Dryas récent. Ces objets, d'ordres de grandeur plus massifs que celui qui a explosé au-dessus de Toungouska, contenaient du platine extraterrestre, et ce que les carottes de glace du Groenland semblent indiquer, c'est une période de 21 ans pendant laquelle notre planète a été frappée *annuellement*, le bombardement augmentant chaque année en intensité jusqu'à la quatorzième, où ils ont atteint un sommet puis commencé à décliner avant de cesser durant la vingt-et-unième.

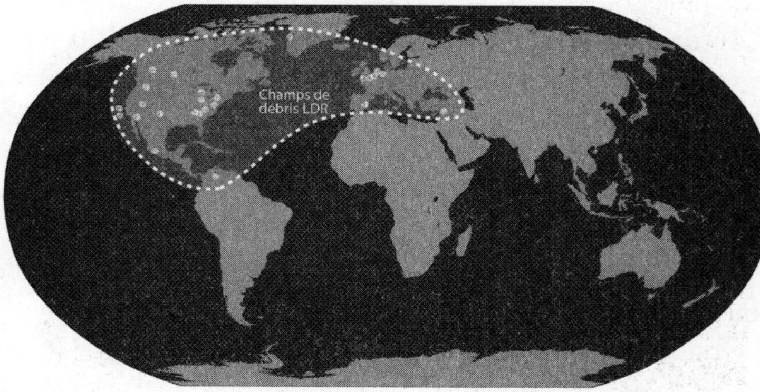

Le champ de débris de la limite du Dryas récent. La zone entourée par le pointillé définit les limites connues actuelles du champ des proxies d'impact cosmique s'étendant sur plus de 50 millions de kilomètres carrés.

« C'est comme si, après avoir esquivé les impacts durant des milliers d'années, dis-je à Allen alors qu'on longe l'arroyo brûlant, la Terre croisait un fil de débris particulièrement grumeleux et rocheux qui nous frappait très durement, encore et encore, année après année, jusqu'à ce qu'on l'ait traversé.

— Petaev lui-même évoque des " injections de platine à répétition", me rappelle Allen. Il me semble que c'est plus ou moins l'expression qu'il utilise dans l'article, ce qui nous offre une évaluation indépendante. Et de nouvelles recherches sur lesquelles on a travaillé nous apportent autre chose. Dans la carotte de glace, au moment précis où on observe l'afflux de platine au début des 21 ans, on voit une hausse subite de la quantité de poussière.

— Qui vous suggère quoi ?

— Qu'en plus de tout le reste, il soufflait aussi des vents **très** puissants. On retrouve certains proxies de l'épisode venteux dans l'inlandsis. Quand il y a davantage de vent, le froid augmente et la couverture végétale diminue jusqu'à ne plus pouvoir retenir les sédiments au sol, ce qui provoque d'énormes tempêtes de poussière. Cette accumulation se voit dans l'inlandsis groenlandais. On voit une forte augmentation du magnésium et du calcium, ce qui indique de la poussière terrigène, continentale, et on voit une forte augmentation du sodium et du chlore, qui viennent du sel de mer, ce qui témoigne de vents si forts qu'ils emportent davantage de sel de mer pour le déposer au Groenland. Le niveau des proxies dus au vent continue d'augmenter pendant près de 100 ans. En même temps, on voit que l'un des plus gros pics des proxies de combustion de la biomasse de toute la carotte de glace occupe une fenêtre de moins de 10 ans au début de l'intervalle de 21. Face à ces éléments, la meilleure explication est que l'impact s'est produit en déclenchant une énorme combustion de la biomasse qui a radicalement changé le climat, suscitant des vents violents et d'immenses tempêtes de poussière.

— Donc, une combinaison vraiment terrible ?

— Des calamités en cascade. Ceux qui ont vécu ça ont dû se croire confrontés à la fin du monde.

— Et c'était particulièrement mauvais ici en Amérique du Nord, l'épicentre de la catastrophe ?

— Bien pire que n'importe où ailleurs ! Un vrai désastre. Mais ça ne se limitait pas à l'Amérique du Nord. On a des preuves d'autres impacts du même essaim au cours de cette période en Europe, aussi loin à l'est qu'en Syrie, et jusqu'en Amérique du

Sud. Le champ de débris s'étend sur plus de 50 millions de kilomètres carrés à la surface de la Terre. »

Nouvelles preuves

J'ai beaucoup écrit sur l'HICDR dans *Magiciens des dieux*. J'y présente des preuves que les impacts ont complètement changé le monde et effacé presque toutes les traces non seulement du peuple Clovis, mais aussi d'une civilisation avancée de l'ère glaciaire.

Le fait que l'Amérique du Nord ait été l'épicentre du cataclysme, bien que reconnu, a de profondes implications pour notre compréhension du passé de l'espèce humaine que les archéologues n'ont jamais envisagées, notamment parce qu'on commence à peine à saisir l'**ampleur** du cataclysme.

Après avoir terminé *Magiciens*, j'ai donc veillé à me tenir au courant du flux régulier de nouvelles preuves publiées par Allen et son groupe dans les revues scientifiques. Il y avait une accélération visible dans le rythme de la recherche, et en 2017 et 2018, deux études majeures ont révélé à quel point le cataclysme avait été dévastateur au début du Dryas récent.

S'il y a bien eu un moment où un chapitre significatif de l'histoire de la civilisation a pu se perdre, c'est celui-là.

9.

Feu et glace

Allen West et les scientifiques travaillant sur l'hypothèse d'impact cosmique du Dryas récent ont fondé une organisation de recherche formelle, le Comet Research Group, en 2015 [1]. Ce groupe (ci-après CRG) compte soixante-trois scientifiques de premier plan de cinquante-cinq universités dans seize pays [2]. Beaucoup d'autres chercheurs y sont directement et indirectement associés en tant que coauteurs d'articles écrits par les membres du CRG.

C'est le cas pour un article, publié dans *Scientific Reports*, la revue sœur de *Nature*, le 9 mars 2017, intitulé « Anomalie généralisée du niveau de platine mise en évidence dans des séquences sédimentaires nord-américaines du début du Dryas récent [3] ».

L'auteur principal en est le Dr Christopher Moore de l'université de Caroline du Sud, géoarchéologue et membre du CRG. Ses coauteurs et collègues membres du CRG sont le géophysicien Allen West, rencontré au chapitre précédent, l'anthropologue Randolph Daniel de l'université de Caroline de l'Est, l'archéologue Albert Goodyear, croisé au chapitre 6 de la première partie de cet ouvrage, publiée en 2020, le géoscientifique James P. Kennett de l'université de Californie, le géologue Kenneth B. Tankersley de l'université de Cincinnati, et le géologue Ted Bunch de l'université de l'Arizona du Nord. Les coauteurs extérieurs au CRG sont le planétologue et géoscientifique Malcolm LeCompte de l'université de Caroline du Sud, le géomorphologue Mark J. Brooks, également de l'université de Caroline du Sud, le scientifique de l'environnement Terry A. Ferguson du Wofford College en Caroline du Sud, le géoscientifique Andrew H. Ivester de l'université de l'ouest de la Géorgie, l'expert en datation par luminescence James K. Feathers de l'université de Washington, et le physicien Victor Adedeji de l'université d'État d'Elizabeth City[4].

Bref, un aréopage très distingué de scientifiques, donc, et la tâche qu'ils se sont fixée était aussi dans la meilleure tradition de la bonne science, à savoir tester la prédiction importante d'autres chercheurs. Le lecteur se rappellera, au chapitre précédent, les recherches de Michail Petaev et de ses collègues montrant des niveaux élevés de platine dans les carottes de glace du Groenland sur 21 ans entre il y a 12 836 et 12 815 ans. Petaev signale ce qui paraît avoir été de « multiples injections » de poussière riche en platine dans la stratosphère au cours de cette période et prédit que si cette poussière provenait d'une source cométaire, astéroïdale ou météoritique, les retombées avaient dû s'étendre bien au-delà du Groenland et « entraîner une anomalie mondiale du Pt[5] ».

Les coauteurs de l'article de 2017 sur le platine ont choisi l'Amérique du Nord, l'épicentre présumé du cataclysme du Dryas récent – ainsi que leur terre natale – pour tester cette prédiction et voir « s'il existe ou non une anomalie Pt dans les sédiments terrestres de l'âge du DR semblable à celle que met en évidence le noyau de glace Greenland Ice Sheet Project 2 (GISP2)[6] ».

Cela paraît modeste, mais il s'agit d'un enjeu majeur. Si les échantillons de sol montraient le platine à des niveaux normaux dans la couche LDR en Amérique du Nord, la prédiction de Petaev serait fausse et l'HICDR subirait de gros dégâts collatéraux. En revanche, des niveaux élevés de platine donneraient raison à Petaev et appuieraient l'hypothèse d'un cataclysme du Dryas récent causé par des impacts cosmiques.

Onze sites archéologiques – voir la carte ci-après – connus pour une bonne stratification et des sédiments datant du DR ont été choisis pour l'étude : 1. Arlington Canyon, Santa Rosa Island, Californie ; 2. Murray Springs, Arizona ; 3. Blackwater Draw, Nouveau-Mexique ; 4. Sheriden Cave, Ohio ; 5. Squires Ridge, Caroline du Nord ; 6. Barber Creek, Caroline du Nord ; 7. Kolb, Caroline du Sud ; 8. Flamingo Bay, Caroline du Sud ; 9. Pen Point, Caroline du Sud ; 10 Topper, Caroline du Sud ; et 11. Johns Bay, Caroline du Sud.

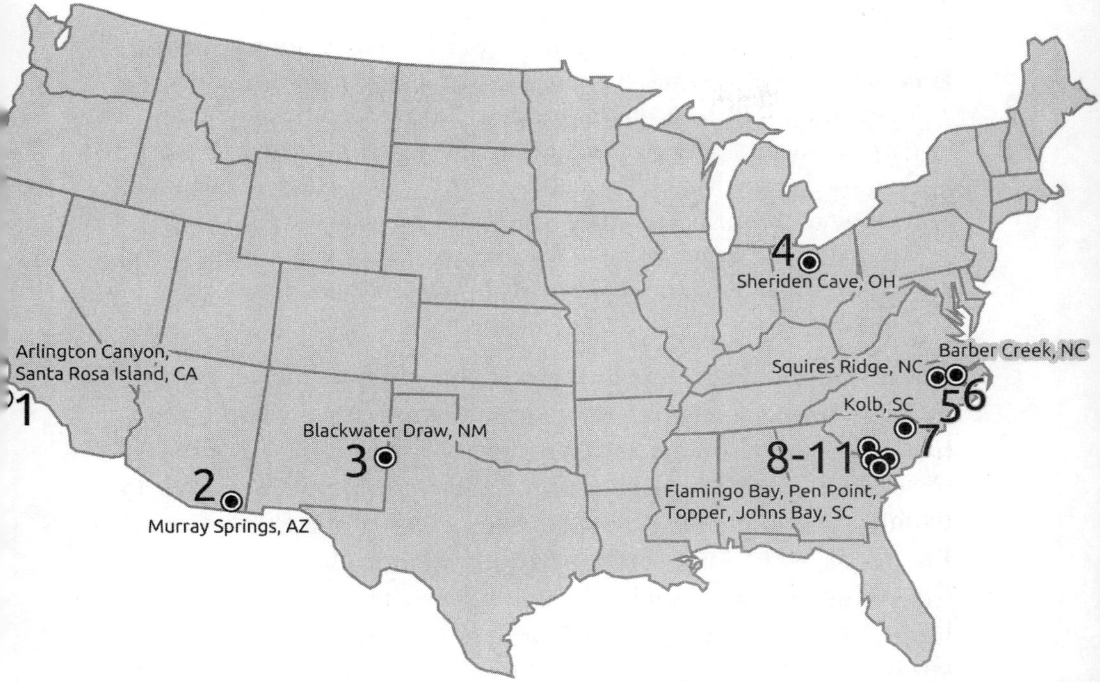

Le projet a commencé par tester des échantillons de sol provenant d'Arlington Canyon, Murray Springs, Blackwater Draw et Sheriden Cave, quatre sites contenant des sédiments « bien définis et datés de l'époque de la LDR contenant des pics de proxies liés à l'impact cosmique[7] ». Les tests ont révélé

> une forte anomalie du Pt supérieur à la moyenne sur chaque site dans les échantillons identiques de la couche LDR contenant des pics de proxies LDR, y compris les microsphérules, le verre fondu, et les nanodiamants[8].

L'équipe a alors étendu l'analyse du Pt aux échantillons de sol des sept autres emplacements. En résumé, sur l'ensemble des onze sites, ils ont conclu que leurs résultats

> offrent les preuves solides d'enrichissement en Pt dans les sédiments datant du changement climatique du DR ~12 800 ans calibrés avant le présent. Les quantités de Pt sur nos sites d'étude sont en moyenne de 6,0 parties par milliard (ppb) (...) comparées à une moyenne au-dessus et en-dessous de la couche LDR de 0,3 ppb.

> Les concentrations moyennes de Pt dans les couches qui ne concernent pas la LDR sont toutes inférieures à la concentration crustale de 0,5 ppb, tandis que les concentrations moyennes de Pt dans les couches LDR sont douze fois plus élevées. Ces concentrations sont également plus élevées que la concentration maximale de Pt (~80 parties par billion [ppt] ou 0,1 ppb) signalée à haute résolution chronologique dans la carotte de glace du GISP2 au Groenland par Petaev et coll. Tous les sites étudiés présentent des pics de Pt importants qui sont de ~3 à 66x plus élevés qu'au Groenland [9].

À cause du langage technique et des abréviations, il est difficile de rester concentré sur les graves implications de ces résultats. Dans une couche terrestre qui contient déjà des preuves abondantes d'un impact cosmique cataclysmique il y a environ 12 800 ans, une masse de nouvelles preuves a été découverte. En parallèle, la force beaucoup plus grande du signal Pt aux États-Unis qu'au Groenland rejoint plusieurs autres indicateurs montrant que l'Amérique du Nord a été le lieu le plus fortement affecté par le cataclysme. S'il s'agissait d'une enquête pour homicide durant laquelle le procureur hésitait encore à inculper le suspect, de nouvelles preuves de cette qualité seraient décisives, et l'affaire pourrait être portée devant les tribunaux avec de bonnes chances que l'accusation gagne la partie. Moore et ses collègues se montrent toutefois prudents et modestes, se bornant à affirmer que

> la présence constante de concentrations anormales de Pt dans les sédiments provenant de plusieurs sites archéologiques à travers l'Amérique du Nord qui datent du début de la chronozone du DR est convaincante. (...) Cette étude ne trouve aucune preuve contredisant les conclusions de Petaev et coll. selon lesquelles l'enrichissement du Pt du Groenland résultait très probablement d'une source extraterrestre. (...) De plus, nos résultats ne mettent en évidence aucune contradiction avec l'hypothèse d'impact du Dryas récent [10].

Après avoir terminé leur propre enquête, Moore et coll. ont passé au peigne fin la littérature scientifique pour trouver à quelle distance de l'Amérique du Nord et du Groenland s'étend l'anomalie du platine de la LDR. Même si ce métal n'avait jamais été au centre d'une enquête avant celle de Petaev, ils ont constaté que des éléments du groupe du platine avaient été découverts et mentionnés au passage dans d'autres études antérieures sur la limite du Dryas récent à des endroits aussi éloignés que la Belgique, le Pacifique central, le Venezuela, le sud-ouest de l'Angleterre et les Pays-Bas – « des données importantes » contribuant à une image véritablement globale dont ils espèrent « qu'elles pourront encourager d'autres recherches [11] ».

Au sein des informations supplémentaires ajoutées à leur article principal, Moore et ses collègues fournissent aussi des preuves détaillées qui excluent et l'activité volcanique et les processus du manteau terrestre comme sources du platine enrichi au niveau de la LDR [12]. En revanche, après avoir compilé les données géochimiques de cent-soixante-sept météorites, y compris celles de type chondrite, achondrite, fer et uréilite, ils ont trouvé de fortes abondances de Pt « faisant des quatre types de météorite de possibles sources d'enrichissement de platine à la LDR [13] ».

Ils notent aussi que « si une météorite ou une comète riche en Pt avait touché la Terre, les roches cibles seraient devenues par fusion un mélange de matières météoritique et terrestre, et devraient donc être enrichies en Pt [14] ».

Les coauteurs ont donc compilé des données géochimiques à partir de quatre-vingt-six exemples d'« impactites » dans trois couches d'impact majeures réparties sur une période de plus de deux milliards d'années. Dans chacune d'elles, ils ont trouvé des abondances élevées de platine sur une gamme comprenant toutes les valeurs dans les couches LDR riches en Pt il y a environ 12 800 ans. [15]

Suivre les indices

Les preuves continuent d'affluer.

Lors de notre rencontre à Murray Springs en octobre 2017, Allen West m'a parlé de nouvelles recherches du CRG ayant identifié un épisode prolongé qui combinait vents extrêmes, poussière, et « combustion de la biomasse » à grande échelle au début du

Dryas récent. Selon lui, « environ 9 % de la biomasse totale de la planète ont brûlé en quelques jours ou semaines » – une déclaration stupéfiante –, mais j'étais tellement concentré sur d'autres aspects de ses propos que je n'en avais pas vraiment envisagé les implications.

En février 2018, le *Journal of Geology* a publié la vaste étude en deux parties dont les recherches formaient la base des remarques au pied levé d'Allen. Le titre dit tout : « Extraordinaires épisodes de combustion de la biomasse et hiver d'impact déclenchés par l'impact cosmique du Dryas récent il y a ~12 800 ans ». Wendy Wolbach, membre du CRG [16], professeur de chimie inorganique, de géochimie et de chimie analytique à l'université DePaul de Chicago, a dirigé l'étude, à laquelle se sont joints Allen West et vingt-cinq autres chercheurs de haut niveau [17].

La confirmation du chiffre de 9 % de la biomasse terrestre arrive dès la première page, incluant le calcul selon lequel cela signifie qu'au moins 10 millions de kilomètres carrés de végétation auraient été consumés par le brasier [18].

Imaginer 10 millions de kilomètres carrés de végétation partant en fumée revient à se figurer un monde où une surface d'environ deux fois la forêt amazonienne brûle. Cela équivaut en gros à la Chine, l'Europe ou l'Amérique du Nord entière.

Peu importe le nombre d'incendies de forêt distincts qu'il y a eu, ou comment ils se sont propagés autour de la planète, une conflagration d'une telle échelle, en plus de la cascade d'autres catastrophes qui ont marqué le début du Dryas récent, ne peut être décrite que comme l'enfer sur terre.

Répétons-le, même si les relevés des sédiments lacustres fournissent aussi des indices vitaux, ce sont les carottes de glace du Groenland et celles d'autres régions arctiques, qui contiennent des preuves décisives des incendies de forêt à grande échelle ayant fait rage dans le monde il y a 12 800 ans, surtout parce que les niveaux supérieurs (soit les plus récents) de ces noyaux extrêmement longs gardent les traces de feux de biomasse survenus et enregistrés durant la période historique. Cela permet ainsi l'identification et l'étalonnage d'aérosols de combustion spécifiques, notamment l'oxalate, l'ammonium, le nitrate, l'acétate, le formate et le levoglucosan qui servent de signaux distincts – de proxies –, de la combustion de biomasse[19]. Chaque fois qu'apparaît dans les carottes glaciaires une abondance de ces aérosols, on sait qu'ils marquent les retombées atmosphériques de vastes incendies de forêt, on peut dater ces feux, et on parvient souvent à identifier où ils se sont produits sur notre planète.

Voici certaines des pièces majeures du puzzle du Dryas récent qui figurent dans cet article fort dense de 2018 :

- Carotte de glace GISP2 : sur les 120 000 ans enregistrés, l'ammonium (NH4), un proxy de la combustion de biomasse, présente l'un des plus hauts pics dans l'intervalle de 12 830 à 12 828 ans, qui recoupe l'intervalle d'enrichissement en platine de 12 836 à 12 815 ans et coïncide avec le début du Dryas récent[20] ;
- Carotte de glace NGRIP (North Greenland Ice Core Project) : un unique pic de NH4, lié à l'incendie de la biomasse en Amérique du Nord, commence au début du DR. Il s'agit du plus grand épisode enregistré de combustion de la biomasse nord-américaine dans l'ensemble des données[21] ;
- Les concentrations d'aérosols de combustion GRIP (Greenland Ice Core Project) ont commencé à augmenter fortement vers il y a 12 816 ans, ce qui correspond avec l'anomalie du Pt de GISP2 (12 836 à 12 815 ans). Dans la carotte qui remonte à ~386 000 ans, les concentrations d'oxalate et de formate atteignent leurs concentrations maximales au début du Dryas récent, tandis que les abondances d'acétate se classent parmi les plus élevées[22] ;
- Les données GRIP indiquent que des feux de forêt massifs se sont produits au début du Dryas récent, constituant l'épisode le plus anormal de la combustion de la biomasse en au moins 120 000 et peut-être 386 000 ans[23] ;
- La carotte de glace du dôme Taylor (Antarctique) présente un petit pic distinct en NO3 [nitrate] étroitement corrélé avec le début du Dryas récent. La base de la carotte de Belukha, en Sibérie, présente un pic important en NO3, ce qui indique qu'un épisode majeur de combustion de la biomasse s'est produit au début du Dryas récent[24] ;

- Plusieurs séquençages de carottes de glace (GISP2, NGRIP, GRIP, dôme Taylor et Belukha) confirment que le début du Dryas récent était intimement associé à l'un des pics les plus élevés et les plus invasifs du Quaternaire tardif pour le NH4, le NO3, le formate, l'oxalate et l'acétate. Ces pics ont eu lieu en synchronisation avec le refroidissement brusque et les autres effets climatiques marquant le début de l'épisode du Dryas récent [25] ;
- Examen des « strates noires » de dix-neuf sites en Amérique du Nord, en Amérique centrale, en Europe et au Moyen-Orient : on trouve des pics d'abondance de carbone aciniforme/de suie et autres proxies de combustion de biomasse dans les couches de la limite du Dryas récent… Les concentrations de lévoglucosan provenant de l'intérieur de la strate noire en Ohio, environ 125 fois plus élevées que celles de la couche inférieure, signalent un pic significatif dans la combustion de la biomasse [26] ;
- Analyse du charbon de bois dans les sédiments lacustres de neuf pays d'Amérique du Sud et centrale : l'un des pics les plus élevés des données se produit au début du Dryas récent il y a environ 12 850 ans [27] ;
- Analyse du charbon de bois dans les sédiments lacustres de sept pays d'Asie : il y a un pic remarquable dans les abondances moyennes de charbon de bois à environ 12 950 ans (avec une marge d'erreur de plus ou moins 225 ans) … suivi d'une forte baisse de la combustion de la biomasse, puis d'un pic à 12 400 ans [28] ;
- Une séquence de 24 000 ans dans une carotte marine du bassin de Santa Barbara, au large des côtes de Californie, présente le pic de combustion de la biomasse le plus élevé au début du Dryas récent… Ce pic anormal est corrélé avec une combustion intense de la biomasse relevée sur les Channel Islands toutes proches… Il coïncide aussi avec l'extinction des mammouths pygmées sur ces îles et avec l'amorce d'un trou apparent de 600 à 800 ans dans les données archéologiques, suggérant un effondrement soudain de la population humaine sur ces mêmes îles [29] ;
- Une carotte marine du Pacifique occidental 1 500 kilomètres au nord de la Papouasie-Nouvelle-Guinée fournit des données

de combustion de la biomasse sur une période de 368 000 ans. Il apparaît inhabituel en ce qu'il garde trace du charbon de bois, mais aussi du noir de carbone, incluant du carbone aciniforme et de la suie. Le noyau présente un pic élevé de noir de carbone couvrant la période comprise entre il y a 13 291 et 12 515 ans et chevauchant le début du Dryas récent il y a environ 12 800 ans. En outre, le pic de noir de carbone de la LDR coïncide avec un pic de charbon de bois supérieur à la moyenne il y a environ 12 750 ans[30] ;

- Les preuves provenant de relevés de glace et de sédiments fortement éloignés démontrent qu'un pic important et généralisé de combustion de la biomasse s'est produit sur au moins quatre continents lors de la transition chaude-à-froide marquant le début du DR. Ce pic est synchrone avec la couche d'impact cosmique à la limite du Dryas récent ainsi qu'en témoignent les multiples proxies liés à l'impact, dont les pics d'abondance de platine, de microsphères à haute température et de verre fondu[31].

En résumé, la Terre et toute sa biologie ont enduré ce qu'on ne peut décrire que comme une tempête de feu dévastatrice à l'échelle mondiale au début du Dryas récent il y a environ 12 800 ans. Cette débâcle a vu brûler 10 millions de kilomètres carrés d'arbres et autres végétaux.

Pour relativiser, le Royaume-Uni est resté en état de choc traumatique fin juin et début juillet 2018 après que 2 000 hectares de landes du Lancashire ont été consumés par les flammes. Il s'agit d'une superficie d'à peine 20 kilomètres carrés, mais les pompiers et les services d'urgence de sept comtés ont été submergés par l'incendie et l'armée a dû être appelée en renfort[32].

Pendant ce temps, un article du *Sacramento Bee* daté du 2 juillet 2018 estimait que la saison des incendies en Californie avait commencé tôt, avec deux « foyers majeurs » déjà combattus à des frais énormes et qui avaient imposé l'évacuation des résidents locaux. On a estimé qu'ils ont calciné 34 400 hectares[33], ce qui paraît beaucoup, mais ne correspond qu'à 344 kilomètres carrés.

L'année précédente, 2017, a été la saison des incendies de forêt la plus destructrice qu'ait jamais connue la Californie, avec un total de 505 000 hectares brûlés [34]. Le coût de la gestion de la catastrophe, y compris l'extinction des foyers, l'assurance et les dépenses de réhabilitation, a été estimé à 180 milliards de dollars [35]. Pourtant, 5050 kilomètres carrés, c'est une fraction insignifiante (environ 0,05 % – soit le vingtième de 1 %) des 10 millions de kilomètres carrés détruits dans les incendies du Dryas récent.

Il semble donc que les États-Unis et la Grande-Bretagne, deux des pays les plus riches, les plus avancés, les plus puissants du monde, rencontrent de grosses difficultés face à ce qui, en fin de compte, se limite à des incendies relativement mineurs. Imaginez donc les conséquences pour tous les êtres vivants du gigantesque brasier qui a consumé 9 % de la biomasse terrestre il y a environ 12 800 ans et qui a laissé des traces indélébiles de son impact climatique et atmosphérique dans les sédiments lacustres et la glace arctique.

Hiver d'impact

Les reportages sur les incendies d'été anglais et américains montrent de la fumée partout. De près, on voit de la brume, du brouillard. Prendre de la distance permet de discerner de la pénombre, un ciel assombri, un soleil masqué. Il ne s'agit que d'un effet local, bien sûr. À 50 kilomètres de là, l'atmosphère est dégagée, le ciel est bleu.

L'étude du *Journal of Geology* en 2018 indique que les choses auraient été très différentes au début du Dryas récent : la fumée de 10 millions de kilomètres carrés de biomasse en feu enveloppait toute la terre, créant ce que Wendy Wolbach et ses coauteurs décrivent comme un « hiver d'impact [36] ».

Il s'agit d'un concept tiré directement de recherches, au début des années 1980, révélant les conséquences jusque-là inattendues d'une guerre nucléaire sous la forme d'un « hiver nucléaire ». Les résultats de cette recherche ont été présentés pour la première fois au public en octobre 1983 dans un article de l'éminent astrophysicien Carl Sagan sous le titre « **Lors d'un échange nucléaire, plus d'un milliard de personnes seraient tuées sur-le-champ, mais les conséquences à long terme pourraient être bien pires** ».

Publié dans un magazine à gros tirage, l'article de Sagan a montré que les immenses quantités de poussière et de fumée résultant de multiples explosions nucléaires, et les incendies qu'elles déclencheraient, réduiraient considérablement la lumière du soleil atteignant la surface de la Terre, provoquant une chute abrupte et soutenue des températures mondiales, de mauvaises récoltes et des famines dévastatrices. Il n'y aurait pas non plus besoin d'une guerre à grande échelle entre les superpuissances pour entraîner les terribles conséquences d'un hiver nucléaire. Même un conflit régional suffirait[37]. « Nous avons mis notre civilisation et notre espèce en péril », concluait Carl Sagan[38].

Dans le cas du Dryas récent, le danger auquel l'humanité a été confrontée, ne provenait pas des missiles nucléaires, mais de fragments d'une comète géante en désintégration, filant à des dizaines de kilomètres par seconde, les plus gros débris présentant un danger aussi mortel que des centaines d'ogives nucléaires. En effet, on estime que la puissance explosive totale des fragments de comète qui ont frappé la Terre durant divers épisodes sur une période de 21 ans il y a 12 800 ans était de l'ordre de dix millions de mégatonnes[39], soit mille fois plus que l'ensemble des engins nucléaires actuels[40].

Le Dryas récent est reconnu comme une époque de froid extrême et anormal qui a duré 1 200 ans, au début soudain il y a 12 800 ans et à la fin tout aussi soudaine il y a 11 600 ans. L'étude du *Journal of Geology* enrichit considérablement cette image de nouvelles preuves que l'apparition de ce « grand froid » de 1 200 ans a été marquée par une brève période de feux de forêt extrêmement intenses et à grande échelle déclenchés par « l'énergie radiante et thermique provenant de multiples explosions » alors que des fragments de comète bombardaient la terre :

> Cette combustion généralisée de la biomasse a généré une couverture persistante de carbone aciniforme/suie qui a bloqué presque

toute la lumière du soleil, déclenchant rapidement un hiver d'impact qui a évolué vers l'épisode froid du DR[41]. (...)

Les effets négatifs du carbone aciniforme/de la suie pourraient avoir persisté pendant 6 semaines ou plus au début du DR, bloquant toute lumière du soleil et causant un refroidissement rapide. Un ensoleillement réduit dû à l'injection de poussière cométaire paraît aussi probable. Un tel manque de clarté solaire aurait eu des effets biotiques étendus et catastrophiques, y compris une lumière insuffisante pour la photosynthèse et la pousse des plantes. Dans le même temps, la formation d'eau profonde de l'Atlantique Nord a cessé, étranglant ainsi la circulation thermohaline et causant une diminution soutenue des températures sur presque tout le globe[42].

Le sujet tabou

On sait depuis longtemps qu'une interruption du courant chaud de l'Atlantique connu sous le nom de Gulf Stream est en corrélation avec le refroidissement du DR, et on admet généralement qu'un

> grand jaillissement d'eau douce glaciale issu de la fonte de l'inlandsis laurentidien (...) a balayé la surface de l'Atlantique Nord. Il a empêché l'eau chaude et salée de l'océan austral qui coule en profondeur (le Gulf Stream) de remonter à la surface. L'inversion normale de l'eau de l'océan a cessé. De ce fait, l'atmosphère au-dessus de l'océan, qui aurait normalement été réchauffée, est restée froide, ainsi que, par conséquent, l'atmosphère au-dessus de l'Europe et de l'Amérique du Nord[43].

Il est révélateur, en revenant sur la littérature scientifique, de voir combien de temps les explications de ce genre ont été tout simplement tenues pour acquises. Qu'il y ait eu une inondation d'eau froide n'était pas en doute, de sorte que le mystère qui, au début, retenait l'attention des chercheurs, c'était le **lieu** d'où venait toute cette eau.

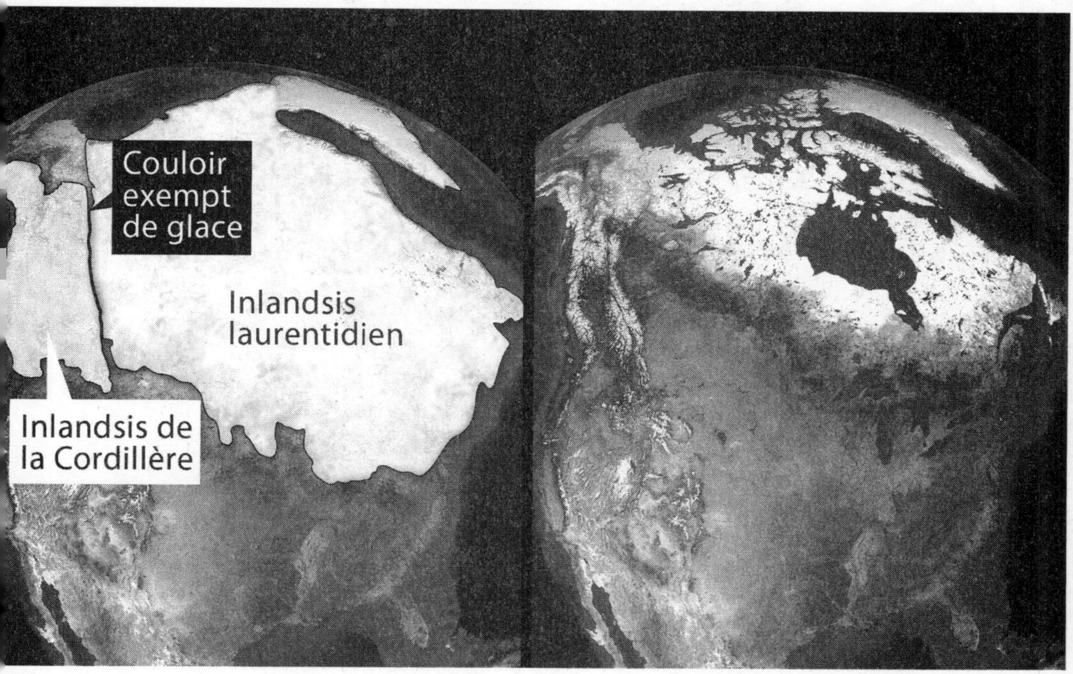

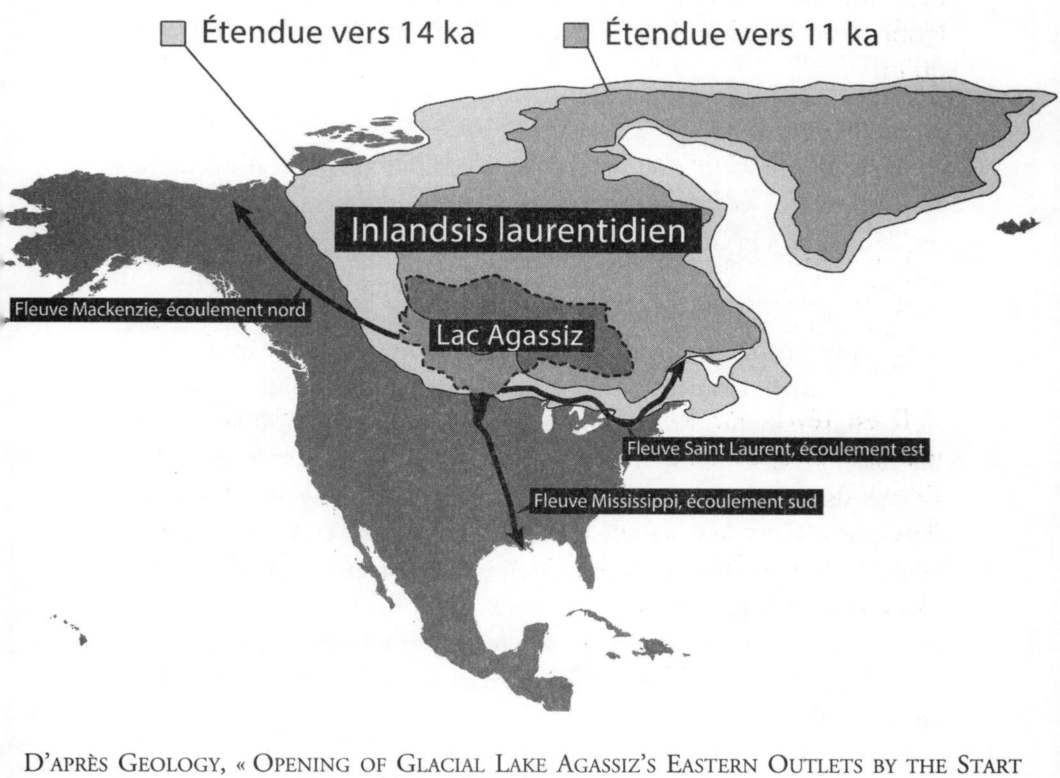

D'après Geology, « Opening of Glacial Lake Agassiz's Eastern Outlets by the Start of the Younger Dryas Cold Period », 4 janvier 2018.

Le lecteur se souviendra que la calotte glaciaire nord-américaine avait deux segments distincts, l'inlandsis de la Cordillère à l'ouest et l'inlandsis laurentidien à l'est, souvent joints, mais, aux derniers stades de l'ère glaciaire, séparés par le fameux « couloir exempt de glace » que, pendant longtemps, on tenait à tort pour la seule voie de migration humaine vers les Amériques. Le long des marges méridionales de ces calottes glaciaires, de vastes lacs glaciaires sujets à débordement se sont formés – dont le lac glaciaire de Missoula à l'ouest et le lac glaciaire Agassiz à l'est. Les eaux de crue du lac Missoula n'ayant pas eu accès à l'océan Atlantique (elles se seraient écoulées vers le Pacifique), le lac Agassiz passe pour la source la plus probable. Une étude publiée dans *Geology* en janvier 2018 confirme que ses eaux de débord « auraient pu être acheminées vers l'Atlantique Nord à l'est au début du Dryas récent et causer le brusque changement de climat admis par l'histoire officielle[44] ».

Nous savons donc qu'une inondation d'eau froide s'est déversée dans l'océan Atlantique il y a environ 12 800 ans en quantité suffisante pour stopper le Gulf Stream ; nous savons que le lac glaciaire Agassiz était impliqué ; et nous savons que ce « grand jaillissement d'eau douce glaciale » est lié au plongeon de la température mondiale – le « grand froid » – qui définit l'événement froid du Dryas récent.

Mais la question que la plupart des chercheurs contournent – le sujet tabou –, c'est **pourquoi** cette inondation se serait produite au début du « grand froid » du Dryas récent il y a environ 12 800 ans plutôt que, disons, 800 ou 1 000 ans plus tôt, au plus fort de la phase chaude – appelée l'interstadiaire Bølling-Allerød – qui a précédé le DR[45]. Intuitivement, on estime que les inondations d'eau de fonte auraient dû atteindre leur apogée pendant la phase de réchauffement. Pourquoi, **dans ce cas seulement**, les voit-on au début d'une phase extrêmement froide ? J'ai soulevé ce problème dans *Magiciens des dieux* en 2015[46], et Wolbach et coll. l'abordent dans leur article de 2018 où ils présentent des indices renforçant le mystère. « Contrairement aux transitions climatiques chaudes et froides typiques, écrivent-ils, le niveau de la mer a **augmenté** de 2 à 4 mètres en quelques décennies ou moins au début du DR, comme l'indiquent les récifs coralliens des océans Atlantique et Pacifique[47]. »

Malgré la discrétion observée, c'est une très grosse affaire. Deux à quatre mètres d'élévation du niveau de la mer « en quelques décennies ou moins » au début du Dryas récent, c'est une ÉNORME quantité d'eau, une inondation mondiale cataclysmique, quel que soit le critère d'observation.

Ce qui paraît le plus remarquable – et le plus déroutant –, ce sont les preuves qu'à la même période, la planète a subi un épisode spectaculaire de combustion de la biomasse et un « hiver d'impact » associé qui « a amené les températures chaudes de l'épisode interglaciaire à devenir soudain froides, atteignant un niveau quasi glaciaire en moins d'un an, voire en à peine trois mois[48] ».

Pendant ce temps, dans le processus d'absorption de cette crue massive soudaine d'eau glacée dans l'Atlantique Nord, l'océan mondial avait réagi en fermant le Gulf Stream, générant ainsi des températures glaciales en Europe et en Amérique du Nord et mettant en marche le processus vers l'épisode froid du Dryas récent.

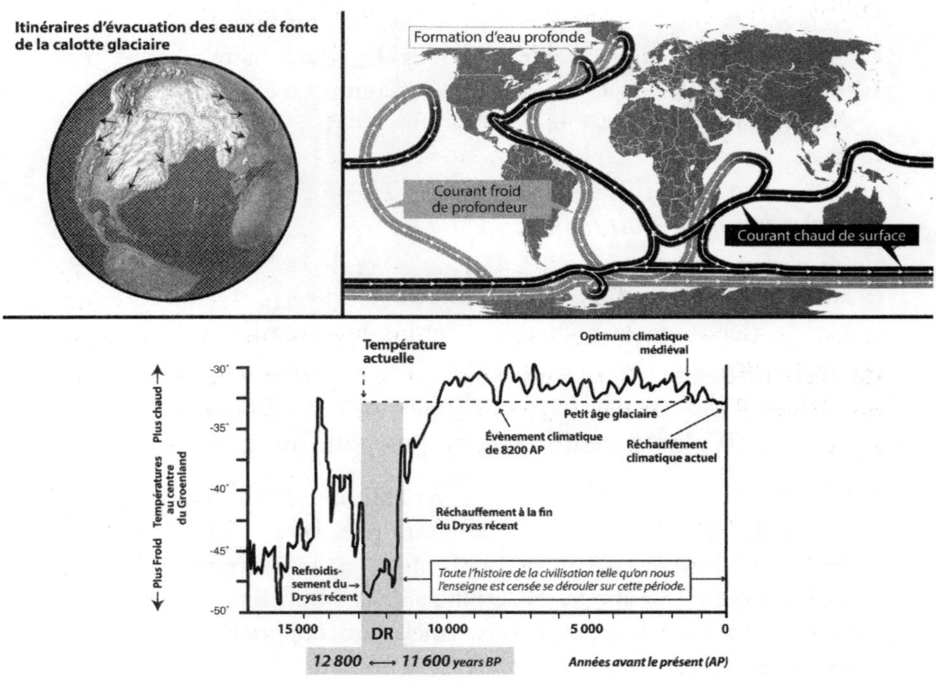

Ce qu'on recherche par conséquent, c'est un agent capable – simultanément et presque instantanément – d'entraîner tous les éléments suivants :

- une inondation mondiale ;
- des feux de forêt sur une superficie de 10 millions de kilomètres carrés ;
- six mois d'obscurité polaire suivis de plus de 1 000 ans de froid glacial ;
- une strate de sol sur plus de 50 millions de kilomètres carrés datée de la limite du Dryas récent (LDR) et infusée d'un cocktail de nanodiamants, sphérules riches en fer à haute température, sphérules riches en verre de silice, verre fondu, platine, iridium, osmium et autres matériaux exotiques ;
- une extinction massive de la mégafaune.

Wolbach et ses coauteurs se montrent francs dans leur conclusion :

> Dans les indices que fournissent les carottes de glace, de nombreuses lignes semblent simultanées, ce synchronisme de multiples événements faisant de l'intervalle du Dryas récent l'un des épisodes climatiques les plus insolites de tout le Quaternaire. (...) Un impact cosmique est le seul événement connu capable de produire simultanément tous ces indices [49].

Un ouragan de bolides

Mais quel genre d'impact cosmique ?

Dès le début de la recherche, depuis les premières analyses de proxies d'impact, les membres du CRG conviennent que l'agent responsable du cataclysme du Dryas récent était une comète. L'étude de Wolbach renforce cette position, indiquant :

> Les comètes sont un mélange variable de glaces volatiles, de matériaux météoritiques et de poussière présolaire. (...) Les larges gammes de ratios des éléments confirment que le matériel cométaire est hétérogène, comme les échantillons de la LDR. Bien que le type d'impacteur reste flou, les preuves actuelles ne supportent aucun type spécifique de météorite. L'étendue de la combustion de la biomasse

au début du DR est davantage compatible avec la collision de la Terre avec une comète fragmentée[50] (...) [entraînant] un ouragan de bolides[51] (...) [qui] a explosé au-dessus de et/ou est entré en collision avec le sol, les calottes glaciaires et les océans sur au moins quatre continents dans les hémisphères Nord et Sud[52].

Ce scénario, soutient l'étude, explique toutes les preuves anormales et synchrones :

Vaporisation des matériaux cométaires, roches riches en éléments du groupe du platine, Pt, Ir, Os et autres métaux lourds injectés dans la stratosphère, accompagnés de nanodiamants, de verre fondu et de microsphérules liés à l'impact[53].

Les boules de feu aériennes et l'éjection de roches en fusion (...) ont déclenché, sur de vastes zones, de nombreux incendies de forêt qui ont produit l'une des plus fortes concentrations d'aérosols de combustion déposées dans l'inlandsis groenlandais au cours des 120 000 à 368 000 dernières années. Dans les latitudes moyennes plus élevées, les températures atmosphérique et océanique ont diminué brusquement, passant de conditions interglaciaires chaudes à quasi glaciaires en l'espace de quelques mois à un an. La poussière atmosphérique et cométaire, ainsi que le carbone aciniforme/la suie, ont déclenché l'apparition rapide d'un hiver d'impact. Le blocage de la lumière du soleil a entraîné un dépérissement de la végétation. Les dommages causés à la couche d'ozone ont sans doute entraîné une augmentation du rayonnement ultraviolet B atteignant la surface de la Terre, endommageant la flore et la faune. L'augmentation des composés azotés, des sulfates, de la poussière, de la suie et autres substances chimiques toxiques résultant de l'impact et des feux de forêt généralisés aura entraîné une augmentation des pluies acides. L'augmentation de la production de matières organiques et de produits de combustion provenant de la dégradation de l'environnement et de la combustion de la biomasse a contribué à la prolifération des algues et à la formation subséquente de strates noires étendues[54].

À mon avis, toutefois, la conclusion la plus importante de l'étude, qui s'adapte parfaitement au scénario d'une comète en décomposition, est la suivante :

L'événement d'impact a déstabilisé les marges de l'inlandsis, provoquant un important vêlage d'icebergs dans les océans Arctique et Atlantique Nord. Les explosions aériennes et les impacts ont détruit de multiples barrages de glace dans les lacs proglaciaires le long des marges de l'inlandsis, ce qui a entraîné d'importantes inondations d'eau de fonte dans les océans Arctique et Atlantique Nord. La déstabilisation de l'inlandsis a peut-être aussi déclenché d'importantes inondations de l'inlandsis sous-glaciaire, laissant de nombreux reliefs à travers le Canada. L'écoulement massif des eaux préglaciaires des lacs, de l'eau de fonte des calottes glaciaires et des icebergs dans les océans Arctique et Atlantique Nord a provoqué un réacheminement de la circulation thermohaline océanique. La rétroaction climatique a, par suite, entraîné l'épisode froid du DR[55].

Autrement dit, Wolbach accepte sans réserve les preuves liant le début de l'intervalle froid du Dryas récent à un afflux d'eau douce venu de la calotte glaciaire nord-américaine et les changements qu'il a imposés à la circulation des courants océaniques. Avec ses coauteurs, elle ajoute toutefois :

> un élément clef supplémentaire (...) suggérant que **ces mécanismes de changement climatique ne se sont pas produits au hasard mais ont plutôt été déclenchés par l'événement d'impact de la LDR.** Après l'arrêt de la circulation thermohaline, l'épisode du DR a persisté (...) non pas en raison de la poursuite des explosions aériennes et des impacts, mais parce que, une fois la circulation arrêtée, les boucles de rétroaction et l'inertie du système océanique ont maintenu l'état modifié jusqu'à ce qu'il revienne à la situation antérieure[56].

En effet. Personne ne laisse entendre que les impacts et les explosions aériennes ont perduré au long des 1 200 années de l'intervalle froid du Dryas récent. Wolbach et ses collègues indiquent sans ambiguïté que leur étude se concentre sur le **début** de l'intervalle, particulièrement sur l'inversion subite et mystérieuse du chaud au froid voilà environ 12 800 ans, qu'ils attribuent à un « événement d'impact ». Ils rappellent à plusieurs reprises dans leur article du *Journal of Geology*, cependant, que, quand ils parlent d'un « événement », ils ne veulent pas dire un « ouragan unique de bolides » frappant la Terre sur un ou deux jours. Ce que les preuves indiquent, à la place, c'est une série de rencontres brèves mais mortelles, et récurrentes, deux fois l'an sur toute la période de 21 ans d'enrichissement du platine identifiée dans les carottes de glace du Groenland[57].

Beaucoup de ces impacteurs auraient eu la taille d'un météore de type Toungouska ou moins, mais seraient venus dans de vastes essaims capables d'infliger d'énormes dégâts, et nous avons des preuves qu'au moins une fois durant ces 21 ans, « l'ouragan de bolides » biannuel aurait inclus des fragments de comète d'un kilomètre de diamètre ou plus.

C'est ce qu'avançait le tout premier document scientifique décrivant l'hypothèse de l'impact cosmique du Dryas récent. Coécrit par Wendy Wolbach, Richard Firestone, Allen West et plus de vingt autres personnes, et publié dans *Proceedings of the National Academy of Sciences* en octobre 2007, il suggérait que « plusieurs objets de 2 kilomètres ont frappé l'inlandsis laurentidien de 2 kilomètres d'épaisseur[58] ».

Par la suite, en septembre 2013, Yingzhe Wu, Mukul Sharma et coll. ont attiré l'attention sur le golfe du Saint-Laurent, au Canada, où un cratère d'impact submergé d'un diamètre de 4 kilomètres, le cratère Corossol, a été daté de la limite du Dryas récent. L'examen de toute une gamme d'autres indices les a amenés à conclure qu'il y avait eu, dans cette région, de multiples impacts « étroitement associées sur le plan temporel[59] ».

Par ailleurs, toujours sur la période de la LDR, Richard Firestone et Allen West ont signalé des indices de l'explosion aérienne « d'un objet exceptionnellement enrichi en titane et autres éléments incompatibles à proximité des Grands Lacs. Un éjecta qui semble être terrestre est tombé près d'un site d'impact proche de Gainey, tandis qu'un autre éjecta, riche en projectiles, a atterri plus loin. La teneur élevée en eau des éjectas favorise l'hypothèse d'une explosion aérienne au-dessus de l'inlandsis laurentien au nord de Gainey[60] ».

On frôle peut-être une explication de la façon dont une seule cause pourrait expliquer à la fois le plongeon de la Terre dans un millénaire de « grand froid » et la fonte d'une glace glaciaire en quantité suffisante pour élever le niveau de la mer de 4 mètres. L'afflux majeur d'eau de fonte dans l'Atlantique Nord et l'océan Arctique ne résultait **pas**, bien sûr, d'un réchauffement planétaire anormal à une époque de refroidissement global, mais était une conséquence directe de la « déstabilisation » de l'inlandsis par les impacts et explosions aériennes de multiples fragments de comète – d'un essaim de comètes. L'énergie thermique et l'onde de choc ont rayonné vers le sud par-delà la glace dans toute l'Amérique du Nord. Elles ont été accompagnées d'explosions aériennes et d'impacts locaux supplémentaires qui ont enflammé de vastes zones des forêts de conifères primitifs[61] avant d'être suivies « de détonations aériennes ou d'impacts au sol de nombreux fragments relativement petits, à travers plusieurs continents[62] ».

Wolbach et coll. ont étudié sept épisodes de libération d'eau de fonte survenus durant l'ère glaciaire, dont le Dryas récent a été le dernier. Baptisés « événements de Heinrich » (d'après Hartmut Heinrich, le géologue marin qui les a identifiés), ils se caractérisent par des armadas d'icebergs vêlant des glaciers continentaux. Ces icebergs transportent roches, décombres et autres débris qui, à mesure que les blocs de glace fondent, se déposent sur le fond de l'océan où les géologues peuvent les identifier, les mesurer et obtenir des estimations de l'échelle et de la chronologie.

Il est donc à noter que,

> même si le Dryas récent est considéré comme un événement de Heinrich (désigné H0), le pic anormalement élevé d'activité des feux de forêt au début du DR va totalement à l'encontre des six événements de Heinrich précédents qui montraient de faibles niveaux de combustion de la biomasse. (...) Il s'agit là d'une observation cruciale : la présence de pics élevés dans la combustion de la biomasse au début du DR est contraire aux très faibles niveaux de combustion de la biomasse observés lors de précédentes transitions climatiques similaires, ce qui rend cet épisode particulièrement anormal et empêche de l'expliquer par les processus naturels qui avaient créé les précédentes transitions du chaud au froid[63].

Encore une fois, l'hypothèse de rencontres répétées avec les fragments d'une comète désintégrée durant 21 ans il y a entre 12 836 et 12 815 ans fournit une explication simple à cet état des choses apparemment anormal. L'événement de Heinrich du Dryas récent n'a donc pas été déclenché par des changements climatiques normaux, mais par les impacts de fragments de comète sur la calotte glaciaire nord-américaine.

On ne saurait dire au juste quand, au cours de cette période de 21 ans, la déstabilisation de la calotte glaciaire liée aux impacts s'est produite. Ça pourrait être arrivé juste au début, tout à la fin, quelque part au milieu ou plus d'une fois. Mais ce qu'indiquent sans ambiguïté les données des carottes de glace du Groenland, comme on l'a vu au chapitre précédent, c'est que la férocité et l'intensité du bombardement, avec sa pluie de platine associée, ont augmenté d'une année sur l'autre pendant les quatorze premières, atteint un sommet il y a environ 12 822 ans, puis diminué au cours des sept années suivantes jusqu'à ce qu'il cesse, aussi brusquement qu'il avait commencé.

On peut donc estimer – sans rien de plus scientifique – que le pic d'interaction de la comète avec la calotte glaciaire nord-américaine et le moment où sont probablement arrivés les plus gros fragments se situerait il y a environ 12 822 ans.

Selon Allen West et son collègue chercheur du CRG Richard Firestone, jusqu'à huit fragments mesurables en kilomètres [64] ont pu frapper la calotte glaciaire, excaver dans la glace de 2 kilomètres de profondeur leurs cratères qui ont ensuite fondu, ne laissant guère de traces permanentes sur le sol en dessous, ou bien laissant des cratères difficiles à trouver, par exemple quatre trous étrangement profonds dans les lacs Supérieur, Michigan, Huron et Ontario [65].

Des rencontres avec n'importe quel fragment de cette taille, sans parler de plusieurs, constitueraient déjà une catastrophe planétaire d'une échelle presque inimaginable, où qu'ils se produisent. Ce qu'il faut garder en tête, cependant, c'est que, même si l'Amérique du Nord en a été l'épicentre, ces terribles impacts n'ont représenté qu'une partie d'un événement beaucoup plus vaste qui a laissé une traînée de dévastation sur au moins trois autres continents.

Les pertes

Les extinctions d'espèces animales ont eu lieu partout dans le monde au début du DR, mais elles ont été particulièrement rapides, brutales et graves en Amérique du Nord où trente-cinq genres de grands mammifères ont été anéantis [66].

Avançant des preuves issues de soixante-treize sites dans vingt-trois États américains, Wolbach et coll. exposent le synchronisme de ces extinctions de mégafaune avec l'impact du Dryas récent[67]. Trois exemples – dont Murray Springs, qui a fait l'objet du dernier chapitre – peuvent représenter l'ensemble :

- BLACKWATER DRAW, NOUVEAU-MEXIQUE : sur ce site, une couche distinctive de strate noire, remontant au début du changement climatique du DR, est en contact direct avec des pics de sphérules magnétiques, de platine, d'iridium, et des proxies de combustion de biomasse, y compris le charbon de bois, le carbone vitreux, les fullerènes et les HAP [hydrocarbures aromatiques polycycliques]. Ces proxies recouvrent les derniers os connus de mammouths tués par des chasseurs Clovis qui ont ensuite abandonné le site pendant des siècles. Les données de Blackwater Draw suggèrent que l'événement d'impact de la LDR est contemporain des extinctions de mégafaune et du déclin de la population humaine, ainsi que d'un pic de combustion de la biomasse et du changement climatique du Dryas récent ;
- MURRAY SPRINGS, ARIZONA : les pics de sphérules magnétiques, de verre de fonte, de nanodiamants, de platine et d'iridium [se situent] immédiatement sous une strate noire distinctive qui date du début du Dryas récent. Les pics dans les proxies de combustion de la biomasse de la LDR comprennent le charbon de bois, les sphérules de carbone, le carbone vitreux, le carbone aciniforme/la suie, les fullerènes et les HAP. Sur ce site, plusieurs mammouths ont été tués par des chasseurs Clovis, après quoi la strate noire s'est formée sur les os et le site a été abandonné des humains pendant un millénaire. Ainsi, les preuves cautionnent le synchronisme de l'événement d'impact du Dryas récent, l'augmentation de la combustion de la biomasse, le changement climatique du DR, les extinctions de mégafaune et un déclin important de la population humaine ;
- SHERIDEN CAVE, OHIO : il y a des pics LDR de sphérules magnétiques, de verre fondu, de nanodiamants, de platine et d'iridium. Une strate noire riche en charbon de bois remonte au début du DR et présente des pics d'abondances de charbon de bois, de

carbone aciniforme/de suie, de sphérules de carbone et de nanodiamants étroitement associés aux derniers artefacts Clovis connus de la grotte. La couche est en contact direct avec les os carbonisés par les feux de forêt de deux méga-mammifères, le pécari à tête plate (*Platygonus compressus*) et le castor géant (*Castoroidies ohioensis*), les derniers représentants connus dans le monde de ces espèces éteintes [68].

Chevaux, chameaux, mammouths, mastodontes, paresseux terrestres géants, tigres à dents de sabre, ours à tête courte et *Canis Dirus* sont parmi les autres créatures emblématiques de l'ère glaciaire qui disparaissent des données à la même époque. « Cela constitue une extinction majeure », nous rappellent James Kennett et Allen West dans un article publié en 2018 par le Florida Museum of Natural History :

> non seulement parce que tant de grands animaux bien connus ont disparu, mais aussi parce que beaucoup de taxons éteints avaient résidé durant des millions d'années en Amérique du Nord. L'évolution des chevaux s'y était poursuivie sans interruption depuis l'Éocène (il y a 55 millions d'années) avec la seule absence connue à partir d'environ 12 800 ans avant le présent jusqu'à leur retour d'Europe – il y a 500 ans. Ces extinctions de toute évidence sont le signe d'une anomalie [69].

Dans l'ensemble, concluent Kennett et West :

> On dispose désormais de données géologiques et chronologiques en quantité suffisante pour étayer l'hypothèse que les extinctions de mégafaune ont été causées par des perturbations de l'écosystème à l'échelle continentale, résultant de l'impact cosmique au début du Dryas récent. (...) Cette extinction ne se serait pas produite au début ou à proximité du DR sans l'impact cosmique de la LDR il y a 12 800 ans. Beaucoup d'animaux aujourd'hui disparus auraient survécu bien plus longtemps, peut-être même jusqu'aux temps modernes. [70]

Les preuves archéologiques sont rares, peut-être justement parce que tant de choses ont été balayées et recouvertes par les changements que la Terre a connus au Dryas récent, mais il est clair qu'outre perturber la vie animale en Amérique du Nord, le cataclysme a également eu de graves conséquences pour les êtres humains.

En premier lieu, bien sûr, il y a la disparition abrupte et mystérieuse de toute la culture Clovis, une société accomplie, technologiquement avancée et largement étendue sur le territoire, il y a environ 12 800 ans[71]. Puis, au cours des siècles suivants, si on prend le cas du sud-est comme exemple, on voit une chute soudaine et anormale de 50 % du nombre de pointes de projectile fabriquées[72]. Une tendance similaire s'observe dans bien d'autres régions d'Amérique du Nord à cette époque[73] et, en Californie, il y a des preuves d'un arrêt de l'activité humaine entre il y a environ 12 800 ans et 12 200 ans[74].

Une étude de près de sept cents datations culturelles au carbone-14 dans toute l'Amérique du Nord par David Anderson, Albert Goodyear et d'autres scientifiques montre « un déclin rapide » des activités humaines « au début du DR qui a atteint son nadir assez vite. (...) Une baisse de 80 % du nombre de datations culturelles au carbone-14, ce qui implique une diminution importante de la population (...) suivie d'une remontée progressive sur ~900 ans[75] ».

Faute de posséder une machine à explorer le temps, on ne peut pas se retrouver physiquement en Amérique du Nord il y a 12 800 ans. Mais toutes les preuves suggèrent que le continent a subi un énorme cataclysme qui a tout bouleversé, et on sait qu'au moins une culture amérindienne ancestrale – Clovis – s'est éteinte il y a 12 800 ans, aussi totalement que les mammouths et les *Canis Dirus*.

Qu'est-ce qui a pu disparaître d'autre en cette période d'obscurité brûlante et d'inondations glacées ?

10.

La peur s'installe

Imaginez un monde où de bons scientifiques honnêtes, travailleurs et curieux redoutent de ruiner leur carrière, voire de perdre leur emploi et leurs revenus, s'ils étudient certains sujets jugés « tabous » par une élite dominante.

Un tel climat de conformité fondée sur la peur est-il susceptible d'aboutir à une science innovante, ou de la maintenir dans une ornière à sans cesse affiner et reconfirmer les modèles établis tout en rejetant chaque preuve suggérant que ces modèles pourraient être erronés ou nécessiteraient une révision fondamentale ?

Ce ne sont pas des questions rhétoriques, car il s'avère que ce monde « imaginaire » est le monde dans lequel on vit. La science au XXIe siècle n'encourage PAS les scientifiques à prendre des risques dans leur quête des « faits » – surtout lorsque ces faits remettent en cause des idées établies de longue date sur le passé de l'humanité.

La controverse entourant l'hypothèse de l'impact cosmique du Dryas récent en est un exemple. Depuis qu'on l'a officiellement proposée en 2007, ses auteurs ont subi un barrage incessant d'attaques profondément désagréables et égoïstes d'un petit mais influent groupe d'autres scientifiques dont les travaux et les opinions sont bousculés par la notion d'un cataclysme mondial causé par la comète il y a 12 800 ans.

Dans mon livre de 2015, *Magiciens des dieux*, je donne le compte rendu détaillé des études à l'appui de l'hypothèse d'impact du DR, couplé avec l'évaluation tout aussi détaillée des réfutations de l'hypothèse qui prévalait jusqu'alors [1]. Je ne vais pas répéter les mêmes informations ici, car ce travail, disponible, peut aisément être consulté. Ma conclusion à l'époque ? Les attaques étaient dans l'ensemble injustifiées, trompeuses, propagandistes, et l'hypothèse de l'impact constitue la meilleure explication possible pour les événements survenus sur Terre il y a 12 800 ans. Alors que j'écris ces mots en 2018, mon bureau disparaît sous les articles publiés au cours des trois dernières années présentant une masse de nouvelles preuves qui renforcent, élargissent et développent l'HICDR originale. Les études sur la combustion de la biomasse et le platine abordées au chapitre 10 en sont les fleurons, c'est pourquoi je les ai mises en avant dans l'espace limité dont je dispose ici. Les autres études sont référencées en notes [2].

J'ai la certitude que les scientifiques du Comet Research Group sont sur la bonne voie, et les voir dire la vérité haut et fort quitte à risquer leur réputation me remplit d'estime à leur égard. J'étais donc ravi que George Howard, qui n'est pas chercheur, mais spécialiste en restauration écologique, soutien du CRG et responsable du magazine en ligne *Cosmic Tusk*, me contacte pour suggérer une rencontre avec certains des principaux membres du groupe lors de mon voyage de recherche de l'automne 2017 aux États-Unis durant lequel j'ai aussi rencontré Al Goodyear et Allen West. L'occasion s'offrait d'échanger des points de vue avec certains de leurs collègues.

La rencontre était prévue à Wilmington, en Caroline du Nord, les 13 et 14 novembre 2017. Chris Moore et Malcolm LeCompte, de l'université de Caroline du Sud, coauteurs des articles sur le platine et la combustion de la biomasse, se joindraient à nous, avec leur collègue Mark Demitroff de l'université Stockton du New Jersey, coauteur de plusieurs articles soutenant l'hypothèse d'impact cosmique du Dryas récent [3].

J'ai invité mon ami et collègue Randall Carlson à nous rejoindre depuis Atlanta pour participer aux discussions. Son travail reliant les impacts sur la calotte glaciaire nord-américaine il y a 12 800 ans aux énormes dégâts causés par les inondations des Channeled Scablands à l'est de l'État de Washington fait l'objet d'une recension dans *Magiciens des dieux* [4].

Photo : Fairchild Aerial Surveys, 1930.

J'ai été heureux d'apprendre que George Howard avait également invité Antonio Zamora. Chercheur indépendant, chimiste et informaticien [5], Zamora n'est pas membre du CRG et n'a rien à voir avec le groupe, mais je venais de lire un article intrigant qu'il avait publié plus tôt en 2017 dans la revue à comité de lecture *Geomorphology* liant l'origine des baies de Caroline à l'impact cosmique du DR [6].

Environ 500 000 étangs elliptiques, dépressions et lacs aux bords surélevés criblent une bonne part de la côte Atlantique des États-Unis, du Delaware à la Floride. Puisque c'est dans les Carolines que les scientifiques les ont remarqués à la fin du XIXe siècle, on les appelle baies de Caroline et, dès le début, on a envisagé que leur création tenait à un gros essaim de météorites [7]. Plusieurs membres du CRG ont exploré la possibilité que les impacts du Dryas récent puissent être liés à ce mystère [8], mais la majorité du groupe a depuis lors pris ses distances avec de telles notions. Les études de datation indiquent que les baies n'ont pas vu le jour simultanément, comme l'exigerait l'hypothèse d'impact du DR, mais ont des âges très variables étalés sur des dizaines de millénaires [9].

L'article d'Antonio Zamora dans *Geomorphology* en 2017 a semé le trouble en soulevant un scénario intéressant selon lequel les baies pourraient, après tout, résulter d'impacts du DR. J'avais supposé avec naïveté que Malcolm LeCompte et Mark Demitroff (qui étaient alors membres du CRG, mais en ont démissionné depuis) accueilleraient favorablement cette nouvelle recherche.

Je me fourrais le doigt dans l'œil.

Hypothèse d'impact sur la glace glaciaire

Commençons par examiner les propositions controversées qui sous-tendent « l'hypothèse de l'impact sur la glace glaciaire » qu'Antonio Zamora propose dans son article de *Geomorphology*[10].

Il commence par reconnaître des preuves antérieures qui écartent les baies de Caroline comme résultats d'impact, mais attire ensuite notre attention sur un mystère fascinant – les prétendus bassins d'eau pluviale du Nebraska. En plus d'être orientés du nord-est au sud-ouest au lieu du nord-ouest au sud-est (un indice important en soi), ces curieuses formations géologiques elliptiques plus de 2 000 kilomètres à l'ouest des Carolines ressemblent beaucoup aux baies :

> Les bassins d'eau de pluie du Nebraska ne sont pas aussi connus que les baies de la Caroline, mais leur forme elliptique est si semblable qu'il est nécessaire de considérer qu'ils se sont formés simultanément avec les baies de la Caroline par les mêmes mécanismes. (...) L'objectif de l'hypothèse de l'impact des glaciers est d'examiner les caractéristiques des baies de la Caroline et des bassins d'eau de pluie du Nebraska afin de déterminer si ces caractéristiques géomorphologiques auraient pu être créées par des impacts secondaires provenant de matériaux terrestres, comme la glace des glaciers, éjectées par un impact extraterrestre[11].

Zamora admet volontiers que son « hypothèse de l'impact sur la glace glaciaire » doit beaucoup aux recherches antérieures de Michael E. Davias[12] et Thomas H.S. Harris[13], respectivement spécialiste en « *big data* géospatial, *data mining*, infographie et algorithmes » et expert en dynamique de vol chez Lockheed Martin Corporation.

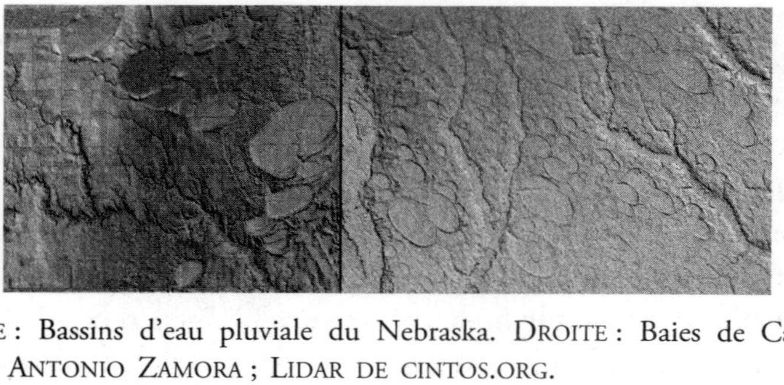

GAUCHE : Bassins d'eau pluviale du Nebraska. DROITE : Baies de Caroline. IMAGE : ANTONIO ZAMORA ; LIDAR DE CINTOS.ORG.

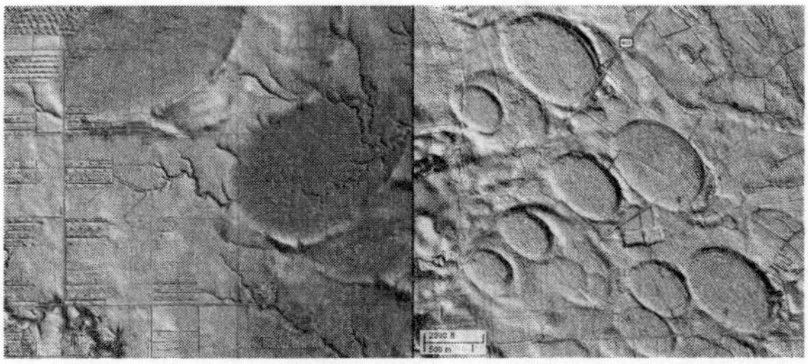

Bassins d'eau pluviale du Nebraska à gauche. Baies de Caroline à droite. Notez l'orientation du nord-ouest au sud-est des baies de Caroline et du nord-est au sud-ouest des bassins d'eau pluviale du Nebraska. IMAGE : ANTONIO ZAMORA ; LIDAR DE CINTOS.ORG.

Michael Davias accompagnait Zamora à Wilmington où il a partagé avec nous les preuves qu'Harris et lui avaient présentées en mai 2015 lors de la 49e réunion annuelle de la Geological Society of America [14].

Publié sous la forme d'un travail de recherche, leur papier avance qu'un impact cosmique pendant l'ère glaciaire dans la baie de Saginaw (alors de la terre ferme recouverte de glace glaciaire profonde) au Michigan aurait produit des éjections et des impacts secondaires sur un modèle d'« aile de papillon » pile sur les bassins du Nebraska, où ils se seraient orientés du nord-est au sud-ouest, et les baies de Caroline, où ils se seraient orientés du nord-ouest au sud-est [15].

Bien qu'il n'ait aucun problème avec Allen West, Richard Firestone et d'autres scientifiques du CRG qui estiment qu'il y a eu un total de huit impacts sur la calotte glaciaire nord-américaine [16], Zamora concentre son enquête sur l'événement du Michigan que Davias et Harris tiennent pour responsable spécifique de la création simultanée des baies de Caroline et des bassins d'eau pluviale du Nebraska.

La baie de Saginaw, le site d'impact suggéré, est « généralement attribuée à l'érosion par le lobe glaciaire de Saginaw pénétrant par les cuestas du Mississippi et de Pennsylvanie », concèdent Davias et Harris, mais, selon eux, il s'agit plutôt de « l'empreinte d'un impact oblique arrivant à un azimut de 222°. (…) Si l'on estime qu'il y avait un kilomètre de glace au-dessus de cette empreinte,

45 000 kilomètres cubes d'eau auraient été instantanément ionisés ou vaporisés[17] ».

Pendant ce temps, les effets sismiques de l'impact, bien qu'un peu atténués par la couche de glace, auraient pénétré l'ancien promontoire du substratum rocheux, puis la glace au centre du bassin du Michigan, labouré l'intervalle du « gant » qu'on appelle maintenant la baie de Saginaw, et envoyé une masse d'éjecta composé de grès du Michigan pulvérisé (issu du substrat rocheux) et d'eau (issue de la glace vaporisée[18]). Projeté dans l'espace suborbital, cet éjecta serait alors rentré dans l'atmosphère et retombé sur terre – le résultat final étant une sorte d'averse de boue arrosant une grande partie du continent des États-Unis au sud de la calotte glaciaire, mais ne laissant que des empreintes, telles les baies de Caroline et les bassins d'eau pluviale du Nebraska, sur un terrain qui se trouvait être mou et « non consolidé[19] ».

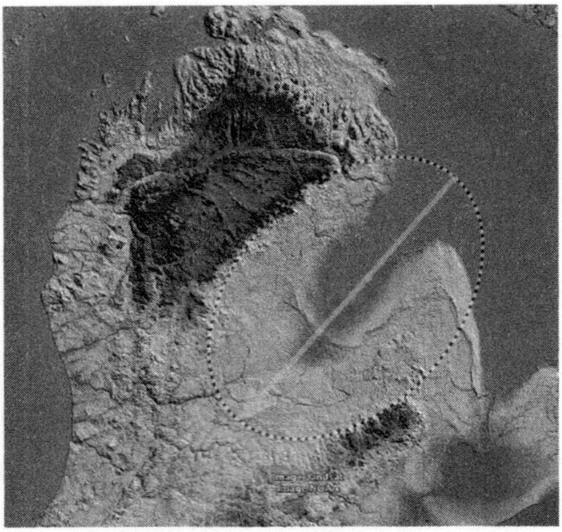

À GAUCHE : La baie de Saginaw est une dépression énigmatique, désormais remplie d'eau, dans le « Gant » caractéristique du Michigan, où elle sépare la « main » du gant, à gauche, de son « pouce », à droite. À DROITE : Au lieu d'une érosion par la glace glaciaire, Davias et Harris avancent que la baie de Saginaw constitue l'empreinte de l'impact massif d'un objet cosmique qui a frappé le Michigan aux temps anciens sous un angle oblique. IMAGE : MICHAEL DAVIAS, CINTOS.ORG.

Lorsque Davias et Harris ont présenté leur communication à la Geological Society of America en 2015, ils ont suggéré un âge de 786 000 ans pour la formation de la baie de Saginaw[20]. Tout en s'appuyant sur leur excellent travail de balistique et de triangulation, la présentation par Zamora de sa propre hypothèse d'impact sur la glace glaciaire dans son article de 2017 sur la géomorphologie rejette cette échelle de temps et argüe de façon convaincante que la baie de Saginaw a été évidée il y a à peine 12 800 ans par l'un des fragments de la comète du Dryas récent[21]. Pour des raisons techniques qui ont à voir avec « la thermodynamique de l'eau à l'état liquide », il rejette également l'idée de Davias et Harris que l'éjecta consistait en une « mousse de sable et d'eau[22] ». Selon ses calculs, des quantités massives de glace glaciaire solide auraient plutôt été soufflées en altitude :

> Des expériences d'impacts à grande vitesse sur les calottes glaciaires à l'aide du canon vertical Ames de la NASA démontrent que la glace se brise lorsqu'un projectile la frappe. Des morceaux de glace sont éjectés, rayonnant depuis le site d'impact sur des trajectoires balistiques[23].

« L'inlandsis laurentidien », écrit Zamora,

> formait au-dessus du point de convergence déterminé par Davias et Harris dans la baie de Saginaw une couche d'environ 1 500 à 2 000 mètres de glace au Pléistocène. (…) Les équations balistiques, les lois d'échelle liant la taille du cratère à l'énergie d'impact, les analyses géométrique et statistique offrent une base mathématique expliquant la forme des baies et leur origine par les impacts secondaires de la glace glaciaire éjectée de l'inlandsis laurentidien qui recouvrait alors le Michigan[24].

Il convient d'être clair à ce sujet. Zamora ne soutient pas l'idée de Davias et Harris que l'éjecta se composait de grès pulvérisé et d'eau, ni ne suggère que des centaines de milliers de fragments de la comète originale du DR ont bombardé la côte Atlantique nord-américaine, créant le phénomène des baies de Caroline. Il ne suggère pas non plus que les bassins d'eau pluviale du Nebraska résultent de frappes directes par des fragments de comètes. À la place, il accepte la position établie de longue date du CRG selon laquelle l'épicentre des impacts était la calotte glaciaire nord-américaine.

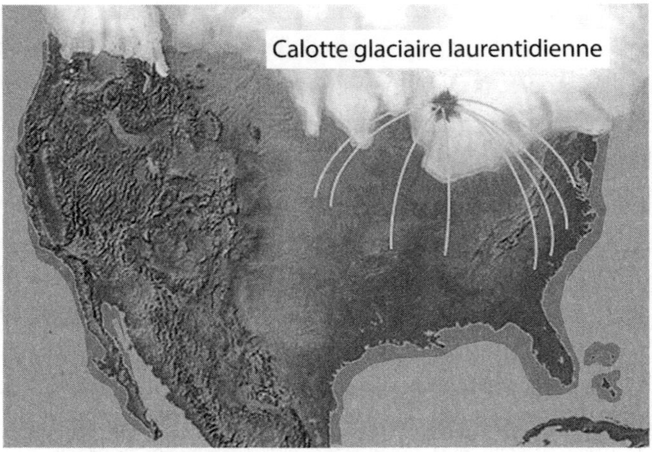

Trajectoires balistiques des éjectas de glace glaciaire après un impact cosmique sur l'inlandsis nord-américain. Image : Antonio Zamora.

À son avis, tous les dégâts dans les Carolines et le Nebraska ont été causés par la masse stupéfiante d'éjectas de glace, variant en taille des ballons de basket aux « blocs de glace » de dizaines, voire de centaines de mètres de diamètre, retombés sur terre suite à l'impact de la baie de Saginaw.

Une vision d'apocalypse

Je renvoie le lecteur à l'article lui-même pour ses preuves détaillées. En résumé, après avoir examiné et rejeté toutes les autres explications de la formation des baies et des bassins, et accordé une attention spéciale à l'évolution à long terme des cratères d'impact sur les surfaces visqueuses, Zamora conclut comme suit :

> L'orientation radiale des baies de Caroline et des bassins d'eau pluviale du Nebraska vers un point de convergence dans le Michigan et les formes elliptiques des baies avec des rapports largeur/longueur spécifiques s'expliquent mieux par des mécanismes d'impact que par les processus terrestres du vent et de l'eau.
>
> L'hypothèse de l'impact sur la glace glaciaire (...) a été complétée par un modèle expérimental démontrant que les impacts

obliques sur les surfaces visqueuses peuvent produire des cavités coniques inclinées qui sont remodelées en dépressions elliptiques peu profondes par relaxation visqueuse. Cela permet de modéliser les baies de Caroline et les bassins d'eau pluviale du Nebraska comme des sections coniques dont le rapport largeur/longueur peut s'expliquer par l'angle d'incidence de l'impact[25].

Le rapport largeur/longueur des baies de Caroline (à droite) est en moyenne de 0,58 et constant pour les baies de différentes tailles. Les baies du Nebraska (à gauche) ne se distinguent en rien des baies de la côte Est pour ce qui est de leurs rapports largeur/longueur. IMAGE : ANTONIO ZAMORA ; LIDAR DE CINTOS.ORG

Zamora aborde la question de la disparité dans la datation des baies de Caroline obtenue par luminescence stimulée optiquement (LSO), notant que c'était jusqu'alors l'obstacle le plus sérieux à l'acceptation de toute forme d'hypothèse d'impact les concernant. Toutefois, comme il le souligne à juste titre, l'hypothèse fondamentale derrière l'utilisation de la LSO, c'est que le sous-sol des baies de Caroline a été exposé à la lumière lors de leur formation. Son modèle expérimental le réfute en démontrant que les impacts sur les surfaces visqueuses sont des déformations plastiques qui n'exposent pas le sous-sol à la lumière :

> Par conséquent, la LSO ne peut déterminer que la date du terrain, pas celle de la formation des baies. Si toutes les baies de Caroline et les bassins d'eau pluviale du Nebraska se sont

formés simultanément, il faudra trouver une autre façon de les dater.

L'hypothèse de l'impact sur la glace glaciaire explique toutes les caractéristiques des baies de Caroline et des bassins d'eau pluviale du Nebraska, y compris leur forme elliptique, leur orientation radiale, leurs bords surélevés, leur stratigraphie non perturbée, l'absence de métamorphisme d'impact, les chevauchements de baies et le fait qu'elles n'apparaissent que dans un sol non consolidé[26].

Enfin, et d'une façon effrayante, l'article de Zamora dans *Geomorphology* note :

La forte densité de surface des baies indique qu'elles ont été créées par un bombardement de saturation catastrophique avec des impacts de 13 KT à 3 MT qui auraient causé une extinction massive dans une zone d'un rayon de 1 500 kilomètres autour de l'impact extraterrestre dans le Michigan. Cet article a surtout examiné les blocs de glace éjectés par un impact extraterrestre sur l'inlandsis laurentidien au Pléistocène, mais cet impact aurait également éjecté l'eau et produit de la vapeur. Compte tenu de ses propriétés thermodynamiques, toute eau liquide éjectée au-dessus de l'atmosphère se serait transformée en brouillard de cristaux de glace qui aurait bloqué la lumière du soleil. Ainsi, le moment de la formation des baies de Caroline et des bassins d'eau pluviale du Nebraska doit coïncider avec un événement d'extinction dans la moitié est des États-Unis et le commencement d'une période de refroidissement global. Cette combinaison de conditions explique mieux la disparition de la mégafaune nord-américaine, la fin de la culture Clovis et le début de l'événement de refroidissement du Dryas récent vers 12 800 AP. Typique des impacts extraterrestres, l'anomalie de platine à la LDR étaye ce scénario[27].

Dans son livre *Killer Comet*, Zamora donne plus de détails sur l'étendue et l'horreur du cataclysme du Dryas récent. Il considère que les effets de l'impact primaire sur le Michigan ont été fortement aggravés dans toute l'Amérique du Nord par les impacts secondaires des blocs de glace glaciaire. S'attarder sur l'image troublante qu'il dépeint est instructif :

Tous les êtres vivants à moins de 100 kilomètres de l'impact [du Michigan] sont morts sur le coup, brûlés par la chaleur ou tués par l'onde de choc. Sur la côte Est, à 1 000 kilomètres de la zone d'impact, après l'éclair aveuglant à l'horizon, le ciel s'est assombri de façon inquiétante alors qu'il se remplissait des blocs de glace géants éjectés par l'impact. Trois minutes après l'éclair, l'obscurité a envahi le ciel et le sol a tremblé lorsque les premières ondes sismiques du site d'impact extraterrestre sont arrivées à 5 km/s.

À ce moment-là, tous les animaux et tous les humains avaient pris conscience qu'il se passait quelque chose de terrible. Le ciel a continué à s'assombrir, avant de se remplir de stries brillantes quand les blocs de glace sur des trajectoires suborbitales sont rentrés dans l'atmosphère à une vitesse de 3 à 4 km/s. (...) [Tandis que] les blocs de glace géants tombaient (...) le fracas des impacts a suscité des ondes de choc se déplaçant à une vitesse de 5 à 8 km/s. (...) Le sol frémissant a commencé de se liquéfier, piégeant tout le monde. Il s'est mué en sables mouvants, interdisant de marcher ou de courir. (...)

Au sommet de l'intensité, une grêle de blocs de glace glaciaire, dont beaucoup étaient de la taille d'un stade de baseball, a laissé des traînées de vapeur dans le ciel en rentrant dans l'atmosphère à des vitesses supersoniques et percuté le sol liquéfié dans un vacarme de tonnerre.

Les impacts ont créé des cratères obliques, boueux et coniques (...) au diamètre d'un à deux kilomètres (...) qui ont avalé des villages entiers et enterré toute la végétation. La vibration du sol a vite réduit la profondeur des cratères et les a transformés en [ces] dépressions peu profondes [appelées de nos jours baies de Caroline]. (...) La comète elle-même n'a pas tué la mégafaune. C'est le bombardement de saturation par les blocs de glace éjectés quand la comète a frappé l'inlandsis laurentidien qui a causé l'extinction. (...) Le paysage de la côte Est avait été transformé en une friche stérile criblée d'énormes trous peu profonds dans la boue. (...)

Les baies de Caroline sont restées des preuves des impacts de la glace glaciaire sur le sol sablonneux et mou de la côte Est.

Il ne subsiste aucune trace des blocs de glace qui ont dû tomber sur un sol plus dur, mais leurs impacts dans les États du centre et du Midwest ont été tout aussi impitoyables. Lorsque des morceaux colossaux de glace glaciaire ont frappé le terrain dur, ils se sont brisés, projetant des fragments à grande vitesse. Toute créature ou végétation sur le chemin de ces éclats de glace a été terrassée.

> Lorsque la glace s'est enfin immobilisée, la couverture d'éjecta recouvrait la moitié contigüe des États-Unis d'une épaisse couche de glace concassée... qui a augmenté l'albédo de la Terre et reflété vers l'espace une bonne part de la lumière atténuée du soleil. L'effet combiné de l'augmentation de la couverture de glace et des cristaux de glace en orbite rendrait la terre froide et inhospitalière pendant de nombreuses années. (...)
>
> La végétation enfouie gèlerait ou resterait dormante sous la glace. Les animaux herbivores ayant survécu au bombardement de glace glaciaire n'avaient pas accès à leurs sources de nourriture normales et allaient bientôt mourir de faim. Et les prédateurs encore en vie mourraient bientôt sans leurs proies herbivores...
>
> En fin de compte, l'Amérique du Nord serait repeuplée par de nouveaux animaux terrestres et par de nouveaux humains, mais la mégafaune, comme l'ingénieuse culture Clovis qui avait fabriqué de si beaux projectiles en pierre, aurait disparu à jamais[28].

C'est une vision apocalyptique, certes, et on doit se rappeler qu'elle traite des conséquences généralisées d'**un seul** des impacts majeurs sur la calotte glaciaire nord-américaine.

Attaquer et détruire

On l'a vu, Allen West et Richard Firestone suggèrent qu'il y a eu jusqu'à **huit** impacts significatifs sur la calotte glaciaire nord-américaine au cours des 21 années du pic de bombardements du Dryas récent[29]. Avec les autres scientifiques du Comet Research Group, ils se sont focalisés, dans une démarche couronnée de succès, sur la collecte des preuves de ces bombardements sous la forme de proxies d'impact dispersés sur 50 millions de kilomètres carrés de la surface de la terre.

Ce qu'aucun membre du groupe n'a encore fait, toutefois, c'est étudier toutes les implications des impacts hypothétiques sur la calotte glaciaire **pour l'Amérique du Nord elle-même.**

La raison pour laquelle Antonio Zamora et son travail méritent une attention sérieuse, c'est qu'il est le premier à entreprendre un tel exercice, bien qu'il ne s'axe que sur un seul des huit impacts possibles. En outre, il propose des hypothèses vérifiables et ouvre de nouvelles perspectives pour l'enquête et le débat. Je m'attendais donc à passer deux journées constructives et stimulantes à Wilmington, à partager des idées avec de grands penseurs et à tenir compte pour la première fois des conséquences des retombées de glace sur toute l'Amérique du Nord dont Zamora calcule à juste titre qu'elles auraient résulté des impacts sur la calotte glaciaire.

C'est le contraire qui a eu lieu. Il est apparu dès le départ que l'unique motif qu'avaient Malcolm LeCompte et Mark Demitroff de nous retrouver à Wilmington, c'était d'attaquer et tuer dans l'œuf l'hypothèse de l'impact de glace glaciaire. Il n'y avait aucun intérêt à discuter des implications de la réflexion menée par Zamora. Leur objectif était de démontrer qu'il avait absolument tort de relier les baies de Caroline à tout type d'impacts cosmiques, et aux impacts du Dryas récent en particulier.

À un certain niveau, c'était une bonne chose. Pour que la science progresse, il importe que toutes les idées soient soumises à l'épreuve du feu de l'examen par les pairs. Et alors que l'hypothèse de Zamora l'avait déjà subi afin de paraître dans *Geomorphology*, voici que d'autres chercheurs exprimaient leur désaccord.

Excellent ! Allez-y, les gars !

J'étais à Wilmington pour apprendre, et de tels désaccords constructifs ne feraient sûrement que m'aider à mieux saisir ce qu'aucun scientifique actuel ne peut encore prétendre comprendre pleinement, à savoir la cause et l'étendue réelle des événements cataclysmiques qui ont secoué la Terre au début du Dryas récent il y a 12 800 ans.

Comme j'allais à cette réunion dans l'idée que nous étions des collègues réunis pour essayer de trouver une solution à l'un des plus grands mystères du passé, je ne m'attendais pas de prime abord à l'antagonisme, à l'hostilité, au mépris et aux tensions avec lesquels l'hypothèse d'impact de Zamora a été accueillie par LeCompte et Demitroff – eux-mêmes partisans d'une hypothèse d'impact qui a suscité beaucoup d'antagonisme, d'hostilité, de mépris et de tensions.

Mais c'était pure naïveté de ma part. Au cours des mois suivants, je devais obtenir une compréhension beaucoup plus claire de ce qui se passait vraiment.

« Extrêment regrettable… »

Après la réunion de Wilmington, Santha et moi avons pris l'avion pour Little Rock, Arkansas, où je devais présenter un exposé lors d'une conférence avant de regagner le Royaume-Uni. Au cours de cet exposé, qui a été filmé, j'ai montré une photo de moi avec Chris Moore lors d'une excursion sur une baie de Caroline – Johns Bay – où on avait trouvé du platine. J'ai décrit la recherche sur le platine et d'autres travaux liés à l'hypothèse de l'impact cosmique du Dryas récent, puis évoqué l'hypothèse de la glace glaciaire d'Antonio Zamora. Je n'ai pas lié son investigation au Comet Research Group ni suggéré qu'il en était membre ou qu'il avait quelque chose à voir avec cela.

La vidéo a été publiée sur YouTube le 26 janvier 2018[30]. Un peu plus d'un mois plus tard, je me suis retrouvé mêlé à un échange ce courriels houleux avec Malcolm LeCompte et Mark Demitroff.

La première salve date du 9 mars 2018, avec un courriel de LeCompte à Zamora, sur lequel j'étais en copie, intitulé « Article d'Antonio Zamora : *Geomorphology* 282, 2017, pp. 209-216 ».

Ce courriel m'accusait d'avoir fourni une « extraordinaire couverture » de la « théorie spéculative » de Zamora lors de mon exposé à Little Rock et de l'avoir « juxtaposée » avec ma « discussion de l'hypothèse d'impact de la LDR ». Décrivant ma prétendue « association » du travail de Zamora avec celui du CRG comme « extrêmement regrettable », LeCompte ajoutait un post-scriptum qui m'était spécifiquement adressé :

> Graham, je ne peux soutenir le travail d'Antonio, non parce que les proxies d'impact ne se trouvent pas dans les bords de baie, comme il semble qu'on vous l'ait dit et que vous le répétiez, mais pour les divers motifs énumérés dans la lettre jointe, d'abord et avant tout parce qu'il n'y avait pas de glace dans la baie de Saginaw ni à moins de 200 kilomètres de l'endroit où Antonio croit que l'impact qu'il défend s'est produit.

Mea culpa sur les proxies d'impact !

De fait, j'avais déclaré à tort dans ce segment élaboré à la hâte de mon exposé qu'on n'en avait trouvé aucun dans les bords des baies de Caroline et que cela participait du rejet de longue date de tout lien d'un impact avec elles. Je me suis trompé. Le platine est un proxy d'impact, comme je le savais très bien, et Chris Moore en avait trouvé dans les baies de Caroline. « Des grains et des microsphérules magnétiques, des sphérules de carbone et du carbone vitreux » avaient aussi été trouvés, comme l'indique une étude de 2010, « dans tous les bords de seize baies de Caroline[31] ».

Ce qui m'échappe, toutefois, c'est en quoi cela étaye l'affirmation de LeCompte que les impacts n'ont pas créé les baies. Au contraire, il me semble que la présence des proxies renforce l'hypothèse d'un lien entre les baies et l'impact. J'en parlerai certainement dans mes conférences à venir.

La deuxième affirmation du post-scriptum est beaucoup plus importante, à savoir que voilà 12 800 ans, il n'y avait pas de glace dans la baie de Saginaw ni à moins de 200 kilomètres du site d'impact proposé. LeCompte détaille ce point dans la lettre plus substantielle en pièce jointe à son courriel, adressée au responsable éditorial de *Geomorphology*, où il fait référence à « un vaste corpus de textes » fournissant la preuve que le point d'impact proposé par Zamora avait connu une récession glaciaire plus de 1 000 ans avant le début du Dryas récent et que non seulement la baie de Saginaw, mais tout le lac Huron étaient libres de glace quand le Dryas récent avait débuté.

Cela semblait une critique fatale de la théorie de l'impact de la glace glaciaire, mais Zamora a apporté une réponse immédiate à LeCompte :

> Dans votre note au responsable éditorial de *Geomorphology*, vous écrivez : « Dyke (2004), Larson et Schaetzl (2001), fournissent des représentations graphiques du retrait de l'inlandsis laurentidien avec une résolution spatiale et temporelle assez élevée pour révéler qu'en plus de la baie de Saginaw, tout le lac Huron était libre de glace au moment du début du Dryas récent. »
>
> Disons plutôt qu'on ne trouve aucune preuve de la présence des glaciers au point où convergent les projections axiales des baies. Les géologues déterminent habituellement l'étendue de la couverture d'un glacier en examinant les stries glaciaires sur le terrain et en identifiant les dépôts de rochers erratiques. Vous attendez-vous à ce que le site d'un impact extraterrestre conserve ces marqueurs ?

> L'impact d'un astéroïde de 3 kilomètres n'effacerait-il pas les stries et les rochers erratiques ? La fonte subséquente des glaciers inonderait alors le point d'impact et laverait les dernières traces du cratère. Les baies de Caroline existent, et comme il s'agit de sections coniques, il est très probable qu'elles proviennent de cavités d'impacts coniques. (...) Les bassins d'eau pluviale du Nebraska sont maintenant intimement liés aux baies de Caroline par leur géométrie. Toute publication moderne sur les baies de Caroline qui ignore les bassins du Nebraska est incomplète et inadéquate. (...) Dans mon article, j'ai indiqué qu'un impact extraterrestre sur un sol dur n'aurait envoyé d'éjectas rocheux qu'à un tiers de la distance où un impact sur la glace les aurait projetés. De plus, un impact sur la terre plutôt que sur la glace aurait laissé un cratère typique. Je parie qu'il y avait une calotte glaciaire là où la météorite a frappé, sinon quelqu'un aurait déjà découvert le cratère.

Franchement, je trouvais que Zamora avait bien renvoyé la balle. Peu après, il m'a envoyé un document que je n'avais pas encore vu, publié dans *Quaternary Science Reviews* en 1986, intitulé « Corrélation des dépôts glaciaires des lobes du lac Huron, du lac Michigan et de Green Bay au Michigan et au Wisconsin [32] ». L'article, de Donald Eschman et David Mickelson, conclut qu'après un retrait, l'inlandsis a réavancé au cours du stade de Port Huron il y a environ 13 000 ans et qu'à cette époque, la baie de Saginaw et le lac Huron étaient bel et bien recouverts de glace [33].

Une fois de plus, donc – une constante dans le domaine scientifique –, les déclarations présentées comme des faits se révèlent des opinions contredites par d'autres opinions également présentées comme des faits. La vérité, c'est qu'une grande incertitude et une grande confusion subsistent quant à ce qui s'est passé exactement en Amérique du Nord – et dans le monde entier – au début du Dryas récent. Tant que le doute persiste, les prétendues « certitudes » de presque toutes sortes sont inappropriées et il paraît sage de garder l'esprit ouvert à toutes les possibilités.

Au-delà de la question de l'absence (ou de la présence ?) d'une calotte glaciaire au point d'impact proposé, le rejet par LeCompte de la théorie de l'impact sur la glace glaciaire est, bien sûr, étayé par d'autres éléments de preuve et un autre raisonnement, mais mon but ici n'est pas d'entrer dans ces détails. Il se peut que LeCompte ait raison ou tort – j'admets ces deux éventualités. Quoi qu'il en soit, l'importance réelle de la contribution de Zamora a été de soulever de nouvelles questions sur les impacts du Dryas récent. Seuls le temps et d'autres recherches diront si sa théorie résout le mystère des baies de Caroline et des bassins d'eau pluviale du Nebraska, mais il a clairement servi la science en explorant la balistique comme la dynamique des impacts cosmiques explosifs sur l'inlandsis nord-américain et en évaluant les conséquences potentiellement désastreuses de la tempête d'éjectas de glace qui en a résulté.

« On vous a prévenu à maintes reprises… »

La tempête d'éjectas de la réunion de Wilmington était loin d'être finie. L'échange de courriels avec Malcolm LeCompte a continué et Mark Demitroff a rejoint la discussion, tous deux clairement très fâchés après moi ! Chris Moore a été mis en copie mais n'a pas fait de commentaire. Il est apparu que LeCompte me reprochait, dans ma vidéo, non pas d'avoir donné une fausse image du CRG ou des recherches récentes de Chris Moore, mais seulement d'avoir évoqué – juste après mon exposé sur le CRG conclu par le récit de la visite de Johns Bay que je venais de faire avec Chris Moore – la théorie de l'impact de la glace glaciaire de Zamora.

Le 21 mars 2018, sentant qu'il se passait quelque chose qui méritait d'être signalé, et voulant que chaque personne concernée sache sans ambiguïté que je comptais le faire, j'ai entamé un nouveau fil de discussion avec l'objet POUR MÉMOIRE :

> Je parle du travail de nombreux chercheurs [dans la vidéo]. Le fait que ce que j'ai à dire sur le travail d'un chercheur suive ce que j'ai à dire sur le travail d'un autre ne signifie en rien que je relie les deux, à moins que je ne le fasse explicitement, ce qui n'est pas le cas ici. Je reste donc perplexe quant au motif pour lequel cette vidéo a posé un problème.

Je n'hésite pas à partager l'essentiel de la réponse de LeCompte en raison de la lumière qu'elle jette sur un souci croissant au sein de la science en général : la conformité forcée.

Les passages que j'ai mis en gras ne l'étaient pas dans l'original, mais je choisis de les souligner dans les extraits ci-dessous à cause des pistes qu'ils offrent sur la façon dont ce souci peut se manifester et les états d'esprit qu'il engendre.

> Malcolm LeCompte à Graham Hancock, 23 mars 2018 :
>
> Vous avez été (...) averti à plusieurs reprises qu'associer la genèse des baies de Caroline à une discussion de l'événement d'impact de la LDR serait sans doute préjudiciable au progrès de la recherche sur l'hypothèse de l'impact cosmique du Dryas récent et à la réputation de ses auteurs.
>
> Vous ignorez peut-être le temps et l'énergie consacrés en grande partie à neutraliser les effets gênants et l'hostilité suscités par les premières affirmations sur les baies de Caroline faites dans le livre, non sanctionné par un comité de lecture, *Cycle of Cosmic Catastrophes*. [Ouvrage coécrit par Richard Firestone et Allen West, premiers à avoir formulé l'hypothèse de l'impact du Dryas récent, publié en 2006, un an avant la parution du premier article officiel dans la *PNAS*]. L'association de la genèse par impact des baies et de l'HICDR a amené dans un premier temps plusieurs communautés scientifiques à juger que la recherche d'impact à la LDR manquait de professionnalisme au point de frôler le pseudoscientifisme. Ces hypothèses originelles, naïves, sur la genèse des baies hantent encore la recherche et contribuent à entraver son acceptation comme une activité légitime pour une nouvelle génération de scientifiques. **Nous avons peu de tigres relativement jeunes et chevronnés comme Chris Moore prêts à ignorer les risques réels et perçus pour leur carrière et leur réputation, et encore moins de jeunes chercheurs nouvellement formés qui suivent ses traces pour adopter ce qui est encore considéré comme une ligne de recherche quelque peu controversée. Son investissement dans ces travaux est remarqué et surveillé par ses collègues.**
>
> Néanmoins, une semaine à peine après notre rencontre, où Mark [Demitroff], avec l'appui de Chris, avait présenté une alternative fondée sur des preuves à la genèse proposée par Zamora, vous avez donné un exposé en vidéo qui mettait en parallèle la

recherche sur l'HICDR et l'hypothèse très controversée de Zamora sur la genèse par impact des baies. (...)

Moins d'un mois [plus tard] (...) Chris Moore, sans doute le plus important chercheur actuel et, espérons-le, futur de l'événement de la LDR, a reçu un appel d'un collègue qui avait vu votre vidéo YouTube et l'avait postée sur son site anti-pseudoscience apparemment visité par certains des pairs de Chris. Votre présentation juxtaposant la recherche HICDR avec les affirmations de Zamora a certainement prêté une certaine crédibilité injustifiée à ces dernières, mais a également contaminé l'HICDR par association. **Chris a obtenu une certaine célébrité négative indésirée parmi ses collègues. On lui a demandé si vous recevoir était avisé, et il a subi des questionnements humiliants sur l'effet que la (...) vidéo pourrait avoir sur sa carrière et sa réputation.**

Il me paraît évident que la diffusion de votre vidéo a mis en danger la réputation de Chris, sa carrière et sa participation à la recherche HICDR (...) Le préjudice résultant (...) n'est pas encore totalement appréhendé. Par bonheur, Chris a pris la courageuse décision de poursuivre la recherche HICDR malgré le maintien de cette vidéo sur YouTube pour le moment.

Ouah ! Ce stress, cette tension, cette atttitude défensive pour une simple vidéo d'un exposé que j'ai fait lors d'une conférence ! Je dois avouer avoir été étonné par la véhémence de la réponse de LeCompte et par le fait qu'il suggère que j'aurais pu nuire à la carrière de Chris Moore, ce scientifique très sympathique et diligent.

Mais au fond, ce que tout cet échange m'a révélé, c'était un aspect troublant dans la façon dont la science fonctionne. Je n'avais pas tout à fait saisi le rôle de la **peur** jusqu'alors. Mais, là, je la voyais partout à l'œuvre : la peur d'être « remarqué et surveillé par ses collègues », d'une célébrité négative indésirable, de l'indignité, d'une réputation ternie, d'une carrière mise à mal – et ce pour avoir non pas commis des crimes terribles, mais simplement exploré des possibilités peu orthodoxes et entrepris des « recherches quelque peu controversées » sur ce que tout le monde considère comme des événements extraordinaires survenus il y a 12 800 ans.

Pis encore, cet état de peur omniprésente s'est en quelque sorte ancré si profondément dans le tissu de la science que les tenants de possibilités peu orthodoxes sont souvent parmi les moins disposés à envisager les possibilités peu orthodoxes des autres – de peur, ce faisant, qu'ils « contaminent » leur propre hétérodoxie préférée.

Comment sera-t-il jamais possible de découvrir la vérité sur le passé quand une telle peur fait obstacle ?

PARTIE IV

Survivre !

Le mystère de l'homme invisible

11.

Les chasseurs-cueilleurs et la civilisation perdue

Des événements horribles, troublants et déroutants ont eu lieu au début du Dryas récent, et plus de dix ans sous les projecteurs de la recherche scientifique ont confirmé que la meilleure explication à tous ces indices serait une série d'interactions entre la Terre et les restes de la comète géante qui a engendré l'essaim des Taurides en se désagrégeant. Ces rencontres auraient culminé il y a 12 822 ans, mais elles en ont duré 21, de 12 836 à 12 815 AP. Il y a eu d'autres épisodes de bombardement vers le début du Dryas récent, mais celui-là a été le pire.

Il ne s'agissait peut-être pas d'une comète, après tout. La décennie à venir apportera peut-être une théorie encore plus convaincante étayée par encore plus de preuves, ou peut-être fera-t-on une découverte décisive avalisant l'une des théories actuelles qui excluent un impact. D'ici là, l'hypothèse de l'impact du Dryas récent continue de faire sens pour moi et bon nombre de chercheurs, et sa fenêtre de 21 ans de grande dévastation, culminant il y a 12 822 ans, mérite une attention particulière.

Les preuves archéologiques de cette période sont rares en Amérique du Nord, mais ce dont on dispose suggère que les populations dispersées de chasseurs-cueilleurs amérindiens ont été particulièrement malmenées au début du Dryas récent . Au milieu de signes d'effondrement soudain du peuplement, maintes zones habitées ont été, comme on l'a vu au chapitre 9, désertées pendant des siècles. Clovis a cessé d'exister – une culture vivace et étendue, tout bonnement effacée –, mais d'autres humains ont survécu et rebondi, un talent de notre espèce. J'étais resté en contact avec Al Goodyear depuis Topper et il a confirmé qu'à son avis, alors que les preuves indiquent la « possibilité d'un accident ou d'une crise démographique », il n'y a pas eu « d'extermination après Clovis[1] ».

On ne devrait pas s'en étonner.

Les chasseurs-cueilleurs sont difficiles à exterminer !

Ils amortissent les coups et rebondissent.

En ce XXIe siècle dominé par la technologie, la majorité des humains vit dans des villes alimentées par l'agriculture intensive, mais même de nos jours, une infime minorité de chasseurs-cueilleurs subsiste. Beaucoup de citadins jouissent de la richesse et de l'abondance tandis que les chasseurs-cueilleurs possèdent très peu. Si un cataclysme à l'échelle des impacts du Dryas récent devait frapper, toutefois, je prédis que ce seraient ces quelques groupes restants de chasseurs-cueilleurs – au désert du Kalahari, par exemple, ou dans la forêt amazonienne – qui auraient les meilleures chances de survivre aux conséquences dévastatrices, et ce seraient leurs descendants, pas les nôtres, qui reprendraient le flambeau de l'histoire. Contrairement à la plupart des citadins qui ignorent comment vivre de la terre, les chasseurs-cueilleurs maîtrisent la survie, savent faire face aux revers environnementaux, et peu importe la difficulté des situations, peuvent généralement improviser une solution de rechange. En revanche, les masses dans les villes, découvrant soudain que la technologie ne peut pas tout réparer, seraient traumatisées sur le plan psychologique et, pour l'essentiel, impuissantes.

Presque à l'opposé de notre monde du XXIe siècle, celui d'il y a 12 800 ans que j'imagine abrite une grande majorité de chasseurs-cueilleurs tandis qu'une minorité a pris un autre chemin, plus complexe. Les chasseurs-cueilleurs forment des populations reconnues par les archéologues modernes, et leurs outils en pierre, leurs armes et leurs ornements mettent en lumière une technologie efficace mais assez rudimentaire. La minorité n'est pas reconnue, surtout parce que, selon moi, la destruction de sa civilisation a été presque totale et que les rares indices ténus et alléchants de sa technologie nous étant parvenus au travers des âges indiquent un niveau scientifique bien supérieur à tout ce que les chercheurs croyaient possible à une période si lointaine de la préhistoire.

C'est pour cette raison que les anciennes cartes intégrant des latitudes et des longitudes scientifiquement précises et représentant le monde tel qu'il apparaissait lorsque le niveau de la mer avait baissé durant la dernière ère glaciaire sont rejetées par l'opinion majoritaire comme des curiosités sans incidence sur notre compréhension des origines de la civilisation.

J'ai étudié le mystère de ces cartes dans *L'Empreinte des dieux* (1995), puis dans *Civilisations englouties* (2002), et je renvoie le lecteur désireux d'en savoir davantage à l'annexe 1. Contrairement à l'opinion majoritaire, j'estime, en gros, qu'une civilisation maritime mondiale avancée existait à l'ère glaciaire, cartographiait la terre d'alors avec une précision étonnante et avait résolu le problème de la longitude, ce que notre propre civilisation n'a réussi à faire qu'avec l'invention du chronomètre de marine par Harrison à la fin du XVIIIe siècle. En tant que maîtres de la navigation astronomique, qu'explorateurs, que géographes, que cartographes, les gens de cette civilisation perdue d'il y a 12 800 ans n'ont donc été dépassés par la science occidentale qu'il y a moins de 300 ans, au summum de l'Âge des découvertes.

Supposons qu'il y ait eu un « Âge des découvertes » antérieur, durant les siècles qui ont précédé le début du Dryas récent, lorsque les membres de la civilisation perdue ont entrepris de rencontrer les tribus de chasseurs-cueilleurs du monde entier et soit se sont présentés comme des « dieux », soit ont été pris pour tels. Je me borne à ouvrir une piste de réflexion, à spéculer, mais je suggère que cela pourrait avoir suivi une période de contacts très restreints avec les autres peuples – comme la dynastie de Ming l'a imposé à la Chine à la fin du XIVe siècle – et que cette ouverture aurait pu découler de la connaissance anticipée du cataclysme imminent. Cette civilisation perdue, après tout, semble avoir développé une religion sophistiquée déployant un symbolisme puissant qui mettait l'accent sur le lien entre ciel et terre, et envisageait le voyage dans l'Au-delà à travers des régions bien cartographiées de la voûte céleste. Il y a donc peu de chances que ses astronomes-prêtres aient manqué les signes dans le ciel lorsque notre planète a entamé son long trajet à la rencontre d'un filament particulièrement grumeleux et encombré de l'essaim de météores des Taurides dont les queues en forme de serpent créées par la dégazage des fragments les plus gros pouvaient servir de présages visibles des terreurs à venir.

Les astronomes et mathématiciens de notre hypothétique civilisation perdue auraient sans doute entrepris de calculer trajectoires et orbites, et découvert à temps que des collisions avec des fragments de la comète en cours de désintégration, même si elles ne constituaient pas une menace immédiate, seraient hélas inévitables au cours des siècles à venir. Quand et où les premiers fragments frapperaient, quelle serait l'étendue et la densité des bombardements, tout cela restait à déterminer. Divers résultats se concevaient : à une extrémité du spectre, la planète s'en sortait plutôt indemne, et à l'autre, un scénario catastrophe prévalait où la civilisation périssait. Et même si le pire n'avait rien de sûr, on avait sans aucun doute préparé un plan d'urgence, à tout hasard.

Je parie que les planificateurs avaient vu dès le départ que les capacités supérieures de survie des chasseurs-cueilleurs pourraient en faire les héritiers de la terre en cas de véritable cataclysme global. Un volet important de tout plan d'urgence aurait exigé de nouer des relations avec eux, de les instruire, d'apprendre à leur contact, et, ainsi, de s'assurer que ces populations – si elles y étaient appelées – étaient disposées à et capables d'offrir un refuge aux « dieux » de la civilisation perdue.

On ne pourrait déterminer les zones susceptibles d'être les plus touchées que quelques semaines, voire quelques jours avant le début du bombardement. Il devait subsister un espoir d'éviter, par miracle, les impacts, mais jusqu'à ce que les siècles de danger prennent fin, mieux valait considérer le monde entier comme une cible et donc préparer des refuges sur des continents différents afin que certains survivent. J'ai envisagé au chapitre 10 de la première partie de cet ouvrage, publiée en 2020, que ce processus de préparation ait pu impliquer la réimplantation expérimentale de groupes de chasseurs-cueilleurs loin de leurs régions d'origine avec l'idée qu'ils créent des havres pour les « dieux » dans leur nouvel environnement. Un tel projet expliquerait cet étrange signal australasien sous la forme d'un ADN échoué dans les gènes de certaines tribus amazoniennes.

Dans ce scénario, par conséquent, les populations de chasseurs-cueilleurs du monde entier ont été délibérément recrutées par des individus d'une culture différente, scientifiquement plus avancée, pour se préparer à un cataclysme à venir, offrir un refuge aux « dieux » en cas de besoin, voire servir de duplicata d'archives – soit par la tradition orale, soit par la conservation de documents physiques – pour certaines connaissances scientifiques des « dieux ».

En Amérique du Nord, le retour des chasseurs-cueilleurs, moins d'un millénaire après le début du Dryas récent, en est un indice. Par la suite, on a des données archéologiques qui, bien que limitées, sont assez continues. Le mystère est moins dans l'apparition précoce de la construction de tumulus dans cette nouvelle ère – voilà peut-être à peine 8 000 ans, comme on l'a vu – ou dans la sophistication de sites tels que Watson Brake il y a 5 500 ans, ni même dans leurs liens astronomiques et géométriques évidents avec de vastes terrassements ultérieurs comme Moundville et Cahokia ; il réside plutôt dans le fait que cette architecture monumentale du Nouveau Monde présente des mèmes de géométrie, d'astronomie et d'alignements solaires qui se retrouvent dans l'architecture monumentale du Vieux Monde sur des sites emblématiques comme Stonehenge et la pyramide de Khéops. Un énorme bond en avant du savoir-faire agricole, couplé à l'adoption soudaine d'idées spirituelles étrangement distinctives sur le voyage de l'âme dans l'Au-delà, accompagne aussi, souvent, ces mèmes architecturaux. Se départir de l'impression qu'une sorte de « package » entre en jeu n'a donc rien d'aisé.

Un dessein.

Un dessein voulu, soigneux, pour engager les générations futures dans des plans d'action spécifiques, tenus pour des devoirs religieux, qui leur enseigneraient aussi les cycles des cieux et la mesure et la culture de la terre.

On croirait presque qu'une main directrice était à l'œuvre dans les coulisses de la préhistoire. Si c'est le cas, que ce soit par le biais de groupes secrets d'initiés ou d'autres moyens de transmission culturelle, cette influence cachée paraît avoir existé aux Amériques avant le début du Dryas récent, subi de longues périodes d'inactivité, et reparu encore et encore à des moments cruciaux pour infléchir le cap de la civilisation.

Un coup de main à Clovis ?

On mesure de mieux en mieux l'étendue réelle des impacts du Dryas récent sur le globe. Nous nous sommes concentrés sur l'Amérique du Nord, mais une recherche récente publiée dans *Studia Quaternaria* en 2018 présente des indices d'une explosion aérienne cométaire au-dessus du mont Viso dans les Alpes occidentales voilà environ 12 800 ans qui a porté la température, en une brève pulsation, au-dessus de 2 200 °C – près de 1 000° de plus que le point de fusion de l'acier[2]. Une autre étude de 2018 dans le *Journal of Geology*, offre des preuves, venues de New Mountain près du glacier Taylor en Antarctique, qu'un « impact ou une explosion aérienne aux environs de la limite du Dryas récent pourrait avoir traversé le Pacifique depuis l'Amérique du Sud et atteint les vallées sèches de McMurdo en Antarctique[3] ».

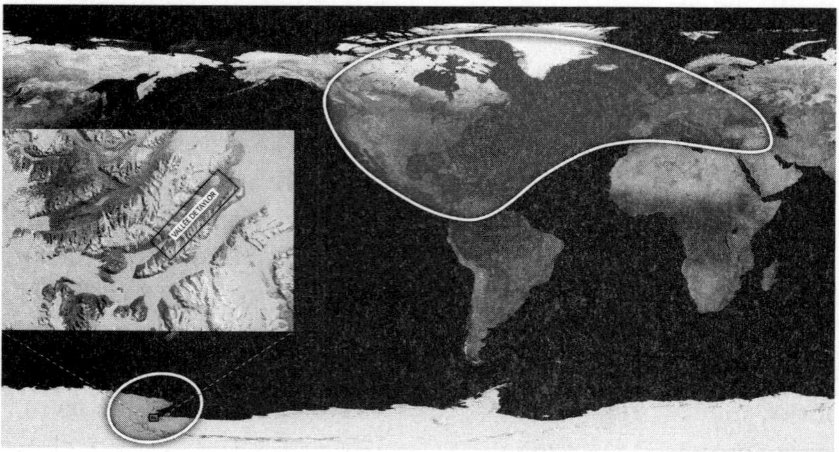

À la fin de 2014, la zone de proxies d'impact de la LDR était estimée à 50 millions de kilomètres carrés de la surface terrestre (ci-dessus). Depuis, on a trouvé des proxies d'impact bien plus loin qu'on le signalait auparavant en Amérique du Sud, et une étude de 2018 rapporte leur découverte dans la vallée de Taylor (encart) en Antarctique, découverte liée à des preuves d'un impact ou d'une explosion aérienne il y a environ 12 800 ans.

Comme il afflue toujours plus de preuves de cette qualité, deux observations importantes s'imposent.

Primo, ce cataclysme, dont on sait qu'il a duré 21 ans, entre il y a 12 836 et 12 815, a bel et bien été global, touchant des régions aussi éloignées les unes des autres que le Pacifique, les Amériques, l'Europe et l'Antarctique.

Secundo, c'est seulement par hasard que l'Amérique du Nord, et non une autre région, s'est retrouvée à l'épicentre du bombardement. Mais cela a eu des implications profondes pour le monde entier : comme le continent restait en grande partie recouvert de glace, celle-ci, très déstabilisée, a libéré un afflux d'eau de fonte glacée qui a stoppé le Gulf Stream et causé le Dryas récent. Le fait que l'Europe, deuxième région la plus touchée, était aussi recouverte de glace a aggravé le problème en augmentant la quantité d'eau de fonte glacée qui se déversait dans l'océan Atlantique. Il ne fait aucun doute, cependant, que c'est la masse continentale de l'Amérique du Nord qui a subi les pires effets des impacts, des explosions aériennes, des ondes de choc et des feux de forêt et, enfin, peut-être au début de l'épisode de 21 ans de bombardement, de la tempête d'éjectas glacés postulée par Antonio Zamora. Cette dernière, pourrait-on spéculer, a même pu jouer un rôle dans l'extinction des incendies, ce qui expliquerait qu'un seul épisode de combustion massive de la biomasse, le plus gros de la carotte de glace NGRIP, soit enregistré en Amérique du Nord dès le début du Dryas récent, puis se soit rapidement éteint pour ne plus jamais se répéter sur une telle échelle[4].

Une fois tout cela pris en compte, la gravité des extinctions en Amérique du Nord paraît moins surprenante, et on peut commencer à saisir comment la culture Clovis est passée de l'abondance à l'inexistence presque du jour au lendemain.

En outre, le phénomène Clovis est lui-même un mystère intrigant. Rappelons qu'on n'a jamais trouvé d'antécédent archéologique aux belles pointes cannelées sophistiquées que ces chasseurs-cueilleurs utilisaient avec une efficacité notable pour chasser les mammouths comme Éloïse à Murray Springs . Depuis le moment où on les rencontre il y a 13 400 ans jusqu'à celui de leur disparition il y a 12 800 ans, ils possèdent cette « boîte à outils » extrêmement efficace qui les caractérise et dont les pointes font partie. Ces outils et armes Clovis surgissent pleinement formés dans des gisements archéologiques sur de vastes étendues d'Amérique du Nord, sans trace, nulle part, d'expériences, de développements, de prototypes, ni, en fait, de la moindre étape intermédiaire de leur évolution [5].

Je postule un lien entre Clovis et la civilisation perdue, notamment parce que les études de l'ADN ancien montrent que le génome de Clovis est beaucoup plus étroitement lié aux Amérindiens du Sud qu'aux Amérindiens du Nord (voir la partie III de la première partie de cet ouvrage, publiée en 2020). Il y a un parallèle entre la façon soudaine et inexplicable dont les gènes australasiens se manifestent dans le bassin amazonien et la façon tout aussi soudaine et inexplicable dont la technologie Clovis des pointes cannelées apparaît en Amérique du Nord.

Pourrait-on y voir la même cause ?

La main cachée qui a transporté des pionniers australasiens de Nouvelle-Guinée à l'Amazonie sur le Pacifique aurait-elle aussi pu apporter une assistance technique à un groupe parmi tant d'autres dont on sait aujourd'hui qu'ils vivaient en Amérique du Nord avant le début du Dryas récent ? Et puisque tout le non-sens « Clovis First » a enfin été relégué à la poubelle de l'histoire, peut-être faut-il envisager une autre possibilité – appelons-la « l'avantage à Clovis » ou « un coup de main à Clovis ».

Bien qu'elle n'ait rien d'hi-tech du point de vue du XXIe siècle, la boîte à outils Clovis surpasse de loin tout ce dont les Amérindiens étaient censés être capables il y a 13 400 ans quand les premières pointes cannelées ont commencé à apparaître au sud de la calotte glaciaire. Je ne dis pas que les outils en pierre relevaient de la technologie de la civilisation perdue, pas plus que les avions à réaction. J'ai déjà fait valoir qu'il serait plus réaliste de comparer ces niveaux de science et de technologie avec ceux de l'Europe et des États-Unis, alors tout neufs, à la fin du XVIIIe et au début du XIXe siècle.

La civilisation que j'envisage était très différente de la nôtre, fondée sur des principes totalement distincts. Une bonne part de sa science peut nous rester opaque, non parce qu'elle manquerait à l'appel, mais parce que nous sommes incapables de la reconnaître pour ce qu'elle est. Il n'y a pas de raison de supposer qu'elle aurait partagé ses propres connaissances « hi-tech » avec d'autres peuples ;

il pouvait même exister des stipulations spécifiques à l'encontre d'un tel partage. Mais ils auraient pu avoir moins de retenue à concevoir des outils en pierre plus efficaces et à les mettre entre les mains de groupes privilégiés de chasseurs-cueilleurs, ce qui aurait conféré à ces derniers un avantage concurrentiel sur les premiers.

Supposons que la culture Clovis était un tel groupe, déjà présent aux côtés des nombreux autres dont on sait qu'ils habitaient les Amériques avant le début du Dryas récent. Le lien avec la lignée sudiste des Amérindiens est intéressant. Peut-être est-ce même quelque part dans ces 5 millions de kilomètres carrés de forêt amazonienne où les archéologues ne se sont pas encore aventurés qu'on a d'abord enseigné la technologie des pointes cannelées aux ancêtres Clovis qui ont ensuite migré vers le nord, apportant « leur » expertise avec eux.

Ce faisant, ils ont déboulé dans – et radicalement altéré en quelques siècles – un paysage culturel dont les archélogues commencent juste à se rendre compte qu'il est resté stable et continu pendant des milliers d'années. Comme Al Goodyear l'a découvert à Topper lorsqu'il a pris la décision de creuser sous le niveau d'occupation Clovis le plus bas (voir chapitre 6 de la première partie de cet ouvrage, publiée en 2020), des fouilles récentes sur le site Clovis très prolifique de Gault, au Texas, ont révélé des niveaux plus profonds, pré-Clovis. Signalés dans la revue *Science Advances* en juillet 2018, ces niveaux contiennent un assortiment d'outils en pierre – « l'assemblage de Gault » – pour l'heure confirmé comme au moins 2 000 ans plus ancien que Clovis. De façon significative, ce que les archéologues ont identifié là-dedans, c'est « une technologie précoce de fabrication des pointes de projectile jusque-là inconnue, sans rapport avec Clovis [6] ».

Il convient aussi de noter que :

> Il y a une zone d'environ 10 centimètres d'épaisseur de matériel culturel diminué entre les composantes Clovis et Gault. Cela suggère une réduction de l'activité du site ou d'éventuelles pauses dans son occupation entre (...) les dépôts culturels [7]. (...) Les différences technologiques distinctes entre Clovis et l'assemblage de Gault, ainsi que la séparation stratigraphique entre les dépôts culturels, indiquent un défaut de continuité entre les deux complexes [8].

En d'autres termes, Clovis apparaît d'une manière assez inexplicable pour venir remplacer les cultures amérindiennes préexistantes d'Amérique du Nord, et très bientôt ses niveaux d'occupation s'imposent sur d'autres niveaux d'occupation antérieurs dans tous les États-Unis continentaux jusqu'à ce que, soudain, et mystérieusement, dans le big bang au début du Dryas récent, la culture Clovis elle-même disparaisse – morte et enterrée sous la strate noire.

Pourtant, au cours des quelques centaines d'années de sa floraison, Clovis apparaissait comme la culture de chasseurs-cueilleurs la plus réussie et la plus répandue jusqu'alors vue aux Amériques. Les archéologues et les tailleurs de silex qui ont étudié la question assurent que ses pointes spécifiques et l'emploi des cannelures dans leur fabrication ont donné au peuple Clovis un avantage technologique significatif sur les autres chasseurs-cueilleurs[9]. La question est alors de savoir pourquoi ils ont été anéantis alors que d'autres cultures moins éminentes, moins capables ont pu émerger de l'invisibilité archéologique et survivre ?

Peut-être se sont-ils trop rapprochés des « dieux » de la civilisation perdue et ont-ils partagé leur sort ?

Il s'agit d'une proposition sérieuse, non d'une question frivole, et on peut anticiper le scepticisme de la réponse. Si Clovis a bénéficié d'un contact avec une civilisation plus avancée, on devrait trouver les ossements de ces personnes plus avancées mêlés aux ossements de Clovis, or ce n'est pas le cas, donc il n'y a pas eu de civilisation avancée. De même, si Clovis a bénéficié d'un contact avec une civilisation plus avancée, on devrait trouver au moins quelques traces de sa technologie supérieure parmi les assemblages Clovis, et ce n'est pas le cas, donc il n'y a pas eu de civilisation avancée.

J'ai déjà répondu au second argument. Les gens d'une civilisation plus avancée auraient pu avoir de très bonnes raisons pour décider de ne **pas** partager leur hi-tech avec les chasseurs-cueilleurs, tout en choisissant dans le même temps d'offrir à un groupe spécifique le savoir-faire nécessaire pour travailler les matières premières existantes comme la pierre, le bois et l'os afin de fabriquer des armes de chasse et des outils plus efficaces qu'ils n'en fabriquaient auparavant.

Quant au premier argument, bien que les Clovis n'aient pas été les « premiers Américains », leur culture fait l'objet d'intenses études archéologiques depuis plus de 80 ans et on a vu que des artefacts Clovis ont été découverts en grande quantité sur des sites dispersés partout en Amérique du Nord.

Mais combien a-t-on trouvé d'ossements Clovis à côté des artefacts ? Combien de squelettes, de crânes, de tibias, de phalanges, de dents ? J'imaginais qu'il devait y en avoir une belle collection pour une culture aussi célèbre et étudiée. J'ai donc été surpris d'apprendre, au cours de mes recherches pour ce livre, qu'**à part le squelette incomplet d'un seul individu** – l'enfant Anzick-1 mis au jour dans le Montana et discuté au chapitre 9 de la première partie de cet ouvrage, publiée en 2020 –, **il n'existe pas de restes humains de la période Clovis**[10]. Même dans le cas d'Anzick-1, comme on l'a vu, sa provenance Clovis a été remise en question par certains jusqu'à ce qu'en 2018 des techniques de datation sophistiquées résolvent l'écart apparent entre l'âge des os du nourrisson et l'âge des outils Clovis trouvés avec lui, plaçant les uns et les autres au début du Dryas récent il y a environ 12 800 ans et confirmant l'identité Clovis de l'enfant enterré[11].

Et là réside l'énigme. Sur des lieux dispersés dans toute l'Amérique du Nord, de l'Alaska au Nouveau-Mexique et de la Floride à l'État de Washington, on a trouvé plus de 1 500 sites Clovis qui ont produit plus de 10 000 pointes Clovis[12] et des dizaines de milliers d'autres artefacts de la boîte à outils Clovis (40 000 rien qu'à Topper, comme on l'a vu au chapitre 6 de la première partie de cet ouvrage, publiée en 2020). Pourtant, parmi ces richesses archéologiques, il convient de répéter que la somme des restes humains Clovis trouvés en 85 ans de fouilles se limite au squelette partiel d'Anzick-1[13].

En bref, si la patrie de notre hypothétique civilisation avancée se situait en Amérique, et si elle a disparu au moment des changements tumultueux subis par la Terre il y a 12 800 ans, l'affaire Clovis suggère qu'une pénurie d'ossements est un état normal qui ne devrait guère nous surprendre. Quoi qu'il en soit, il ne constitue en aucun cas une réfutation de l'hypothèse de la civilisation perdue. En revanche, la subite apparition de la technologie des pointes clovis cannelées sans aucune trace d'essais et d'erreurs antérieurs, d'accumulation de compétences, d'expérimentation ou de prototypes [14] exige une explication. De même pour le signal d'ADN australasien au cœur de la forêt amazonienne. De même pour la géométrie et l'astronomie, et les dessins de terrassements, communs à l'Ancien et au Nouveau Monde. De même pour les incroyables chevauchements en matière de symbolisme, d'enquête spirituelle et de croyances.

La seule explication viable, c'est une unique source loin derrière eux – une civilisation perdue, à mon sens. Et bien qu'elle ait établi des mèmes capables de se perpétuer seuls qui entretiendraient la flamme de son influence pendant des millénaires, il est clair qu'elle n'a pas survécu au cataclysme du Dryas récent lui-même.

Considérons donc l'Amérique du Nord en gardant en tête la possibilité qu'il puisse s'agir de la « scène de crime » d'où une grande civilisation de l'Antiquité préhistorique – matière à légende partout dans le monde – a disparu sans laisser de trace.

12.

Des inconnus inconnus

Une civilisation avancée perdue de l'ère glaciaire avec des compétences de navigation et de cartographie équivalentes aux nôtres à la fin du XVIIIe et au début du XIXe siècle aurait eu la capacité d'établir des avant-postes sur chaque continent, mais devait aussi avoir une patrie.

Faute de l'avoir découverte après 200 ans d'archéologie diligente, la plupart de ces archéologues diligents concluent – très raisonnablement, à première vue – qu'elle n'a jamais existé.

Pourtant, il y a d'autres options.

Elle pourrait être sous l'eau à présent – l'immense plateau de la Sonde autour de l'Indonésie, par exemple, submergé par l'élévation du niveau de la mer à la fin de l'ère glaciaire, ferait un bon candidat.

Elle pourrait être sous la glace, peut-être en Antarctique, si on veut bien accepter que certains événements géophysiques plutôt extraordinaires se sont produits au cours des 100 000 dernières années.

La Terre 18 000 ans av. J.-C., par Donald L. Edwards.

Elle pourrait attendre sa redécouverte dans le cœur inexploré de la forêt amazonienne.

Elle pourrait se trouver sous les sables du Sahara.

Ou peut-être est-elle cachée à la vue de tous, là où nul ne penserait à regarder – en Amérique du Nord ?

Il y a étonnamment peu de « connus » dans l'archéologie préhistorique américaine et de bonnes raisons pour lesquelles il y a tant d'« inconnus connus » – des raisons qui suggèrent à leur tour que la troisième catégorie rumsfeldienne [1] des « inconnus inconnus », les « choses que nous ne savons pas que nous ne savons pas », peut se révéler beaucoup plus importante que l'une des deux autres.

D'abord et avant tout, les impacts du Dryas récent, et le cataclysme soutenu qui a suivi, ont complètement changé la surface de la Terre et causé des dégâts particulièrement importants en Amérique du Nord. On a examiné la question des énormes volumes d'eau de fonte rejetés dans les océans Arctique et Atlantique suite à la déstabilisation de l'inlandsis et les effets sur le climat mondial. Mais gardez en tête que ces énormes inondations ont aussi dévasté le riche continent nord-américain jusqu'au **sud**, peut-être le meilleur et le plus riche des biens immobiliers alors disponibles.

Ce déluge immense, anormal, « peut-être la plus grande inondation de l'histoire du monde [2] », a balayé et démoli tout sur sa route. Charriant des icebergs, des forêts entières arrachées, de la boue et des rochers en profonds tourbillons, ce qu'il a laissé dans son sillage se voit encore plus ou moins sous sa forme brute dans les Channeled Scablands de l'État de Washington – une ardoise vierge dévastée (que je décris en détail dans *Magiciens des dieux*), jonchée de 10 000 tonnes de « blocs erratiques », d'immenses cascades fossilisées, et de « rides de courant » de dizaines de mètres de long et de plusieurs mètres de haut [3].

S'il y avait eu des villes là-bas, avant le déluge, elles auraient disparu.

S'il y avait des preuves de ce qu'on reconnaîtrait comme de la technologie là-bas, avant le déluge, elles auraient disparu.

Et si une civilisation antédiluvienne avancée avait prospéré à moins de 500 kilomètres du bord sud de la calotte glaciaire, non seulement dans les Channeled Scablands, mais tout le long de la marge de glace, l'inondation aurait suffi à garantir qu'aucune trace ne subsisterait que les archéologues auraient le loisir de dénaturer 12 800 ans plus tard.

L'État de Washington montre des scablands ravagés par l'inondation, mais le New Jersey aussi, beaucoup plus à l'est. L'État de Washington est remarquable pour ses champs et ses collines parsemées d'énormes blocs erratiques, mais celui de New York aussi. Fait intéressant, si l'État de Washington a ses coulées, l'État de New York a ses Finger Lakes. On a longtemps pensé que ces derniers avaient été sculptés par les glaciers, mais leur géomorphologie est étroitement parallèle à celle des coulées des Channeled Scablands, et certains chercheurs croient maintenant qu'ils ont été taillés par l'eau de fonte glaciaire à des pressions extrêmes – un processus lié par des preuves sédimentaires à « l'effondrement des calottes glaciaires continentales [4] ».

De même, dans le Minnesota, sur la rivière Sainte-Croix, il y a un étalage spectaculaire de plus de quatre-vingts kettles glaciaires géants. L'un d'eux est large de 3 mètres et profond de 20, ce qui en fait le kettle le plus profond jamais exploré. D'autres, pas encore fouillés, sont encore plus larges, et donc probablement plus profonds. Et tous, sans exception, ont été creusés par des flots turbulents à la fin de la période glaciaire.

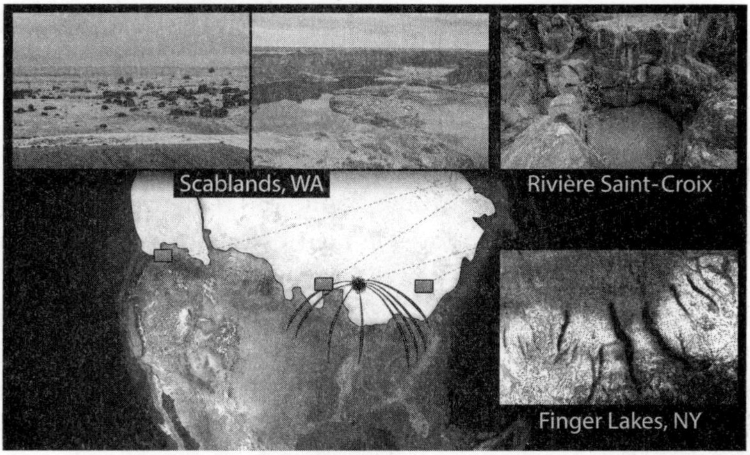

On examine ainsi de vastes étendues de l'Amérique du Nord qui ont été littéralement *récurées*.

Et c'est sans compter avec les autres effets des impacts du Dryas récent explorés aux chapitres précédents – les impacts directs sur les zones peuplées, la chaleur accablante et les ondes de choc des explosions aériennes, les feux de forêt à l'échelle du continent, l'hiver d'impact, l'éjecta de glace, et ainsi de suite.

Dans l'ensemble, si l'Amérique du Nord est l'endroit d'où une civilisation perdue de l'Antiquité préhistorique a disparu, le problème le plus important, et de loin, qu'on affronte pour l'investigation, est le fait que la « scène de crime » ait été systématiquement « effacée » par les événements cataclysmiques au début du Dryas récent.

Effacer la scène de crime : la conquête

L'invasion européenne du continent américain a débuté il y a 500 ans avec la conquête espagnole du Mexique . En 1519, lorsque Hernán Cortés a pris pied sur les rives du Yucatan, plus de 30 millions d'individus vivaient au Mexique. Un siècle plus tard, après le génocide brutal de la conquête même et les énormes pertes humaines dues aux épidémies de variole, la population du pays était tombée à 3 millions d'habitants[5].

Toute sa littérature précolombienne, vaste bibliothèque de dizaines de milliers de codex, a été soigneusement et systématiquement détruite par les prêtres et les frères qui ont suivi les conquistadors. Ainsi, en novembre 1530, l'évêque Juan de Zumarraga, nommé peu auparavant « protecteur des Indiens » par la Couronne espagnole, veilla à « protéger » ses ouailles en brûlant sur le bûcher un aristocrate mexicain, le seigneur de la ville de Texcoco qu'il accusait d'adorer le dieu de la Pluie. Sur le marché de la ville, Zumarraga « fit élever une pyramide formée des documents de l'histoire, du savoir et de la littérature aztèques, de leurs peintures, manuscrits et écrits hiéroglyphiques, qu'il détruisit par les flammes tandis que les indigènes pleuraient et priaient[6] ».

Plus de 30 ans plus tard, l'autodafé des documents se poursuivait. En juillet 1562, sur la place principale de Mani (juste au sud de la Mérida moderne dans le Yucatan), l'évêque Diego de Landa brûla des milliers de codex mayas, de peintures d'histoires et de hiéroglyphes inscrits sur des peaux de cerfs roulées. Il se vanta de détruire d'innombrables « idoles » et « autels » qu'il décrivait comme des « œuvres du diable, conçues par le mal pour tromper les Indiens et les détourner du Christ [7] ». Notant que les Mayas « usaient de certains caractères ou lettres qu'ils inscrivaient dans leurs livres d'Antiquité et de science », nous indique-t-il,

> nous avons trouvé un grand nombre de livres utilisant ces lettres, et puisqu'ils ne contenaient que des superstitions et des mensonges du diable, nous les avons tous brûlés, ce qu'ils ont accueilli avec le plus vif chagrin et la plus grande douleur [8].

Tous ceux d'entre nous que la vérité sur le passé intéresse partagent la douleur de ces Amérindiens horrifiés – car, ne peut-on s'empêcher de se demander, que disaient leurs livres perdus sur « [l]'Antiquité et [la] science » des anciens ? Qu'est-ce qui est parti en fumée ?

Dans mes ouvrages précédents, j'ai exploré les mystères des Mayas et de leurs prédécesseurs les Olmèques, donc je n'ai rien dit ici de leur histoire extraordinaire. Je mentionnerai en passant, toutefois, qu'en 1998, bien avant de connaître la civilisation de la vallée du Mississippi et ses croyances sur l'Au-delà autour de la constellation d'Orion et la Voie lactée, j'ai attiré l'attention dans *Heaven's Mirror* sur une découverte des archéologues José Fernandez et Robert Cormack établissant que le cœur de la ville maya d'Utatlán était conçu « selon un schéma céleste reflété par la forme de la constellation d'Orion [9] ».

Fernandez a aussi démontré que les principaux temples d'Utatlán « s'orientaient vers les points de coucher héliacal des étoiles d'Orion [10] » et noté que la Voie lactée, à côté de laquelle se situe Orion, « passait pour le sentier céleste reliant le nombril du firmament au centre du monde souterrain [11] ».

Le lecteur devrait se retrouver en terrain connu et j'espère que vous pouvez deviner ce qui vient ensuite. « Tout comme les anciens Égyptiens », signalais-je dans *Heaven's Mirror*, les Mayas voyaient en la Voie lactée une caractéristique particulièrement importante des cieux :

> Ils la concevaient comme la route menant à leur Au-delà, *Xibalba*, qui, de même que chez d'autres peuples d'Amérique centrale, se trouvait dans le ciel [12].

Je commentais aussi les traditions mexicaines du voyage de l'âme dans l'Au-delà où le défunt, comme dans la Douât égyptienne, affrontait une série d'épreuves et « un jugement final en la présence terrifiante du dieu de la Mort[13] ». Notant de nombreuses autres similitudes frappantes dans les croyances et le symbolisme autour des mystères de la mort et de l'Au-delà, je concluais :

> En Égypte comme chez les Mayas, le contexte stellaire implique Orion et la Voie lactée. En Égypte comme au Mexique, le défunt doit entreprendre un voyage à travers l'Au-delà. En Égypte comme au Mexique, les enseignements religieux affirment que la vie est l'occasion de nous préparer à ce voyage – une occasion qu'il ne faudrait en aucun cas gaspiller[14].

De telles correspondances m'ont amené à spéculer que l'Égypte ancienne et le Mexique antique partageaient l'héritage d'une religion cosmologique encore plus reculée, « enrichie d'observations astronomiques sophistiquées » et focalisée sur le voyage de l'âme dans l'Au-delà. Ni l'Égypte ni le Mexique n'était à l'origine de cette religion, et ils ne se la sont pas transmise directement. Non, chacun d'eux l'a reçue d'une troisième civilisation encore non identifiée[15].

Simple hypothèse. Ce qui aiderait à l'étayer, voire à la confirmer, ce serait la preuve qu'on pouvait trouver le même héritage au sein d'autres civilisations sans lien direct.

Cette preuve, je crois, réside maintenant dans la proximité étonnante des croyances religieuses, de l'iconographie et du symbolisme de la vallée du Mississippi avec les croyances religieuses, l'iconographie et le symbolisme de l'Égypte ancienne décrits à la partie VI de la première partie de cet ouvrage, publiée en 2020. Ces liens structurels profonds sont, à mon avis, inexplicables autrement que par un héritage commun d'une source très reculée – d'avant la séparation des peuples, lorsque les Amériques ont été isolées du « Vieux Monde » par la montée des océans à la fin de l'ère glaciaire.

Jetons un coup d'œil au livre amérindien le plus ancien survivant – le Codex de Dresde, ainsi appelé parce qu'on le conserve dans un musée de Dresde, en Allemagne[16].

Il s'agit d'un document stimulant pour diverses raisons, notamment le caractère scientifique des mathématiques et de l'astronomie qu'il contient. Ainsi, l'éminent mayaniste Sylvanus Griswold Morley a remarqué qu'aux pages 51-58 du Codex, « 405 révolutions de la Lune sont fixées ; et si précis sont les calculs impliqués que, bien qu'ils couvrent une période de près de 33 ans, le nombre total de jours enregistrés (11 959) est à peine inférieur de 89/100e d'une journée au temps réel calculé selon la meilleure méthode moderne [17] ».

Il note également avec grand intérêt la façon dont les chiffres énoncés dans le Codex de Dresde continuent, dans les dernières pages, de s'allonger

> jusqu'à ce que, dans les prétendus « nombres de serpents », un total de près de 12 millions et demi de jours (34 000 ans) soit enregistré, encore et encore. (...)
>
> Enfin, à la dernière page du manuscrit, est représentée la destruction du monde, pour laquelle ces plus grands nombres ont ouvert la voie.
>
> Ici, nous voyons le serpent de pluie, s'étendant à travers le ciel, éructant des torrents d'eau. Des torrents d'eau jaillissent du Soleil et de la Lune. La vieille déesse, aux griffes de tigre et à l'aspect sinistre, la patronne malveillante des inondations et des rafales de pluie, renverse le bol des eaux célestes. Les os croisés, emblème redoutable de la mort, décorent sa jupe, et un serpent la couronne.
>
> Ci-après, avec des lances pointées vers le bas symbolisant la destruction universelle, le dieu noir marche à grands pas, un oiseau criard rageant sur sa tête redoutable. Ici, de fait, on voit dépeint avec un luxe de détails le cataclysme final qui engloutit tout [18].

Il est curieux de voir se mélanger science, cataclysme et temps. « Des calculs très éloignés dans le passé ou plus proches dans l'avenir figurent dans maints textes hiéroglyphiques mayas », note l'archéologue J. Eric S. Thompson :

> Sur [une] stèle de Quiriga, un calcul donne une date (...) il y a plus de 90 millions d'années ; un autre, il y a plus de 300 millions d'années. (...) Il s'agit là de calculs réels qui indiquent correctement les positions des jours et des mois, qu'on peut comparer aux calculs de notre calendrier donnant les positions des mois où

Codex de Dresde – la dernière page du manuscrit, qui dépeint la destruction du monde.
PHOTO D'UN DESSIN DU DOMAINE PUBLIC : THE SAXON STATE LIBRARY [MSCR.DRESD.R.310]

> Pâques serait tombée à des distances équivalentes dans le passé. On reste abasourdi face à des chiffres aussi astronomiques, mais ces calculs étaient assez fréquemment transcrits et assez importants pour rendre nécessaire l'usage de hiéroglyphes spéciaux[19].

Tout ce qu'on peut dire avec certitude, c'est qu'il y a dans le matériau maya, outre des croyances essentielles très semblables à celles des anciens Égyptiens – et, on le sait maintenant, des anciens Mississippiens –, la preuve d'un intérêt pour les calculs scientifiques complexes et les vastes étendues de temps. Je me souviens du passage du *Livre des morts*, cité au chapitre 3 de la première partie de cet ouvrage, publiée en 2020, où le dieu soleil Râ est loué pour ses voyages à travers les « espaces indicibles » du vide cosmique « nécessitant des millions et des centaines de milliers d'années » – une échelle de temps familière à l'ordre maya des choses, mais, pourrait-on croire, étrangère aux préoccupations des sociétés agricoles. Il en va de même pour les vastes tumulus et enceintes géométriques de la Douât égyptienne auxquels répondent les vastes tumulus et enceintes géométriques des Hopewells de l'Ohio, ainsi que les vastes tumulus et enceintes géométriques qui émergent à présent de la forêt tropicale d'Amazonie.

Ce que les indices me suggèrent, c'est qu'il se passait dans les coulisses de la préhistoire quelque chose d'extraordinaire, inexpliqué par les théories de l'archéologie traditionnelle. Tout indique que le Mexique, avec son ancienne tradition d'alphabétisation, était autrefois une immense archive « des antiquités et des sciences » du passé et que les documents détruits par les Espagnols dans leur zèle stupide eussent pu faire autant partie intégrante de la mémoire de l'humanité que la bibliothèque d'Alexandrie. J'estime très possible que les documents mayas, s'ils avaient survécu en quantité suffisante, eussent fait la lumière sur le mystère de la source d'inspiration commune perdue qui semble avoir donné le coup d'envoi des civilisations dans l'Ancien Monde comme dans le Nouveau.

En l'occurrence, cependant, sur les dizaines de milliers de codex mayas qui existaient en 1519, il ne nous en reste que quatre au XXIe siècle[20].

Après la conquête espagnole du Mexique, la conquête du Pérou suivit bientôt, toujours accompagnée par la destruction d'une civilisation avancée – en l'occurrence les Incas – dans la lignée des premiers Américains. Même s'ils avaient leurs *quipus* (un outil de communication et de calcul employant des cordelettes nouées), les Incas, à la différence des Mayas, ne disposaient pas d'un système d'écriture et ne possédaient donc aucun document que les Espagnols auraient pu détruire. Comme au Mexique toutefois, un effort soutenu et déterminé a été fait pour éradiquer religions et traditions locales, et leur substituer le catholicisme. Là encore, cet effort officiellement reconnu comme « extirpation de l'idolâtrie » requérait une destruction culturelle sur une grande échelle, visant à effacer les banques de mémoire de la population en une génération ou deux et à remplacer leur lien profond avec leur passé par la nouvelle dispense[21].

Les Espagnols se sont aventurés en Amérique du Nord, bien sûr – leur tentative la plus excentrique et improductive étant l'expédition dirigée par Hernando de Soto qui débarque en Floride en 1539 avec plus de six cents hommes[22]. Après avoir perdu la moitié de ses effectifs le long du chemin, de Soto passe les trois années suivantes, jusqu'à sa mort en Louisiane en 1542, à errer dans tout le sud-est et le sud profond de ce qui est maintenant les États-Unis, croisant de nombreux sites de grands tumulus et entamant de désastreuses batailles rangées avec les habitants. Le sous-produit le plus désastreux de sa visite, toutefois, pourrait avoir été la variole, que les membres de son expédition semblent avoir apportée avec eux et qui a anéanti la population indigène de la région[23].

On peut donc dire que, dès ses premiers jours, la conquête européenne des Amériques a infligé le chaos, le génocide et l'extinction culturelle aux Amérindiens et que cela participait aussi du processus qui a effacé la « scène de crime », nous laissant tâcher de donner un sens aux quelques indices subsistants.

Effacer la scène de crime : l'amnésie des témoins

L'extirpation d'éléments vitaux du passé de notre espèce sur de vastes pans des Amériques ne s'est pas limitée aux effets du cataclysme du Dryas récent ou des désastres bien postérieurs du christianisme militant et de la variole. Une fois passé le siècle calamiteux des premières rencontres, un processus d'érosion plus insidieux mais tout aussi mortel a commencé à broyer le peu du passé que les millénaires précédents avaient épargné. Au XVIe siècle, hormis quelques raids ratés tel celui de Soto, l'Amérique du Nord n'a guère été affectée, mais à partir du début du XVIIe, avec les premières colonies européennes en Virginie et au Massachusetts, tout a changé.

Par la suite, avec une régularité monotone et déprimante, des terres sacrées qui avaient appartenu à des tribus amérindiennes durant des millénaires leur ont été arrachées, leurs habitants chassés ou massacrés. Ces spoliations meurtrières pour le potentiel soit agricole, soit aurifère des sols n'ont fait que s'accélérer et gagner en cruauté au fil du XVIIe siècle, puis du XVIIIe et du XIXe :

> Sitôt que les Européens arrivèrent sur les côtes américaines, la frontière — le territoire marquant la limite entre la civilisation de l'homme blanc et le monde naturel sauvage — devint un espace partagé où de vastes différences s'affrontaient, ce qui a conduit le gouvernement américain à autoriser plus de 1 500 guerres, attaques et raids contre les Indiens. Cela représente le plus grand nombre au monde de guerres menée par un État à l'encontre de ses peuples autochtones. À l'issue des guerres indiennes dans les dernières années du XIXe siècle, il restait moins de 238 000 autochtones, un effondrement au regard de l'estimation des 5 à 15 millions qui vivaient en Amérique du Nord à l'arrivée de Christophe Colomb en 1492[24].

Dans son livre majeur *American Holocaust* qui relate ce génocide, David Stannard, professeur d'études américaines à l'université d'Hawaï, rappelle que les estimations savantes de la taille de la population précolombienne des Amériques ont radicalement changé au cours des dernières décennies :

> Dans les années 1940 et 1950, on estimait généralement la population de l'hémisphère entier en 1492 à un peu plus de 8 millions de personnes – dont moins d'un million au nord du Mexique actuel. Aujourd'hui, peu de chercheurs sérieux donneraient un chiffre en-dessous de 75 à 100 millions (dont 8 à 12 au nord du Mexique), tandis que l'un des spécialistes les plus

réputés du domaine suggérait voici peu qu'une estimation plus précise serait d'environ 145 millions pour l'hémisphère dans son ensemble et 18 pour la zone au nord du Mexique[25].

Le mythe ressassé de l'Amérique du Nord en désert vierge habité par une poignée de « sauvages » à l'arrivée des colons européens disparaît donc pour toujours – bon débarras.

Rien n'aurait pu être plus éloigné de la vérité.

La nouvelle image, élaborée grâce aux apports combinés de l'archéologie, l'ethnographie, la génétique et les récits des premiers voyageurs, montre un continent animé, bruyant, à la population en expansion, aux réseaux commerciaux étendus et aux ressources abondantes.

Même s'il leur manquait l'État centralisé et structuré des Incas, les Amérindiens, qui n'utilisaient pas non plus l'écrit, conservaient leurs connaissances et leur histoire au sein de traditions orales développées, mémorisées et transmises de génération en génération. Aujourd'hui, il nous faut tâtonner pour tenter de découvrir ce qu'ils savaient, enseignaient et préservaient des temps anciens, car le génocide qu'on leur a infligé a perturbé et, souvent, détruit les processus normaux de transmission intergénérationnels.

Les récits du génocide sont atroces ; face aux détails, on reste hébété, nauséeux, horrifié. Le professeur Stannard ne cache rien dans *American Holocaust*, un répertoire complet de la brutalité européenne aux Amériques, mais je ne vais pas zoomer sur les nombreux massacres et trahisons qu'il décrit, ni m'appesantir sur les symptômes horribles des maladies infectieuses importées qui ont tué les indigènes par millions.

Ce que je veux dire, c'est que **ça s'est vraiment passé**, qu'il s'agissait d'un génocide à la fois physique et culturel, et qu'il a eu comme effet à long terme sur les descendants des survivants de briser leurs liens avec les traditions, la sagesse, les souvenirs et même les langues de leurs ancêtres.

Dissipons tout doute éventuel sur le fait que l'annihilation culturelle était voulue, tout comme la spoliation des terres à l'échelle du continent, en considérant l'histoire honteuse des prétendus pensionnats indiens. La National Native American Boarding School Healing Coalition expose les faits :

De 1869 aux années 1960, des enfants amérindiens par centaines de milliers ont été retirés de leurs foyers et de leur famille pour être placés dans des pensionnats gérés par le gouvernement fédéral et les églises. Bien qu'on ignore leur nombre total, le Bureau indien estimait en 1926 que près de 83 % des enfants amérindiens fréquentaient des pensionnats. Ces jeunes autochtones, sortis – volontairement ou non – de leurs foyers, leur famille et leur communauté étaient emmenés dans des écoles éloignées où on les punissait de parler leur langue maternelle, on leur interdisait d'agir d'une quelconque façon qui aurait pu passer pour relever des pratiques traditionnelles, on les privait des coiffures, des tenues et des comportements qui auraient reflété leur culture indigène[26].

Un fondateur et défenseur du mouvement des pensionnats, le capitaine de l'armée américaine Richard Henry Pratt, a résumé l'esprit de la démarche dans un discours en 1892 :

> Un grand général a dit que le seul bon Indien est un Indien mort. Dans un sens, je suis d'accord avec l'idée, mais seulement en ceci : tout ce qu'il y a d'Indien dans la race devrait être mort. Tuons l'Indien en lui et sauvons l'homme[27].

Il s'agissait d'un lavage de cerveau ethnique à une échelle gigantesque – un exercice conçu à dessein pour faire oublier aux Amérindiens leur héritage ancestral. Dans le cadre de notre enquête, si c'est bien d'Amérique du Nord qu'une civilisation perdue a disparu, non seulement on a effacé la scène de crime, mais – pour pousser l'analogie – les témoins principaux, sévèrement matraqués, souffrent d'amnésie.

Effacer la scène de crime : spoliation des terres

Tandis que le génocide et « l'oubli » imposés s'accéléraient au cours des XIXe et XXe siècles, une force parallèle veillait à retirer les nombreuses traces physiques importantes – dont les tumulus et les terrassements – laissés par les Amérindiens d'antan. Cette force parallèle, c'était surtout la cupidité terrienne, les monuments se voyant arasés soit par le labour – pour faire place aux cultures –, soit par la démolition – pour faire place à l'industrie, au logement ou au commerce. Parmi les « inconnus inconnus » de la préhistoire nord-américaine, il y a donc le nombre de tumulus et de terrassements disparus – labourés, démolis, saccagés –, avant que des arpenteurs rigoureux et responsables commencent à les étudier à partir du milieu du XIXe siècle.

Renommés parmi ces pionniers, Ephraim Squier et Edwin Davis ont fait paraître *Ancient Monuments of the Mississippi Valley*, la toute première publication de la Smithsonian Institution, en 1848. Dans leur préface, ils disent des tumulus et des terrassements que :

> La valeur d'une étude complète et diligente de ce domaine entier est inestimable. L'action des éléments, le déplacement des cours d'eau, le nivellement opéré par les travaux publics et, le plus efficace de tous, l'empiétement lent mais constant de l'agriculture, détruisent vite ces témoins monumentaux du labeur d'antan, dérangeant leur symétrie, effaçant leurs contours. Des milliers ont déjà disparu ou ne conservent que des traces légères et douteuses de leurs anciennes proportions [28].

Une des raisons pour lesquelles *Ancient Monuments* reste utile de nos jours, c'est qu'il indique les emplacements de nombreux tumulus et terrassements importants qui n'existent plus. En 2011, à l'occasion d'un article publié dans *American Antiquity*, Jarrod Burks et Robert Cooke se sont penchés sur le cas spécifique de l'Ohio, où Squier et Davis signalaient « environ quatre-vingt-huit sites de terrassement » en 1848. Grâce peut-être à la renommée que leur a apportée le livre, seize de ces sites – soit 18 % du total – sont « préservés entiers ou en partie dans des parcs ». Dix-huit autres sites (20 %) « sont pour l'essentiel ou complètement détruits, l'urbanisme et les carrières de gravier étant les principaux processus destructeurs ». Les cinquante-quatre autres sites (62 %) sont « désormais invisibles en surface [29] ».

Donc, pour résumer, sur quatre-vingt-huit sites de l'Ohio répertoriés en 1848 par Squier et Davis, cinquante-quatre sont désormais « invisibles », dix-huit autres « détruits », et seize seulement (à peine 18 % du total) toujours en place, soit une perte effective de 82 % ou, pour dire les choses clairement, quatre-vingt deux sites sur cent.

Que doit-on donc faire de l'introduction sans doute fiable de David J. Meltzer à la réédition du 150e anniversaire d'*Ancient Monuments* qui nous informe que le seul comté de Ross, en Ohio, était estimé par Squier et Davis contenir « cent enceintes et cinq cents tumulus » en 1848[30] ?

Si c'est le chiffre exact, tous les autres nombres changent. Seize sites restant sur six cents, c'est très différent de seize sur quatre-vingt-huit : cela équivaut à une perte de 97 %.

Le 23 juillet 2018, soucieux d'aller au fond des choses, j'ai envoyé un mail à Jarrod Burks, coauteur de l'article de 2011 dans *Antiquity*.

Il a d'abord pris soin de me rappeler que son papier mettait l'accent non pas sur les terrassements dans l'Ohio en général, mais sur ceux « représentés chez Squier et Davis – quatre-vingt-huit. Il y a plusieurs centaines de sites de terrassement (à enceinte) en Ohio… et on continue à en découvrir ».

Quant à la question de l'écart entre les chiffres de Meltzer et les siens, Burks explique :

> Je comptais en fait les sites à enceinte représentés sur les cartes du Squier et Davis. Je m'appuie sur les plans propres à certains sites, tel celui de High Bank, et des cartes composites de zones choisies qui représentent plusieurs sites distincts, comme la zone autour de Chillicothe. Par exemple, ils montrent le site de Steel Group sur cette carte, mais ils n'ont pas de plan séparé, plus détaillé, de Steel.
>
> Donc, quand je dis « site à enceinte », je parle d'endroits dotés d'un nombre X d'enceintes. Le Hopewell Mound Group en est un, bien qu'il en possède plusieurs. Cedar Bank n'en a qu'une. Selon cette approche, Squier et Davis représentent quatre-vingt-huit sites à enceinte dans leurs cartes. Il ne peut pas y avoir cent sites à enceinte dans le comté de Ross, mais il peut y avoir cent enceintes. Jusqu'à présent, je n'ai trouvé de preuves solides que pour trente-sept ou trente-huit sites à enceinte dans le comté de Ross, dont certains inconnus jusqu'à présent découverts par photos aériennes et confirmés par la géophysique. En fait, on a effectué des levés de la plupart de ces trente-sept ou trente-huit. (…) On s'efforce encore d'avoir accès à certains d'entre eux.

The Archaeological Atlas of Ohio (William C. Mills, 1914) signale cinq cent quatre-vingt-six sites à enceinte dans l'Ohio. Beaucoup ne sont pas confirmés et/ou ont été perdus depuis 1914, mais on tâche de localiser beaucoup d'entre eux. Nous en avons aussi trouvé certains passés inaperçus en 1914. Ainsi, le nombre total de sites à enceinte ayant pu exister en Ohio est, pour rester prudent, de cinq cents à mille. Ce pourrait être le double ou davantage.

Je demandais également à Burks s'il savait où je pourrais trouver des estimations du type qu'il avait effectuées en Ohio pour la vallée du Mississippi dans son ensemble : combien de tumulus et de terrassements subsistent, et combien ont été détruits depuis le milieu du XIXe siècle.

« Obtenir des chiffres pour toute la vallée du Mississippi est une tâche ardue, me répondit-il. Surtout en incluant les tumulus. Il y a/avait plusieurs dizaines de milliers de tumulus dans l'est des États-Unis. Vous pourriez commencer par contacter le bureau de protection historique de chaque État. »

J'étais surpris qu'aucun archéologue n'ait encore fait ce travail de base et qu'il n'y ait aucun ouvrage ni article faisant autorité auquel je puisse me référer, puisqu'une évaluation des pertes doit jouer un rôle crucial pour estimer ce qui reste. J'ai donc demandé une confirmation que je présenterais les faits correctement si je devais « dire à mes lecteurs qu'il n'existe tout simplement aucun chiffre fiable pour toute la vallée du Mississippi et qu'aucun archéologue ni chercheur n'a jamais tenté d'estimer ce qui a été perdu dans l'ensemble de la région à la suite des empiètements agricoles, industriels et autres depuis le milieu du XIXe siècle ».

Burks a aussitôt répondu :

> Voilà qui tient de la généralisation. J'ignore si « aucun archéologue ni chercheur » ne l'a fait. George Milner a produit un livre sur les tumulus il y a dix ou quinze ans. Peut-être fait-il une déclaration de ce genre ? Mais j'en doute, car il s'agit d'une tâche presque impossible. Ainsi, dans l'Ohio, on dit qu'il y avait autrefois plus de dix mille tumulus (estimation du XIXe siècle). L'État n'en a enregistré qu'environ deux mille dans la liste moderne. Beaucoup ont été détruits, mais on en ajoute sans cesse de nouveaux, dont beaucoup devaient être connus au XIXe siècle. Difficile de réaliser une estimation chiffrée, donc, mais il est vrai que de très, très nombreux tumulus ont été détruits[31].

The Moundbuilders de George R. Milner a atterri sur mon bureau le lendemain matin, mais il ne contenait aucun ajout significatif à ce qu'on savait déjà sur la disparition de sites de tumulus depuis le XIXe siècle. David Meltzer non plus n'a pas été en mesure d'avancer un chiffre, notant en réponse à ma question que « voilà 200 ans et plus, il n'y avait aucun comptage systématique, donc nous n'avons aucune idée de ce que le dénominateur de l'équation entre les sites existants et les disparus devrait être[32] ».

La bonne nouvelle, c'est qu'on en découvre (voire, le plus souvent, qu'on en redécouvre) encore. La mauvaise, c'est qu'il pourrait se révéler « presque impossible » de localiser les « très, très nombreux » sites qui ont été détruits.

Toute estimation est une conjecture, mais je suppute que l'*Illustrated Encyclopedia of Native American Mounds and Earthworks*, l'ouvrage méticuleux et documenté de Gregory Little, même s'il n'a rien d'une source reconnue par l'opinion dominante, effleure la vérité quand il calcule que 90 % de tous les sites de la vallée du Mississippi ont été détruits et qu'il n'en reste que 10 %[33].

Et si cette évaluation à la louche paraît exagérée, rappelons que la rhétorique écologiste de notre époque prétendument plus éclairée n'empêche pas les tumulus et terrassements d'être **toujours** sujets à des destructions au XXIe siècle.

Walmart semble avoir un penchant pour cette activité. En 2001, par exemple, les Fenton Mounds, une paire de tumulus funéraires amérindiens de Fenton, Missouri, datés entre 600 et 1400 après J.-C., ont été nivelés pour laisser place à un Walmart Supercenter[34]. Quelques années plus tard, en août 2009, le conseil municipal d'Oxford, Alabama, a approuvé la destruction d'un tumulus cérémoniel amérindien de 1 500 ans d'âge ; là encore, Walmart convoitait l'emplacement[35]. Les promoteurs ont lancé les travaux, effectuant le lever d'une grande partie du tumulus, mais, un mois plus tard, après tout un tollé, les médias ont rapporté un revirement :

> Une cérémonie de reconsécration a eu lieu le week-end dernier dans un tumulus indien endommagé à Oxford, Alabama. (...) Le site sacré de 1 500 ans, archéologiquement important, avait été en partie démoli au cours d'un projet de développement économique

financé par les contribuables, et la terre excavée devait servir de remblai pour la construction d'un Sam's Club, un magasin de gros appartenant à Walmart[36].

Ce que cela indique, c'est un état d'esprit chez un segment de la population américaine qui ne voit aucune valeur culturelle inhérente dans les antiquités et croit fermement que le passé n'a rien à nous apprendre qui l'emporterait sur notre besoin d'un grand magasin supplémentaire. Je m'en voudrais d'accabler les Américains. Le même état d'esprit prévaut en Grande-Bretagne, en France, en Chine et dans presque tous les autres pays du monde.

En encourageant le dédain pour le passé, toutefois, cette perspective dans une Amérique triomphante depuis le XIXe siècle nous a coûté la destruction massive de sites anciens, y compris plusieurs milliers de tumulus et de terrassements de la vallée du Mississippi. **Combien** de milliers au juste, voilà qui restera sans doute à jamais un « connu inconnu ». Mais quel que soit le nombre, il s'ajoute aux instruments qui ont servi à effacer la « scène de crime » de l'Amérique ancienne.

Effacer la scène de crime : mauvaise archéologie

Ceux d'entre nous qui explorent d'autres approches de la préhistoire sont souvent accusés par les archéologues et leurs amis dans les médias d'être des « pseudoscientifiques », mais qu'est-ce qui offre un meilleur exemple de pseudoscience dommageable et trompeuse que le paradigme « Clovis First » qui a régné sur l'archéologie américaine pendant plus de 40 ans avec une doctrine totalement fausse inculquée comme factuelle à des générations d'étudiants ? On a vu dans la partie II de la première partie de cet ouvrage, publiée en 2020, comme cette théorie pseudoscientifique du peuplement des Amériques, appuyée sur des extrapolations irresponsables à partir de minuscules ensembles de données mais promue par un puissant lobby d'archéologues de premier plan, a été très longtemps jugée si **juste**, si **exacte** et si évidemment **vraie** que tous les chercheurs qui la mettaient en doute ont fait face au ridicule et à l'ostracisme de leurs collègues, au retrait des subventions de recherche et à des carrières ruinées.

Ce genre de comportement non seulement dessert la vérité, mais sape activement sa recherche et, en tant que tel, a joué un rôle crucial dans l'effacement de la « scène de crime » de l'antiquité américaine. Qu'a-t-on manqué et qu'est-ce qui a disparu sous les champs ou les constructions durant les plus de 40 ans où on considérait comme une hérésie de chercher dans les gisements plus anciens que Clovis les signes d'une présence humaine ? Dans quelle mesure l'enquête sur l'âge et l'origine réels des premiers Américains a-t-elle été retardée ou tuée dans l'œuf ? Combien d'avenues inexplorées doit-on à cet absurde dogme Clovis First ? Combien de portes a-t-il fermées sur nombre d'initiatives prometteuses ? Et quel intérêt du public pour d'autres possibilités sa réponse toute faite a-t-elle étouffé ?

Un problème semblable se pose avec une autre théorie archéologique, la « surdestruction du Quaternaire », selon laquelle la mégafaune aurait été prétendument massacrée par ces mêmes chasseurs Clovis impitoyables et efficaces (mais pas au point de survivre au début du Dryas récent, toutefois). Je n'entre pas dans les détails ici – ce serait trop de querelles académiques pour le lecteur – pourtant cette théorie aussi, quoique moins morte et enterrée que « Clovis First » (elle garde quelques défenseurs), a été « totalement rejetée » par un nombre croissant de chercheurs ces dernières années[37].

Bien qu'il liste parmi ses champs d'étude l'archéologie et la préhistoire nord-américaine, Terry Jones, professeur et chef du département de sciences sociales à l'université d'État polytechnique de Californie, apporte le bénéfice d'un point de vue extérieur lorsqu'il observe :

> La période paléoindienne (souvent définie comme antérieure à 10 000 cal AP [soit il y a 10 000 ans]) est essentiellement le domaine d'un petit nombre de spécialistes qui l'interprètent pour tout le monde. Au cours des 40 dernières années, ces chercheurs ont concentré leurs interprétations sur deux théories étroitement liées et apparentées : Clovis First et la surdestruction du Quaternaire. Pendant ce temps, la recherche paléoindienne a aussi sombré dans un débat intense, sinon hostile, sur ces deux idées concurrentes mais pas mutuellement exclusives. Une grande partie de l'énergie de ce dialogue prolongé a été consacrée à discréditer ou

annuler les autres hypothèses associées à ces deux théories. Bien qu'il s'agisse d'une pratique courante en science, **la mesure dans laquelle le débat paléoindien s'est concentré sur la destruction d'idées opposées plutôt que sur le développement d'idées neuves empiriquement solides a été particulier élevée**[38].

Cela participe de l'effacement de la « scène de crime ». Il subsiste peut-être des indices, rares, cruciaux, et susceptibles de résoudre le mystère de ce qui s'est passé voilà 12 800 ans, mais dans la mesure où les « détectives » impliqués dans cette paléo-investigation se piquent davantage d'ego que de vérité, celle-ci risque de mettre du temps à émerger.

En outre, la résistance viscérale dont fait montre un certain nombre d'érudits influents face à une **quelconque** suggestion qu'un cataclysme a engendré le Dryas récent pose un autre problème. Ces chercheurs eux-mêmes croient apparemment, et dans la mesure du possible voudraient que nous croyions, qu'il ne s'est rien passé de vraiment grave à la limite du Dryas récent – oui, il y a eu des extinctions, et oui, Clovis a soudain disparu, mais en lieu et place d'un mystère, il n'y a qu'une combinaison routinière et prévisible de surdestruction et de changement climatique. Terry Jones, membre du Comet Research Group, réfute longuement ce raisonnement dans un article du *Journal of Cosmology*[39] et prône l'hypothèse de l'impact cosmique du Dryas récent qui, souligne-t-il :

> a été introduite dans l'archéologie nord-américaine à un moment où les défaillances du modèle de surdestruction ont été reconnues par la majorité des chercheurs. (...) On a longtemps axé les alternatives à cette surdestruction sur le changement climatique associé à la transition Pléistocène-Holocène, mais cette idée a toujours posé problème, parce que beaucoup de populations animales avaient vécu des interglaciaires précédents sans décès massifs. Il semble s'être produit en Amérique du Nord, à la fin du Pléistocène, un événement qui n'était pas un *blitzkrieg* des chasseurs humains.
>
> L'impact extraterrestre semble fournir une explication extrêmement économe à une variété de motifs archéologiques et paléontologiques auxquels la surdestruction ne répond pas[40].

Dans la ligne de mire

Un autre « motif » auquel l'HICDR fournit une explication économe vient des profonds liens structurels mis en évidence à la partie III entre la spiritualité et l'« astro-géométrie » des Égyptiens d'une part, et la spiritualité et l'« astro-géométrie » des Mississippiens d'autre part. La thèse que j'ai cherché à démontrer au long de ce livre, c'est que ces deux civilisations fluviales, parmi d'autres dans l'Antiquité, ont reçu un héritage partagé du savoir et des idées d'une civilisation antérieure « perdue ». Indépendamment du moment où cet héritage a été activé, ou de la façon dont son intégrité a été préservée au cours des nombreuses générations avant qu'il ne se manifeste pour la première fois dans les données archéologiques, j'ai fait valoir que ses origines remontent à la dernière période glaciaire et précèdent la séparation physique de l'Ancien et du Nouveau Monde. L'élément supplémentaire que l'HICDR apporte est économe en ce qu'il se présente sous la forme des changements planétaires causés par l'impact et documentés à la limite du Dryas récent. Il s'agissait non seulement des changements climatiques radicaux et de l'élévation du niveau de la mer, non seulement des feux de forêt globaux et de l'« hiver d'impact » ultérieur, non seulement des extinctions massives de grandes espèces animales et de la disparition brutale de Clovis, mais aussi, dans la combinaison de tous ces maux, d'un **mécanisme réaliste,** mortel, substantiel, drastique et assez soutenu pour dévaster et même détruire une civilisation technologiquement avancée.

Si une catastrophe d'une telle ampleur se répétait de nos jours, notre civilisation ne survivrait pas et tous nos ouvrages tomberaient en ruines d'ici quelques millénaires. Je ne vois donc aucune raison, en principe, pour laquelle le cataclysme mondial indiqué dans les carottes de glace du Groenland dont nous savons qu'il a eu lieu au début du Dryas récent entre il y a 12 836 et 12 815 ans n'aurait pas mis fin à cette civilisation antérieure de l'« ère originelle des dieux » – la civilisation des « Anciens », du « Premier temps » – que les mythes et les traditions tout autour du monde évoquent avec émerveillement.

Bien qu'il y ait eu des impacts significatifs au Groenland, dans le Pacifique, en Amérique du Sud, en Antarctique, en Europe et au Proche-Orient, les indices désignent de façon probante, l'Amérique du Nord comme épicentre de la catastrophe du Dryas récent, et spécifiquement sa calotte glaciaire comme cible du plus gros essaim de fragments de comètes.

Presque par défaut, donc, bien que la scène de crime ait été brutalement compromise et que les enquêteurs principaux aient a priori écarté cette possibilité, l'Amérique du Nord est l'endroit le plus probable où une civilisation aurait pu prospérer pendant l'ère glaciaire et avoir été détruite au début du Dryas récent.

Cela ne s'arrête pas là. Si les Textes d'Edfou constituent l'archive de ces événements, comme je le suggère, il faut alors prendre au sérieux le message qu'ils transmettent, selon lequel des survivants au cataclysme se sont fait un devoir d'amener :

> La résurrection de l'ancien monde des dieux. (...) La recréation d'un monde détruit[41].

L'île de la Tortue

Ces survivants auraient erré sur le globe, bâti des tumulus sacrés partout où ils s'installaient, et enseigné les bases de la civilisation, dont la religion, l'agriculture et l'architecture. Dans *Heaven's Mirror* (1998), je suppose que c'est peut-être à la suite de leurs efforts que nous trouvons les doctrines de la même religion sol/ciel, les mêmes croyances sur le voyage de l'âme dans l'Au-delà et les mêmes principes architecturaux et géométriques en des points aussi éloignés que l'Amérique du Sud, l'île de Pâques, la Micronésie, le Japon, le Cambodge, l'Inde, la Mésopotamie, l'Égypte, l'île de Malte, l'Espagne et la Grande-Bretagne.

La Terre étant une sphère, n'importe quel point pourrait, techniquement, paraître central au rayonnement de ces idées. Toutefois, à mesure que je me documentais pour cet ouvrage, mon point de vue évoluait, et maintenant, ce que je vois sur ce globe, ce sont deux vastes océans, l'Atlantique d'un côté, le Pacifique de l'autre, avec entre eux l'étendue longitudinale des Amériques qui forme, littéralement, le centre du monde.

L'Amérique du Nord, on le sait maintenant, a été récurée, brûlée, gelée et inondée pendant le Dryas récent et, depuis lors, systématiquement saccagée par la cupidité occidentale et desservie par les érudits occidentaux. Bien que moins gravement affectée par les impacts du DR, l'Amérique du Sud a également subi toutes ces agressions. Et tout comme en Amérique du Nord, où on a rendu des millions de kilomètres carrés opaques aux archéologues en effaçant la « scène de crime » avec soin, en Amérique du Sud se trouvent 5 millions de kilomètres carrés de forêt tropicale amazonienne qui restent presque aussi inconnus à l'archéologie que la face cachée de la Lune.

Les deux grandes masses continentales des Amériques ne sont pas séparées et ne l'ont jamais été, ni avant ni après l'ère glaciaire. L'Amérique du Nord est en soi une **immense** terre, avec de vastes régions que l'archéologie n'a guère, voire pas du tout explorées. Si une civilisation perdue se trouvait ici à l'ère glaciaire, on ne peut exclure la possibilité d'en trouver les artefacts physiques et les vestiges. Diverses cultures amérindiennes partageant des mythes sur la destruction d'un ancien monde, l'intervalle souterrain dans le ventre de la terre, puis l'émergence dans notre monde actuel [42], la direction la plus fructueuse où chercher pourrait être des lieux d'abri et de refuge profondément enfouis.

L'autre région qui offre de vastes possibilités d'enquête, c'est l'Amazonie. Lorsque l'Amérique du Nord est passée par l'épisode cataclysmique entre il y a 12 836 et 12 815 ans, l'Amérique du Sud aurait paru représenter un refuge évident pour les survivants de la civilisation perdue – une hypothèse d'autant plus probable si, comme je le suppute, les chasseurs-cueilleurs sud-américains avaient été « adoptés » et nantis d'un savoir-faire utile de la même façon que la culture Clovis semble l'avoir été.

Même si l'histoire humaine est en miettes en Amérique du Nord, et que de gros morceaux manquent de toute évidence, il se peut qu'un témoignage plus complet nous attende en Amazonie.

J'entends déjà les protestations de la culture dominante : « L'idée même d'une civilisation perdue est un non-sens! » ; « Pseudoscience! » ; « Un gaspillage de fonds de recherche! »

Mais la culture dominante, qui a gaspillé des fonds de recherche pendant des décennies en une vaine poursuite de fantasmes absurdes comme « Clovis First », devrait avoir appris, depuis le temps, à garder l'esprit ouvert.

13.

La clef de la civilisation perdue

Depuis que j'ai commencé à travailler sur *L'Empreinte des dieux* au début des années 1990, je défends l'idée peu orthodoxe qu'une civilisation avancée a prospéré durant l'ère glaciaire et a été détruite par les cataclysmes ayant mis fin à la glaciation. Tous mes livres postérieurs plaident en faveur de cette hypothèse et y apportent un certain nombre d'éléments probants. J'ai suggéré plusieurs endroits où en chercher des traces – dont le plus controversé, l'Antarctique – et j'ai passé près de dix ans de ma vie à pratiquer la plongée sous-marine dans des conditions difficiles et parfois très risquées en quête de structures bâties par des hommes immergées par la montée des eaux à la fin de l'ère glaciaire.

J'ai donc joint le geste à la parole, dans ce qui s'est un peu apparenté à la traque de l'Homme invisible. Il existe partout des signes de sa présence – il a touché ceci, il a modelé cela, tel était son système mathématique, telles étaient ses croyances –, mais l'Homme lui-même demeure introuvable. Il n'est même pas possible de deviner à quoi ressemble cette civilisation perdue en enveloppant son visage de bandages, comme le héros du roman de H.G. Wells. Elle est beaucoup plus insaisissable. Les traces physiques susceptibles de nous mener à son pays d'origine ont été complètement détruites ou sont si bien cachées qu'il est presque impossible de les trouver. Et ce d'autant plus que la communauté archéologique, convaincue de sa non-existence, ne consacre aucun effort à sa recherche.

L'influence de cette civilisation perdue se manifeste cependant dans des caractéristiques partagées par diverses cultures de l'Ancien Monde déconnectées entre elles. Plus on creuse, plus il devient évident que ces dernières n'ont pas acquis ces caractéristiques au contact les unes des autres, mais les ont héritées d'un lointain ancêtre commun à toutes. Nous ne voyons que les effets et les modes d'expression de cet héritage, jamais sa source, et toutes les recherches de la clef du mystère sont restées vaines à ce jour.

Ma proposition, simple, est que l'Amérique nous offre cette clef, de par les circonstances uniques de sa préhistoire. À la différence des masses continentales interconnectées de l'Afrique et de l'Europe, et à la différence de l'Australie, qui était relativement accessible par voie marine depuis l'extrême sud-est de l'Asie, nous avons vu que les Amériques ont été isolées durant la majeure partie de l'ère glaciaire – une époque géologique qui a duré, ne l'oublions pas, de 2,6 millions d'années à 12 000 ans avant le présent [1]. Cette longue ère géologique a cependant été entrecoupée de périodes de réchauffement climatique auxquelles le macrocontinent composé par l'Amérique du Nord, l'Amérique centrale et l'Amérique du Sud est devenu accessible. Deux de ces périodes favorisant l'accessibilité se sont produites durant le laps de temps connu des migrations humaines ; or, les archéologues, lorsqu'ils tentent de retracer la véritable histoire du peuplement des Amériques, se focalisent depuis bien trop longtemps sur le plus récent (le fameux interstadiaire Bölling-Alleröd, qu'on date approximativement entre 14 700 et 12 800 ans avant le présent [2]). À mon sens, le paléontologue Tom Deméré a mis le doigt sur quelque chose d'ÉNORME en appelant la communauté scientifique à reconsidérer les choses, comme nous l'avons vu dans le chapitre 5 de la première partie de cet ouvrage, publiée en 2020 :

> ce que nous disons à tous, c'est d'ouvrir leur esprit à la possibilité suivante : plutôt que d'associer le peuplement des Amériques au dernier phénomène de déglaciation [l'interstadiaire Bølling-Allerød] (...) nous devrions plutôt chercher du côté de la précédente déglaciation – entre 140 000 et 120 000 ans [3]. Le scénario est le même : un isthme et des calottes glaciaires qui reculent, un point idéal entre le niveau très bas des mers et le blocage des inlandsis, puis la fonte de ces derniers et l'inondation de l'isthme.

La suggestion de Deméré dérange toujours certains archéologues, et pourtant elle donne une explication satisfaisante à la masse grandissante d'éléments prouvant que les Amériques étaient peuplées plusieurs dizaines de millénaires **avant** l'interstadiaire Bölling-Alleröd (voir chapitres 4 et 6 de la première partie de cet ouvrage, publiée en 2020). En outre, la possibilité jusqu'alors inimaginable d'une présence humaine très ancienne (plutôt que très récente) dans le Nouveau Monde permet de donner du sens à l'héritage génétique complexe des Amérindiens – que nous évoquons aux chapitres 7, 8, 9 et 10 de la première partie de cet ouvrage. Cette preuve est indissociable du mystère étourdissant que constitue le puissant signal ADN australasien présent chez certaines tribus isolées de la forêt amazonienne. Cette découverte récente est hautement signifiante, car elle soulève la possibilité, comme nous l'avons vu au chapitre 10 de la première partie de cet ouvrage, que des voyages transocéaniques ont été entrepris il y a plus de 12 000 ans – une notion jusqu'ici considérée comme impossible par les archéologues. Si les savoir-faire technologique et géodésique rendant possibles de tels voyages existaient durant l'ère glaciaire (voir Appendice 2), alors nous avons affaire, par définition, à une civilisation perdue.

Ce qui nous ramène évidemment au mystère de l'Amazonie elle-même. A-t-elle été d'une certaine façon « touchée » par une civilisation suffisamment avancée pour avoir exploré tous les océans du monde durant l'ère glaciaire ? Le cas échéant, reste-t-il des signes de son influence ? Dans les chapitres 11 à 17 de la première partie de cet ouvrage, je pose ces questions et présente la preuve que le peuplement de l'Amazonie est extrêmement ancien, que de vastes cités et de grandes populations y ont jadis prospéré, qu'une connaissance scientifique ancestrale des propriétés de la flore persiste parmi les peuples amazoniens d'aujourd'hui, que des espèces agricoles y ont été domestiquées il y a très longtemps, que la forêt tropicale elle-même est un « jardin » anthropocentrique, cultivé et ordonné et qu'un sol artificiel « miracle » – la *terra preta* – a été développé en Amazonie durant la préhistoire, rendant fertiles des terres autrement improductives et doté d'exceptionnels pouvoirs de régénérescence dont les scientifiques modernes s'émerveillent sans toutefois parvenir pleinement à les expliquer.

Parallèlement à cela, la découverte, récente elle aussi, de gigantesques terrassements géométriques et de cercles lithiques astronomiquement alignés en Amazonie pose question. Je montre dans les chapitres 15 et 16 de la première partie de cet ouvrage que ces remarquables structures partagent d'importants « mèmes » avec les cromlechs et les cercles lithiques des îles Britanniques et d'autres œuvres anciennes d'architecture sacrée de par le monde. Je suggère que ce n'est pas le fruit du hasard ni de l'influence d'une région sur l'autre, mais qu'elles constituent le témoignage d'un patrimoine commun, d'un ensemble partagé de plans géométriques et astronomiques sacrés reçus en héritage dans ces deux régions séparées par des milliers de kilomètres d'une civilisation ancienne que l'histoire a oubliée.

Le chapitre 17 de la première partie de cet ouvrage revient sur le thème de la gnose des plantes en Amazonie, se penche sur les mystères psychotropiques de l'infusion d'ayahuasca et s'ouvre aux enseignements des chamans, qui voient dans les motifs géométriques induits par l'ayahuasca autant de portails vers d'autres royaumes d'existence – notamment le royaume de l'Au-delà, ou pays des morts.

D'ailleurs, ayahuasca signifie « la liane des morts » ou « la liane des âmes ».

Dans les chapitres 1 à 4, j'explore les profondes similitudes structurelles entre les géoglyphes amazoniens et les grands tumulus et terrassements géométriques de la vallée du Mississippi. Ce n'est pas seulement une question d'apparences. Les conceptions religieuses de cette région, comme celles de l'Amazonie d'autrefois, se concentraient sur le mystère de la mort et sur certaines notions très spécifiques concernant le voyage – et la destination – de l'âme après la mort.

Je démontre que ces notions sont extrêmement anciennes en Amérique du Nord et je remonte leur trace jusque dans la lointaine préhistoire à travers une série de sites comme Poverty Point, Lower Jackson Mound, Watson Brake et Conly, où d'identiques « mèmes » astronomiques et géométriques réapparaissent invariablement.

Le chapitre 5 relate ma propre rencontre, adolescent, avec le mystère de la mort, et comment mon intérêt pour ce mystère s'est de nouveau éveillé lorsque j'ai étudié pour la première fois le *Livre des morts des anciens Égyptiens*, bien des années plus tard. Je décris la Douât, le royaume de l'Au-delà tel que se le représentaient les anciens Égyptiens, et l'ascension de l'âme jusqu'à la constellation d'Orion et, de là, le passage à travers un portail, ou « porte dans le ciel », et un voyage dans la Voie lactée. Et je décris ma stupéfaction, lors d'une visite à Moundville, en Alabama, lorsque j'ai appris que ce voyage de l'âme par Orion, la Voie lactée et le Royaume des morts était également un motif prédominant dans la civilisation du Mississippi.

Dans les chapitres 6 et 7, je propose une étude détaillée des conceptions du voyage dans l'Au-delà – et de la destinée – de l'âme chez les peuples du Mississippi et de l'Égypte ancienne. De mon point de vue, les parallèles sont trop remarquables, trop nombreux et trop détaillés pour être expliqués par une coïncidence. Ni par une influence directe d'une civilisation sur l'autre – ce qui serait chronologiquement impossible, puisque les deux ont existé à des périodes très éloignées l'une de l'autre. De la même manière qu'avec les géoglyphes, nous avons ici affaire à un ensemble d'idées héritées d'une lointaine source commune encore non identifiée par les archéologues.

Est-il possible que cette source commune, cette civilisation perdue ait eu pour foyer l'Amérique du Nord durant l'ère glaciaire ?

Je m'efforce de répondre à cette question dans les chapitres 8 à 10, où je présente des preuves détaillées de l'immense cataclysme qui a secoué la Terre il y a environ 12 800 ans – une catastrophe dont les conséquences ont affecté le monde entier, mais qui avait pour épicentre l'Amérique du Nord.

Pendant plus de 20 ans, malgré les ricanements condescendants et parfois l'extrême hostilité de l'establishment universitaire, j'ai soutenu sans relâche que « ma » civilisation perdue a été effacée de l'histoire par un cataclysme planétaire survenu il y a environ 12 500 ans. Au début, la simple suggestion qu'un tel cataclysme ait pu se produire, et qu'il puisse nous révéler des choses essentielles sur le passé de notre espèce, a été jugée grotesque, mais une profusion de nouveaux éléments prouvant son existence ont fini par faire pencher la balance du bon côté. En tenant compte des limites de résolution de la datation au carbone-14 (où une marge d'erreur de deux ou trois siècles n'a rien d'inhabituel, à une si lointaine époque), la date d'il y a 12 500 ans que j'ai proposée en 1995 est extrêmement proche de celle – il y a 12 800 ans – à laquelle les scientifiques situent les impacts de multiples fragments de la comète meurtrière qui a précipité les débuts catastrophiques du Dryas récent.

Il semble donc bien qu'il y **ait** eu un cataclysme planétaire – à une date relativement proche de celle que j'avais avancée.

Et après ? J'ai eu de la chance avec la chronologie, mais cela ne signifie pas pour autant que ce cataclysme a effacé une civilisation préhistorique de la surface du globe. Montrez-nous l'endroit où elle a vu le jour, exigent les sceptiques non sans légitimité.

Ce livre relève en partie ce défi.

Plus qu'assez de temps pour voir se développer une civilisation

Jusqu'ici, on a considéré l'ère glaciaire nord-américaine comme un grand vide archéologique attendant l'arrivée de la culture avec les premières migrations humaines via l'isthme béringien. La croyance bien enracinée que ces migrations se sont produites tardivement, des dizaines de millénaires après que nos ancêtres ont quitté l'Afrique pour s'établir en Europe, en Asie et en Australie, a dissuadé quiconque de chercher les origines de la civilisation dans un lieu si improbable. Cependant, à la lumière des nouvelles preuves d'un peuplement très ancien des Amériques ici présentées, et de l'hypothèse de l'impact cosmique du Dryas récent, la balance penche encore un peu plus, et de façon décisive, en faveur de mon argumentation. La question « pourquoi le foyer d'une civilisation perdue **devrait-il** se trouver en Amérique du Nord ? » a été remplacée par « pourquoi devrions-nous le chercher ailleurs ? » – que sur ce continent qui a souffert plus que tout autre d'une grave perturbation ayant anéanti sa riche préhistoire il y a 12 800 ans.

Ce n'est pas la première fois que me reviennent en mémoire les paroles de Tom Deméré, lorsqu'il m'a montré les découvertes du site Cerutti Mastodon au Nat de San Diego :

> Si vous vous rendez sur un site en rejetant d'emblée l'idée que des humains aient pu s'y trouver il y a 130 000 ans, vous ne découvrirez aucune preuve de leur présence. Mais si vous y allez l'esprit ouvert et que vous creusez assez profond aux bons endroits, qui sait ce que vous découvrirez ?

Tom parlait de la conclusion à laquelle son équipe et lui étaient parvenus à propos des restes du mastodonte à présent exposés dans son musée, et en particulier, comme nous l'avons vu au chapitre 5 de la première partie de cet ouvrage, publiée en 2020, du fait qu'ils avaient été récupérés par des êtres humains il y a 130 000 ans. Il voulait dire par là que l'inébranlable certitude qu'aucun être humain n'a pu atteindre les Amériques à cette époque a trop longtemps inhibé l'étude d'autres scénarios – et qu'on trouverait peut-être beaucoup d'autres preuves d'une présence humaine très antérieure si on se donnait la peine de mener des recherches plus ciblées et plus déterminées.

Utiliser des pierres afin de briser des fémurs de mastodontes assez intelligemment pour pouvoir en extraire la moelle n'est certainement pas l'œuvre d'une civilisation oubliée, mais celle d'humains du passé, peut-être des *Homo sapiens*, peut-être pas. Mais la réelle importance du site Cerutti Mastodon est qu'il nous fournit la première preuve solide – suffisamment solide pour lui ouvrir les pages de *Nature* – d'une occupation humaine véritablement **ancienne** dans le Nouveau Monde. Si des humains se trouvaient en Amérique du Nord il y a 130 000 ans (ce qui délimiterait une période d'occupation plus de deux fois plus longue que la présence humaine en Europe), ils ont eu 117 000 ans pour développer une civilisation avancée avant que survienne le cataclysme du Dryas récent.

Et pourquoi ne l'auraient-ils **pas** fait ? Qu'est-ce que la fameuse marche vers la civilisation qui **semble** avoir débuté au tournant du Dryas récent et du Paléolithique a de si spécial ou de si inviolable ? Pourquoi aurait-elle commencé à ce moment-là et pas avant ? Pourquoi ne devrait-il pas y en avoir eu une autre, initiée par les premiers occupants des Amériques, longtemps auparavant – non pas au moment de la dernière déglaciation, mais, comme Tom Deméré l'a suggéré, lors de « la *précédente* déglaciation, entre il y a 140 000 et 120 000 ans » ?

Par la suite, et jusqu'au réchauffement suivant (l'interstadiaire Bölling-Alleröd) survenu au cours des 2 000 années précédant immédiatement le Dryas récent, tous les universitaires s'accordent à dire que la grande masse continentale des Amériques, qui enjambait la moitié du globe, fut séparée du reste du monde par les océans Pacifique et Atlantique et par des montagnes de glace. Les migrants d'Asie, même quand la Béringie demeurait accessible, ne pouvaient pas passer. Mais pour les humains qui se trouvaient déjà au sud de la calotte glaciaire il y a 120 000 ans, les Amériques devaient être un paradis à l'abri des incursions extérieures et doté d'une abondance et d'une variété stupéfiantes de ressources naturelles. Le Nouveau Monde offrait des conditions de vie différant totalement de ce qu'on trouvait sur les autres continents, donc je ne vois aucune objection à ce que les tout premiers Paléoaméricains aient suivi un chemin radicalement différent des autres humains – un chemin qui s'est détourné plus vite de la chasse et de la cueillette pour conduire à l'émergence d'une civilisation précoce.

Mystérieux pouvoirs

Si les changements planétaires du Dryas récent ont effacé toute trace d'une civilisation préhistorique, que pouvons-nous dire d'utile sur les caractéristiques de cette civilisation ?

Jusqu'ici (en extrapolant à partir des systèmes de croyances de ses descendants), j'ai suggéré que sa spiritualité devait impliquer de profondes explorations du mystère de la mort. J'ai suggéré que l'existence d'anciennes cartes représentant avec précision la Terre telle qu'elle était durant l'ère glaciaire supposait que cette civilisation avait acquis une technologie nautique au moins aussi avancée que celle dont disposaient les navigateurs européens de la fin du XVIIIe siècle. J'ai suggéré qu'elle avait la maîtrise d'une géométrie et d'une astronomie sophistiquées. J'ai aussi suggéré qu'une telle civilisation « perdue », ayant mûri pendant des dizaines de millénaires en Amérique du Nord sans le moindre contact avec le reste du monde, pouvait avoir pris un chemin très différent du nôtre et avoir développé des technologies que les archéologues seraient incapables de reconnaître car fonctionnant sur des principes ou manipulant des forces inconnus de la science moderne.

Dans sa publication de 1920, *The Interpretation of Radium*, Frederick Soddy, prix Nobel de chimie et pionnier de la physique nucléaire, spéculait sur l'existence d'« une civilisation ancienne totalement inconnue et insoupçonnée dont toutes les reliques ont disparu [4] ». Il attirait l'attention sur les quantités apparemment inépuisables d'énergie nucléaire recelées par certains éléments tels que le radium, du moins selon les connaissances de son époque, et les comparait à la légendaire « pierre philosophale » à laquelle les traditions antiques attribuaient de mystérieux pouvoirs de transmutation et de régénération. D'après lui, cette similitude n'était pas une coïncidence, mais « un écho d'une des nombreuses époques qui nous ont précédés dans l'histoire non écrite du monde [5] » :

> Ne pouvons-nous voir dans [de telles traditions] (...) la justification de la croyance selon laquelle une ancienne race d'hommes oubliée a accédé non seulement au savoir que nous avons récemment acquis, mais également au pouvoir qui n'est pas encore le nôtre ? La science a fait de l'histoire du passé une ascension continue de l'Homme jusqu'au niveau de pouvoir dont il jouit aujourd'hui. Face à la preuve circonstancielle de ce progrès constant de la race, la conception traditionnelle de la chute de l'Homme d'un état antérieurement supérieur est devenue de plus en plus difficile à comprendre. De notre nouveau point de vue, ces deux perspectives ne sont pas du tout aussi irréconciliables qu'elles le paraissent. Une race capable de transmuter la matière n'aurait aucunement besoin de gagner sa pitance à la sueur de son front. Si nous en jugeons par ce que nos ingénieurs ont accompli avec des ressources en énergie relativement limitées, une telle race pourrait transformer un continent désertique, faire fondre les pôles et changer le monde en un riant jardin d'Éden. Elle pourrait même explorer les confins de l'espace. (...) Le mythe de la chute de l'Homme (...) pourrait n'être qu'une réminiscence de cette époque, avant que, pour une raison inconnue, le monde entier ne se retrouve de nouveau sous le joug incontesté de la Nature,

condamnant l'Homme à reprendre de zéro son exténuante ascension à travers les âges[6].

Dans les années 2020 (contrairement aux années 1920), les archéologues sauraient identifier une technologie fondée sur l'énergie nucléaire – et dans le cas contraire, ils seraient au moins capables de trouver un expert de la question. Cela parce que notre science a atteint un niveau où l'énergie nucléaire nous est familière. En revanche, lorsque Soddy imaginait une civilisation avancée de la préhistoire ayant pleinement pénétré les mystères de l'atome, il était ignorant de ce que ses successeurs en feraient – 25 ans avant Hiroshima et Nagasaki et 35 ans avant que les premières centrales nucléaires ne voient le jour. Produit d'une époque où commençait à se dessiner le potentiel quasi magique de cette nouvelle technologie, mais dont les effets néfastes restaient largement inconnus, Soddy était un idéaliste. Il ne pouvait prévoir que les immenses pouvoirs de l'atome, une fois maîtrisés, ne seraient **jamais** utilisés pour transformer les déserts, faire fondre les pôles ou « changer le monde en un riant jardin d'Éden », mais qu'on en ferait des bombes et des missiles, ou qu'on empoisonnerait la planète en produisant de l'électricité.

Il n'est pas dit qu'une civilisation avancée du passé eût choisi la voie nucléaire avec l'enthousiasme que Soddy leur prête. Ni celle du levier et de l'avantage mécanique vers lesquels ont tendu les civilisations historiques pendant des millénaires. J'en reviens à mon argument. Si nous envisageons la possibilité d'« une civilisation ancienne totalement inconnue et insoupçonnée », nous devons également considérer qu'elle ait pu développer des moyens totalement inconnus et insoupçonnés de manipuler la matière et l'énergie – que nous serions par conséquent incapables de reconnaître même si on tombait nez à nez avec la preuve de leur existence.

Peut-être est-ce la raison pour laquelle les archéologues des temps modernes, entraînés à analyser les techniques de construction anciennes à travers le cadre de référence du levier et de l'avantage mécanique, sont incapables de fournir d'explication convaincante à un certain nombre d'importants problèmes architecturaux de l'Ancien Monde.

Prenons l'exemple de ces poutres monolithes de granit, pesant dans les 70 tonnes chacune, sises au cœur de la pyramide de Khéops, dans les « chambres de décharge » empilées au-dessus de la chambre du roi, plus de 50 mètres au-dessus du niveau du sol. Que ces mégalithes aient été facilement mis en place au moyen de cylindres de bois ou de sable lubrifié relève du vœu pieux, à une telle hauteur. Le fait est que les poutres massives qui forment le plafond et le sol de ces chambres de décharge sont là – et que pour être arrivées là, il a fallu les hisser plus de 50 mètres au-dessus du sol.

Ou bien songez au trilithon de Baalbek au Liban. Là, 6 mètres au-dessus du sol, trois immenses pierres de taille pesant plus de 800 tonnes chacune ont été placées bout à bout, à l'intérieur d'un mur composé de plus petits blocs, et si bien ajustées que les joints sont à peine visibles. Une prouesse difficile à accomplir, même avec notre technologie du XXIe siècle, alors comment s'y est-on pris il y a plusieurs milliers d'années ?

Et n'oublions pas la merveille de Sacsayhuamán, perchée en haut d'une crête surplombant la ville de Cuzco, dans les Andes péruviennes, à une altitude de 3 700 mètres. Dans de précédents ouvrages, j'ai défendu l'idée que ce site supposé inca était déjà très ancien à l'époque des Incas, et qu'il leur avait été attribué à tort. Ce qui nous intéresse ici, ce sont ses colossaux murs mégalithiques disposés en une série de zigzags et composés de blocs polygonaux imbriqués les uns dans les autres. Chaque bloc est unique, certains pèsent plus de 300 tonnes, et tous sont si étroitement encastrés les uns dans les autres qu'il est impossible de glisser une feuille de papier entre les joints. Les efforts des archéologues pour reproduire la technique employée à Sacsayhuamán se sont révélés aussi grotesques que la tentative avortée de construire un modèle miniature de la pyramide de Khéops, en 1978 – là encore parce que le seul cadre de référence jugé acceptable, impliquant le levier et l'avantage mécanique, est incapable d'expliquer les anomalies les plus complexes.

Il existe une réponse, mais elle suppose de sortir des schémas établis.

À la pyramide de Khéops, à Baalbek et à Sacsayhuamán, ainsi que dans de nombreux autres sites (comme l'incroyable temple de Kailâsanâtha, taillé dans du basalte massif à Ellora, dans l'État indien du Maharashtra), d'intrigantes traditions anciennes persistent. Ces traditions parlent de sages en méditation, de l'usage de certaines plantes, de la concentration des initiés, de travail manuel miraculeusement rapide, et de mélopées ou de notes spéciales jouées sur des instruments de musique ayant un rapport avec l'élévation, la disposition, l'assouplissement et le modelage des mégalithes. Ma supposition, étayée par la distribution mondiale de tels récits et par l'incontestable réalité des sites eux-mêmes, est que nous nous trouvons face aux échos d'une ancienne technologie que nous ne comprenons pas, fondée sur des principes qui nous sont totalement étrangers.

Snoddy, lorsqu'il imagine une civilisation oubliée ayant développé des machines mues par l'énergie nucléaire, parle d'explorer les confins de l'espace et de manipuler le climat à l'échelle de la planète, mais je ne suis pas entièrement d'accord. Je ne crois pas que nous ayons affaire à l'énergie nucléaire, ni même à des *machines*. Alors que j'approche de la fin de l'œuvre de toute ma vie, et de ce livre, l'heure est sans doute venue d'écrire noir sur blanc ce que j'ai dit à de nombreuses reprises lors de séances de questions-réponses publiques dans mes conférences, à savoir que, de mon point de vue, la science de la civilisation perdue était initialement fondée sur ce que nous appelons aujourd'hui des capacités *psi*, qui utilisaient les pouvoirs améliorés et concentrés de la conscience humaine pour canaliser les énergies et manipuler la matière.

Quoique des recherches *psi* soient toujours menées dans un petit nombre d'universités et d'instituts en Grande-Bretagne, aux États-Unis et en Russie, cette discipline est généralement raillée et ignorée par le courant dominant de la science moderne. Ce refus catégorique ne signifie pas que ces recherches n'ont aucun intérêt, mais dit au contraire beaucoup de choses au sujet de la science d'aujourd'hui, qui est largement dominée par les adeptes de la pensée matérialiste dont le cadre de référence accorde peu de place aux « actions étranges à distance ». L'expression (d'Einstein) désigne spécifiquement les paradoxes de l'intrication quantique, mais peut également s'appliquer aux autres phénomènes supposés « non locaux », comme :

1. La télépathie (« communication entre deux personnes de pensées, de sentiments, de désirs, etc. impliquant des mécanismes qui ne peuvent être expliqués par les lois scientifiques connues ») ;
2. La vision à distance (« obtention d'informations sur une cible distante ou inaccessible aux sens au moyen de perceptions supposées extrasensorielles ») ;
3. La télékinésie (« mouvement d'un corps causé par la pensée ou par la volonté sans application d'une force physique ») ;
4. Les pouvoirs de guérison (la guérison de patients par des moyens non physiques et non médicaux).

Mon hypothèse, que je ne chercherai pas à prouver ici ou à étayer de preuves, mais que je me contente de présenter, est que la civilisation qui a selon moi prospéré en Amérique du Nord durant l'ère glaciaire a transcendé le levier et l'avantage mécanique et appris à manipuler la matière et l'énergie en utilisant les pouvoirs de la conscience que nous n'avons même pas effleurés. En pratique, de tels pouvoirs ressembleraient à de la magie, même aujourd'hui, et devaient être surnaturels, voire divins aux yeux des chasseurs-cueilleurs qui partageaient le monde de l'ère glaciaire avec ces mystérieux adeptes.

Il faut garder à l'esprit que nous parlons d'une civilisation amérindienne arrivée à maturité quelque part durant le long intervalle entre la récupération du mastodonte de Cerutti il y a 130 000 ans et le début du cataclysme du Dryas récent il y a 12 800 ans. Nous ne saurons probablement jamais ce qui l'a mise sur la voie de ce brillant développement idiosyncrasique, et il y a toutes les raisons de croire que son peuple entretenait d'étroites relations génétiques et linguistiques – et, au début, culturelles – avec les autres populations amérindiennes restées, elles, au stade de la chasse et de la cueillette. Par conséquent, si cette hypothétique civilisation avait une science, celle-ci devait être ancrée dans et fondée sur un cadre de référence reconnaissable par les Amérindiens, et se serait donc probablement développée sous le patronage des chamans et aurait utilisé les méthodes du chamanisme .

La télépathie, la télékinésie, la vision à distance et les pouvoirs de guérison sont des capacités qu'on attribue aux maîtres chamans. D'ailleurs, l'ayahuasca, qui réside au cœur du chamanisme amazonien, est d'abord entrée dans la conscience occidentale dominante sous le nom de *télépathine*. En 1952, par exemple, parti en Équateur à la recherche de l'infusion psychotrope, William Burroughs écrivait qu'il avait échoué à « trouver du Yagé, du *Banisteriopsis caapi*, de la **Télépathine**, de l'ayahuasca – autant de noms pour la même drogue[7] ».

Il était néanmoins déterminé à mettre la main dessus, pour ses « propriétés stupéfiantes » et le « mystère » qui l'entourait, ajoutant : « Je suis celui qui peut le dénicher[8]. »

La raison ayant présidé au choix du terme *télépathine*, utilisé dès 1905 pour désigner l'ayahuasca[9], est que les tribus amazoniennes qui en faisaient un usage régulier affirmaient que l'infusion favorisait la communication télépathique. Cela fait tousser l'esprit occidental mécaniste du XXIe siècle, mais Benny Shanon, professeur de psychologie à l'université hébraïque de Jérusalem et référence en matière de recherches sur l'ayahuasca concède que « les comptes-rendus d'expériences paranormales sous l'influence de l'ayahuasca abondent » :

> Presque tous ceux qui ont connu une exposition un tant soit peu poussée à l'infusion rapportent avoir eu des expériences télépathiques. De nombreux comptes-rendus similaires apparaissent également dans la littérature anthropologique. (...) De façon similaire, bon nombre de mes informateurs affirment avoir pu transmettre des messages aux autres participants de la séance d'ayahuasca sans articulation verbale manifeste. (...) De même, beaucoup indiquent avoir reçu de tels messages de la part d'autres personnes ou êtres. En général, dans les visions où les buveurs perçoivent des messages ou des instructions provenant d'êtres ou de créatures, la communication en question est décrite comme non verbale – directement d'esprit à esprit[10].

Dans le monde moderne, nous sommes si obnubilés par nos machines et nos appareils qu'il nous est presque impossible d'imaginer vivre sans eux. Mais si la télépathie était réelle – un débat dans lequel nous n'entrerons pas ici –, et si son usage et sa projection pouvaient être améliorés et fiabilisés, qui aurait encore besoin de téléphones portables, de Facebook ou de tout autre moyen de communication aujourd'hui omniprésent ? Là encore, nous resterions propriétaires de nos propres conversations plutôt que de devoir dépendre d'un intermédiaire ou d'une « plateforme » pour les relayer !

Se pourrait-il que ces pouvoirs *psi* aient toujours fait partie de l'héritage humain ? De notre « âge d'or » ? Peut-être que ces pouvoirs se sont atrophiés après que le cataclysme du Dryas récent a coupé nos liens à nos racines ? Et peut-être que, à la suite du cataclysme, l'ingéniosité de notre espèce s'est focalisée sur les techniques de levier et d'avantage mécanique, développant une boucle de rétroaction négative qui nous a jetés sur le chemin de la mécanisation et a banni le *psi* à la marge de l'expérience humaine ?

Ingénierie inverse du système

Je ne spéculerai pas davantage ici sur la technologie perdue d'une civilisation détruite. Il en existe des signes et des indices alléchants, mais même les premiers pas archéologiques qui permettraient de faire des découvertes en ce sens n'ont malheureusement jamais été entrepris. Il y a cependant plus à se mettre sous la dent lorsqu'on s'intéresse aux croyances religieuses et spirituelles. D'après les textes d'Edfou du temple d'Horus, il incombait aux survivants d'une civilisation perdue de la préserver et de la répliquer dans tout endroit du monde jugé propice.

Au XXIe siècle, la chrétienté et l'islam – les religions parvenues des 2 000 dernières années – exercent un véritable monopole sur la vie spirituelle de plus de la moitié de la population mondiale. Leur conception simple d'un dieu créateur unique (masculin, évidemment) et la promesse d'un paradis céleste pour Ses croyants et d'un enfer pour les mécréants et les scélérats rendent inutile toute réflexion sérieuse. Pour faire partie des élus, il suffit de cocher les bonnes cases et de maintenir un état de CROYANCE rigide, constant et inconditionnel dans l'autorité des textes sacrés et la parole des prêtres et des mollahs autoproclamés qui les interprètent.

Peut-être s'agit-il de l'option la plus facile, celle qui requiert le minimum d'investissement intellectuel, mais ce n'est certainement pas la seule, pas plus que l'athéisme – qui repose également sur des croyances non prouvées –, en aucun cas son contraire. La pleine portée du potentiel spirituel humain ne peut se réduire brutalement à la croyance qu'un dieu existe ou n'existe pas. L'agnosticisme est souvent proposé comme unique alternative, mais il existe d'autres voies, bien plus subtiles et même « scientifiques », explorées confidentiellement par nos ancêtres il y a plusieurs milliers d'années, qui méritent qu'on s'y attarde. D'importants éléments survivent dans certains des aspects les plus ésotériques de l'hindouisme et du bouddhisme tibétain – surtout dans le *Livre des morts tibétain*, qui présente des similitudes frappantes avec le *Livre des morts des anciens Égyptiens* et qui descend, je le suggère, de la même source. Il y a beaucoup de choses chez les Mayas (je l'évoque dans *L'Empreinte des dieux* et dans *Heaven's Mirror*) qui s'insèrent dans le tableau. Du reste, le chamanisme amazonien et les religions étrangement interconnectées du Nil et de la vallée du Mississippi ouvrent de nouvelles perspectives de compréhension.

Si l'on pense au « saut » visionnaire dans la Voie lactée et dans le monde d'en bas opéré par les chamans tucanos sous l'influence de l'ayahuasca, au « Chemin des âmes » mississippien ou au voyage dans l'Au-delà des anciens Égyptiens à travers la Douât, je pense que la seule conclusion raisonnable qu'on peut tirer des arguments présentés dans les précédents chapitres est que nous avons affaire à un système complexe et sophistiqué d'idées partagées héritées d'un lointain ancêtre commun. Et de la même manière qu'une « ingénierie inverse » de notre ADN peut révéler énormément de choses sur nos aïeux, les segments communs d'ADN culturel des religions de la vallée du Mississippi et de l'Égypte ancienne nous donnent un aperçu de celle, beaucoup plus ancienne, qui les a engendrées. Je dirais que cette ancienne religion – celle de la civilisation perdue – devait être une ramification hautement spécialisée du chamanisme amérindien, et que sa principale préoccupation, comme celle de tous les chamanismes, était le mystère de la mort.

Que nous arrive-t-il quand nous mourons ?

Notre société préfère ignorer et marginaliser le problème de la mort. C'est une réalité permanente pour nous tous – plus ou moins selon que nous sommes jeunes ou vieux –, et pourtant nous faisons tout pour l'éviter. Nous savons de façon abstraite qu'elle nous attend, mais nous préférons réfléchir aussi peu que possible à ses implications et vivre nos vies comme si elles étaient éternelles.

Le cadre de référence au sein duquel émerge une telle pensée ne peut être attribué à aucune des religions abrahamiques, mais appartient au scientisme des temps modernes, qui tient pour acquis que nous sommes des créatures entièrement matérielles, fruits du hasard de la chimie et de la biologie, que notre existence n'a ni but ni signification transcendante, qu'il n'existe rien de tel que l'âme, que la mort est une fin et qu'il n'y a pas d'« Au-delà ». Si telles sont vos convictions, qui ne constituent qu'un sous-ensemble de croyances plus vastes dépouillant l'univers d'esprit et concevant celui-ci comme une espèce d'automate inconscient géant, alors bien sûr abjurer toute pensée de la mort et repousser celle-ci aussi longtemps que possible a du sens, quand bien même nombre de traditions anciennes, méprisées par la pensée scientifique, avertissent que la réticence à mourir produit des résultats délétères. « Ici, en Amérique », commente W.Y. Evans-Wentz, le traducteur du *Livre des morts tibétain*,

> aux yeux de la science médicale encline au matérialisme, tout effort est bon pour repousser, et donc interférer avec le processus naturel de la mort. Très souvent, les mourants ne sont pas autorisés à décéder chez eux ou dans des conditions normales et paisibles sitôt qu'ils ont atteint l'hôpital. Mourir à l'hôpital, probablement sous l'effet engourdissant de quelque opiacé, ou bien l'organisme stimulé artificiellement pour permettre au mourant de s'accrocher à la vie le plus longtemps possible, ne peut produire qu'une mort tout à fait indésirable, aussi indésirable que celle d'un soldat en état de choc sur le champ de bataille. De la même manière qu'une intervention médicale peut interrompre le processus de naissance, le processus de mort peut lui aussi être interrompu [11].

Les choses se seraient passées très différemment dans une civilisation amérindienne avancée qui n'aurait **pas** coupé ses racines avec le chamanisme – comme nous l'avons fait –, mais au contraire développé des sciences et une technologie directement issues d'expériences et de préoccupations chamanistiques. Plutôt que de tourner le dos à la mort, une telle civilisation aurait exploré tous les aspects du mystère, et aurait certainement utilisé des techniques de transe avec une objectivité scientifique et une discipline à même de déterminer le degré de réalité de l'« Au-delà » ou du « Monde d'en bas » rencontrés dans les visions.

La présence d'un des plus anciens mythes de la Grèce antique – celui d'Orphée et d'Eurydice – dans les cultures précolombiennes d'Amérique du Nord, bien avant le contact avec les Européens, témoigne également d'un lointain ancêtre commun derrière ces motifs religieux largement répandus [12]. Certains détails varient, comme évidemment les noms des protagonistes et le décor, mais la structure sous-jacente est la même [13] – (1) une épouse ou compagne (Eurydice) meurt prématurément ; (2) son mari ou amant (Orphée) suit son âme aux Enfers et persuade son geôlier de la laisser repartir avec lui dans le monde des vivants ; (3) Eurydice est libérée à la condition qu'elle marche derrière Orphée lors de leur traversée des Enfers et qu'en aucune circonstance il ne pose les yeux sur elle avant qu'ils n'aient regagné le monde des vivants ; (4) au dernier moment, submergé par son amour, Orphée ne résiste pas à la pulsion de jeter un coup d'œil par-dessus son épaule à sa femme, et elle est instantanément renvoyée aux Enfers qu'elle ne pourra plus jamais quitter.

Les versions amérindienne et grecque du mythe présentent de telles similitudes que l'éminent chercheur en religions Ake Hultkrantz a consacré une immense monographie à ce mystère, publiée à Stockholm en 1957 sous le titre *The North American Indian Orpheus Tradition* [14]. Tandis que son contemporain, l'ethnographe canadien Charles Marius Barbeau, avançait l'hypothèse que les mythes grec et amérindien devaient être les manifestations d'un récit originel bien plus ancien et en concluait que « la diffusion mondiale à partir d'une source inconnue d'une légende aussi classique que celle d'Orphée et d'Eurydice a dû prendre des millénaires [15] ».

Je ne peux qu'être d'accord avec le fait que la distribution à grande échelle de versions localisées du mythe d'Orphée et d'Eurydice suppose que la source commune dont elles descendent toutes est nécessairement très ancienne. Mais je trouve également intéressant que le récit s'appuie sur les concepts du voyage de l'âme dans l'Au-delà et sur la dualité de l'esprit et de la matière, si centraux dans les croyances religieuses de l'ancienne Égypte et de la vallée du Mississippi. Se pourrait-il que nous trouvions dans ces systèmes superficiellement séparés mais profondément interconnectés les fils survivants d'une immense tapisserie de pensée sur la condition humaine, notre place dans le cosmos et le sens de la vie et de la mort ?

Et, de la même manière que nos sciences d'aujourd'hui sont capables d'interventions et de manipulations hautement sophistiquées sur la matière, serait-il impossible que les sciences de la civilisation perdue aient été capables d'interventions et de manipulations tout aussi sophistiquées sur le royaume de l'esprit – et aient par conséquent accumulé des informations véridiques concernant les dimensions de la réalité dont nous-mêmes sommes parfaitement ignorants ?

Pour ceux qui croient que toute notion d'« esprit » relève du fantasme, que la conscience expire en même temps que le corps, que toute forme de vie après la mort est par conséquent impossible, l'idée d'investir son temps, ses ressources et son ingéniosité dans une « science de la mort » – ou, pour mieux dire, une « science de l'Au-delà », voire une « science de l'immortalité » – semblerait la dernière des imbécillités. En conséquence, comme le dit avec éloquence W.Y. Evans-Wentz, du point de vue matérialiste, la seule application valide de la science au problème de la mort consiste à équiper les hôpitaux, à préparer des remèdes pour « faciliter » le passage et – si le défunt est par ailleurs en bonne condition physique – à recycler ses organes.

Et si notre science matérialiste, dont le pedigree ne remonte qu'à quelques centaines d'années depuis l'avènement du prétendu âge de la Raison à la fin du XVIIe siècle, était fondamentalement **incomplète** dans son analyse de la nature de la réalité et du phénomène de la mort ? Et si la tradition ancestrale du voyage de l'âme dans l'Au-delà qui se manifestait dans l'ancienne Égypte, dans la vallée du Mississippi, et qui se manifeste encore aujourd'hui chez les chamans d'Amazonie recelait de profondes vérités ?

Le cas échéant, il se pourrait que le matérialisme scientifique occidental nous ait entraînés sur un chemin sombre et dangereux – dont les répercussions pèsent sur l'éternité.

Dans le bouddhisme tibétain, l'Au-delà est appelé le Bardo – littéralement « l'état intermédiaire ». Comme dans *Le Livre des morts des anciens Égyptiens* et dans les traditions orales et iconographiques mississippiennes, le but du *Livre des morts tibétain* est de servir de guide et de manuel d'instructions pour l'âme dans son voyage *post-mortem* à travers cette étrange dimension parallèle.

« L'état intermédiaire » explique l'éminent universitaire américain bouddhiste Robert A.F. Thurman, est « un moment critique après la mort où l'âme (le très subtil esprit-corps) se trouve dans son état le plus fluide[16]. » C'est un moment de danger extraordinaire, mais aussi d'opportunités extraordinaires :

> Si une bonne personne, qui possède un fort élan d'action évolutive positive, n'est pas préparée pour l'état intermédiaire, elle peut perdre une énorme quantité de progrès évolutif en un clin d'œil parce qu'elle prendra peur et se cachera dans les ténèbres. À l'inverse, si une mauvaise personne, alourdie par le poids d'une évolution négative, entre dans l'état intermédiaire bien préparée, elle peut surmonter d'immenses éons de vies misérables en visant bravement la lumière. Après tout, un minuscule accomplissement sur un plan subtil peut avoir un puissant impact sur le plan brut. L'âme dans l'état intermédiaire peut directement modifier, simplement par son imagination créative, ce que les bouddhistes appellent « les gènes spirituels » qu'elle porte en elle. Le voyageur de l'état intermédiaire jouit temporairement d'une intelligence immensément élevée, d'extraordinaires pouvoirs de concentration, d'aptitudes à la clairvoyance et à la téléportation, d'une flexibilité lui permettant de devenir tout ce qu'elle peut imaginer et de l'ouverture d'esprit propice à une transformation radicale par une pensée, une vision ou une instruction. Voilà pourquoi le voyageur de l'état intermédiaire peut être instantanément libéré, simplement en comprenant où il se trouve, quelle est la réalité, où sont ses alliés et où sont les dangers[17].

La science occidentale possède une connaissance inégalée de la matière, sur laquelle elle exerce une maîtrise exceptionnelle. Nous avons cependant tort de croire que le fait de posséder ce savoir supérieur réfute la « science de la mort » tibétaine (selon l'expression utilisée par Robert Thurman pour décrire les enseignements du *Livre des morts tibétain*[18]). Au contraire, depuis que la science occidentale a tourné le dos à l'exploration de l'Au-delà en raison de l'idée préconçue et non prouvée qu'il n'existe rien de tel, nous devrions accepter l'idée que le bouddhisme tibétain, qui a consacré de longs siècles d'étude approfondie au sujet, puisse être loin devant nous. De plus, comme je le soutiens, *Le Livre des morts tibétain* descend du lointain ancêtre qui a également donné naissance aux systèmes de croyances de l'ancienne Égypte et du Mississippi, et à ce titre pourrait donc potentiellement servir à reconstituer le système de croyances de ce lointain ancêtre.

Mon sentiment est que cette civilisation perdue n'était pas très intéressée par la chose matérielle, ce qui serait cohérent avec ses possibles origines chamaniques. Comme beaucoup d'autres cultures amérindiennes, son but premier n'était pas l'acquisition d'un statut ou l'accumulation de richesses, mais la perfection de l'âme, à travers des quêtes de vision et une discipline de vie. D'après la complexité et la profonde sagesse imprégnant les religions qui en découlent aujourd'hui, je pense qu'elle a poussé très loin l'exploration de ce mystère, dans des régions que la physique quantique et la recherche sur la réalité virtuelle ont à peine entraperçues. Afin de préparer au mieux ses initiés, de telle manière qu'ils entreprennent leur ultime voyage « bien équipés » – une question bien plus fondamentale que toute considération matérielle –, l'exploration directe de dimensions parallèles, que nous avons déjà évoquée, devait certainement être au cœur de son mode de vie. Si cette exploration avait pu se poursuivre, cette civilisation aurait transcendé l'espace, le temps et la matière, mais il y a 12 800 ans, une masse de cette même matière, la comète du Dryas récent l'a percutée de plein fouet et a interrompu cette grande quête préhistorique.

Elle n'y a cependant pas mis un terme définitif, car si je ne me trompe pas, il y a eu des survivants qui ont tenté, avec plus ou moins de succès, de promouvoir les enseignements perdus, de planter des « cellules dormantes » partout au cœur des cultures de chasseurs-cueilleurs sous forme d'institutions et de mèmes capables de conserver, de transmettre ce savoir et, l'heure venue, de mettre en pratique un programme de travaux publics, un rapide développement agricole et une quête spirituelle profonde.

Quant au destin de la civilisation perdue elle-même, je ne peux que supposer que son foyer nord-américain, où elle a pu prospérer durant plus de 100 000 ans dans un isolement relatif, se situait dans une ou plusieurs des immenses régions au sud de la calotte glaciaire, des Channeled Scablands de l'État de Washington à l'ouest jusqu'au Finger Lakes de l'État de New York à l'est en passant par le Nebraska, le Wyoming, les Dakota et les Grands Lacs où s'est sans doute produit l'un des impacts les plus dévastateurs. J'ai déjà dit qu'il s'agissait d'une civilisation de navigateurs, capable de cartographier le monde de l'ère glaciaire et d'étendre son influence jusqu'à de lointains rivages, mais si elle a possédé des ports sur les côtes atlantique et pacifique de l'Amérique du Nord il y a 13 000 ans, ceux-ci ont été submergés par la rapide montée des eaux aux balbutiements du Dryas récent, il y a 12 800 ans, et par leur élévation encore plus spectaculaire à la fin de cette même période, il y a 11 600 ans, quand les calottes glaciaires restantes d'Europe et d'Amérique du Nord se sont simultanément effondrées dans les océans.

Passé imparfait, avenir incertain

Il y a littéralement des milliers de mythes sur tous les continents habités qui évoquent l'existence d'une civilisation avancée dans la lointaine préhistoire, de l'âge d'or perdu où elle a prospéré et du cataclysme qui y a mis un terme. Beaucoup d'entre eux – l'histoire de l'Atlantide, par exemple, ou celle de l'Arche de Noé – ont pour caractéristique commune l'idée que les êtres humains, par leur arrogance, leur cruauté et leur irrespect de la terre, ont provoqué le désastre qui les a accablés, en conséquence de quoi les dieux les renvoient à leur état premier afin qu'ils réapprennent l'humilité.

D'où vient ce sentiment de culpabilité ancestrale, cette idée que l'humanité aurait pris une mauvaise direction à une époque reculée et aurait été purgée par une catastrophe planétaire ? On peut difficilement imaginer qu'une société de chasseurs-cueilleurs accorde beaucoup de temps à de telles pensées. En revanche, un peuple technologiquement avancé, notamment s'il maîtrise la transmutation de la matière, serait bien plus probablement sujet à l'*hubris* et à l'ambition démesurée. Il se peut tout à fait que les survivants de cette civilisation se soient attribué la responsabilité du cataclysme qui les a frappés.

Qui sait ? Peut-être ont-ils fait preuve d'un orgueil excessif justifiant de telles spéculations ?

Une dérive vers un matérialisme débridé ?

L'introduction de sacrifices humains ?

L'apparition d'un nouveau culte vigoureusement prosélyte niant l'existence de l'âme ?

L'esclavage et l'exploitation des tribus de chasseurs-cueilleurs ?

L'armement d'un groupe de chasseurs-cueilleurs – tel que Clovis – pour leur donner un avantage compétitif sur les autres groupes ?

On pourrait imaginer des milliers de raisons justifiant que les survivants d'une civilisation jadis puissante se soient présentés aux chasseurs-cueilleurs qui les ont accueillis chargés d'une culpabilité et d'une humilité nouvelle.

Une tradition ojibwé semble parler en ce sens. Elle évoque une comète qui a « brûlé la Terre » dans un lointain passé et qui est appelée à revenir :

> L'étoile à la longue et large queue détruira un jour le monde lorsqu'elle s'approchera de nouveau de lui. Il s'agit de la comète appelée Étoile montante céleste à longue queue. Elle s'en est déjà approchée, il y a des milliers d'années. Comme le Soleil. Sa queue irradiait de chaleur. (...)
>
> Les Amérindiens vivaient sur la Terre avant que cela se produise. Mais la nature était malade. Beaucoup de gens s'étaient détournés du chemin spirituel. L'Esprit saint les a avertis longtemps avant l'arrivée de la comète. Les hommes-médecine ont dit à tous de se préparer. (...) La comète a tout brûlé sur son passage. (...)
>
> Une prophétie annonce que la comète reviendra détruire la Terre. Mais il s'agira d'une restauration. Le plus grand bienfait que cette île [l'île de la Tortue, expression utilisée par de nombreux peuples amérindiens pour désigner le monde] connaîtra jamais. Les gens n'écoutent plus leurs guides spirituels, aujourd'hui. Il y aura des signes dans le Soleil, la Lune et les étoiles quand la comète reviendra [19].

Au XXIe siècle, notre science et notre technologie sont proches du point où, si nous le souhaitions et si nous étions prêts à y affecter les ressources nécessaires – au détriment du budget de l'armée, par exemple –, il nous serait possible de débarrasser notre environnement spatial des astéroïdes et des débris de comète, et ainsi sauver les générations futures de nouveaux impacts cosmiques. Restaurer la Terre et son environnement **après** qu'un impact majeur se sera produit reste cependant **hors** de nos compétences scientifiques et technologiques. L'astronome William Napier, professeur d'astrobiologie à l'université de Cardiff et expert mondial des comètes et des astéroïdes, nous rappelle que les conséquences d'une catastrophe cosmique à l'échelle planétaire dépasseraient de loin notre capacité à y répondre.

> Un impact modeste a le pouvoir de mettre fin à notre civilisation, tandis qu'un impact majeur causerait un déclin irréversible de notre espèce, comme d'autres espèces de primates du passé et d'aujourd'hui. Il a fallu 3 milliards d'années d'évolution pour produire l'unique espèce sur terre capable de comprendre l'univers, et nous ignorons si, dans l'éventualité d'une extermination, l'intelligence réapparaîtrait. Pas plus que nous ne savons s'il existe d'autres espèces intelligentes dans la galaxie. Si nous sommes effectivement seuls et qu'une catastrophe met fin à notre espèce, alors la galaxie retournera à son état de stupidité primitif et ne le quittera sans doute plus jamais. De ce point de vue, la survie de cette espèce particulière de singes est un impératif cosmique[20].

Nous avons déjà reçu des avertissements clairs de l'univers sous la forme de bouleversements majeurs au début du Dryas récent. Aucun chercheur sérieux ne remet en cause la réalité de ces bouleversements et, depuis 2007, l'hypothèse de l'impact cosmique du Dryas récent s'est imposée comme l'explication la plus largement acceptée à tout ce qui s'est produit. Mais, au départ, les scientifiques à l'origine de l'hypothèse pouvaient seulement affirmer que les preuves incriminaient un débris cosmique quelconque, très probablement un essaim de fragments d'une comète désintégrée.

En 2010, cependant, dans un article publié dans *Monthly Notices of the Royal Astronomical Society*, William Napier a ajouté son poids et des détails spécifiques à la conclusion qu'une comète a bel et bien été impliquée – une comète géante, possiblement d'un diamètre de 100 kilomètres, selon ses calculs, qui est entrée dans le Système solaire interne sur une orbite ayant croisé celle de la Terre entre 30 000 et 20 000 ans avant le présent, et a ensuite été sujette a une succession de fragmentations qui a donné naissance aux Taurides[21]. Il s'agit d'un comportement normal pour une comète[22], et le professeur Napier soutient que l'intersection avec des débris fragmentés de cette comète exceptionnellement volumineuse il y a 12 800 ans « fournit une explication satisfaisante » à l'origine supposée céleste du cataclysme du Dryas récent[23].

De mon côté, je soutiens que cette comète a effacé une remarquable civilisation de la surface du globe et nous a plongés dans l'amnésie. Ce que nous avons notamment tendance à oublier, malgré les avertissements de plus en plus pressants d'une poignée d'astronomes, c'est que **la plupart des débris de la fragmentation de la comète initiale sont toujours en orbite dans les Taurides**, y compris des morceaux d'une taille suffisante pour mettre de nouveau un terme à la civilisation. De fait, comme nous l'avons vu au chapitre 8, Napier conclut que ce « complexe unique de débris » représente aujourd'hui « la plus grande probabilité de collision avec la Terre[24] ».

En septembre 2017, des images, captées par le European Fireball Network dans le cadre de nouvelles recherches importantes sur les Taurides publiées dans *Astronomy and Astrophysics*, étayent solidement les avertissements de Napier. Le titre de l'article en dit long : « Découverte d'une nouvelle branche des Taurides constituant une source de corps potentiellement dangereux[25]. »

Cette branche nouvellement découverte fait partie des Taurides du Sud, observables de mi-septembre à mi-novembre, et n'est qu'un indicateur parmi d'autres montrant que l'humanité n'en a pas encore fini avec la comète du Dryas récent. Bien au contraire, toutes les observations et les investigations des Taurides actuellement menées par les astronomes tendent à prouver que nous serions sur le point d'entrer – ou que nous sommes déjà entrés – dans un épisode de danger accru. À l'échelle de quelques décennies, il se peut que nous entrions en collision avec des filaments particulièrement denses et turbulents du flot météoritique, dont on pense qu'il contient des fragments « sombres » de la comète originale. L'un deux en particulier, d'un diamètre de 30 kilomètres, est susceptible d'anéantir la Terre[26].

L'heure du changement ?

Ce livre s'appuie beaucoup sur mes précédents travaux, notamment ceux que j'ai entrepris sur le Mexique ancien, les anciennes civilisations andines d'Amérique du Sud et l'Égypte antique. Mais ce n'est qu'en décembre 2016, au cours d'une visite du camp de protestataires d'Oceti Sakowin, situé dans le Dakota du Nord juste derrière l'actuelle frontière nord de la réserve indienne de Standing Rock, que *La clef de la civilisation perdue* est devenu un concept précis doublé d'une ferme motivation.

Les lecteurs se souviennent sans doute qu'à partir de juillet 2016, une coalition bigarrée de Sioux, de membres d'autres tribus amérindiennes et de personnes non amérindiennes s'est rassemblée à Oceti Sakowin afin de protester contre le déploiement d'un pipeline sous le lac Oahe, moins d'un kilomètre au nord de Standing Rock en remontant le Missouri, un lieu où non seulement il profane des terres sacrées, mais où il menace les stocks d'eau de la réserve en cas de rupture.

Quoique extrêmement active et passionnée face à la répression d'une police militarisée, la manifestation de ceux qu'on a appelés les « protecteurs de l'eau » a échoué à interrompre la construction du Dakota Access Pipeline (DAPL). Le 7 février 2017, un permis officiel d'exploitation a été accordé[27], les travaux pour achever le DAPL se sont poursuivis et les premières gouttes d'essence ont commencé à transiter le 1er juin 2017[28]. Plusieurs recours ont été déposés par les Sioux, d'autres manifestations ont eu lieu, et des polémiques ont éclaté à la suite de fuites avérées[29]. En décembre 2017, des restrictions temporaires ont été imposées à l'exploitant du pipeline pour éviter d'autres fuites[30], mais à l'heure où j'écris ces lignes, en juillet 2018, l'essence coule toujours, et il semble que les contingences commerciales ont une fois de plus pris le dessus sur les intérêts et les préoccupations des Amérindiens[31].

Au cœur des manifestations de Standing Rock, il y avait l'idée fondamentale que nous vivons à une époque où il est urgent de changer de logiciel, d'adopter une attitude plus humble, de cesser de piller la terre et d'entendre le message spirituel des Anciens dont les Amérindiens sont les gardiens.

C'est un message qui résonne profondément en moi et avec tout ce que j'ai appris en écrivant ce livre.

« C'est l'affaire de tous », m'a dit Cody Two Bears de la tribu sioux de Standing Rock, alors qu'il expliquait le but plus vaste des manifestations d'Oceti Sakowin :

> Nous vivons un moment d'une importance capitale – c'est pourquoi les gens doivent savoir ce qui se passe ici. D'abord parce que les livres d'histoire ne vous diront jamais (...) la vraie raison. J'ai parlé avec beaucoup d'anciens et de guides spirituels. Nos cérémonies doivent rester secrètes. Nos histoires doivent rester secrètes aussi longtemps qu'il sera nécessaire de les préserver. Parce que le gouvernement avait peur de ce que nous avions et du peuple que nous sommes. Les lois vous le diront. Il y a même une loi encore en vigueur dans le Montana, je ne crois pas qu'on l'ait abolie, disant que si vous voyez trois Amérindiens ensemble, vous pouvez leur tirer dessus et les tuer. C'est encore légal au Montana ! S'ils ont créé ce genre de lois, c'est parce qu'ils nous craignaient.
>
> Mais bien qu'ils ne le sachent pas, nos cérémonies et notre mode de vie nous protégeaient nous et *Unci Maka* [la Terre Mère]. Nous priions même pour ces gens qui avaient peur de nous, pour les aider. (...) Nous priions pour eux, pour nous assurer qu'ils allaient bien.
>
> Voilà de quoi sont faites nos cérémonies. Ce n'est pas de la sorcellerie. (...) Nous ne jetons de sorts à personne, mais c'est ce qu'ils ont cru pendant tant et tant d'années. (...) Par exemple, la Danse des Esprits que nous pratiquions dans le pays des Lakota et des Dakota. Quand nous faisions cela, les *Washi'chu* [les Blancs – littéralement « ceux qui s'octroient toujours la plus grosse part »] étaient terrorisés. Ils croyaient que nous jetions des sorts, alors que nous essayions simplement de conserver l'équilibre entre la Terre et les étoiles. Nous devons conserver cet équilibre, car si nous ne commençons pas à le faire aujourd'hui, nous n'aurons plus nulle part où vivre au cours des 100 prochaines années.

Il y a quelque 12 800 ans, l'équilibre entre la Terre et les étoiles a été perdu, effaçant un chapitre clef de l'histoire de l'humanité. Si une telle chose se reproduisait, si notre bref chapitre venait lui aussi à être effacé, ne restera-t-il de nous dans le lointain futur qu'un triste mythe racontant comment notre avidité et notre vanité, notre imprudence et notre négligence à l'égard de la planète placée sous notre responsabilité, et nos excès de haine et notre manque d'amour ont provoqué notre propre chute ?

APPENDICE 1

Mélazonie, ou Amanésie.

Quoiqu'un monde et quelque 40 000 années ou plus d'histoire humaine les séparent », certaines « ressemblances frappantes » et de « remarquables similitudes entre des sociétés amazoniennes et mélanésiennes » laissent les universitaires perplexes depuis plus d'un siècle[1].

Une des énigmes auxquelles ils se confrontent porte sur la forme du crâne d'indigènes amazoniens et mélanésiens et sur une théorie hétérodoxe appelée l'« hypothèse paléoaméricaine[2] » qui postule, « sur la base de la morphologie crânienne » (terme ronflant désignant la forme du crâne) :

> que deux populations de souche et de temporalité distinctes ont colonisé les Amériques. La plus ancienne, manifestement originaire d'Asie au Pléistocène supérieur, aurait donné naissance aux Paléoaméricains et aux Austronésiens actuels, dont la morphologie crânienne similaire laisse supposer un ancêtre commun. Nous présumons que les Paléoaméricains ont ensuite été massivement remplacés par les ancêtres des Amérindiens actuels, dont le crâne ressemble à celui des Asiatiques de l'Est modernes, dont on sait qu'ils sont les descendants de populations mongoloïdes arrivées plus tardivement. On peut essentiellement déduire la présence de Paléoaméricains de spécimens archéologiques anciens en Amérique du Nord et du Sud et de quelques populations plus récemment éteintes, comme les Pericú et les Fuegopatagoniens.

> L'hypothèse paléoaméricaine prédit que ces groupes devraient être génétiquement plus proches des Austronésiens que tous les autres Amérindiens [3].

Maanasa Raghavan et Eske Willerslev, tous deux du Centre de GéoGénétique de l'université de Copenhague, ont testé l'hypothèse au niveau génétique dans le cadre de leur étude (dont nous parlons en partie III de la première partie de cet ouvrage, publiée en 2020) et ont découvert que les crânes anciens et plus récents des Amérindiens auxquels on attribuait jusqu'alors une morphologie austronésienne étaient en réalité génétiquement proches des « autres groupes amérindiens » et ne présentaient aucune affinité avec les Austronésiens [4].

Leurs données corroborent une masse de preuves génétiques préexistantes qui pointent vers la même conclusion.

Par exemple, une autre étude a découvert que même les plus anciens crânes présentant « des caractéristiques attribuables aux crânes paléoaméricains » se sont révélés, après un séquençage génétique, « présenter les mêmes haplogroupes ADNmt que des populations plus tardives avec une morphologie amérindienne [5] ».

Une troisième étude comparant des données morphométriques et moléculaires du génome mitochondrial d'un haplogroupe à partir de restes de squelettes amérindiens anciens et plus récents a également conclu que « les populations humaines vivant dans les Amériques en ces temps archaïques ne peuvent pas être considérées comme appartenant à deux groupes différents, sur la base des données analysées [6] ».

En d'autres termes, quoique leurs crânes puissent *sembler* différents, et plus proches des crânes austronésiens que des crânes amérindiens plus récents, les « Paléoaméricains » ne présentent en réalité aucune différence génétique avec les populations amérindiennes bien plus tardives. Puisque le génotype prend chaque fois le dessus sur le phénotype lorsqu'il s'agit de prouver une parenté, il a été communément admis pendant des années que l'« hypothèse paléoaméricaine » avait été réfutée.

Cependant, à la suite de leur propre étude, dont nous discutons au chapitre 9 de la première partie de cet ouvrage, publiée en 2020, Pontus Skoglund et David Reich (travaillant tous deux au département de génétique de la Harvard Medical School) semblent prêts à reconsidérer toute la question lorsqu'ils décrivent leur « population Y » ayant « probablement contribué à l'ADN des Amérindiens d'Amazonie et du plateau brésilien » comme « une lignée plus proche des Australasiens actuels que des Asiatiques de l'Est et des Sibériens d'aujourd'hui [7] ». Ils poursuivent et ajoutent :

> Cette découverte est frappante à la lumière des interprétations de la morphologie de certains squelettes amérindiens, dont les auteurs ont suggéré qu'ils avaient des affinités avec des groupes australasiens. Le plus grand nombre de squelettes qui ont été décrits comme ayant cette morphologie craniofaciale et qui ont été datés de moins de 10 000 ans ont été trouvés au Brésil, foyer des groupes Suruis, Karitianas et Xavántes qui présentent les plus fortes affinités génétiques avec les Australasiens [8].

Ce qui n'a jamais été véritablement remis en question, c'est que les similitudes craniométriques entre les populations de l'Amazonie brésilienne et les populations austronésiennes sont réelles et quantifiables [9]. De plus, bien qu'également réelles et quantifiables, les données génétiques suggérant que ces similitudes ne sont pas des preuves de parenté, mais plus probablement des coïncidences, ou peut-être le résultat de quelque bizarre processus évolutionnaire parallèle, me semblent – et c'est clairement l'avis qu'expriment Skoglund et Reich – être directement contredites par le signal austronésien qui témoigne d'une irréfutable parenté au Brésil.

Au vu de cela, je dirais que les données craniométriques antérieures méritent, à tout le moins, d'être révisées. Notamment l'étude de Walter A. Neves et Mark Hubbe publiée en décembre 2005 dans *Proceedings of the National Academy of Sciences*, dans laquelle « le plus grand échantillon de crânes américains anciens jamais étudiés » – quatre-vingt-un crânes de la région de Lagoa Santa, au Brésil – est comparé « avec un ensemble de données internationales donnant à voir les variations globales de la morphologie humaine, à travers trois analyses multivariées distinctes [10] ».

Dans leur article, Neves et Hubbe le soulignent :

> Alors que les Amérindiens de la fin de la Préhistoire, de l'histoire récente et de la période actuelle tendent à avoir une morphologie crânienne similaire à celle de leurs contemporains d'Asie du Nord (...), les Sud-Américains les plus anciens présentent plus de

similitudes avec les Australiens, les Mélanésiens, et les Africains subsahariens d'aujourd'hui [11].

Après avoir procédé à des mesures et à des analyses détaillées de leur collection de quatre-vingt-un crânes brésiliens anciens et les avoir comparés à d'autres du monde entier, Neves et Hubbe affirment que « les résultats obtenus à partir de toutes les analyses multivariées confirment une affinité morphologique importante entre les Paléoindiens d'Amérique du Sud et les groupes austronésiens qui existent encore [12] ».

Ils en déduisent deux hypothèses pour expliquer « les différences morphologiques observées entre les Amérindiens d'Amérique du Sud d'aujourd'hui et de jadis » :

> L'une d'elles est un processus microévolutionnaire local qui a transformé, *in situ*, la morphologie paléoaméricaine en ce qui constitue aujourd'hui le standard parmi les Amérindiens. L'autre est que les Amériques ont été successivement occupées par deux lignées humaines morphologiquement différenciées, la morphologie paléoaméricaine étant arrivée la première.
>
> La deuxième hypothèse nous semble plus plausible pour trois raisons : premièrement, il paraît très improbable que le même phénomène évolutionnaire (...) se soit produit parallèlement dans les Amériques et en Asie de l'Est, à peu près au même moment ; deuxièmement, parce qu'en Amérique du Sud au moins, la transition entre les deux schémas morphologiques a été, d'après ce que nous en savons, abrupte ; et troisièmement, il a récemment été prouvé que la morphologie crânienne ne produit une réponse adaptative qu'à des conditions environnementales extrêmes, et se révèle beaucoup moins malléable que nous ne l'avons cru jusqu'alors [13].

En bref, comme le résument Neves et Hubbe ailleurs dans leur article, leurs résultats soutiennent l'hypothèse « que deux populations biologiques distinctes ont pu avoir colonisé le Nouveau Monde lors de la transition du Pléistocène à l'Holocène [14] ».

Bien sûr, cette conclusion s'appuie sur les données craniométriques, mais c'est aussi précisément celle à la laquelle parviennent Skoglund et Reich à la lecture des données génétiques ; à savoir, comme l'indique le titre de leur article dans *Nature*, qu'il existe des « traces génétiques de deux populations souches du peuplement des Amériques[15] ».

En revanche, comme nous l'avons vu, Raghavan et Willerslev ne sont pas d'accord. Dans leur article publié par *Science*, ils privilégient l'hypothèse d'une seule population souche[16].

Dans une situation comme celle-ci, où les experts arrivent à des conclusions radicalement différentes sur la base de nuances dans les mêmes données, il serait malavisé de prendre parti pour les uns ou les autres. Mais qu'il s'agisse de crânes ou de gènes, il m'apparaît que les indices jusqu'ici mettent en lumière – à tout le moins ! – une sorte de connexion oubliée.

Et ce n'est pas tout.

Deux tours de Babel

Plusieurs chercheurs ont remarqué que l'Austronésie et les Amériques manifestent une extraordinaire « diversité linguistique », car on y trouve un bien plus grand nombre de langues que dans toute autre partie du monde. Une des implications de ce phénomène, selon l'anthropologue German Dziebel, est que :

> à la lumière du nombre de lignées linguistiques indépendantes, les divergences linguistiques dans les Amériques ont dû prendre au moins 35 000 ans. Bien sûr, il ne faut pas prendre ce chiffre au pied de la lettre, mais il y a une nette différence entre la diversité de langues qu'on trouve dans les Amériques (et dans des endroits comme la Papouasie-Nouvelle-Guinée, dont certaines traces archéologiques humaines remontent à 40 000 ans) et celle qu'on rencontre en Afrique[17].

Austin Whittall, auteur et blogueur régulier sur les questions génétiques et anthropologiques relatives au passé de l'Amérique du Sud, commente également le surprenant phénomène du haut degré de diversité linguistique de l'Austronésie et des Amériques :

> Pourquoi les Amérindiens parlent-ils autant de langues ? Ils sont censés être arrivés récemment dans le Nouveau Monde (...), et pourtant ils totalisent plus de 40 % des langues présentes sur

Terre ! Un chiffre plus élevé que celui de l'Afrique, le « berceau de l'humanité ».

Les Africains ont eu le temps (…) et l'avantage de ne pas avoir connu d'embouteillage (…), aussi auraient-ils dû développer plus de langues qu'aucun autre groupe d'humains. Mais ils ne l'ont pas fait [18].

La Nouvelle-Guinée, souligne ensuite Whittall, concentre « la plus grande diversité linguistique du monde [19] ». De fait, *Ethnologue*, la publication qui fait autorité en la matière, confirme qu'il existe huit cent quarante et une langues en Papouasie-Nouvelle-Guinée, ce qui représente 11,85 % de toutes les langues vivantes dans le monde [20].

Whittall trouve cela assez logique :

l'île est une jungle, comportant de nombreux massifs montagneux qui isolent les populations et les empêchent de se mélanger. La Nouvelle-Guinée est réputée être l'un des premiers endroits atteints par l'humanité lors de son épopée extra-africaine.

La situation est différente dans les Amériques. (…) Les Papous ont eu 50 000 ans pour développer leurs langues, contre moins de 15 000 pour les Amérindiens. Comment l'expliquer [21] ?

La diversité linguistique des Amériques **est** une anomalie – Whittall a parfaitement raison sur ce point – et les parallèles qu'il établit avec la diversité linguistique de Nouvelle-Guinée et de l'Australasie en général sont intrigants. Le tableau ci-dessous [22], reproduit sur le blog de Whittall, clarifie cette anomalie :

A.1 Nombre total de familles linguistiques distinctes par macro-continent :

AFRIQUE ET EURASIE	87	(25 %)
AUSTRALASIE	110	(32 %)
AMÉRIQUES	144	(42 %)

Source : The Autotyp database (Bickel et Nichols, pp. 2002 et suivantes ; Nichols et coll., 2013)

« Je crois, conclut Whittall, que nous devons voir la diversité linguistique comme l'indicateur d'une origine plus ancienne de l'humanité dans son ensemble et en particulier du peuplement des Amériques[23]. »

C'est une excellente remarque, mais pour moi, ce qu'il faut retenir, c'est qu'il existe deux foyers de diversité linguistique **particulièrement abondants** mis en lumière par ce tableau, l'un en Australasie, l'autre dans les Amériques. De plus, comme nous l'avons déjà vu, à l'intérieur de l'Australasie, c'est la Nouvelle-Guinée qui se taille la part du lion, avec un taux de diversité linguistique plus élevé que partout ailleurs dans le monde. De la même manière, l'Amérique du Sud possède deux fois plus de langues que l'Amérique du Nord[24], dont la plus grande concentration se rencontre dans les plaines d'Amazonie où pas moins de trois cent cinquante des quatre cent quarante-huit langues d'Amérique du Sud sont parlées[25].

A.2/Nombre de familles linguistiques/Nombre de langues/Nombre moyen de langues par famille :

AMÉRIQUE DU NORD	13	220	16,9
AMÉRIQUE CENTRALE	6	273	45,4
AMÉRIQUE DU SUD	37	448	12,1

La Nouvelle-Guinée et l'Amazonie semblent donc partager une nouvelle caractéristique. Toutes deux ont le plus fort taux de diversité linguistique de leur macro-continent respectif et occupent les deux premières places du palmarès mondial des régions les plus diverses linguistiquement[26].

Un truc vraiment bizarre...

La Mélanésie et l'Amazonie sont séparées par toute la largeur de l'océan Pacifique, aussi les ethnographes de la fin du XIXe et du début du XXe siècle ont-ils découvert avec perplexité que certaines coutumes et plusieurs schémas comportementaux s'y reproduisaient presque à l'identique.

Par exemple, l'organisation de la société autour des fameuses maisons des hommes, où :

Les hommes procédaient à des rituels secrets d'initiation et de procréation, excluaient les femmes et punissaient de viol collectif ou de mort celles qui profanaient le culte. Dans les deux régions, les hommes racontaient des mythes similaires pour expliquer l'origine des cultes et de la séparation des sexes. Les ressemblances étaient telles qu'elles ont convaincu les anthropologues de l'époque, parmi lesquels Robert Lowie, Heinrich Shurtz et Hutton Webster, qu'elles n'ont pu se produire qu'en conséquence d'un phénomène de diffusion. Lowie avait déclaré sans détour que les cultes masculins étaient « une caractéristique ethnographique originaire d'un seul et même endroit, avant d'être transmise à d'autres régions ».

Outre les cultes masculins, on retrouve des parallèles dans les systèmes d'adaptation écologique, l'organisation sociale égalitaire, la flexibilité dans le recrutement et la composition de groupes endogènes et exogènes, les guerres endémiques, les systèmes religieux, mythologiques et cosmologiques, et des croyances liées au corps, à la procréation et au moi[27].

La perplexité de ces universitaires à l'égard de ces similitudes s'est perpétuée au XXIe siècle, comme en témoigne par exemple une étude détaillée intitulée « Gender in Amazonia and Melanesia » et publiée par l'University of California Press en 2001[28], qui faisait suite à un symposium international organisé par la Wenner-Gren Foundation. Le symposium était « inspiré par l'idée souvent suggérée par les anthropologues que les cultures d'Amazonie et de Mélanésie présentent des ressemblances frappantes, quoique étant historiquement, linguistiquement et géographiquement sans lien[29] ».

Je n'ai pas l'intention d'abrutir le lecteur avec les détails de cette étude aussi circonstanciée qu'importante, mais quelques exemples donneront le ton général des résultats.

Tant les Mundurukús de l'Amazonie brésilienne que les Avatik du Sepik, fleuve qui coule au nord de la Papouasie-Nouvelle-Guinée, se livraient à « des actes de violence aveugle » à l'égard des étrangers « comme condition nécessaire à l'appartenance au culte masculin ». Dans les deux cas, les raids étaient vus comme une forme particulière de chasse. Dans les deux cas, les membres du culte acqueraient un certain prestige aux yeux de leurs concitoyens en tranchant la tête de leurs ennemis. Dans les deux cas, les têtes n'étaient pas rapportées au village avant que les hommes n'aient accompli une période rituelle d'isolement et d'abstinence sexuelle. Et dans les deux cas, on prêtait aux têtes la vertu d'améliorer et de renouveler la fertilité[30].

Chez les Sambias de l'est de la Papouasie-Nouvelle-Guinée, comme chez les Araweté, les Jivaros et les Mehinako d'Amazonie, un chef de guerre exhibait traditionnellement son pénis en érection en signe d'agressivité[31].

Chez les Alamblaks, les Sawos et les Sepik Wapes de Papouasie-Nouvelle-Guinée, de même que chez les Cachinawas d'Amazonie, un conflit domestique juste avant une chasse ou un raid était réputé porter « malheur » à l'entreprise[32].

Tant en Mélanésie qu'en Amazonie, le sang est vu comme le principal agent de croissance et de vitalité. Dans les deux régions, le sang – notamment le sang menstruel – est perçu comme la contribution de la mère à la conception ou à la gestation. Dans les deux régions, « on considère que la semence est liée au sang ou interagit avec lui », et beaucoup croient, en particulier, qu'un fœtus « est formé par la combinaison du sang féminin et de la semence masculine[33] ».

Tant en Mélanésie qu'en Amazonie, les rhombes, les flûtes et les trompettes sont « les principaux symboles du culte des hommes », et dans les deux régions, les mythes rappellent un temps où les femmes découvraient, inventaient ou possédaient » ces puissants objets de culte. Dans les deux régions, les mythes prétendent que le contrôle exercé jadis par les femmes sur ces objets leur permettait de dominer les hommes. Dans les deux régions, les mythes disent également que les hommes ont uni leurs efforts pour les prendre aux femmes, par la force ou par la ruse, et qu'il en a résulté une réorganisation de la société dans laquelle l'homme domine. De plus, dans les deux régions, « les hommes partagent un secret stratégique : les sons des trompettes, des flûtes et des autres instruments associés au culte ne sont pas les voix des esprits, mais sont produits par les hommes eux-mêmes[34] ».

L'anthropologue Pascale Bonnemère attire notre attention sur certaines « similitudes frappantes » entre les rituels d'initiation tels que pratiqués chez les Ankave-Anga de Nouvelle-Guinée et parmi les tribus de la région de Vaupés en Amazonie colombienne. Il est question « de jouer des instruments de musique cachés des femmes, qui les ont possédés à une époque mythique, et de consommer des substances symboliquement associées à la reproduction. Par ces substances, les garçons renaissent dans le monde des hommes, et les mythes donnent les clés de la compréhension du rituel[35] ».

Tant en Amazonie qu'en Mélanésie, les conséquences sont terribles pour les femmes, passibles de viol collectif et de meurtre si elles voient les instruments du culte[36]. La société entière s'en trouve perturbée. Chez les Gimi de Papouasie-Nouvelle-Guinée, par exemple, comme chez les Barasanas d'Amazonie, on trouve la croyance selon laquelle le chaos et la désintégration de la société s'ensuivront si les flûtes en bambou sacrées des hommes sont vues par les femmes[37]. Néanmoins, tant en Mélanésie qu'en Amazonie, les hommes n'hésitent pas à « parader et jouer » de leurs instruments « dans des lieux publics tels que des jardins et des esplanades autrement ouverts aux femmes. De ce fait, les hommes doivent préalablement séquestrer les femmes avec une extrême vigilance durant ces rituels » – ce qui, en pratique, dans les deux régions, signifie les contraindre à rester à l'intérieur[38].

En résumé, comme en concluent Thomas A. Gregor et Donald Tuzin, les éditeurs de *Gender in Amazonia and Melanesia*, « les similitudes des institutions masculines en Amazonie et en Mélanésie constituent l'un des plus grands mystères culturels qui n'a pas reçu l'attention qu'il mérite[39] ». De leur point de vue, il est tout à fait remarquable que le « complexe des maisons des hommes[40] » existe dans les deux régions, mais « plus frappantes encore sont les ressemblances entre les divers cultes[41] ».

Ils ont raison quant à l'ampleur du mystère, mais à mon avis, la solution qu'ils proposent est singulièrement décevante. Tout comme les charlatans qui chaque année sortent une nouvelle maladie mentale de leur chapeau pour l'ajouter au *Manuel diagnostique et statistique des troubles mentaux* déjà atteint d'obésité morbide, Gregor et Tuzin sont convaincus que cet étrange éventail de comportements autour des cultes masculins en Mélanésie et en Amazonie s'explique par une approche psychanalytique :

> Nous avons besoin de l'éclairage de la psychologie et notamment de la théorie dynamique de la personnalité pour expliquer le

contenu émotionnel et la remarquable prédictibilité du comportement des hommes dans ces différentes cultures [42].

Quoique leur papier date de 2001, ils recommandent l'approche adoptée par Robert Murphy dans un article de 1959 sur le culte des hommes chez les Mundurukús :

> Murphy souligne que les racines psychologiques du culte puisent à la source des conflits émotionnels universels associés au complexe d'Œdipe. La crainte et l'antagonisme à l'égard des femmes, ainsi que les mythes matriarcaux qui y sont associés, sont le reflet du côté obscur de la romance familiale. Puisque le complexe d'Œdipe est universel, Murphy se demande « pourquoi nous ne faisons pas tous tourner notre rhombe ». Il répond à cette question en disant que les cultes masculins semblent prospérer dans des environnements sociaux où l'unité des groupes d'hommes et des groupes de femmes n'est pas brouillée par une compétition dans l'attribution des rôles dérivant d'une hiérarchie politique ou d'une parenté. Les petites sociétés horticoles d'Amazonie et de Mélanésie correspondent à cette description [43].

Voyez-vous ce qu'on essaie de nous vendre ici ? Emballé dans le même paquet d'idées qui décrit le culte comme la résultante de complexes psychologiques profondément enfouis, on nous demande d'accepter que ces complexes se manifestent de la même manière en Mélanésie et en Amazonie **en raison** du niveau de développement économique de ces sociétés.

Ces deux propositions sont profondément réductrices. La première cherche à enfermer les remarquables similitudes du comportement des hommes dans des questions psychologiques sous-jacentes. La seconde réduit l'expression culturelle de telles questions aux circonstances socioéconomiques spécifiques des petites sociétés horticoles – comme si les flûtes, les trompettes, les rhombes, les cérémonies initiatiques, les interdits rituels et les viols collectifs et les meurtres pour celles qui les transgressent pouvaient apparaître, presque automatiquement, dans de telles sociétés.

Il y a d'autres options, et celle qui me vient spontanément à l'esprit, la plus évidente, est la diffusion. Tout au long de l'histoire humaine, les idées, les religions, les cultes et les rituels ont voyagé loin. Pourquoi alors n'en aurait-il pas été de même à la préhistoire ?

Comme nous l'avons vu, Gregor et Tuzin admettent qu'à une époque, les plus éminents anthropologues étaient convaincus que la diffusion des idées « depuis un endroit unique » était la meilleure explication à ces étranges similitudes culturelles entre la Mélanésie et l'Amazonie. À part pour dire que « le courant diffusionniste a périclité parmi les anthropologues [44] », c'est à peine si Gregor et Tuzin mentionnent cette idée. Ils restent focalisés d'un bout à l'autre sur une explication psychosociologique.

Qui sait ? Peut-être ont-ils raison. Assembler toutes ces données culturelles comparatives représente un boulot formidable, et si je ne devais considérer qu'elles, s'il n'y avait que ces étranges similitudes idiosyncrasiques, alors sans doute serais-je impressionné par le psychodrame sociologique qu'ils proposent.

Mais il n'y a pas que ça.

En premier lieu, il y a ce signal génétique austronésien totalement inattendu parmi les peuples amazoniens, découvert en 2015, que Gregor et Tuzin ne pouvaient pas connaître en 2001. Sa seule existence signifie qu'un phénomène de diffusion ne peut être écarté.

Deuxièmement, le lien avec la morphologie crânienne est loin d'être anecdotique.

Troisièmement, l'Austronésie et l'Amazonie constituent le plus grand réservoir mondial de diversité linguistique, ce qui suggère que leurs langues respectives ont des racines extrêmement anciennes.

Et enfin, nous découvrons de multiples et complexes similitudes dans les institutions culturelles et les croyances des peuples de ces deux régions très éloignées l'une de l'autre.

Cela commence à faire beaucoup pour attribuer l'occurrence simultanée de tous ces facteurs à une simple coïncidence.

L'« explication la plus parcimonieuse », je le crois, est que quelque chose d'autre a dû se produire, qu'un autre processus était à l'œuvre en coulisses, *qu'une autre main tirait les ficelles*, dont on n'a pas encore tenu compte.

Appendice 2

Cartes anciennes de l'ère glaciaire

Le planisphère de Waldseemüller de 1507 (**en bas**) est remarquable pour l'apparente extrême imprécision avec laquelle l'Asie du Sud-Est et l'Australie du XVIe siècle sont représentées.

En revanche, la carte (**en haut**) présente un aspect plus proche de la région telle qu'elle apparaissait au milieu de l'ère glaciaire, il y a environ 21 300 ans, quand le Sahul et le Sunda (les actuelles Asie du Sud-Est et Australie) ne formaient presque qu'une seule masse continentale.

Le planisphère de Waldseemüller, comme tous ceux de la même époque, recopiait des cartes de référence plus anciennes et y ajoutait les informations rapportées par les voyages de Christophe Colomb et des navigateurs qui lui ont emboîté le pas.

Planisphère de Waldseemüller de 1507, tradition cartographique ptoléméenne

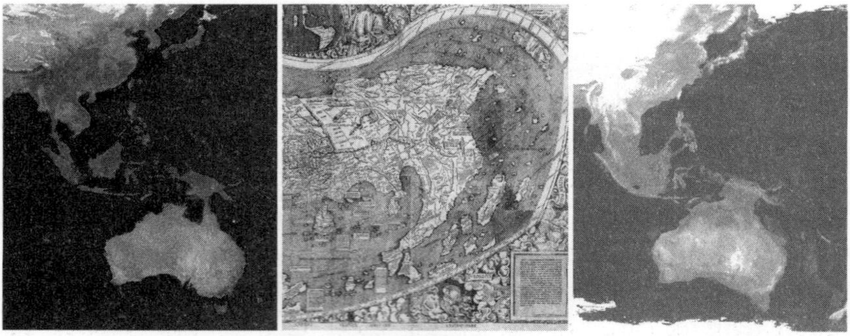

Asie du Sud-Est aujourd'hui. — Asie du Sud-Est. Waldseemüller, 1507. — Asie du Sud-Est, il y a 21300 ans.

Dérivant de cartes de référence plus anciennes abandonnées et perdues, la reproduction de caractéristiques géographiques présentes pour la dernière fois durant l'ère glaciaire laisse supposer l'existence d'une civilisation oubliée qui était capable d'explorer et de cartographier le monde durant la lointaine préhistoire.

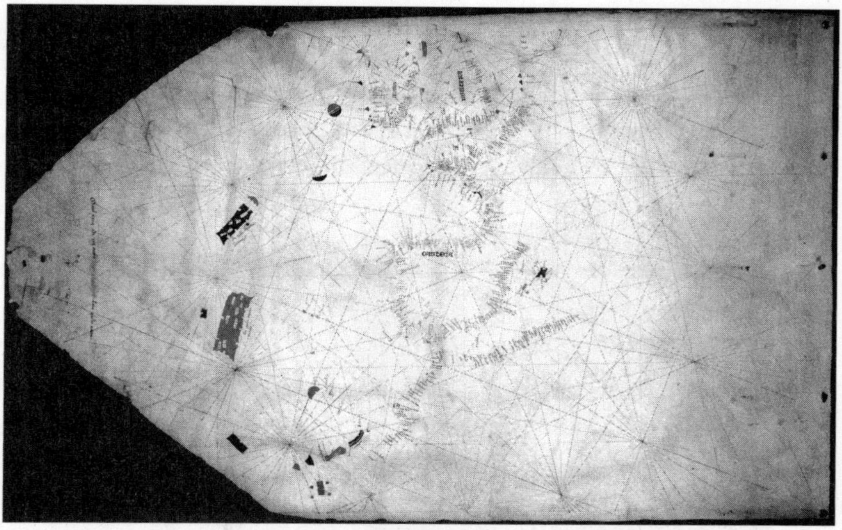

La carte de Pizzagano de 1424 situe de façon incorrecte les îles du Japon et de Taïwan (respectivement appelées Satanaze et Antilia) dans l'océan Atlantique. Satanaze est le plus au nord des deux masses de terre représentées au milieu à gauche de la carte.

Cartographie antédiluvienne ?

L'hypothèse – surprenante, de prime abord – du professeur Robert Fuson de l'université de Floride du Sud postule que l'île nommée « Satanaze » sur la carte navale de Pizzagano de 1424, quoique située par erreur dans l'océan Atlantique, est probablement la représentation la plus ancienne encore existante du Japon dans la cartographie européenne. Je me suis intéressé au livre du Pr Fuson, *Legendary Islands of the Ocean Sea*[1], dans lequel il défend cette idée en s'appuyant sur un certain nombre de preuves, lorsque je faisais des recherches pour *Civilisations englouties*, publié en 2002.

Je suis convaincu par les arguments du Pr Fuson mais j'y vois un autre problème, d'égale importance, sur lequel Fuson ne s'est pas penché, me laissant libre de l'explorer en profondeur dans *Civilisations englouties.* Je suggère que « Satanaze »/le Japon n'est **pas** représenté tel que les principales îles de l'archipel apparaissaient en 1424, quand les détails des cartes de référence plus anciennes ont été copiés sur la carte navale de Pizzagano, mais plutôt tel que le Japon se serait montré quand le niveau des mers était bas, durant la dernière ère glaciaire, lors d'un interlude bien précis situé entre 13 500 et 12 400 ans avant le présent, période qui couvre les débuts cataclysmiques du Dryas récent[2].

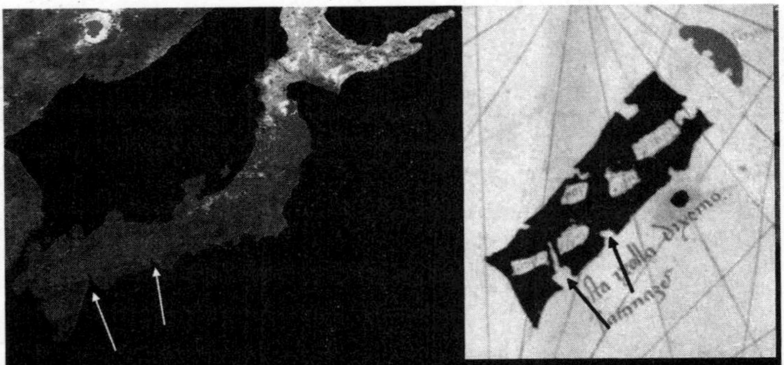

Le Japon, lorsque le niveau des mers était bas, durant la glaciation, entre 13 500 et 12 400 ans AP.

Le Japon représenté sur la carte navale de Pizzagano de 1424.

Durant cet interlude, les trois principales îles japonaises, Honshu, Kyushu et Shikoku (**en haut à droite**) étaient soudées les unes aux autres et formaient une seule grande île, que l'on peut voir sur la carte **en haut à gauche**, conçue à partir d'études géologiques modernes[3]. La représentation de « Satanaze » sur la carte navale de Pizzagano (**en haut, au centre**) montre également Honshu, Kyushu et Shikoku comme une seule île et illustre précisément les bras de mer qui existaient entre il y a 13 500 et 12 400 ans au sud-ouest et au nord-est de ce qui deviendrait l'île de Shikoku.

On observe un phénomène similaire de l'autre côté du monde, avec la représentation de l'Irlande et de ses eaux territoriales sur la carte *Ptolemaeus Argentinae* de 1513. Voici, **en bas à droite**, une carte bathymétrique de l'Irlande et des mers qui l'entouraient, avec une résolution de 2 minutes. On peut estimer la profondeur grâce aux hachures et à la ligne de contour, placée 55 mètres sous le niveau actuel de l'eau. La bathymétrie révèle qu'il y a environ 13 000 ans, une île importante, d'une superficie d'à peu près 100 kilomètres carrés, occupait l'exact emplacement de ce qui apparaît sur la carte

Ptolemaeus Argentinae de 1513 comme l'île de « Brasil », supposée « légendaire[4] ».

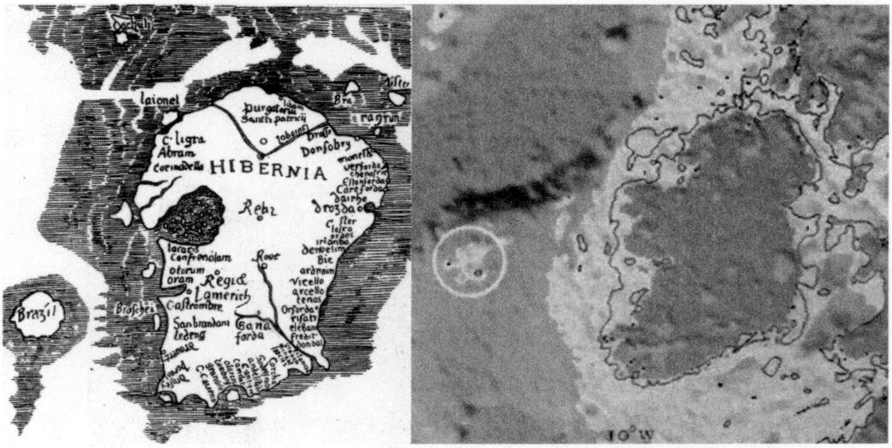

Cela indique, une fois encore, qu'une civilisation inconnue a exploré le monde durant l'ère glaciaire, et que des copies de copies de petits bouts de cartes établies par ses marins et ses navigateurs ont survécu et ont été utilisées comme sources de référence par les cartographes de la fin du Moyen-Âge.

Dans *L'Empreinte des dieux*, je trace une ligne de transmission claire entre la bibliothèque d'Alexandrie, Constantinople puis l'Europe à l'époque des Croisades, pour ceux qui souhaitent approfondir le sujet[5].

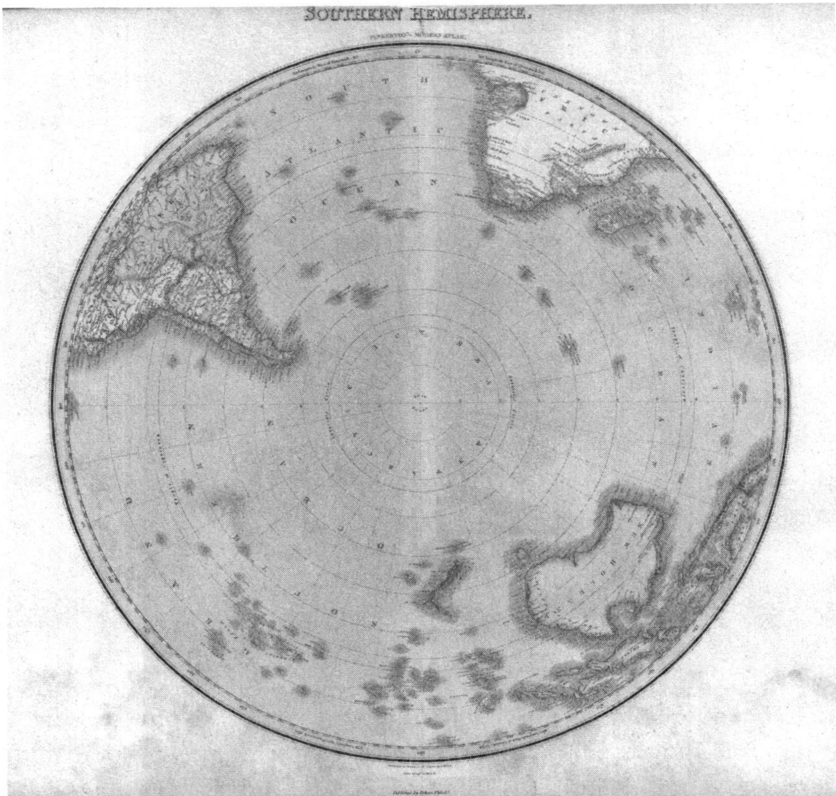
SOUTHERN HEMISPHERE.

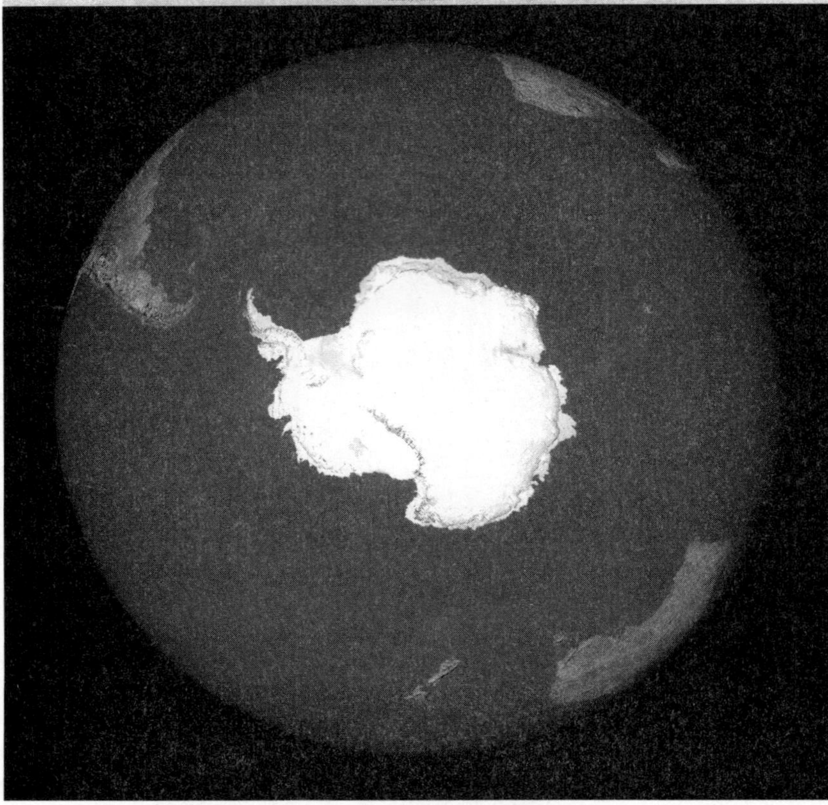

NOVA, ET INTEGRA VNIVERSI ORBIS DESCRIPTIO
TERRA AVSTRALIS
PARS BOREALIS
PARS AVSTRALIS

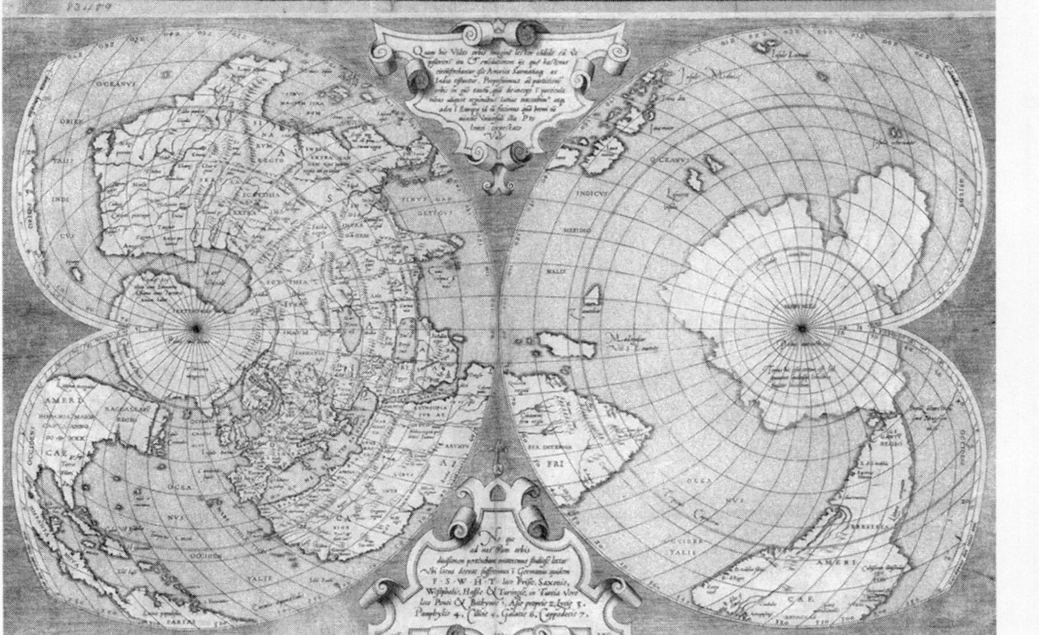

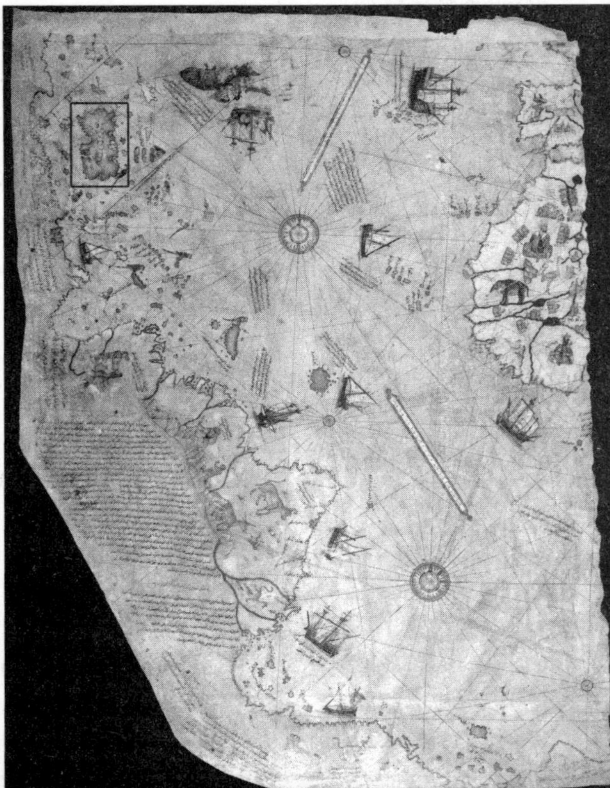
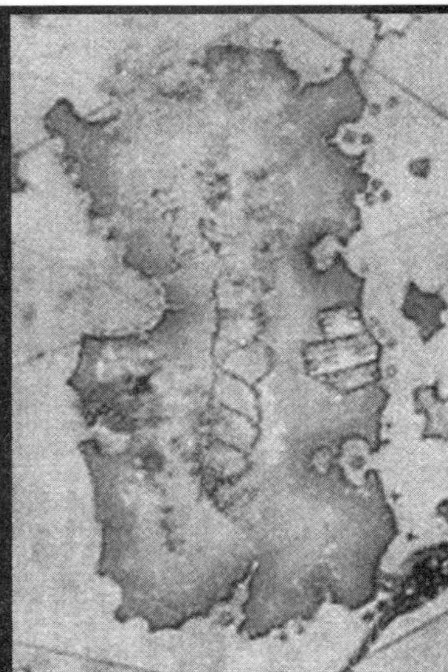

Le trou tout en bas du monde

L'Antarctique n'a pas été découvert par les marins et les navigateurs de notre civilisation avant 1819, et de ce fait ne figure pas sur les cartes du début du XIXe siècle, comme celle de Pinkerton de 1818 (**en haut**). À titre de comparaison, voici également une carte moderne de l'Antarctique (**en bas**).

Curieusement, alors qu'il n'est pas censé avoir été découvert à cette époque, l'Antarctique apparaît bel et bien sur plusieurs cartes du XVIe siècle, comme la carte du monde d'Oronce Fine (**en haut**) et le planisphère de Mercator (**en bas**), qui ont été successivement réalisés à partir de cartes de référence plus anciennes aujourd'hui perdues [6].

L'île des mégalithes

La carte de Piri Reis de 1513, qui montre les côtes occidentales de l'Afrique et les côtes orientales des Amériques, prétend représenter, quoique de façon controversée, l'Antarctique de l'ère glaciaire – comme une extension de la pointe de l'Amérique du Sud. J'en parle dans *L'Empreinte des dieux* [7].

La même carte (**en haut à gauche et à droite**) représente une grande île située à l'est de la côte sud-est des États-Unis actuels. On y voit, le long de son épine dorsale, une « chaussée » d'immenses mégalithes. Il y a 12 400 ans, il y avait effectivement une île exactement à cet endroit. Les îles d'Andros et Bimini en sont un vestige. Dans les eaux au large de Bimini (au centre à droite et en bas à gauche et à droite), j'ai suivi lors d'une plongée une chaussée de mégalithes tout à fait semblable à celles qui sont représentées **au-dessus du niveau de l'eau** sur la carte de Piri Reis.

Indépendamment de la controverse sur l'origine artificielle ou naturelle de la chaussée de Bimini, cela implique que la région a été explorée et cartographiée avant les grandes inondations de la fin de l'ère glaciaire qui ont causé l'élévation du niveau des mers et la submersion des mégalithes.

Appendice 3

Quel genre d'endroit était l'Amazonie durant la glaciation ? Quel était son climat ? Quels étaient son environnement, sa végétation, ses arbres ?

Étant donné l'importance colossale de la plus grande de toutes les forêts tropicales dans l'écologie mondiale aujourd'hui, on pourrait croire que le sujet a été étudié en profondeur et que les experts sont arrivés depuis longtemps à un consensus. Or, si le sujet a bel et bien été étudié, le consensus qui s'en dégage évolue en permanence – ce qui revient à dire qu'il n'existe pas.

Voici une brève chronologie des débats telle que je l'ai comprise :

1. Jusque dans les années 1990, le consensus scientifique soutenait l'idée que l'Amazonie était principalement un milieu aride durant l'ère glaciaire, avec des « refuges » de forêt tropicale séparés par de vastes étendues de savane et de végétation ouverte ;
2. À partir du milieu des années 1990 et jusque dans les premières années du XXIe siècle, toute cette conception a été remise en cause, pour être remplacée par l'idée que l'Amazonie a « toujours » (en tout cas depuis des millions d'années) été une forêt tropicale, telle qu'elle est aujourd'hui ;
3. Finalement, au cours de la décennie écoulée, le consensus a encore évolué, et on nous dit aujourd'hui qu'en fait, si, la majeure partie de l'Amazonie était une savane durant l'ère glaciaire, et que la forêt tropicale telle que nous la connaissons aujourd'hui n'existe

que depuis 7 000 ou 8 000 ans – voire moins de 2 000 ans dans certaines zones.

Il est instructif de s'arrêter un instant pour éprouver la saveur et la nature de ce consensus mouvant. Commençons par un article de P.A. Colinvaux, P.E. de Oliveira et M.B. Bush publié en janvier 2000 dans les pages de *Quaternary Science Reviews*, qui confirme le renversement du paradigme des années 1990 – celui qui voulait que l'Amazonie fût une savane aride entrecoupée de refuges de forêt tropicale :

> Notre étude établit que la plaine amazonienne était boisée durant la glaciation, et réfute expressément l'hypothèse d'une aridité glaciaire amazonienne [1].

Quelques mois plus tard, Katherine Willis et Robert Whittaker de l'université d'Oxford publiaient des conclusions similaires dans *Science* :

> Les données indiquent clairement que les forêts tropicales des plaines d'Amazonie n'ont pas été considérablement remplacées par une végétation de savane durant les glaciations, mais plutôt que les forêts ont persisté durant toute cette période [2].

L'année suivante, en 2001, une étude publiée par la revue *Palaeogeography, Palaeoclimatology, Palaeoecology*, concluait :

> À la fin du Pléistocène, la totalité des plaines d'Amazonie était couverte d'une forêt dense, et ce durant toutes les phases du cycle de glaciation, contrairement à ce qu'affirme le consensus biogéographique des 30 dernières années [3].

Une étude de 2003, publiée dans les pages de *Geology*, enfonce le clou :

> L'actuelle végétation de la forêt tropicale domine de façon permanente le bassin amazonien depuis 70 000 ans. Nous n'avons trouvé aucune preuve de développement des grandes savanes qui ont précédemment été avancées comme indicateurs d'une aridité glaciaire en Amazonie [4].

Une étude postérieure, publiée en 2004 dans *Palaeogeography, Palaeoclimatology, Palaeoecology*, a conclu de son enquête sur la colline des Six-Lacs au nord-ouest de l'Amazonie brésilienne :

> Les données indiquent la présence continue de forêts mésiques tout au long de la dernière glaciation. (…) Même durant les épisodes où le niveau de l'eau était au plus bas, les pollens bien préservés sont le signe indiscutable d'une couverture forestière ininterrompue [5].

Mais en 2013, un complément d'étude de la colline des Six-Lacs, publiée dans *Quaternary Sciences Reviews*, regrettait que « les Six Lacs [aient pendant si longtemps été] utilisés comme étendard de la permanence de la forêt tropicale dans le bassin amazonien [6] », alors que :

> toutes les variables semblent indiquer que la végétation actuelle remonte à l'Holocène moyen ou récent, autour de 6 000 années calibrées AP [7].

Et un an plus tard, en juillet 2014, une étude publiée par *Proceedings of the National Academy of Sciences*, ramenait le début de la couverture forestière actuelle de certaines parties de l'Amazonie à seulement 2 000 ans avant le présent ou moins. L'étude, qui se concentrait sur l'Amazonie méridionale, concluait que :

> La population exploitait une savane naturellement ouverte et la maintenait autour de ses agglomérations malgré l'expansion de la forêt tropicale que les conditions climatiques ont rendue possible il y a environ 2 000 ans dans la région [8].

Enfin, dans le numéro du 1er octobre 2017 de *Quaternary Science reviews*, les professeurs Diana Fontes et Renato Cordeiro ont publié une étude intitulée : « Dynamique paléoenvironnementale en Amazonie du Sud, Brésil, au cours de 35 000 dernières années, s'appuyant sur les pollens et les archives géochimiques du Lago do Saci. » Quoiqu'ils affirment que « la forêt tropicale a toujours existé dans cette région », ils concluent qu'elle est passée par plusieurs phases « d'expansion et de régression » au fil du temps [9].

Je pourrais citer beaucoup d'autres articles qui reflètent de l'évolution du consensus, mais je suis certain que le lecteur a saisi l'idée. Quand des sommités scientifiques expriment un désaccord tel que les paradigmes dominants changent abruptement en l'espace d'une décennie ou deux, nous ne pouvons pas du tout être sûrs de la solidité et des mérites du paradigme en vigueur – selon lequel la forêt amazonienne dans sa forme actuelle a moins de 8 000 ans, et dans certaines zones moins de 2 000 ans.

En compulsant la littérature, j'ai eu l'impression que Fontes et Cordeiro, quand ils concluent que la forêt tropicale a toujours été là, mais qu'elle a été sujette à des expansions et des contractions périodiques, pourraient expliquer pourquoi il est si difficile d'établir un consensus sur le sujet. Après tout, le bassin amazonien est une région diverse de plus de 7 millions de kilomètres carrés, dont environ 5,5 millions sont actuellement couverts par la forêt tropicale [10]. Ces chiffres n'ont de sens que par comparaison. L'Inde, avec une superficie totale de 2,97 millions de kilomètres carrés, fait moins de la moitié du bassin amazonien, mais l'Australie, avec 7,68 millions de kilomètres carrés, est plus grande, tout comme la Chine (9,38 millions de kilomètres carrés), le Canada (9,09 millions de kilomètres carrés), les États-Unis (9,15 millions de kilomètres carrés) et l'Europe (10,18 millions de kilomètres carrés) [11]. On peut donc dire que l'Amazonie nous confronte à une gigantesque masse continentale, d'une échelle comparable aux plus grands pays et régions du monde, qui s'étend sur des milliers de kilomètres du nord au sud et d'est en ouest. Il serait insensé de supposer que, sur de telles distances et de telles périodes de temps, le climat et l'environnement sont demeurés les mêmes partout, tout le temps. Il y a certainement eu des variations significatives d'une région et d'une époque à l'autre, d'où le danger des extrapolations excessivement enthousiastes à partir d'un cas particulier.

Le 12 mars 2018, j'ai par conséquent contacté Renato Cordeiro pour l'interroger sur la question du consensus mouvant et lui demander quelles conclusions je pouvais en tirer. « Je dois avouer, lui ai-je dit, que les avis contradictoires des experts sur l'Amazonie de l'ère glaciaire me laissent perplexe ! Je voudrais essayer de présenter à mes lecteurs les faits tels qu'ils sont perçus aujourd'hui, s'ils sont sujets à quelque forme de consensus que ce soit [12]. »

Le Pr Cordeiro enseigne la géoéconomie à l'université fédérale Fluminense, au Brésil. Sa réponse plutôt technique, reproduite *in extenso* dans les notes en fin d'ouvrage, reformulait en substance les conclusions de son article de 2017 : le bassin amazonien a toujours connu des forêts tropicales, les forêts-galeries le long des cours d'eau sont restées « relativement bien préservées » même durant les épisodes climatiques plus secs, mais dans d'autres zones, la couverture arborée a subi de considérables variations au fil du temps [13].

J'étais aussi proche que possible d'obtenir une réponse à ce que je croyais être une question simple, à savoir quelle sorte de climat, d'environnement, de végétation et d'arbres caractérisaient l'Amazonie durant l'ère glaciaire ? Les universitaires n'ont pas réussi à se mettre d'accord, et on a dressé beaucoup de tableaux différents, mais peut-être est-ce à cause de l'immensité de la région et de la nature complexe et souvent contradictoire des données en constante mutation.

Il y a néanmoins une chose que j'ai réussi à trouver, sur laquelle tous les scientifiques semblent être d'accord : durant l'ère glaciaire, toute la région était bien plus froide qu'elle ne l'est aujourd'hui – de 5 à 6 °C [14]. La température moyenne annuelle de la forêt amazonienne est de 26,6 °C, de nos jours ; ne serait-ce que quatre degrés de moins auraient été un avantage certain pour de potentiels colons.

Alors… des forêts ? Une savane ? Un mélange des deux ? Comme sont bien d'autres choses de l'Amazonie du passé, nous n'avons aucune certitude.

INDEX

Notes

1. Soleil

1. Voir https://www.webcitation.org/5wUnhhjCR?url=http://www.nps.gov/history/history/online_books/jeff/adhi1-1.htm.

2. William Iseminger, *Cahokia Mounds : America's First City*, History Press, 2010, pp. 45-46, et Sally A. Kitt Chappell, *Cahokia : Mirror of the Cosmos*, University of Chicago Press, 2002, p. 113.

3. Iseminger, *Cahokia Mounds*, p. 46.

4. *Ibid.*

5. Voir A.M. Byers, *The Real Mound Builders of North America : A Critical Realist Prehistory of the Eastern Woodlands, 200 BC–1450 AD*, Lexington Books, 2018. Voir aussi Sarah A. Baires, « White Settlers Buried the Truth About the Midwest's Mysterious Mound Cities », Smithsonian, 28 février 2018, https://www.smithsonianmag.com/history/white-settlers-buried-truth-about-midwests-mysterious-mound-cities-180968246/.

6. Henry Brackenridge en 1811, cité dans Timothy R. Pauketat, *Cahokia : Ancient America's Great City on the Mississippi*, Penguin Library of American History, 2010, p. 28.

7. L'opposition au « mythe des bâtisseurs de tumulus » est née à partir des années 1890 chez des chercheurs, soutenus pour leur grande majorité par le Bureau of American Ethnology et la Smithsonian Institution, qui se consacraient à topographier, cartographier et mettre au jour les sites des terrassements. L'exploration du tumulus du Grand serpent par Squier et Davis en 1848 a constitué en somme un évènement précurseur à ce mouvement. Voir Byers, *The Real Mound Builders of North America*, p. 22.

8. Pauketat, *Cahokia*, pp. 28-29. Voir aussi Chappell, *Cahokia : Mirror of the Cosmos*, pp. 89-91.

9. Pauketat, *Cahokia*, p. 15 et p. 23.

10. Déclenchés par la publication d'Ephraim G. Squier et Edwin H. Davis, *Ancient Monuments of the Mississippi Valley*, Smithsonian Institution, 1848.

Réimprimé et réédité par la Smithsonian avec une introduction de David J. Meltzer en 1998.

11. Iseminger, *Cahokia Mounds*, p. 42.

12. *Ibid.*, p. 3.

13. *Ibid.*, p. 40.

14. Sarah E. Baires, « Cahokia's Rattlesnake Causeway », *Midcontinental Journal of Archaeology* 39, n° 2, mai 2014, p. 145.

15. William F. Romain, « Monks Mound as an Axis Mundi for the Cahokian World », *Illinois Archaeology* 29, 2017, p. 27.

16. *Ibid.*, p. 30.

17. *Ibid.*, p. 32.

18. *Ibid.*

19. *Ibid.*, pp. 34-36.

20. *Ibid.*, p. 34.

21. Le lecteur désireux d'approfondir le sujet se réfèrera à Romain, « Monks Mound as an Axis Mundi for the Cahokian World », *op. cit.*, pp. 27-52.

22. *Ibid.*, p. 40.

23. Pauketat, *Cahokia*, pp. 2-4 et p. 15.

2. Lune

1. Ray Hively et Robert Horn, « Hopewellian Geometry and Astronomy at High Bank », *Archaeoastronomy*, n° 7, 1984, S88.

2. Ohio Hopewell, http://anthropology.iresearchnet.com/ohio-hopewell/.

3. Voir par exemple Ephraim G. Squier et Edwin H. Davis, *Ancient Monuments of the Mississippi Valley*, *op. cit.*

4. Jonas Gregorio de Souza et Denise Pahl Schaan, « Pre-Columbian Earth-Builders Settled Along the Entire Southern Rim of the Amazon », *Nature Communications*, 27 mars 2018, p. 3-4.

5. Martti Pärssinen, Denise Schaan et Alceu Ranzi, « Pre-Columbian Geometric Earthworks in the Upper Purús », *Antiquity* 83, n° 322, 1er décembre 2009, pp. 1087-1088.

6. Sanna Saunaluoma, Martti Pärssinen et Denise Schaan, « Diversity of Pre-colonial Earthworks in the Brazilian State of Acre, Southwestern Amazonia », *Journal of Field Archaeology*, 9 juillet 2018, pp. 7-8.

7. *Ibid.*, pp. 10-11.

8. Bradley T. Lepper, « The Newark Earthworks : A Monumental Engine for World Renewal », dans Lindsay Jones et Richard G. Sheils (éds.), *The Newark Earthworks : Enduring Monuments, Contested Meanings*, University of Virginia Press, 2016, p. 41.

9. Ray Hively et Robert Horn, « Geometry and Astronomy in Prehistoric Ohio », *Archaeoastronomy* n° 4, 1982, S4.

10. Bradley Lepper, « The Newark Earthworks », dans Richard F. Townsend et Robert V. Sharp (éds.), *Hero, Hawk and Open Hand*, Art Institute of Chicago/Yale University Press, 2004, p. 75 ; Mark J. Lynott, *Hopewell Ceremonial Landscapes of Ohio*, Oxbow Books, 2014, p. 148.

11. Hively et Horn, « Geometry and Astronomy in Prehistoric Ohio », *op. cit.*, S4.

12. *Ibid.*, S7-S8.

13. Lepper, « The Newark Earthworks : A Monumental Engine for World Renewal », *op. cit.*, p. 47.

14. *Ibid.*, p. 75

15. *Ibid.*, p. 47.

16. http://www.ohiohistorycentral.org/w/Great_Circle_Earthworks.

17. Lynott, *Hopewell Ceremonial Landscapes of Ohio*, *op. cit.*, pp. 148-149.

18. Lepper, « The Newark Earthworks : A Monumental Engine for World Renewal », *op. cit.*, p. 75.

19. T. Darvill et coll., « Stonehenge Remodelled », *Antiquity* 86, n° 334, 2012, pp. 1021-1040, notamment p. 1028 : « Stonehenge a d'abord consisté en un talus circulaire et un fossé externe d'un diamètre total d'environ 110 mètres. »

20. L. Falconer, « Interactive Virtual Archaeology: Constructing the Prehistoric Past at Avebury Henge », International Conference on Ubiquitous Computing and Communications and 2016 International Symposium on Cyberspace and Security (IUCC-CSS), décembre 2016, pp. 153-158. Voir p. 155.

21. Lepper, « The Newark Earthworks : A Monumental Engine for World Renewal », *op. cit.*, pp. 47-48.

22. *Ibid.*, p. 75.

23. *Ibid.*, p. 48.

24. *Ibid.*, et voir Ray Hively et Robert Horn, « The Newark Earthworks : A Grand Unification of Earth, Sky and Mind », dans Lindsay Jones et Richard G. Sheils (éds.) *The Newark Earthworks : Enduring Monuments, Contested Meanings*, *op. cit.*, p. 64.

25. William F. Romain, *Mysteries of the Hopewell : Astronomers, Geometers and Magicians of the Eastern Woodlands*, University of Akron Press, 2000, p. 63.

26. J.J. O'Connor et E.F. Roberson proposent un résumé qui débute avec le papyrus Rhind, rédigé par Ahmès et basé sur un original remontant à 1850 avant J-C. au moins. Pour obtenir un carré presque égal à la surface d'un cercle, il faut le bâtir sur 8/9e environ du diamètre de ce cercle [J.J. O'Connor et E.F. Robertson, « Squaring the Circle », School of Mathematics and Statistics, University of St. Andrews, 1999, http://www-history.mcs.st-andrews.ac.uk/PrintHT/Squaring_the_circle.html.

27. Romain, Mysteries of the Hopewell, *op. cit.*, S8.

28. *Ibid.*, S9.

29. *Ibid.*

30. *Ibid.*

31. Lepper, « The Newark Earthworks », *op. cit.*, p. 79. Emphase ajoutée.

32. Lepper, « The Newark Earthworks : A Monumental Engine for World Renewal », *op. cit.*, pp. 54-56.

33. Squier et Davis, *Ancient Monuments of the Mississippi Valley*, *op. cit.*, p. 50.

34. *Ibid.*, Plaque XVI. Toutefois, dans Cyrus Thomas, *Report on the Mound Explorations of the Bureau of Ethnology*, Smithsonian Institution, 1894, p. 479, ce chiffre est amendé à 8,3 hectares – presque la même superficie que le cercle.

35. Lepper, « The Newark Earthworks », *op. cit.*, p. 75 ; et Lynott, *Hopewell Ceremonial Landscapes of Ohio*, *op. cit.*, p. 148.

36. Évoqué au chapitre 17 de la première partie de cet ouvrage, publiée en 2020, et voir Christopher Sean Davis, « Solar-Aligned Pictographs at the Paleoindian Site of Painel do Pilão Along the Lower Amazon River at Monte Alegre, Brazil », *PLoS One*, 20 décembre 2016.

37. Hively et Horn, « The Newark Earthworks : A Grand Unification of Earth, Sky and Mind », *op. cit.*, p. 63.

38. *Ibid.*

39. *Ibid.*

40. *Ibid.*, p. 64.

41. Hively et Horn, « Geometry and Astronomy in Prehistoric Ohio »., *op. cit.*

42. *Ibid.*, S11.

43. *Ibid.*

44. *Ibid.*, S12.

45. *Ibid.*

46. *Ibid.*

47. *Ibid.*

48. Hively et Horn, « Hopewellian Geometry and Astronomy at High Bank », *op. cit.*, S94 et S98.

49. *Ibid.*, S95.

50. *Ibid.*, S95-S96.

51. Ray Hively et Robert Horn, « A Statistical Study of Lunar Alignments at the Newark Earthworks », *Midcontinental Journal of Archaeology* 31, automne 2006, pp. 306-307 ; et voir la discussion dans Lynott, *Hopewell Ceremonial Landscapes of Ohio*, p. 153.

52. Ray Hively et Robert Horn, « A Statistical Study of Lunar Alignments at the Newark Earthworks », *op. cit.*

53. L'observation originale de Hively et Horn à ce sujet dans leur article « Geometry and Astronomy in Prehistoric Ohio », S11, a plus tard été confirmée par Christopher S. Turner dans son « Ohio Hopewell Archaeoastronomy : A Meeting of Earth, Mind and Sky », *Time and Mind : The Journal of Archaeology, Consciousness and Culture* 4, n° 3, novembre 2011, p. 308. Notez cependant que Hively et Horn ont identifié des alignements de solstice à Newark, non pas dans les terrassements, mais entre des traits topographiques dans les collines avoisinantes au milieu desquels les terrassements semblent avoir été positionnés. Voir Ray Hively et Robert Horn, « A New and Extended Case for Lunar (and Solar) Astronomy at the Newark Earthworks », *Midcontinental Journal of Archaeology* 38, printemps 2013, en particulier pp. 101-104.

54. Hively et Horn, « A New and Extended Case for Lunar (and Solar) Astronomy at the Newark Earthworks », *op. cit.*, p. 102.

55. *Ibid.*

56. Hively et Horn, « Hopewellian Geometry and Astronomy at High Bank », *op. cit.*, S94 et S98.

3. Remonter le temps à Poverty Point

1. Par exemple Poverty Point.
2. Par exemple Emerald Mound et les Winterville Mounds.
3. Par exemple Moundville.
4. Par exemple les Pinson Mounds.
5. Dont le meilleur exemple est, bien entendu, Cahokia.
6. Les vestiges de High Bank et Newark (ce dernier, situé désormais pour l'essentiel sur un golf privé, n'est ouvert au public que quatre jours par an), ainsi que des sites comme Mound City, Seip, le Great Miamisberg Mound et Fort Ancient.
7. https://indiancountrytoday.com/archive/florida-s-incredible-indian-mounds-H8O3ekXxpE2Buote33jInA.
8. https://www.exploregeorgia.org/things-to-do/list/5-native-american-sites-not-to-miss-in-georgia et http://www.exploregeorgia.org/listing/1635-etowah-indian-mounds-state-historic-site.
9. http://www.thc.texas.gov/historic-sites/caddo-mounds-state-historic-site.
10. https://www.arkansasstateparks.com/toltecmounds/.
11. http://parks.ky.gov/parks/historicsites/wickliffe-mounds/.
12. https://moundbuilder.blogspot.com/2012/03/top-ten-indian-burial-mounds-and.html.
13. Voir par exemple A.P. Wright et E.R. Henry, *Early and Middle Woodland Landscapes of the Southeast*, University Press of Florida, 2013, p. 1 : « Le Sylvicole inférieur et moyen [va de] de 1000 à 200 avant J.-C. et de 200 avant J.-C. à 600-800 après J.-C. » On notera toutefois que ces dates varient d'une sous-région à l'autre et la fin que les auteurs assignent au Sylvicole moyen semble très avancée selon la plupart des cadres culturels, pour des motifs hors de propos ici. Cela surgit quand on compare avec les dates que M.S. Nassaney et C.R. Cobb, dans leur livre exhaustif *Stability, Transformation, and Variation : The Late Woodland Southeast*, 1991, donnent au Sylvicole supérieur, lui assignant la fenêtre 600-900 après J.-C. Il existe donc un flou extrême dans la description des diverses périodes du Sylvicole.
14. Jenny Ellerbe et Diana M. Greenlee, *Poverty Point : Revealing the Forgotten City*, Louisiana State University Press, 2015, p. 60.
15. *Ibid.*, p. 57.
16. https://source.wustl.edu/2013/01/archaic-native-americans-built-massive-louisiana-mound-in-less-than-90-days-research-confirms/.
17. Pour le tumulus B, voir Ellerbe et Greenlee, *Poverty Point : Revealing the Forgotten City*, *op. cit.*, p. 28.
18. *Ibid.*, p. 57.
19. *Ibid.*, p. 59.
20. *Ibid.*, p. 57.

21. A.M. Byers, *The Real Mound Builders of North America : A Critical Realist Prehistory of the Eastern Woodlands, 200 BC-1450 AD*, *op. cit.*, p. 22 : Les archéologues nord-américains reconnus attribuaient les terrassements à une civilisation ancienne du Vieux Monde venue « s'échouer » sur les rivages du continent. « L'agrégat de sources extérieures envisagées a grossi jusqu'à compter des marins naufragés d'une colonie phénicienne de Méditerranée, des clans vikings en maraude, l'une ou l'autre des tribus perdues d'Israël, des groupes issus de royaumes irlandais ou écossais, voire des voyageurs venus de civilisations avancées telles que l'Atlantide, et ainsi de suite », indique Byers.

22. Anna C. Roosevelt et coll., « Early Mounds and Monumental Art in Ancient Amazonia », dans Richard L. Burger et Robert M. Rosenwig (éds.), *Early New World Monumentality*, University Press of Florida, 2012, p. 257.

23. Jon L. Gibson, « Before Their Time ? Early Mounds in the Lower Mississippi Valley », *Southeastern Archaeology* 13, n° 2, Archaic Mounds in the Southeast, hiver 1994, p. 163.

24. *Ibid.*

25. *Ibid.*

26. A. L. Ortmann et T. R. Kidder, « Building Mound A at Poverty Point, Louisiana : Monumental Public Architecture, Ritual Practice, and Implications for Hunter-Gatherer Complexity », *Geoarchaeology* 28, n° 1, 2013, pp. 66-86. Voir aussi Amélie A. Walker, « Earliest Mound Site », Archaeology 51, n° 1, janvier/février 1998, https://archive.archaeology.org/9801/newsbriefs/mounds.html.

27. Joe W. Saunders et coll., « A Mound Complex in Louisiana at 5400-5000 Years Before the Present », *Science* 277, 19 septembre 1997, p. 1796.

28. Ellerbe et Greenlee, *Poverty Point : Revealing the Forgotten City*, *op. cit.*, p. 28 et p. 110.

29. *Ibid.*, p. 69.

30. *Ibid.*, p. 111.

31. Robert C. Mainfort Jr. (éd.), *Archaeological Report N° 22 : Middle Woodland Settlement and Ceremonialism in the Mid-South and Lower Mississippi Valley*, Mississippi Department of Archives and History, 1988, p. 12.

32. Ellerbe et Greenlee, *Poverty Point : Revealing the Forgotten City*, pp. 42-44.

33. Récit dans *Ibid.*, p. 42. Transcrit par Diana Greenlee à partir de « Bringing the Past Alive », un séminaire enregistré en avril 1989 à l'université d'État de Louisiane.

34. https://www.bu.edu/astronomy/profile/kenneth-brecher/.

35. K. Brecher et W.G. Haag, « The Poverty Point Octagon : World's Largest Solstice Marker ? », *Bulletin of the American Astronomical Society* 12, n°°4, 1980, p. 886.

36. *Ibid.*

37. Comme ils l'ont eux-mêmes reconnu deux ans plus tard dans Kenneth Brecher et William G. Haag, « Astronomical Alignments at Poverty Point », *American Antiquity* 48, n° 1, janvier 1983, p. 161. Voir aussi Ellerbe et Greenlee, *Poverty Point : Revealing the Forgotten City*, *op. cit.*, p. 43.

38. Robert D. Purrington, « Supposed Solar Alignments at Poverty Point », *American Antiquity* 48, n° 1, janvier 1983, p. 160.

39. *Ibid.*, p. 160 et p. 161.

40. Brecher et Haag, « Astronomical Alignments at Poverty Point », *op. cit.*, p. 162.

41. *Ibid.*

42. Robert D. Purrington et Colby Allan Child Jr., « Poverty Point Revisited: Further Consideration of Astronomical Alignments », *Archaeoastronomy*, n° 13, JHA, xx, ler février 1989, S49-S60.

43. *Ibid.*, S54.

44. *Ibid.*, S54-S55.

45. *Ibid.*, S55.

46. Ellerbe et Greenlee, *Poverty Point : Revealing the Forgotten City*, *op. cit.*, p. 46.

47. *Ibid.*, p.50.

48. *Ibid.*, p.51.

49. William F. Romain et Norman L. Davis, « Astronomy and Geometry at Poverty Point », *Louisiana Archaeology* n° 38, 2011, p. 49.

50. *Ibid.*, p. 48.

51. *Ibid.*

52. *Ibid.*

53. *Ibid.*

54. *Ibid.*, pp. 46-47.

55. *Ibid.*, p. 47.

56. *Ibid.*, p. 49.

57. Joe Saunders et coll., « An Assessment of the Antiquity of the Lower Jackson Mound », *Southeastern Archaeology* 20, n° 1, 2001, p. 75. Voir aussi Jon L. Gibson, « Navels of the Earth: Sedentism in Early Mound-Building Cultures in the Lower Mississippi Valley », *World Archaeology* 38, n° 2, juin 2006, p. 313.

58. John E. Clark, « Surrounding the Sacred: Geometry and Design of Early Mound Groups as Meaning and Function », dans Jon L. Gibson et Philip Carr (éds.), *Signs of Power : The Rise of Cultural Complexity in the Southeast*, University of Alabama Press, 2010, emplacements Kindle 3795-3801.

59. Gibson, « Navels of the Earth », p. 315.

60. *Ibid.*, pp. 315-316.

61. Romain et Davis, « Astronomy and Geometry at Poverty Point », *op. cit.*, p. 47.

62. D.P. Mindell, *The Evolving World*, Harvard University Press, 2009, p. 224. L'ancienneté du judaïsme et l'extension de ses racines dans la préhistoire sont toutefois sujettes à débat et dépendent des éléments de la foi qu'on choisit de suivre. Toutefois, on s'accorde en général à reconnaître que cette religion date au moins de la fondation du royaume de Juda à l'âge du fer, vers le dixième siècle avant J.-C.

63. Parmi les liens archéologiques entre le culte hindou de Shiva et la civilisation de la vallée de l'Indus figure le sceau de Pashupati, arborant la

manifestation « animale » cornue de Shiva, daté par carbone-14 au début du XXe siècle de 2500-2400 avant J.-C. Voir Ernest John Henry Mackay, *Further Excavations at Mohenjo-Daro : Being an Official Account of Archaeological Excavations at Mohenjo-Daro Carried Out by the Government of India Between the Years 1927 and 1931*, Delhi, Government of India, 1937–1938.

4. Aperçus derrière le voile

1. Joe Saunders, « Early Mounds in the Lower Mississippi Valley », dans Richard L. Burger et Robert M. Rosenwig (éds.), *Early New World Monumentality*, University Press of Florida, 2012, pp. 26-27.
2. *Ibid.*, p. 28.
3. *Ibid.*
4. Robert C. Mainfort Jr. (éd.), *Archaeological Report n° 22 : Middle Woodland Settlement and Ceremonialism in the Mid-South and Lower Mississippi Valley, op. cit.*, p. 9.
5. Joe W. Saunders et coll., « A Mound Complex in Louisiana at 5 400–5 000 Years Before the Present », *Science* 277, 19 septembre 1997, p. 1797 ; Saunders, « Early Mounds in the Lower Mississippi Valley », p. 36 ; Joe W. Saunders et coll., « Watson Brake, a Middle Archaic Mound Complex in Northeast Louisiana », *American Antiquity* 70, n° 4, octobre 2005, p. 665.
6. Kenneth E. Sassman et Michael J. Heckenberger, « Crossing the Symbolic Rubicon in the Southeast », dans Jon L. Gibson et Philip Carr (éds.), *Signs of Power: The Rise of Cultural Complexity in the Southeast*, University of Alabama Press, 2010, emplacement Kindle 4198.
7. Joe W. Saunders et coll., « A Mound Complex in Louisiana at 5 400-5 000 Years Before the Present », *op. cit.*, p. 1798.
8. Saunders, « Early Mounds in the Lower Mississippi Valley », *op. cit.*, p. 39.
9. Joe Saunders et Thurman Allen, « Hedgepeth Mounds: An Archaic Mound Complex in North-Central Louisiana », *American Antiquity* 59, n° 3, juillet 1994, p. 471.
10. *Cultural Resources Evaluation of the Northern Gulf of Mexico Continental Shelf, Vol I : Prehistoric Cultural Resources Potential, Office of Archaeology and Historic Preservation*, National Park Service, Washington DC, 1977, p. 243.
11. Saunders, « Early Mounds in the Lower Mississippi Valley », *op. cit.*, p. 39.
12. David G. Anderson, « Archaic Mounds and the Archaeology of Southeast Tribal Societies », dans Jon L. Gibson et Philip Carr (éds.), *Signs of Power : The Rise of Cultural Complexity in the Southeast, op. cit.*, emplacement Kindle 5180.
13. Voir, par exemple : (1) Joe W. Saunders et coll., « A Mound Complex in Louisiana at 5400-5000 Years Before the Present », *op. cit.*, pp. 1796–1799 ; (2) Saunders, et coll., « Watson Brake, a Middle Archaic Mound Complex in Northeast Louisiana », *op. cit.*, pp. 631-668 ; (3) Saunders, « Early Mounds in the Lower Mississippi Valley », *op. cit.*, pp. 25-52, en particulier p. 33 et p. 42.
14. Saunders, « Early Mounds in the Lower Mississippi Valley », *op. cit.*, p. 46.

15. Saunders et coll., « A Mound Complex in Louisiana at 5 400-5 000 Years Before the Present », *op. cit.*.

16. Cité dans Heather Pringle, « Oldest Mound Complex Found at Louisiana Site », *Science*, 19 septembre 1997, pp. 1761-1762.

17. *Ibid.*

18. Saunders et coll., « A Mound Complex in Louisiana at 5 400-5 000 Years Before the Present », *op. cit.*, p. 1797.

19. Norman L. Davis, « Solar Alignments at the Watson Brake Site », *Louisiana Archaeology*, n° 34, 2012, p. 97.

20. Saunders, « Early Mounds in the Lower Mississippi Valley », *op. cit.*, p. 35.

21. Sassman et Heckenberger, « Crossing the Symbolic Rubicon in the Southeast », emplacement Kindle 4176.

22. Davis, « Solar Alignments at the Watson Brake Site », p. 97, soutient qu'il y a douze tumulus. Saunders, « Early Mounds in the Lower Mississippi Valley », p. 35, affirme que « le site se compose de onze tumulus en terre. (...) Un douzième probable (à confirmer) se situe hors de l'enceinte » immédiatement au sud-est.

23. Pringle, « Oldest Mound Complex Found at Louisiana Site », *op. cit.*.

24. Davis, « Solar Alignments at the Watson Brake Site », *op. cit.*, p. 97.

25. Saunders et coll., « Watson Brake, a Middle Archaic Mound Complex in Northeast Louisiana », p. 631.

26. Saunders, « Early Mounds in the Lower Mississippi Valley », *op. cit.*, p. 37.

27. *Ibid.*, pp. 36-37.

28. Saunders et coll., « Watson Brake, a Middle Archaic Mound Complex in Northeast Louisiana », *op. cit.*, p. 665.

29. *Ibid.*

30. Saunders, « Early Mounds in the Lower Mississippi Valley », *op. cit.*, p. 43.

31. Cité dans Pringle, « Oldest Mound Complex Found at Louisiana Site », *op. cit.*

32. Cette notion est soutenue par d'autres archéologues. Voir, par exemple, Saunders et coll., « Watson Brake, a Middle Archaic Mound Complex in Northeast Louisiana », *op. cit.*, p. 662.

33. Sassman et Heckenberger, « Crossing the Symbolic Rubicon in the Southeast », *op. cit.*, emplacement Kindle 4170.

34. Insley Mounds, par exemple.

35. Sassman et Heckenberger, « Crossing the Symbolic Rubicon in the Southeast », *op. cit.*, emplacements Kindle 4185-4191 et 4195-4205.

36. Davis, « Solar Alignments at the Watson Brake Site », *op. cit.*, p. 110.

37. *Ibid.*, p. 110.

38. *Ibid.*, pp. 97-115.

39. Notamment William Romain, qui a écrit au rédacteur en chef de *Louisiana Archaeology* pour confirmer que ses propres « découvertes sur Watson Brake corroborent la thèse centrale de Norman L. Davis (publiée en 2012 dans

Louisiana Archaeology) concernant l'alignement du site sur le solstice. » William F. Romain, lettre à Dennis Jones, rédacteur en chef de *Louisiana Archaeology*, dans *Louisiana Archaeology*, n° 36, 2013 (2009), p. 3.

40. Davis, « Solar Alignments at the Watson Brake Site », *op. cit.*, p. 97.

41. *Ibid.*, p. 104.

42. *Ibid.*

43. *Ibid.*

44. *Ibid.*

45. *Ibid.*, p. 105.

46. *Ibid.*, pp. 105-106.

47. *Ibid.*, pp. 106-107.

48. *Ibid.*, p. 110.

49. William F. Romain, lettre à Dennis Jones, rédacteur en chef de *Louisiana Archaeology*, dans *Louisiana Archaeology*, n° 36, 2013 (2009), pp. 3-4.

50. Davis, « Solar Alignments at the Watson Brake Site », *op. cit.*, p. 110.

51. *Ibid.*

52. *Ibid.*

53. *Ibid.*, pp. 113-114.

54. *Ibid.*, p. 114.

55. Saunders, « Early Mounds in the Lower Mississippi Valley », *op. cit.*, pp. 45-46.

56. *Ibid.*, pp. 45-46.

57. http://anthropology.iresearchnet.com/ohio-hopewell/.

58. Voir, par exemple, p. 1 de D.W. Dragoo, « Adena and the Eastern Burial Cult », dans *Archeology of Eastern North America* 4, hiver 1976, pp. 1-9 : « Les fouilles approfondies dans tout l'Est ces dernières années démontrent clairement qu'Adena est l'une des seules cultures régionales présentes entre 1000 avant J.-C. et 200 après J.-C. » Ce point de vue prévaut toujours au XXIe siècle – voir, par exemple, p. 453 de S.M. Rafferty, « Evidence of Early Tobacco in Northeastern North America ? », *Journal of Archaeological Science* 33, n° 4, 2006, pp. 453-458, qui date la butte Boucher dans le Vermont : « La chronologie du site établie par radiocarbone s'étend sur une longue période, les dates allant de 885 avant J.-C., avec une marge d'erreur de +/-35 ans, jusqu'à 49 avant J.-C., en années non calibrées, ce qui indique, avec une estimation calibrée, une utilisation continue du site pendant la majeure partie du premier millénaire avant J.-C., d'aussi tôt que 1036 avant J.-C. jusqu'à 49 avant J.-C. (...) Le site dispose d'un assemblage riche et diversifié d'offrandes funéraires, y compris de nombreux objets liés à la culture Adena. »

59. Correspondance de mon assistante de recherche Holly Lasko avec Bob Maslowski, du Council for West Virginia Archaeology, le 25 mai 2018 : « La plupart des tumulus Adena que je connais datent d'entre 400 et 200 avant J.-C. » Voir B. Lepper, « How Old Is the Adena Mound ? », Ohio History Connection Archaeology Blog, 12 janvier 2014, https://www.ohiohistory.org/learn/collections/archaeology/archaeology-blog/2014/january-2014/how-old-is-the-adena-mound. Cette entrée se base sur un article publié dans le *Midcontinental Journal of Archaeology* dont le résumé indique que le tumulus d'Adena

(le site type) remonte à 200 avant J.-C., près du point médian des sites de culture Adena datés au radiocarbone. La référence de ce dernier article est Bradley T. Lepper et coll., « Radiocarbon Dates on Textile and Bark Samples from the Central Grave of the Adena Mound (33RO1), Chillicothe, Ohio », *Mid-continental Journal of Archaeology*, 2014.

60. Edward W. Herrmann et coll., « A New Multistage Construction Chronology for the Great Serpent Mound, USA », *Journal of Archaeological Science* 50, octobre 2014, p. 121.

61. La date crédible la plus reculée pour un tumulus Adena serait (sans certitude absolue) v. 400 avant J.-C., basée sur des mesures récentes par SMA au tumulus de Cresap. Voir William H. Tippins, Richard W. Lang et Mark A. McConaghy, « New AMS Dates on the CRESAP Mound (46MR7) », *Pennsylvania Archaeologist* 86, n° 2, 2016, pp. 2–20, Tableau 4, p. 17.

62. Jon L. Gibson, « Navels of the Earth : Sedentism in Early Mound-Building Cultures in the Lower Mississippi Valley », *World Archaeology* 38, n° 2, juin 2006, p. 316.

63. John E. Clark, « Surrounding the Sacred : Geometry and Design of Early Mound Groups as Meaning and Function », dans Jon L. Gibson et Philip Carr (éds.), *Signs of Power : The Rise of Cultural Complexity in the Southeast*, *op. cit.*, emplacements Kindle 3741-3747.

64. *Ibid.*, emplacement Kindle 3770.

5. Repos éternel ?

1. Robert Bauval et Graham Hancock, *The Message of the Sphinx : A Quest for the Hidden Legacy of Mankind*, Crown, 1996, p. 79. En français : *Le Mystère du Grand Sphinx*, Le Rocher, 2003.

2. O. Neugebauer et Richard A. Parker, *Egyptian Astronomical Texts : 1. The Early Decans*, Brown University Press, 1960, pp 24-25 et pp. 112 et suivantes. Voir aussi Jane Sellers, *The Death of Gods in Ancient Egypt : An Essay on Egyptian Religion and the Frame of Time*, Penguin Books, 1992, pp. 39 et suivantes. Voir aussi http://ancientegyptonline.co.uk/sahu.html.

3. Robert Bauval (avec Adrian Gilbert), *The Orion Mystery : Unlocking the Secrets of the Pyramids*, Heinemann, 1994. En français : *Le Mystère d'Orion*, Pygmalion, 1997.

4. Virginia Trimble, « Astronomical Investigations Concerning the So-called Air Shafts of Cheops's Pyramid », *Mitteilungen des Deutschen Archaeologischen Instituts*, band 10, 1964, pp. 183-187, et Alexander Badawy, « The Stellar Destiny of the Pharaoh and the So-called Air-Shafts in Cheops's Pyramid », *Mitteilungen des Deutschen Archaeologischen Instituts*, band 10, 1964, pp. 189-206.

5. Bauval, *The Orion Mystery*, *op. cit.*, p. 191.

6. Textes des pyramides, lignes 882-885 dans R.O. Faulkner (éd. et trad.), *The Ancient Egyptian Pyramid Texts*, Oxford University Press, 1969, p. 154.

7. Voir, par exemple, la discussion par I.E.S. Edwards, *The Pyramids of Egypt*, Penguin, 1993, p. 285.

8. Information reprise du panonceau sur site, tumulus B, Moundville Archaeological Park, Alabama.

9. Information reprise du panonceau d'exposition du Disque au serpent à sonnette, musée du Moundville Archaeological Park, Alabama.

6. Le portail et le chemin

1. Voir par exemple Robert L. Hall, *An Archaeology of the Soul : North American Belief and Ritual*, University of Illinois Press, 1997, p. 21 et pp. 162-163 ; George F. Lankford, « The "Path of Souls" » dans Kent F. Reilly III et James F. Garber (éds.), *Ancient Objects and Sacred Realms: Interpretations of Mississippian Iconography*, University of Texas Press, 2007, *op. cit.*, pp. 193 et suivantes ; George Lankford, « World on a String », dans Richard F. Townsend et Robert V. Sharp (éds.), *Hero, Hawk and Open Hand: American Indian Art of the Ancient Midwest and South*, Yale University Press, 2004, p. 212 ; et Ray A. Williamson et Claire R. Farrer (éds.), *Earth and Sky: Visions of the Cosmos in Native American Folklore*, University of New Mexico Press, 1992, pp. 219-220.

2. Voir Andrew Collins et Gregory Little, *Path of Souls : The Native American Death Journey*, ATA Archetype Books, 2014, pp. 7-9. Voir aussi www.abovetopsecret.com/forum/thread912520/pg1, 27 décembre 2012, en conjonction avec www.abovetopsecret.com/forum/thread909246/pg1, 18 décembre 2012.

3. Des dizaines de milliers de codex d'avant la conquête, il n'en subsiste que quatre. Voir par exemple Michael D. Coe, *The Maya*, 4e éd., Thames and Hudson, 1987, p. 161 ; et http://www.library.arizona.edu/exhibits/mexcodex/maya.htm.

4. Mark Seeman, « Hopewell Art in Hopewell Places », dans Richard F. Townsend et Robert V. Sharp (éds.), *Hero, Hawk and Open Hand : American Indian Art of the Ancient Midwest and South*, Yale University Press, 2004, p. 57.

5. Voir par exemple Reilly et Garber, *Ancient Objects and Sacred Realms*, *op. cit.*, pp. 112, 115, 118, 125, 193, 130 et ainsi de suite.

6. *Ibid.*, p. 5.

7. Lankford, « The "Path of Souls" », *op. cit.*, p. 175.

8. *Ibid.*

9. George Lankford, « The Great Serpent in Eastern North America », dans Reilly et Garber, *Ancient Objects and Sacred Realms*, *op. cit.*, pp. 134-135.

10. George Lankford, « Some Cosmological Motifs in the Southeastern Ceremonial Complex », in Reilly et Garber, *Ancient Objects and Sacred Realms*, p. 8.

11. Lankford, « The Great Serpent in Eastern North America », pp. 134-135.

12. E.A. Wallis Budge, *The Book of the Dead*, Arkana, 1985, p. lxv.

13. Informations tirées d'*Ibid.*, p. LXV-LXXI, et de Ian Shaw et Paul Nicholson, *British Museum Dictionary of Ancient Egypt*, British Museum Press, 1995, p. 47 et p. 146.

14. Textes des pyramides, lignes 312-313 in R.O. Faulkner (éd. et trad.), *The Ancient Egyptian Pyramid Texts*, Oxford University Press, 1969, p. 68.

15. *Ibid.*, p. 94, ligne 474.

16. *Ibid.*, p. 294, lignes 2057-2058.

17. E.A. Wallis Budge, *The Egyptian Heaven and Hell*, Martin Hopkinson, 1925 (3 volumes en une édition, les numéros de page reprennent à 1 avec chaque volume), p. 196.

18. Cité dans Ake Hultkrantz, *Conceptions of the Soul Amongst Native American Indians*, Ethnographical Museum of Stockholm, 1953, p. 70.

19. *Ibid.*

20. Budge, *The Book of the Dead*, p. 542.

21. Hultkrantz, *Conceptions of the Soul Amongst Native American Indians*, *op. cit.*, p. 116.

22. *Ibid.*, p.77

23. *Ibid.*

24. *Ibid.*, p.79.

25. *Ibid.*, p.88.

26. *Ibid.*, p.112.

27. Ake Hultkrantz, *Shamanic Healing and Ritual Drama : Health and Medicine in Native American Religious Traditions*, Crossroad, 1992, p. 32. Voir aussi Hultkrantz, *Conceptions of the Soul Amongst Native American Indians*, *op. cit.*, pp. 26-27.

28. Lankford, « The "Path of Souls" », pp. 175-176 et p. 181.

29. F. Dunand et R. Lichtenberg, *Mummies and Death in Egypt*, Cornell University Press, 2006. En français : *Les Momies et la Mort en Égypte*, Errance, 1998, pp. 7-8 : « Lors des funérailles, des formules magiques étaient récitées, lesquelles avec d'autres, seraient recopiées sur un Livre du Mort que le défunt garderait dans son caveau. Un choix de figures et d'instruments rituels et une panoplie d'amulettes, ainsi que des objets utilitaires de la vie d'ici-bas, accompagnaient sa dépouille. Installé à demeure dans son tombeau, l'homme ou la femme, ainsi, pourrait simultanément fréquenter en élu le royaume où sont les morts et partager le parcours du soleil qui se repose et renaît quotidiennement. L'« âme » mobile, le *ba*, s'envole vers le jour et retourne animer sa base, le cadavre embaumé dans son cercueil. Le *ka*, l'autre « âme » et doublet immatériel de ce corps matériel, assimile les boissons et les aliments que les survivants apporteront à la chapelle funéraire, tout en perpétuant par la parole le nom de la personne qu'ils peuvent lire sur la stèle. Tout ce système – qui implique une représentation anthropologique de l'être vivant et pensant bien plus complexe que la nôtre – était censé conférer les capacités virtuelles d'un dieu. L'apparence classique du sarcophage – une momie revêtant le masque et la lourde coiffure propres aux images de divinités – note dans le système hiéroglyphique la notion de dignité supérieure *(sâh)*. »

30. Textes des pyramides, Ligne 1109, dans Faulkner, *The Ancient Egyptian Pyramid Texts*, p. 183.

31. Cité par Ake Hultkrantz dans *The North American Indian Orpheus Tradition, Ethnographical Museum of Stockholm*, 1957, p. 121.

32. Lankford, « The "Path of Souls" », *op. cit.*, p. 181.

33. Cité dans *Ibid.*

34. Cité par Hultkrantz dans *The North American Indian Orpheus Tradition*, *op. cit.*, p. 61.

35. Textes des pyramides, lignes 747-748 dans *The Ancient Egyptian Pyramid Texts*, *op. cit.*, p. 138.
36. Budge, *The Egyptian Heaven and Hell*, *op. cit.*, pp. 103-104.
37. Lankford, « The "Path of Souls" », *op. cit.*, p. 176.
38. Budge, *The Egyptian Heaven and Hell*, *op. cit.*, p. 104.
39. Lankford, « The "Path of Souls" », *op. cit.*, p. 176.
40. Textes des pyramides, énoncé 135, ligne 723 dans *The Ancient Egyptian Pyramid Texts*, *op. cit.*
41. *Ibid.*, énoncé 253, ligne 1717.
42. *Ibid.*, énoncé 259, ligne 1763.
43. *Ibid.*, énoncé 144, lignes 802-803.
44. *Ibid.*, énoncé 236, ligne 1561.
45. *Ibid.*, énoncé 70, Ligne 326.
46. *Ibid.*, énoncé 78, Ligne 379.
47. Lankford, « The "Path of Souls" », *op. cit.*, pp. 176-177.
48. La nébuleuse d'Orion est l'un des objets célestes les mieux étudiés. Voir par exemple F. Palla et S.W. Stahler, « Star Formation in the Orion Nebula Cluster », *Astrophysical Journal* 525, n° 2, 1999, p. 772 : « Nous étudions la formation d'étoiles dans l'amas dense associé à la nébuleuse d'Orion… Ce modèle part du principe que les étoiles sont produites à taux constant et distribuées selon la fonction de masse initiale. »
49. *Ibid.*, p. 193.
50. Lankford, *Ancient Objects and Sacred Realms*, *op. cit.*, pp. 203-204.
51. Textes des pyramides, dans *The Ancient Egyptian Pyramid Texts*, *op. cit.*, énoncé 166, ligne 980.
52. *Ibid.*, énoncé 156, lignes 890-891.
53. *Ibid.*, énoncé 70, ligne 324.
54. *Ibid.*, énoncé 79, ligne 392.
55. *Ibid.*, énoncé 135, ligne 727.
56. *Ibid.*, énoncé 158, ligne 907.
57. *Ibid.*, énoncé 238, ligne 1583.
58. *Ibid.*, énoncé 249, ligne 1680.
59. *Ibid.*, énoncé 144, ligne 799.
60. R.O. Faulkner, *The Book of the Dead*, British Museum Publications, 1972, p. 62, sort 42.
61. Textes des pyramides, dans *The Ancient Egyptian Pyramid Texts*, *op. cit.*, énoncé 253, ligne 1720.
62. Susan Brind Morrow, *The Silver Eye : Unlocking the Pyramid Texts*, Head of Zeus, 2016, emplacement Kindle 433.
63. Textes des pyramides, dans *The Ancient Egyptian Pyramid Texts*, *op. cit.*, énoncé 144, ligne 803.
64. *Ibid.*, énoncé 253, ligne 1717.
65. *Ibid.*, énoncé 44, ligne 151.
66. *Ibid.*
67. Lankford, « The "Path of Souls" », *op. cit.*, p. 177.
68. Budge, *The Egyptian Heaven and Hell*, p. 104.

69. George Lankford établit un parallèle spécifique entre les traditions amérindiennes et le *Livre des morts des anciens Égyptiens* dans George Lankford, *Reachable Stars : Patterns in the Ethnoastronomy of Eastern North America*, University of Alabama Press, 2007, p. 204. La même idée est avancée par F. Kent Reilly III, « The Great Serpent in the Lower Mississippi Valley », in *Visualizing the Sacred : Cosmic Visions, Regionalism and the Art of the Mississippi World*, University of Texas Press, 2011, pp. 122-123.

70. Benny Shanon, *The Antipodes of the Mind : Charting the Phenomenology of the Ayahuasca Experience*, Oxford University Press, 2002, p. 132.

71. G. Reichel-Dolmatoff, *Beyond the Milky Way : Hallucinatory Imagery of the Tukano Indians*, UCLA Latin America Center Publications, 1978, p. 13.

72. Faulkner, *The Book of the Dead*, *op. cit.*, p. 90. Voir aussi R.O. Faulkner, « The King and the Star-Religion in the Pyramid Texts », in *Journal of Near Eastern Studies* 25, 1966, 154n7. Virginia Lee Davis fait le lien entre Voie lactée et « Cours d'eau sinueux » in *Archaeoastronomy* 9, JHA XVI, 1985, p. 102. L'archéoastronome et égyptologue Jane B. Sellers arrive à la même conclusion que V.L. Davis (J.B. Sellers, *The Death of Gods in Ancient Egypt*, Penguin Books, 1992, p. 97). Pour une discussion plus poussée et des sources supplémentaires, voir aussi Bauval, *The Orion Mystery*, pp. 119-121 (en français : *Le Mystère d'Orion*).

73. Budge, *The Egyptian Heaven and Hell*, *op. cit.*, p. 90.

74. Textes des pyramides, énoncé 258, ligne 1760.

75. Ake Hultkrantz, *The Religions of the American Indians*, University of California Press, 1979 (parution originale en 1967 sous le titre *De Amerikanska Indianernas Religioner*), p. 133.

76. Lankford, « The "Path of Souls" », *op. cit.*, p. 177.

77. Budge, *The Egyptian Heaven and Hell op. cit.*, p. 89.

78. *Ibid.*, pp. 89-90.

79. *Ibid.*, p. XII.

80. Les sources pour ce qui suit figurent toutes dans *Ibid.*, notamment pp. 13-14, pp. 59-60, pp. 110-115, p. 136, pp 249-251 et pp. 282-283 (« les Massacreurs d'Apep »).

81. *Ibid.*, p. 109.

82. *Ibid.*, p. 113.

83. Hultkrantz, *The North American Indian Orpheus Tradition*, *op. cit.*, pp. 97-98.

84. Lankford, « The Raptor on the Path », dans *Visualizing the Sacred*, *op. cit.*, p. 243.

85. Alanson Skinner, *Observations on the Ethnology of the Sauk Indians*, Greenwood Press, première parution 1923-25, réédité par Greenwood Press, 1970, p. 36.

86. Voir par exemple Hultkrantz, *The North American Indian Orpheus Tradition*, *op. cit.*, p. 54, p. 75 ; Lankford, « The "Path of Souls" », *op. cit.*, p. 178, pp. 182-183, et Lankford, « The Raptor on the Path », pp. 244-245.

87. Hultkrantz, *The North American Indian Orpheus Tradition*, p. 80 ; voir aussi Lankford, « The "Path of Souls" », p. 178, pp. 182-183, et Lankford, « The Raptor on the Path », *op. cit.*, pp. 244-245.

88. Hultkrantz, *The North American Indian Orpheus Tradition*, *op. cit.*, p. 54. Voir aussi Lankford, « The “Path of Souls” », *op. cit.*, p. 178.

89. Voir la discussion dans Lankford, « The “Path of Souls” », *op. cit.*, pp. 206-207, et Lankford, « The Great Serpent », pp. 108-114.

90. Lankford, « The “Path of Souls” », *op. cit.*, p. 178.

91. Budge, *The Egyptian Heaven and Hell*, *op. cit.*, p. 37.

92. *Ibid.*, vignette « Le royaume de Seker », opposé 102.

93. Par exemple, voir *Ibid.*, vignette « Le royaume de Sokaris », opposé 70 et 74. Voir aussi Faulkner, *The Book of the Dead*, *op. cit.*, p. 86 – le serpent Sa'Ta.

94. Lankford dans *Ancient Objects and Sacred Realms*, p. 107 et pp. 174-175 et suivantes.

95. Cité dans *Ibid.*, p. 112.

96. Voir la discussion dans Hultkrantz, *The Native American Indian Orpheus Tradition*, *op. cit.*, pp. 78-81.

97. Frances Eyman, « An Unusual Winnebago War Club and an American Water Monster », *Penn Museum Expedition* 5, n° 4, p. 33, https://www.penn.museum/sites/expedition/an-unusual-winnebago-war-club-and-an-american-water-monster/.

98. Lankford dans *Ancient Objects and Sacred Realms*, *op. cit.*, pp. 107-119.

99. Cité dans *Ibid.*, p. 111.

100. Cité dans *Ibid.*

101. G. Elliot Smith, *The Evolution of the Dragon*, Manchester University Press, 1919, p. 94.

102. Lankford dans *Ancient Objects and Sacred Realms*, *op. cit.*, pp. 109-110.

103. *Ibid.*, p. 111.

104. Voir par exemple la discussion dans Graham Hancock, *Fingerprints of the Gods*, Crown, 1995, pp. 423-424. En français : *L'Empreinte des dieux.*, pp.467-468

105. Signalé dans F. Kent Reilly III, « Visualising the Sacred in Native American Art of the Mississippian Period », dans *Hero, Hawk and Open Hand*, *op. cit.*, p. 128.

106. R.O. Faulkner (trad. et éd.), *The Ancient Egyptian Coffin Texts*, Aris & Philips, 1973, vol. 1, p. 261.

107. Cité dans James Mooney, *Myths of the Cherokee*, Government Printing Office, Washington DC, 1900, réédité par Dover Publications, 1995, p. 259.

108. *Ibid.*

109. *Ibid.*

110. Faulkner, *The Ancient Egyptian Coffin Texts*, vol. 1, p. 190, ligne 326.

111. Voir par exemple F.F. Leek, « Further Studies Concerning Ancient Egyptian Bread », *Journal of Egyptian Archaeology* 59, n° 1, 1973 : pp. 199-204, surtout p. 199 : « Les deux céréales qu'on trouve le plus communément sur tous les sites de Haute et de Basse Égypte sont le blé et l'orge… *Triticum dicoccum* – l'amidonnier – était la variété de blé cultivée la plus répandue. » Voir aussi p. 201 : « Les tests effectués sur les restes abdominaux de momies thébaines ont montré que l'amidonnier était le seul ingrédient du pain

consommé pour deux échantillons, et mélangé à un autre pour un troisième. Le fait que ces dépouilles venaient de Thèbes suggère qu'on utilisait beaucoup l'amidonnier en Haute-Égypte. »

112. C. Knight et R. Lomas, *The Hiram Key : Pharaohs, Freemasons and the Discovery of the Secret Scrolls of Christ*, Arrow Books, 1997, p. 152 : Knight et Lomas suggèrent que les anciens Égyptiens tenaient Horus pour « l'étoile du matin » quand Osiris dit, dans un passage des Textes des pyramides, 1000-1001 :

Les radeaux de roseaux du ciel sont en place, afin
Que je puisse m'en servir pour atteindre Ré à l'horizon…
Je me tiendrai parmi eux, car la Lune est mon frère,
Et l'étoile du matin ma descendance.

Les auteurs suggèrent encore que les Textes des pyramides 357, 929, 935 et 1707 font référence à la descendance du roi mort – Horus – comme étant l'étoile du matin. Ils indiquent p. 153 : "En Égypte, le nouveau roi, le Horus, est l'étoile du matin, qui se relève (comme le franc-maçon ressuscité) d'une mort temporaire et symbolique. » Voir aussi https://www.britannica.com/topic/Horus. Et voir Rolf Kraus, « Stellar and Solar Components in Ancient Egyptian Mythology and Royal Ideology », in Michael A. Rappenglecuk et coll. (éds.), *Astronomy and Power : How Worlds Are Structured*, Proceedings of the SEAC 2010 Conference, BAR International Series 2794, 2016, pp. 137-141.

113. James Brown, « On the Identity of the Birdman within Mississippian Period Art and Iconography », dans Reilly et Garber, *Ancient Objects and Sacred Realms*, *op. cit.*, p. 71.

114. Voir E.A. Wallis Budge, *The Gods of the Egyptians*, parution originale en 1904, réédité par Dover Publications en 1969, pp. 284–287. Voir aussi *The British Museum Dictionary of Ancient Egypt*, 88, p. 220.

115. Budge, *The Book of the Dead*, p. 538. Voir aussi Faulkner, *Book of the Dead*, p. 163.

116. Textes des pyramides, p. 191, lignes 1188-1189.

117. Hultkrantz, *The Religions of the American Indians*, *op. cit.*, p. 64.

118. Voir William F. Romain, *Shamans of the Lost World : A Cognitive Approach to the Prehistoric Religion of the Ohio Hopewell*, AltaMira Press, 2009, pp. 48-51.

119. Textes des pyramides, Énoncé 667A, p. 281, ligne 1943.

120. Hultkrantz, *Conceptions of the Soul*, *op. cit.*, p. 97.

121. *Ibid.*, p. 267.

122. *Ibid.*, p. 432.

123. Veronica Ions, *Egyptian Mythology*, Newnes Books, 1986, p. 136.

124. Pour un compte-rendu plus complet et détaillé, voir Graham Hancock et Santha Faiia, *Heaven's Mirror*, pp. 68-75.

125. Alice C. Fletcher et Francis La Flesche, *The Omaha Tribe*, Vingt-septième rapport annuel du Bureau of American Ethnology, Smithsonian Institution, 1911, p. 590.

126. Joseph Epes Brown, *The Sacred Pipe*, University of Oklahoma Press, 1953, 1989, 29n13.

127. Hultkrantz, *The Religions of the American Indians*, pp. 133-134.

128. Lankford dans Reilly et Garber, *Ancient Objects and Sacred Realms*, *op. cit.*, p. 208.

129. *Ibid.*, p. 210.

130. *Ibid.*, p. 211.

131. Textes des pyramides, p. 93, ligne 469.

132. Textes des pyramides, énoncé 697, p. 305, ligne 2175.

133. Textes des sarcophages, vol. 1, p. 36, ligne 185.

134. E. K. Holt et coll. (éds.), *Concerning the Nations : Essays on the Oracles Against the Nations in Isaiah, Jeremiah and Ezekiel* (vol. 612), Bloomsbury, 2015, p. 35. Sur la base des traductions des Manuscrits de la mer Morte d'Isaiah, de Jérémie, des Juges et de Job, respectivement, les auteurs voient dans les expressions en hébreu « cité du Soleil » et « maison du soleil » des références à Héliopolis, ou au nom égyptien *Iwnw*, « ville du pilier », qui figure dans la Genèse 41:45 et Ezéchiel 30:17 sous la forme *'on/'āwen*. Exemples tirés de la Bible de Jérusalem :

Il brisera les obélisques du temple du Soleil, qui se trouve en Égypte, et incendiera les temples des dieux de l'Égypte. (Jérémie 43:13)

Et Pharaon imposa à Joseph le nom de Çophnath-Panéah et il lui donna pour femme Asnat, fille de Poti-Phéra, prêtre d'On. Et Joseph partit pour le pays d'Égypte. (La Genèse 41:45)

Les jeunes gens de On et de Pi-Bésèt tomberont par l'épée et les villes elles-mêmes iront en captivité (Ézéchiel 30:17)

135. *Ibid.*

136. Budge, *The Egyptian Heaven and Hell*, *op. cit.*, p. 12.

137. *Ibid.*, pp. 3-4.

138. I.E.S. Edwards, *The Pyramids of Egypt*, Penguin, 1993, p. 286.

139. Reproduit dans Von Del Chamberlain, *When Stars Come Down to Earth : Cosmology of the Skidi Pawnee Indians of North America*, Ballena Press/Centre for Archaeoastronomy, University of Maryland, 1982, p. 20.

140. *Ibid.*, p. 24 et p. 130.

141. P. Lacovara, *The World of Ancient Egypt : A Daily Life Encyclopedia* (2 vol.), ABC-CLIO, 2016, p. 183. Voir aussi http://www.ancient-egypt-priests.com/AE-Life-english.htm : « Les prêtres de haut rang portaient des écharpes, sans doute parées d'ornements en or semblables à ceux de Pharaon, et une peau de léopard. L'animal passait pour sacré, et pour la personnification de l'antique déesse céleste Mafdet. Peut-être les taches de la peau rappelaient-elles les étoiles aux Égyptiens. Le tissu qui imitait la peau de léopard arborait des étoiles en guise de taches. On considérait aussi cette peau comme liée aux croyances en la régénération et la renaissance dans l'Au-delà, et au dieu solaire Râ. Cette tradition remonte aux Textes des pyramides de la Ve dynastie. En particulier, les prêtres-sem, devant accomplir les rituels d'ouverture de la bouche de la momie avant les funérailles, arboraient cette tenue, ainsi que le défunt ! On peut la voir comme une sorte de robe de baptême. À part l'écharpe, ils ne portaient aucun bijou. »

Voir aussi http://www.ancient-origins.net/history/sem-priests-ancient-egypt-their-role-and-impact-funerary-contexts-part-0010007 et http://www.ancient-origins.net/history/sem-priests-ancient-egypt-service-king-and-country-part-ii-0010009.

142. M. Verner, *Temple of the World : Sanctuaries, Cults, and Mysteries of Ancient Egypt*, American University in Cairo Press, 2013, p. 29 ; Anand Balaji, « Sem Priests of Ancient Egypt : Their Role and Impact in Funerary Contexts », parties 1 et 2.

143. *Cultural Resources Evaluation of the Northern Gulf of Mexico Continental Shelf*, Vol I : *Prehistoric Cultural Resources Potential*, Office of Archaeology and Historic Preservation, National Park Service, Washington, DC, 1977, p. 243.

144. Voir par exemple la discussion dans Don W. Dragoo, « Mounds for the Dead : An Analysis of Adena Culture », *Annals of the Carnegie Museum* 37, 1963.

145. William F. Romain, *Mysteries of the Hopewell : Astronomers, Geometers and Magicians of the Eastern Woodlands*, p. 204.

146. *Ibid.*, pp. 204-205.

7. Astronomie et géométrie dans l'Au-delà

1. E. A. Wallis Budge, *From Fetish to God in Ancient Egypt*, Oxford University Press, 1934, p. 155.

2. W.B. Emery, *Archaic Egypt : Culture and Civilization in Egypt Five Thousand Years Ago*, Penguin Books, 1987, p. 31, p. 177.

3. E.A. Wallis Budge, *The Book of the Dead*, Arkana, 1985, p. 315.

4. *Ibid.*, p. 266.

5. *Ibid.*, p. 328.

6. E.A. Wallis Budge, *The Egyptian Heaven and Hell*, *op. cit.*, p. 43.

7. *Ibid.*, pp. 142-143.

8. *Ibid.*, p. 152.

9. *Ibid.*, p. 135.

10. *Ibid.*, p. 142.

11. *Ibid.*, p. 135.

12. R.O. Faulkner (éd. et trad.), *The Ancient Egyptian Coffin Texts*, *op. cit.*, vol. 2, p. 290.

13. *Ibid.*, vol. 3, p. 104.

14. Budge, *The Book of the Dead*, *op. cit.*, p. clxxv.

15. Budge, *The Egyptian Heaven and Hell*, *op. cit.*, p. 89.

16. *Ibid.*, p. 141.

17. *Ibid.*, p. 161.

18. *Ibid.*, pp. 170 et suivantes.

19. *Ibid.* ; par exemple, voir pp. 13, 36, 123, 215, 240 et 258. On appelait parfois la Douât Amentet, et on voit des références accolées au « cercle caché de la Douât » et au « cercle caché d'Amentet », et vice-versa.

20. *Ibid.*, p. 89, et voir vignette p. 303.

21. Pour plus de détails sur les aspects astronomique et stellaire de la religion égyptienne, voir mes livres *Le Mystère du Grand Sphinx* et *Heaven's Mirror.*

22. Budge, *The Egyptian Heaven and Hell*, *op. cit.*, p. 22.

23. J. Gribbin et M. Gribbin, *From Here to Infinity : A Beginner's Guide to Astronomy*, Sterling, 2009, pp. 40-41 : « La Terre et la Lune (...) tournent toutes les deux autour du point d'équilibre du système Terre-Lune. Son centre d'inertie (...) équivaut au point d'équilibre d'une balançoire. »

24. Budge, *The Book of the Dead*, *op. cit.*, p. 315.

25. Faulkner, *The Ancient Egyptian Coffin Texts*, vol. 3, pp. 140-141, sorts 1060 à 1063.

26. Faulkner, *The Ancient Egyptian Coffin Texts*, vol. 2, p. 212, ligne 250.

27. R.O. Faulkner (éd. et trad.), *The Ancient Egyptian Pyramid Texts*, Oxford University Press, 1969, p. 290, ligne 2016.

28. *Ibid.*, p. 309, ligne 2232.

29. *Ibid.*, p. 309, ligne 2233.

30. *Ibid.*, p. 159, ligne 916.

31. Faulkner, *Book of the Dead*, *op. cit.*, p. 113, sort 118.

32. Faulkner, *Pyramid Texts*, *op. cit.*, pp. 289-290, ligne 2011.

33. Budge, *The Egyptian Heaven and Hell*, *op. cit.*, p. 89.

34. *Ibid.*, p. 93.

35. Faulkner, *Coffin Texts*, *op. cit.*, vol. 3, p. 133, ligne 291.

36. *Ibid.*, p. 168, ligne 468.

37. Budge, *The Book of the Dead*, *op. cit.*, p. 318.

38. Faulkner, *Book of the Dead*, *op. cit.*, p. 184, sort 183.

39. Budge, *The Egyptian Heaven and Hell*, *op. cit.*, pp. 277-278.

40. *Ibid.*, p. 258.

41. *Ibid.*, p. 240.

42. *Ibid.*, p. 258.

43. *Ibid.*, p. 9.

44. *Ibid.*, p. 38-39.

45. *Ibid.*, p. 39.

46. Comme par exemple dans « ce Cercle secret du dieu Sokar, qui est sur son sable » – *Ibid.*, p. 16.

47. George Lankford, « The Great Serpent in Eastern North America », dans Kent F. Reilly III et James F. Garber (éds.), *Ancient Objects and Sacred Realms : Interpretations of Mississippian Iconography*, University of Texas Press, 2007, *op. cit.*, pp. 107-135.

48. George Lankford, « Adena-Hopewell Earthworks and the Milky Way Path of Souls », dans Meghan E. Buchanan et B. Jacob Skousen (éds.), *Tracing the Relational : The Archaeology of Worlds, Spirits and Temporalities*, University of Utah Press, 2015, p. 54.

49. *Ibid.*

50. *Ibid.*

51. Budge, *The Book of the Dead*, *op. cit.*, p. 315.

52. *Ibid.*

53. Lankford, « The Great Serpent in Eastern North America », pp. 107-135.

54. James Mooney, *Myths of the Cherokee*, Government Printing Office, Washington DC, 1900, réimprimé par Dover Publications, 1995, p. 297.

55. *Ibid.* Et voir discussion dans Lankford, « The Great Serpent in Eastern North America », p. 114.

56. Budge, *The Book of the Dead, op. cit.*, p. 315.

57. *Ibid.*, pp. XXVIII-XXIX ; Faulkner, *The Ancient Egyptian Pyramid Texts*, p. V.

58. Comme Conly, par exemple. Voir chapitre 5.

59. E.A.E. Reymond, *The Mythical Origin of the Egyptian Temple*, Manchester University Press, 1969, p. 8.

60. *Ibid.*, p. 151 : « La situation mythologique que nous avons analysée dévoile une tradition originaire d'un autre endroit. »

61. *Ibid.*, p. 55, p. 90, p. 105, p. 274.

62. *Ibid.*, p. 55.

63. *Ibid.*, p. 109, pp. 113-114, p. 127.

64. Voir par exemple p. 19 : « l'équipage du Faucon ». Voir aussi p. 27, p 177, p. 180, p. 181, p. 187, p. 202. On trouve, dans les inscriptions d'Edfou, de nombreuses références aux équipages de vaisseaux et à la navigation. Ainsi, p. 180 : « Les Shebtiw ont vogué... » ; et p. 187 : « On croyait qu'ils avaient navigué jusqu'à un autre endroit du monde originel. »

65. *Ibid.*, p. 190.

66. *Ibid.*, p. 274 : « Ils voyagèrent dans les terres inoccupées de l'âge primitif et fondèrent d'autres domaines sacrés. »

67. *Ibid.*, p. 122.

68. *Ibid.*, p. 134.

69. Platon, *Timée*, traduction d'Émile Chambry.

70. *Ibid.*

71. G. Reichel-Dolmatoff, B*eyond the Milky Way : Hallucinatory Imagery of the Tukano Indians*, UCLA Latin America Center Publications, 1978, p. 2.

72. *Ibid.*

73. Reymond, *The Mythical Origin of the Egyptian Temple*, p. 274.

74. *Ibid.*, p. 190.

75. *Ibid.*, pp. 8-10

76. *Ibid.*, p. 24: « le *Shebtiw* dont la fonction est décrite comme *din iht*, nommer (= créer) les choses. » Voir aussi p. 180.

77. *Ibid.*, p. 41.

78. *Ibid.*, par exemple, p. 28, p. 66, p. 236.

79. Voir par exemple Robert L. Hall, *An Archaeology of the Soul : North American Indian Belief and Ritual*, University of Illinois Press, 1997, p. 163 : « Le recours à l'imagerie de la ceinture d'Orion comme dispositif de protection possède peut-être une histoire nord-américaine remontant au moins à 1000 avant J.-C., car, dans certains contextes aussi anciens ici ou là au nord-est des États-Unis, des tablettes de pierre et des plaques de coquillage ont été découvertes dans lesquelles étaient forés trois trous, dont l'un, à dessein, semble-t-il, décalé, comme l'une des trois étoiles de la ceinture d'Orion. »

8. Éloïse

1. Vance Haynes, dans un entretien avec Richard Firestone, cité dans Firestone, Allen West et Simon Warwick Smith, *The Cycle of Cosmic Catastrophes*, Bear, 2006, p. 37.

2. Bruce B. Huckell et C. Vance Haynes, « Palaeoecology as Viewed from Murray Springs, Arizona », dans C. Vance Haynes et Bruce B. Huckell (éds.), *Murray Springs : A Clovis Site with Multiple Activity Areas in the San Pedro Valley, Arizona*, University of Arizona Press, 2007, p. 225.

3. *Ibid.*

4. Voir la discussion complète du Dryas récent dans Graham Hancock, *Magiciens des dieux*, 2015, partie 2.

5. « Palaeoecology as Viewed from Murray Springs, Arizona », *op. cit.*, p. 225. Haynes poursuit : « De nombreux dépôts recouvrent des vestiges de faune du Pléistocène supérieur, parfois assortis d'objets de l'ère de Clovis. La (...) fin semble s'être produite partout (...) de façon précipitée et simultanée. (...) Une sècheresse, une glaciation et une prédation par la culture Clovis ont-elles pu avoir lieu dans tous ces endroits en même temps ? Peu probable. Concernant la cause de l'extinction du Quaternaire, un événement est survenu il y a 13 000 ans que nous ne comprenons pas encore complètement. »

6. Vance Haynes, « Younger Dryas "Black Mats" and the Rancholabrean Termination in North America », *Proceedings of the National Academy of Sciences* 105, n° 18, 6 mai 2008, p. 6520.

7. R. B. Firestone et coll., « Evidence for an Extraterrestrial Impact 12,900 Years Ago That Contributed to Megafaunal Extinctions and the Younger Dryas Cooling », *Proceedings of the National Academy of Sciences* 104, n° 41, 9 octobre 2007, pp. 16016-16021.

8. *Ibid.* Dans des articles ultérieurs, les 12 900 ans dans le passé ont été diminués de 100 ans. Voir C.R. Kinzie et coll., « Nanodiamond-Rich Layer Across Three Continents Consistent with Major Cosmic Impact at 12,800 cal BP », *Journal of Geology* 122, n° 5, 2014, pp. 475-506.

9. Voir par exemple http://phys.org/news/2014-08-year-old-nanodiamonds-multiple-continents.html, et J.H. Wittke et coll, « Nanodiamonds and Carbon Spherules from Tunguska, the K/T Boundary, and the Younger Dryas Boundary Layer », article présenté devant l'Union américaine de géophysique durant la session d'automne 2009 (http://adsabs.harvard.edu/abs/2009AGUFMPP 31D1392W).

10. Michail I. Petaev et coll., « Large Pt Anomaly in the Greenland Ice Cores Points to a Cataclysm at the Onset of Younger Dryas », *Proceedings of the National Academy of Sciences* 110, n° 32, 6 août 2013, pp. 12917-12920. Voir aussi Heather Pringle, « Did a Comet Wipe Out Prehistoric Americans ? », *New Scientist*, 22 mai 2007, http://www.newscientist.com/article/dn11909-did-a-comet-wipeout-prehistoric-americans.html#.VJqZ88AgA; et Firestone et coll., « Evidence for an Extraterrestrial Impact 12,900 Years Ago That Contributed to the Megafaunal Extinctions and the Younger Dryas Cooling », p. 16016.

11. James Kennett cité par Jim Barlow-Oregon dans « Did Exploding Comet Leave Trail of Nanodiamonds ? », *Futurity : Research News from Top Universities*, http://www.futurity.org/comet-nanodiamonds-climate-change-755662/. Voir aussi Kinzie et coll., « Nanodiamond-Rich Layer Across Three Continents Consistent with Major Cosmic Impact at 12,800 cal BP », p. 476.

12. Richard Firestone cité dans Pringle, « Did a Comet Wipe Out Prehistoric Americans ? », *op. cit.*

13. Kinzie et coll., « Nanodiamond-Rich Layer Across Three Continents Consistent with Major Cosmic Impact at 12,800 cal BP », pp. 498-499.

14. Cité dans Julie Cohen, « Nanodiamonds Are Forever : A UCSB Professor's Research Examines 13,000-Year-Old Nanodiamonds from Multiple Locations Across Three Continents », *The Current*, UC Santa Barbara, 28 août 2014, http://www.news.ucsb.edu/2014/014368/nanodiamonds-are-forever.

15. Petaev et coll., « Large Pt Anomaly in the Greenland Ice Cores Points to a Cataclysm at the Onset of Younger Dryas », *op. cit.*, pp. 12918-12919.

16. *Ibid.*, p. 12917.

17. W. M. Napier, « Palaeolithic Extinctions and the Taurid Complex », *Monthly Notices of the Royal Astronomical Society* 405, n° 3, 1er juillet 2010, pp. 1901-1906. On pourra lire l'article en ligne dans son intégralité ici : http://mnras.oxfordjournals.org/content/405/3/1901.full.pdf+html?sid=19fd6cae-61a0-45bd-827b-9f4eb877fd39, et le télécharger en pdf ici : http://arxiv.org/pdf/1003.0744.pdf ; et Victor Clube et William Napier, *The Cosmic Winter*, Wiley, 1990, pp. 150-153. Voir aussi Gerrit L. Verschuur, *Impact : The Threat of Comets and Asteroids*, Oxford University Press, 1996, p. 136.

18. Clube et Napier, *The Cosmic Winter*, *op. cit.*, p. 147.

19. W. M. Napier, « Comets, Catastrophes and Earth's History », *Journal of Cosmology*, 6 novembre 2009, pp. 344-355.

20. *Ibid.*

21. Clube et Napier, *The Cosmic Winter*, *op. cit.*, p. 153.

9. Feu et glace

1. https://cometresearchgroup.org/.

2. https://cometresearchgroup.org/scientists-members/.

3. Christopher Moore et coll., « Widespread Platinum Anomaly Documented at the Younger Dryas Onset in North American Sedimentary Sequences », *Scientific Reports*, 9 mars 2017.

4. *Ibid.*, p. 1.

5. Michail I. Petaev et coll., « Large Pt Anomaly in the Greenland Ice Cores Points to a Cataclysm at the Onset of Younger Dryas », *op. cit.*, p. 12917, p. 12918.

6. Moore et coll., « Widespread Platinum Anomaly Documented at the Younger Dryas Onset in North American Sedimentary Sequences », *op. cit.*, pp. 2-3.

7. *Ibid.*, p. 3.

8. *Ibid.*

9. *Ibid.*, pp. 4-5.
10. *Ibid.*, p. 7.
11. *Ibid.*, Informations supplémentaires, p. 10-11. Le platine (Pt) appartient aux métaux du groupe du platine (MGP) qui comprend l'iridium (Ir), l'osmium (Os), le ruthénium (Ru) et le rhodium (Rh).
12. *Ibid.*, pp. 12-13.
13. *Ibid.*, p. 13.
14. *Ibid.*
15. *Ibid.*
16. Wendy S. Wolbach et coll., « Extraordinary Biomass-Burning Episode and Impact Winter Triggered by the Younger Dryas Cosmic Impact ~12,800 Years Ago », *Journal of Geology* 126, n° 2, mars 2018, pp. 165-205.
17. *Ibid.* La liste complète des coauteurs : Wendy S. Wolbach, Joanne P. Ballard, Paul A. Mayewski, Victor Adedeji, Ted E. Bunch, Richard B. Firestone, Timothy A. French, George A. Howard, Isabel Israde-Alcántara, John R. Johnson, David Kimbel, Charles R. Kinzie, Andrei Kurbatov, Gunther Kletetschka, Malcolm A. LeCompte, William C. Mahaney, Adrian L. Melott, Abigail Maiorana-Boutilier, Siddhartha Mitra, Christopher R. Moore, William M. Napier, Jennifer Parlier, Kenneth B. Tankersley, Brian C. Thomas, James H. Wittke, Allen West et James P. Kennett.
18. *Ibid.*, p. 165.
19. *Ibid.*, p. 165 et p. 167.
20. *Ibid.*, p. 169.
21. *Ibid.*, p. 170.
22. *Ibid.*, pp. 170-171.
23. *Ibid.*
24. *Ibid.*, p. 171.
25. *Ibid.*
26. *Ibid.*, p. 187, p. 189.
27. *Ibid.*, p. 192.
28. *Ibid.*
29. *Ibid.*, pp. 192-193.
30. *Ibid.*, p. 193.
31. *Ibid.*, p. 194.
32. https://www.theguardian.com/uk-news/2018/jul/02/firefighters-need-support-to-tackle-lancashire-moorland-blaze-says-andy-burnham et https://www.theguardian.com/uk-news/2018/jul/01/firefighters-from-seven-counties-fight-greater-manchester-moor-fires.
33. https://www.sacbee.com/latest-news/article214198989.html.
34. https://www.sacbee.com/latest-news/article214198989.html.
35. https://www.courthousenews.com/costs-to-fight-2017-california-wildfires-shatters-records/.
36. Wolbach et coll., « Extraordinary Biomass-Burning Episode and Impact Winter Triggered by the Younger Dryas Cosmic Impact ~12,800 Years Ago », *op. cit.*, p. 165.

37. Matthew R. Francis, « When Carl Sagan Warned the World About Nuclear Winter », *Smithsonian Magazine*, 15 novembre 2017, https://www.smithsonianmag.com/science-nature/when-carl-sagan-warned-world-about-nuclear-winter-180967198/.

38. Cité dans *Ibid.*

39. R. B. Firestone et coll., « Evidence for an Extraterrestrial Impact 12,900 Years Ago That Contributed to the Megafaunal Extinctions and the Younger Dryas Cooling », *op. cit.*, p. 16020.

40. Sans doute un petit peu moins de 10 000 mégatonnes : https://www.telegraph.co.uk/news/0/many-nukes-world-could-destroy/. Notez, toutefois, que même si ce chiffre s'appuie sur des statistiques de l'Arms Control Association, il ne s'agit que d'une estimation, du fait du secret que les gouvernements entretiennent autour de leur armement.

41. Wolbach et coll., « Extraordinary Biomass-Burning Episode and Impact Winter Triggered by the Younger Dryas Cosmic Impact ~12,800 Years Ago », *op. cit.*, p. 179.

42. *Ibid.*, p. 200.

43. S. J. Fiedel, « The Mysterious Onset of the Younger Dryas », *Quaternary International* 242, 2011, p. 263.

44. David J. Leydet et coll., « Opening of Glacial Lake Agassiz's Eastern Outlets by the Start of the Younger Dryas Cold Period », *Geology*, 4 janvier 2018.

45. Fiedel, « The Mysterious Onset of the Younger Dryas », *op. cit.*, p. 264.

46. Graham Hancock, *Magiciens des dieux*, chapitre 6, pp. 121-122, pp.143-145.

47. Wolbach et coll., « Extraordinary Biomass-Burning Episode and Impact Winter Triggered by the Younger Dryas Cosmic Impact ~ 12,800 Years Ago », *op. cit.*, p. 179. Emphase ajoutée.

48. *Ibid.*

49. *Ibid.*, p. 180.

50. *Ibid.*, p. 175.

51. *Ibid.*, p. 178.

52. *Ibid.*, p. 179.

53. *Ibid.*

54. *Ibid.*, p. 201.

55. *Ibid.*, p. 179.

56. *Ibid.*, p. 167.

57. *Ibid.*, p. 168, p. 173, p. 177, p. 178 et p. 188. Voir aussi Petaev et coll., « Large Pt Anomaly in the Greenland Ice Cores Points to a Cataclysm at the Onset of Younger Dryas », *op. cit.*, p. 12917. Et voir W.M. Napier, « Palaeolithic Extinctions and the Taurid Complex », *op. cit.*, pp. 1901-1906. On peut lire l'article en ligne dans son intégralité ici : http://mnras.oxfordjournals.org/content/405/3/1901.full.pdf+html?sid=19fd6cae-61a0-45bd-827b-9f4eb877fd39, et le télécharger en pdf ici : http://arxiv.org/pdf/1003.0744.pdf ; et Victor Clube et William Napier, *The Cosmic Winter*, Wiley, 1990, pp. 150-153. Voir aussi Gerrit L. Verschuur, *Impact : The Threat of Comets and Asteroids*, Oxford University Press, 1996, p. 136.

58. Firestone et coll., « Evidence for an Extraterrestrial Impact 12,900 Years Ago That Contributed to Megafaunal Extinctions and the Younger Dryas Cooling », *op. cit.*, p. 16020.

59. Yingzhe Wu et coll., « Origin and Provenance of Spherules and Magnetic Grains at the Younger Dryas Boundary », *Proceedings of the National Academy of Sciences* 110, n° 38, 5 septembre 2013, p. e3564.

60. R.B. Firestone et coll., « Analysis of the Younger Dryas Impact Layer », *Journal of Siberian Federal University. Engineering and Technologies* 1, février 2010, p. 30, p. 47 et p. 56.

61. Wolbach et coll., « Extraordinary Biomass-Burning Episode and Impact Winter Triggered by the Younger Dryas Cosmic Impact ~12,800 Years Ago », *op. cit.*, p. 195 : « L'analyse exhaustive par Peros et coll. (2008) des relevés de pollen en Amérique du Nord a en effet démontré qu'un déclin brutal et temporaire des forêts de conifères (surtout Picea sp.) s'est produit sur de vastes zones d'Amérique du Nord au cours des 150 premières années de l'épisode climatique du DR. Cette perte s'est accompagnée d'une expansion subite des espèces de Populus (peuplier, cotonnier, tremble) et parfois d'Alnus (bouleau), des pionniers opportunistes qui prospèrent souvent à la suite de perturbations forestières majeures comme les feux de forêt. À leur tour, les espèces de Populus ont été remplacées par des conifères pendant le reste du DR. Ainsi, un changement important, omniprésent et temporaire de la végétation continentale, tel que reflété par les données nord-américaines du pollen, est compatible avec une perturbation biotique majeure qui aurait résulté de la combustion généralisée de la biomasse à la LDR. »

62. *Ibid.*, p. 178.

63. *Ibid.*, p. 198

64. Firestone et coll., « Analysis of the Younger Dryas Impact Layer », *op. cit.*, pp. 57-58.

65. *Ibid.*, p. 58.

66. Ainsi que 19 genres d'oiseaux d'Amérique du Nord. Voir James P. Kennett et coll., « Potential Consequences of the YDB Cosmic Impact at 12.8 kya : Climate, Humans and Megafauna », dans Albert C. Goodyear et Christopher R. Moore (éds.), *Early Human Life on the Southeastern Coastal Plain*, Florida Museum of Natural History, University of Florida Press, 2018, p. 184.

67. Wolbach et coll., « Extraordinary Biomass-Burning Episode and Impact Winter Triggered by the Younger Dryas Cosmic Impact ~12,800 Years Ago », *op. cit.*, pp. 195-196 et pp. 200-201.

68. *Ibid.*, pp. 200-201.

69. Kennett et coll., « Potential Consequences of the YDB Cosmic Impact at 12.8 kya », *op. cit.*, pp. 184-185.

70. *Ibid.*, p. 186.

71. *Ibid.*, pp. 181-182.

72. *Ibid.*, p. 182.

73. *Ibid.*

74. Terry L. Jones et Douglas J. Kennett, « A Land Impacted ? The Younger Dryas Boundary Event in California », dans Terry L. Jones et Jennifer E. Perry

(éds.), *Contemporary Issues in California Archaeology*, Routledge, 2016, emplacement Kindle 849.

75. David G. Anderson et coll., « Multiple Lines of Evidence for Possible Human Population Decline/Settlement Reorganization During the Early Younger Dryas », *Quaternary International* 242, 2011, p. 578.

10. La peur s'installe

1. Graham Hancock, *Magiciens des dieux*, pp. 86-108, pp.107-129.

2. Depuis 2015, le nombre d'articles publiés qui argüent en faveur d'un impact extraterrestre au Dryas récent est tout à fait stupéfiant. Les plus favorables à l'hypothèse incluent : W.M. Napier, « Giant Comets and Mass Extinctions of Life », *Monthly Notices of the Royal Astronomical Society* 448, n° 1, 2015, pp. 27-36 ; A.V. Andronikov et coll., « Geochemical Evidence of the Presence of Volcanic and Meteoritic Materials in Late Pleistocene Lake Sediments of Lithuania », *Quaternary International* 386, 2015, pp. 18-29 ; R. Ellis, « The Carolina Bays, and the Destruction of North America », Ralph Ellis Research Center, 2015 ; W. Napier et coll., « Centaurs as a Hazard to Civilization », *Astronomy and Geophysics* 56, n° 6, 2015, pp. 6-24; A.V. Andronikov et coll., « Implications from Chemical, Structural and Mineralogical Studies of Magnetic Microspherules from Around the Lower Younger Dryas Boundary (New Mexico, USA) », *Geografiska Annaler : Series A, Physical Geography*, 98, n° 1, 2016, pp. 39-59 ; J.L. Prado, C. Martinez-Mara et M.T. Alberdi, « Megafauna Extinction in South America: A New Chronology for the Argentine Pampas », *Palaeogeography, Palaeoclimatology, Palaeoecology* 425, 2015, pp 41-44 ; A.V. Andronikov et I.E. Andronikova, « Sediments from Around the Lower Younger Dryas Boundary (SE Arizona, USA) : Implications from LA-ICP-MS Multielement Analysis », *Geografiska Annaler : Series A, Physical Geography* 98, n° 3, 2016 ; A. Zamora, « A Model for the Geomorphology of the Carolina Bays », *Geomorphology* 282, 2017, pp. 209-216 ; H.G. Burchard, « Younger Dryas Comet 12,900 BP », *Open Journal of Geology*, 7, n° 2, 2017, p. 193 ; M.B. Sweatman et D. Tsikritsis, « Decoding Göbekli Tepe with Archaeoastronomy : What Does the Fox Say ? » *Mediterranean Archaeology and Archaeometry* 17, n° 1, 2017 ; P. Spurný et coll., « Discovery of a New Branch of the Taurid Meteoroid Stream as a Real Source of Potentially Hazardous Bodies », *Astronomy and Astrophysics* 605, 2017, p. A68 ; H. Patton et coll., « Deglaciation of the Eurasian Ice Sheet Complex », *Quaternary Science Reviews* 169, 1er août 2017, pp. 148-172 ; J.T. Hagstrum et coll., « Impact-Related Microspherules in Late Pleistocene Alaskan and Yukon "Muck" Deposits Signify Recurrent Episodes of Catastrophic Emplacement », *Scientific Reports* 7, n° 1, 2017, p. 16620 ; P. Roperch et coll., « Surface Vitrification Caused by Natural Fires in Late Pleistocene Wetlands of the Atacama Desert », *Earth and Planetary Science Letters* 469, 2017, pp. 15-26 ; W.C. Mahaney et coll., « Evidence for Cosmic Airburst in the Western Alps Archived in Late Glacial Paleosols », *Quaternary International* 438, 2017, pp. 68-80 ; I. Israde-Alcántara et coll., « Five Younger Dryas Black Mats in Mexico and Their Stratigraphic and Paleoenvironmental

Context », *Journal of Paleolimnology* 59, n° 1, 2018, pp. 59-79 ; W.C. Mahaney et coll., « Cosmic Airburst on Developing Allerød Substrates (Soils) in the Western Alps, Mt. Viso Area », *Studia Quaternaria* 35, n° 1, 2018, pp. 3-23 ; W.C. Mahaney et coll., « Did the Black-Mat Impact/Airburst Reach the Antarctic ? Evidence from New Mountain Near the Taylor Glacier in the Dry Valley Mountains », *Journal of Geology* 126, n° 3, 2018, pp. 285-305 ; A.V. Andronikov et coll., « Geochemical Records of Paleocontamination in Late Pleistocene Lake Sediments in West Flanders (Belgium) », *Geografiska Annaler : Series A, Physical Geography* 100, n° 2, 2018, pp. 204-220 ; H.P. Hu, J.L. Feng et F. Chen, « Sedimentary Records of a Palaeo-Lake in the Middle Yarlung Tsangpo : Implications for Terrace Genesis and Outburst Flooding », *Quaternary Science Reviews* 192, 2018, pp. 135-148 ; M.B. Sweatman et A. Coombs, « Decoding European Palaeolithic Art: Extremely Ancient Knowledge of Precession of the Equinoxes », *arXiv*, preprint arXiv:1806.00046, 2018.

3. Notamment M.A. LeCompte et coll., « An Independent Evaluation of Conflicting Microspherules Results from Different Investigations of the Younger Dryas Impact Hypothesis », *Proceedings of the National Academy of Sciences* 109, n° 44, 2018, e2960-e2969, doi:10.1073/pnas.1208603109 ; et Y. Wu et coll., « Origin and Provenance of Spherules and Magnetic Grains at the Younger Dryas Boundary », *Proceedings of the National Academy of Sciences* 110, n° 38, 2013, e3557-e3566, doi:10.1073/pnas.1304059110.

4. Voir G. Hancock, *Magiciens des dieux*, 2015, chapitres 4 et 5, pp. 69-85, pp.87-101.

5. Antonio Zamora a une formation multidisciplinaire en chimie, en informatique et en linguistique informatique. Né au Mexique, il est venu très jeune aux États-Unis. Il a étudié la chimie à l'université du Texas (licence en 1962) et l'informatique à l'université d'État de l'Ohio (master en 1969). Pendant son service militaire dans l'armée américaine de 1962 à 1965, il a étudié la technologie médicale à la Medical Field Service School (MFSS) de Fort Sam Houston et travaillé en hématologie au Brooke Army Medical Center. M. Zamora a occupé pendant des années les postes d'éditeur et de chercheur chez Chemical Abstracts Service où il a créé des programmes d'informations chimiques. Il est passé par IBM où il a programmé des vérificateurs d'orthographe et de nouveaux outils multilingues de récupération d'informations. Il détient 13 brevets. Après son départ à la retraite d'IBM, il a fondé Zamora Consulting et travaillé comme consultant pour l'American Chemical Society, la National Library of Medicine et le département de l'Énergie sur le support des améliorations sémantiques aux moteurs de recherche. Il est fasciné par l'observation du ciel depuis que son père l'a aidé, alors qu'il était enfant, à fabriquer une lunette astronomique. Depuis sa retraite en 2011, M. Zamora a terminé de grandes formations en ligne dans les domaines de l'astronomie, de la géologie et de la paléobiologie. Il participe régulièrement aux séminaires du départment du magnétisme terrestre de la Carnegie Institution de Washington.

6. Zamora, « A Model for the Geomorphology of the Carolina Bays », *op. cit.*, pp. 209-216.

7. On a envisagé l'origine cosmique des baies de Caroline pour la première fois en 1933 quand l'administration Roosevelt a pris les premières photographies aériennes du paysage apparemment criblé de cratères pour aider les fermiers pendant la Grande Dépression. À titre d'exemple, accéder à G. Howard, « The Carolina Bays » (1997) sur George Howard.net, http://www.georgehoward.net/cbays.htm, consulté le 21 août 2018. Voir aussi https://www.ncpedia.org/carolina-bays.

8. Par exemple, Richard Firestone, Allen West et Simon Warwick-Smith, *The Cycle of Cosmic Catastrophes*, Bear, 2006.

9. Voir par exemple M.J. Brooks, B.E. Taylor et A.H. Ivester, « Carolina Bays : Time Capsules of Culture and Climate Change », *Southeastern Archaeology* 29, n° 1, 2010, pp. 146-163, surtout p. 148 : « En se basant sur 45 dates LSO, les dépôts éoliens sur des rivages actifs ont eu lieu du stade isotopique de l'oxygène (SIO) 2 à la fin du SIO 3 (~12 à 50 ka), du SIO 4 à la toute fin du SIO 5 (60-80 ka), et à la fin du SIO 6 (120-140 ka). (...) Outre ces intervalles, certaines dates LSO indiquent que les baies étaient aussi actives durant les périodes interglaciaires de l'Holocène et de l'Éémien. »

10. Zamora, « A Model for the Geomorphology of the Carolina Bays », *op. cit.*, pp. 211 et suivantes.

11. *Ibid.*, p. 209 et p. 212.

12. https://www.researchgate.net/profile/Michael_Davias.

13. https://www.researchgate.net/profile/Thomas_Harris8.

14. Michael E. Davias et Thomas H.S. Harris, « A Tale of Two Craters : Coriolis-Aware Trajectory Analysis Correlates Two Pleistocene Impact-Strewn Fields and Gives Michigan a Thumb », communication présentée à la Geological Society of America, North-Central Section, 49e réunion annuelle, 19-20 mai 2015.

15. *Ibid.*

16. R. B. Firestone et coll., « Analysis of the Younger Dryas Impact Layer », *Journal of Siberian Federal University. Engineering and Technologies* 1, février 2010, pp. 57-58.

17. Davias et Harris, « A Tale of Two Craters », *op. cit.*.

18. *Ibid.*

19. *Ibid.*

20. *Ibid.*

21. Zamora, « A Model for the Geomorphology of the Carolina Bays », *op. cit.*, p. 215.

22. Courriel d'Antonio Zamora à Graham Hancock, 11 juillet 2018.

23. Zamora, « A Model for the Geomorphology of the Carolina Bays », *op. cit.*, p. 212.

24. *Ibid.*, p. 212 et p. 214.

25. *Ibid.*, p. 215.

26. *Ibid.*

27. *Ibid.*

28. Antonio Zamora, *Killer Comet : What the Carolina Bays Tell Us*, Zamora Consulting, 3e édition de poche, 2016, pp. 71-75.

29. Firestone et coll., « Analysis of the Younger Dryas Impact Layer », *op. cit.*, pp. 57-58.
30. https://www.youtube.com/watch?v=c-qIP1lfok8&feature=share.
31. Firestone et coll., « Analysis of the Younger Dryas Impact Layer », *op. cit.*, p. 30.
32. Donald F. Eschman et David M. Mickelson, « Correlation of Glacial Deposits of the Huron, Lake Michigan and Green Bay Lobes in Michigan and Wisconsin », *Quaternary Science Reviews* 5, 1986, pp. 53-57, https://www.sciencedirect.com/science/article/pii/0277379186901733.
33. *Ibid.*, p. 56.

11. Les chasseurs-cueilleurs et la civilisation perdue

1. Courriel d'Albert Goodyear, 6 février 2018.
2. William Mahaney et coll., « Cosmic Airburst on Developing Allerød Substrates (Soils) in the Western Alps, Mt. Viso Area », *op. cit.*, p. 3 et pp. 20-21.
3. W. C. Mahaney et coll., « Did the Black-Mat Impact/Airburst Reach the Antarctic ? Evidence from New Mountain Near the Taylor Glacier in the Dry Valley Mountains », *Journal of Geology* 126, n° 3, mai 2018, p. 285.
4. Wendy Wolbach et coll., « Extraordinary Biomass-Burning Episode and Impact Winter Triggered by the Younger Dryas Cosmic Impact ~12,800 Years Ago », *op. cit.*, p. 170.
5. Correspondance avec Al Goodyear, 26 juillet 2018. Voir aussi Kaitlyn A. Thomas et coll., « Explaining the Origin of Fluting in North American Pleistocene Weaponry », *Journal of Archaeological Science* 81, mai 2017, pp. 23-24.
6. Thomas J. Williams et coll., « Evidence of an Early Projectile Point Technology in North America at the Gault Site, Texas, USA », *Science Advances*, 14 juillet 2018, p. 1, http://advances.sciencemag.org/content/4/7/eaar5954.
7. *Ibid.*, p. 2.
8. *Ibid.*, p. 5.
9. Thomas et coll., « Explaining the Origin of Fluting in North American Pleistocene Weaponry », *op. cit.*, p. 23, p. 24, p. 28. Voir aussi B. A. Storey et coll., « Why Are Clovis Fluted Points More Resilient Than Non-Fluted Lanceolate Points ? A Quantitative Assessment of Breakage Patterns Between Experimental Models », *Archaeometry*, 2 juillet 2018.
10. Correspondance avec Al Goodyear, 25 juillet 2018. Voir aussi Lorena Becerra-Valdivia et coll., « Reassessing the Chronology of the Archaeological Site of Anzick », *Proceedings of the National Academy of Sciences*, 18 juin 2018, http://www.pnas.org/content/early/2018/06/12/1803624115 ; et Morten Rasmussen et coll., « The Genome of a Late Pleistocene Human from a Clovis Burial Site in Western Montana », *Nature* 506, 13 février 2014, p. 225.
11. Becerra-Valdivia et coll., « Reassessing the Chronology of the Archaeological Site of Anzick », p. 3 : « Il y a une forte convergence entre la date d'Anzick-1 (…) (12 905-12 695 cal AP) et celles obtenues pour les bois de cerf (12 990-12 840 cal BP). Les résultats suggèrent donc qu'Anzick-1 est

contemporain des bois de cerf, associé à l'assemblage Clovis, et qu'il date de la période Clovis. »

12. Les chiffres des sites et des pointes Clovis proviennent de Charles C. Mann, « The Clovis Point and the Discovery of America's First Culture », *Smithsonian Magazine*, novembre 2013, https://www.smithsonianmag.com/history/the-clovis-point-and-the-discovery-of-americas-first-culture-3825828/.

13. Becerra-Valdivia et coll., « Reassessing the Chronology of the Archaeological Site of Anzick », p. 1. Et voir Rasmussen et coll., « The Genome of a Late Pleistocene Human from a Clovis Burial Site in Western Montana », *op. cit.*, p. 225. N'avoir jamais découvert d'autre site funéraire Clovis signifie qu'on ne dispose d'aucun élément de comparaison avec Anzick-1. Pour donner un exemple extrême du genre de problème que cela entraîne, même si on peut émettre de solides hypothèses, on ne peut pas savoir avec certitude si chaque nourrisson Clovis décédé était inhumé de façon aussi élaborée, avec des offrandes funéraires aussi abondantes, ou si Anzick-1 montre l'enterrement d'un individu exceptionnel peut-être issu d'une lignée qui l'était aussi. Intuitivement, on penche pour cette dernière possibilité, mais on ne peut pas la démontrer.

14. Correspondance avec Al Goodyear, 26 juillet 2018. Et voir Thomas et coll., « Explaining the Origin of Fluting in North American Pleistocene Weaponry », *op. cit.*, pp. 23-24.

12. Des inconnus inconnus

1. Je fais référence à la fameuse déclaration tortueuse faite en 2002 par l'ancien secrétaire d'état Donald Rumsfeld sur le manque de preuves concernant la possession d'armes de destruction massive par le gouvernement irakien : « Les rapports selon lesquels quelque chose n'est pas arrivé m'intéressent toujours, car, comme nous le savons, il y a des connus connus, des choses connues comme étant connues. Nous savons aussi qu'il y a des connus inconnus, c'est-à-dire qu'il y a des choses que nous savons que nous ne savons pas. Mais il y a aussi des inconnus inconnus, des choses que nous ne savons pas que nous ne savons pas. Et si on observe l'histoire de notre nation et d'autres pays libres, c'est cette dernière catégorie qui pose le plus de problème. » En ligne ici : http://archive.defense.gov/Transcripts/Transcript.aspx?TranscriptID=2636.

2. John Soennichsen, *Bretz's Flood : The Remarkable Story of a Rebel Geologist and the World's Greatest Flood*, Sasquatch Books, 2008, p. 131.

3. Graham Hancock, *Magiciens des dieux*, 2015, partie 2.

4. Henry T. Mullins et Edward T. Hinchley, « Erosion and Infill of New York Finger Lakes : Implications for Laurentide Ice Sheet Deglaciation », *Geology* 17, n° 7, juillet 1989, pp. 622-625.

5. https://www.pastmedicalhistory.co.uk/smallpox-and-the-conquest-of-mexico/.

6. Peter Tompkins, *Mysteries of the Mexican Pyramids*, Thames and Hudson, 1987, p. 21.

7. Diego de Landa, *Yucatan Before and After the Conquest* (traduction et notes de William Gates), Producción Editorial Dante, 1990, p. 9.

8. *Ibid.*, 104.

9. Jose Fernandez, « A Stellar City : Utatlan and Orion », *Time and Astronomy at the Meeting of Two Worlds*, Proceedings of the International Symposium, 27 avril au 2 mai 1992, p. 72, p. 74. Cité dans Graham Hancock et Santha Faiia, *Heaven's Mirror*, *op. cit.*, p. 35.

10. Jose Fernandez cité dans David Friedel et coll., *Maya Cosmos*, William Morrow, 1993, p. 103. Cité in Hancock et Faiia, *Heaven's Mirror*, *op. cit.*, p. 35.

11. Fernandez, « A Stellar City : Utatlan and Orion », p. 73. Cité dans Hancock et Faiia, *Heaven's M*irror, *op. cit.*, p. 35.

12. Hancock et Faiia, *Heaven's Mirror*, *op. cit.*, p. 23 et p. 24. Sur la Voie lactée en tant que « Chemin des âmes » maya, voir Mary Miller et Karl Taube, *The Gods and Symbols of Ancient Mexico and the Maya*, Thames and Hudson, 1993, p. 114.

13. Hancock et Faiia, *Heaven's Mirror*, *op. cit.*, p. 22.

14. *Ibid.*, p. 37.

15. *Ibid.*, pp. 35-37 et pp. 43-114.

16. *Ibid.*

17. Sylvanus Griswold Morley, *An Introduction to the Study of the Maya Hieroglyphs*, Dover, 1975, p. 32.

18. *Ibid.*

19. J. Eric S. Thompson, *The Rise and Fall of Maya Civilization*, Pimlico, 1993, pp. 13-14.

20. Les codex de Dresde, de Paris, de Madrid et Grolier. Si on a longtemps soupçonné ce dernier d'être un faux, une étude de 2016 conclut à son authenticité. Voir Erin Blakemore, « New Analysis Shows Disputed Maya "Grolier Codex" Is the Real Deal », *Smithsonian Magazine*, 15 septembre 2016, https://www.smithsonianmag.com/smart-news/maya-codex-once-thought-be-sketchy-real-thing-180960466/. Une nouvelle confirmation est tombée en août 2018, quand l'Institut national d'histoire et d'archéologie du Mexique a annoncé, après mûre réflexion, qu'il est authentique, date d'entre 1021 et 1154 après J.-C., et constitue par conséquent « le document pré-hispanique le plus ancien qu'on connaisse ». Voir https://www.nbcnews.com/news/latino/experts-mexico-find-nearly-1-000-year-oldauthentic-mayan-n905376.

21. Voir en général Père Pablo Joseph de Arriaga dans L. Clark Keating (trad.), *The Extirpation of Idolatry in Peru*, University of Kentucky Press, 1968.

22. L.A. Clayton, E.C. Moore, et V.J. Knight (éds.), *The De Soto Chronicles*, vol. 1 : *The Expedition of Hernando de Soto to North America in 1539–1543*, University of Alabama Press, 1995.

23. R. G. Robertson, *Rotting Face : Smallpox and the American Indian*, Caxton Press, 2001, p. 132.

24. Donald L. Fixico, « When Native Americans Were Slaughtered in the Name of "Civilization" », 2 mars 2018, https://www.history.com/news/native-americans-genocide-united-states.

25. David E. Stannard, *American Holocaust : The Conquest of the New World*, Oxford University Press, 1992, p. 11.

26. US Indian Boarding School History, National Native American Boarding School Healing Coalition, https://boardingschoolhealing.org/education/us-indian-boarding-school-history/.

27. Cité dans *Ibid.*

28. Ephraim G. Squier et Edwin H. Davis, *Ancient Monuments of the Mississippi Valley*, Smithsonian Institution, Washington D.C., 1848, réimprimé par la Smithsonian avec une introduction de David J. Meltzer en 1998, p. XXXIX.

29. Jarrod Burke et Robert A. Cook, « Beyond Squier and Davis : Rediscovering Ohio's Earthworks Using Geophysical Remote Sensing », *American Antiquity* 76, octobre 2011, p. 680.

30. David J. Meltzer, introduction à Squier et Davis, *Ancient Monuments of the Mississippi Valley*, p. 37.

31. J'ai posé une question similaire à David J. Meltzer (échange de courriels les 23 et 24 juillet 2018) : GH : Je suis enclin à dire, dans le chapitre correspondant du livre que je viens de terminer sur l'Amérique ancienne, qu'il n'existe tout simplement pas de chiffres fiables pour l'ensemble de la vallée du Mississippi et qu'aucun archéologue ou autre chercheur n'a jamais tenté d'estimer ce qui a été perdu dans toute la région à la suite des empiètements agricoles, industriels et autres depuis le milieu du XIXe siècle. S'agit-il à votre avis d'un véritable reflet de l'état des connaissances sur la question, ou est-ce trompeur ? DJM : « Je crois que c'est exact, mais, encore une fois, faute d'expertise en ce domaine, je ne peux en être sûr. Je crois aussi qu'il importe d'ajouter que l'une des raisons pour lesquelles une telle estimation pourrait être impossible, c'est que voilà 200 ans et plus, il n'y avait aucun comptage systématique, donc nous n'avons aucune idée de ce que le dénominateur de l'équation entre les sites existants et les disparus devrait être. En outre, non seulement les estimations (non) systématiques d'un Squier auraient échoué à tenir compte de tous les petits tumulus et hameaux, mais beaucoup de ces sites ont probablement été détruits par le labour sans que personne (sauf les mules à la manœuvre) ne s'en aperçoive. »

32. Échange de courriels avec David J. Meltzer les 24 et 25 juillet 2018.

33. Gregory L. Little, *The Illustrated Encyclopaedia of Native American Indian Mounds and Earthworks*, Eagle Wing Books, 2016, p. 3.

34. Sue Sturgis, « Wal-Mart's History of Destroying Sacred Sites », *Facing South*, 3 septembre 2009, https://www.facingsouth.org/2009/09/wal-marts-history-of-destroying-sacred-sites.html.

35. Sue Sturgis, « Alabama City Destroying Ancient Indian Mound for Sam's Club », *Facing South*, 4 août 2009, https://www.facingsouth.org/2009/08/alabama-city-destroying-ancient-indian-mound-for-sams-club.html.

36. *Ibid.*

37. Terry L. Jones, « Archaeological Perspectives on the Extra-Terrestrial Impact Hypothesis, 12,900 BP : A View from Western North America », *Journal of Cosmology* 2, 10 novembre 2009, pp. 299-300.

38. *Ibid.* Emphase ajoutée. Et voir D. Grayson et D. Meltzer, « Requiem for North American Overkill », *Journal of Archeological Science* 30, 2003, pp. 585-593 ; S. Fiedel et G. Haynes, « A Premature Burial : Comments on Grayson and

Meltzer's "Requiem for Overkill" », *Journal of Archeological Science* 31, 2004, pp. 121-131 ; D. Grayson et D. Meltzer, « North American Overkill Continued ? », *Journal of Archeological Science* 31, 2004, pp. 133-136.

39. Jones, « Archaeological Perspectives on the Extra-Terrestrial Impact Hypothesis, 12,900 BP », *op. cit.*, pp. 299-300.

40. *Ibid.*

41. E.A.E. Reymond, *The Mythical Origin of the Egyptian Temple*, Manchester University Press, 1969, p. 122 et p. 134.

42. On attirera ici l'attention sur les kivas des mythes des origines amérindiens et sur leurs vestiges aux Amériques de nos jours (par exemple la grande kiva du Chaco Culture National Historical Park). À ce sujet, consultez G. A. David, *The Kivas of Heaven : Ancient Hopi Starlore*, SCB Distributors, 2011, chapitre 1.

13. La clef de la civilisation perdue

1. Pour un rapide aperçu de la chronologie de la plus récente ère glaciaire, voir Kim Ann Zimmerman, « Pleistocene Epoch : Facts About the Last Ice Age », *Live Science*, 29 août 2017, https://www.livescience.com/40311-pleistocene-epoch.html.

2. Thomas M. Cronin, *Principles of Paleoclimatology*, *op. cit.*

3. L'intervalle de 140 000 à 120 000 ans avant le présent est approximatif, et Deméré lui-même (dans une correspondance privée) lui préfère celui de 130 000 à environ 115 000 ans AP. Les choses sont nuancées, comme d'habitude. Pour un compte rendu détaillé des discussions sur la datation de l'Éémien, voir D. Dahl-Jensen et coll., « Eemian Interglacial Reconstructed from a Greenland Folded Ice Core », *Nature* 493, 24 janvier 2013, pp. 489-494.

4. Frederick Soddy, *The Interpretation of Radium and the Structure of the Atom*, John Murray, 1920, p. 182.

5. *Ibid.*

6. *Ibid.*, pp. 182-183.

7. William Burroughs et Allen Ginsberg, *The Yage Letters : Redux*, Penguin Modern Classics Kindle Edition, 2012, p. XIII. En français : *Les Lettres du Yage*, adapt. Claude Pélieu, trad. Mary Beach, L'Herne, « Carnets de l'Herne », 2009. Plus tard, le terme télépathine deviendra un synonyme de l'harmine, l'alcaloïde actif le plus important dans la liane d'ayahuasca.

8. *Ibid.*

9. Par le voyageur Rafael Zerda Bayón – voir https://www.singingtotheplants.com/2007/12/the-telepathy-meme/.

10. Benny Shanon, *The Antipodes of the Mind : Charting the Phenomenology of the Ayahuasca Experience*, Oxford University Press, 2002, pp. 256-257.

11. W.Y. Evans-Wentz (éd.), *The Tibetan Book of the Dead*, Oxford University Press, 1960, p. XV.

12. Ake Hultkrantz, *The North American Indian Orpheus Tradition : A Contribution to Comparative Religion*, Ethnological Museum of Sweden, Stockholm, 1957.

13. A.H. Gayton, « The Orpheus Myth in North America », *Journal of American Folklore* 48, n° 189, juillet-septembre 1935, p. 282 : « L'intrigue, terme que j'utilise dans sa plus large acception pour y inclure la motivation, les événements et la succession des événements, est restée remarquablement constante malgré sa vaste diffusion et (…) est complètement intégrée aux formes culturelles. »

14. Hultkrantz, *op. cit.*

15. Cité dans *Ibid.*, p. 201.

16. Robert A.F. Thurman (trad.), *The Tibetan Book of the Dead*, Thorsons/HarperCollins, 1995, p. 80.

17. *Ibid.*

18. *Ibid.* Par exemple, chapitre 2 : « La science de la mort tibétaine. »

19. Thor Conway, « The Conjurer's Lodge : Celestial Narratives from Algonkian Shamans », dans *Earth & Sky : Visions of the Cosmos in Native American Folklore*, Ray A. Williamson et Claire R. Farrer (éds.), University of New Mexico Press, 1992, p. 243 et p. 246.

20. W.M. Napier, « Comets, Catastrophes and Earth's History », *Journal of Cosmology* 2, 2009, pp. 344-355.

21. W.M. Napier, « Palaeolithic Extinctions and the Taurid Complex », *Monthly Notices of the Royal Astronomical Society* 405, mars 2010, pp. 1901-1902 pour les dimensions et p. 1906 pour son entrée dans le Système solaire interne.

22. *Ibid.*, p. 1902 et p. 1906. La fragmentation d'une comète a été observée en 1994, quand la comète Shoemaker-Levy 9 s'est séparée en vingt et un fragments qui tous ont frappé la surface de Jupiter.

23. *Ibid.*, p. 1901.

24. Victor Clube et Bill Napier, *The Cosmic Winter*, *op. cit.*, p. 153.

25. P. Spurný et coll., « Discovery of a New Branch of the Taurid Meteoroid Stream as a Real Source of Potentially Hazardous Bodies », *Astronomy and Astrophysics* 605, septembre 2017.

26. Selon le professeur Emilio Spedicato de l'université de Bergame : « Des paramètres orbitaux provisoires qui pourraient conduire à son observation sont actuellement estimés. Il est prédit que dans un avenir proche (aux alentours de 2030), la Terre va de nouveau croiser la partie de l'anneau qui contient les fragments, une rencontre qui a dramatiquement affecté l'humanité dans le passé. » Voir G. Hancock, *Magiciens des dieux*, chapitre 19, et Emilio Spedicato, *Apollo Objects, Atlantis and Other Tales*, Università degli studi di Bergamo, 1997, pp. 12-13.

27. http://www.documentcloud.org/documents/3456295-Dakota-Access-Pipeline-Notification-Grijalva.html.

28. https://newsmaven.io/indiancountrytoday/news/environment/oil-flowing-dakota-access-dapl/.

29. https://www.theguardian.com/us-news/2017/may/10/dakota-access-pipeline-first-oil-leak.

30. Voir : https://earthjustice.org/sites/default/files/files/Order-re-conditions.pdf ; https://earthjustice.org/news/press/2017/citing-recent-keystone-spill-

federal-court-orders-additional-measures-to-reduce-spill-risks-from-dakota-access ; et https://earthjustice.org/features/faq-standing-rock-litigation.

31. https://www.theguardian.com/us-news/2018/jul/11/red-fawn-fallis-standing-rock-activist-prison-officer-shooting.

Appendice 1

1. Thomas A. Gregor et Donald Tuzin (éd.), *Gender in Amazonia and Melanesia : An Exploration of the Comparative Metod*, University of California Press, 2001, p. 1.

2. Les articles les plus éminents sur l'hypothèse paléoaméricaine sont (par ordre de publication) : C.L. Brace et coll., « Old World Sources of the First New World Human Inhabitants : A Comparative Craniofacial View », *Proceedings of the National Academy of Sciences* 98, n° 17, 2001, pp. 10017-10022 ; W.A. Neves et M. Hubbe, « Cranial Morphology of Early Americans from Lagoa Santa, Brazil : Implications for the Settlement of the New World », *Proceedings of the National Academy of Sciences* 102, n° 51, 2005, pp. 18309-18314 ; R. González-José et coll., « The Peopling of America : Craniofacial Shape Variation on a Continental Scale and Its Interpretation from an Interdisciplinary View », *American Journal of Physical Anthropology : The Official Publication of the American Association of Physical Anthropologists* 137, n° 2, 2008, pp. 175-187 ; M. Hubbe, W.A. Neves et K. Harvati, « Testing Evolutionary and Dispersion Scenarios for the Settlement of the New World », *PLoS One* 5, n° 6, 2010, e11105 ; D.L. Jenkins et coll., « Clovis-Age Western Stemmed Projectile Points and Human Coprolites at the Paisley Caves », *Science* 337, n° 6091, 2012, pp. 223-228 ; K.E. Graf, C.V. Ketron et M.R. Waters (éd.), *Paleoamerican Odyssey*, Texas A&M University Press, 2014, pp. 397-412 ; J.C. Chatters et coll., « Late Pleistocene Human Skeleton and mtDNA Link Paleoamericans and Modern Native Americans », *Science* 344, n° 6185, 2014, pp. 750-754.

3. Maanasa Raghavan et coll., « Genomic Evidence for the Pleistocene and Recent Population History of Native Americans », *op. cit.*, aab3884-7.

4. *Ibid.*

5. S. Ivan Perez et coll., « Discrepancy Between Cranial and DNA Data of Early Americans : Implications for American Peopling », *PLoS One*, 29 mai 2009, p. 1, http://journals.plos.org/plosone/ article?id=10.1371/journal.pone.0005746.

6. Germán Manríquez et coll., « Morphometric and mtDNA Analyses of Archaic Skeletal Remains from Southwestern South America », *Chungara : Revista de Antropología Chilena* 43, n° 2, 2011, p. 283.

7. Pontus Skoglund et coll., « Genetic Evidence for Two Founding Populations of the Americas », *op. cit.*, p. 107.

8. *Ibid.*

9. Voir par exemple Neves et Hubbe, « Cranial Morphology of Early Americans from Lagoa Santa, Brazil », *op. cit.* Quoique la chose n'ait pas été sérieusement remise en question, des opinions dissonantes se font entendre. Pour un

exemple récent, voir Raghavan et coll., « Genomic Evidence for the Pleistocene and Recent Population History of Native Americans », *op. cit.*, aab3884-7.

10. Voir Neves et Hubbe, « Cranial Morphology of Early Americans from Lagoa Santa, Brazil », *op. cit.*, p. 18309.

11. *Ibid.*

12. *Ibid.*

13. *Ibid.*, pp. 18313-18314.

14. *Ibid.*, p. 18309.

15. Skoglund et coll., « Genetic Evidence for Two Founding Populations of the Americas », *op. cit.*

16. Raghavan et coll., « Genomic Evidence for the Pleistocene and Recent Population History of Native Americans », *op. cit.*

17. Dans une discussion en ligne entre Lev Michael, maître de conférence au département de linguistique de l'université de Californie, Berkeley, et un expert des langues amazoniennes qui cite ce commentaire de Dziebel dans son « Evaluating the Linguistic Evidence for an Out of America Hypothesis », disponible à cette adresse : https://anthroling.wordpress.com/2008/06/11/evaluating-the-linguistic-evidence-for-an-out-of-america-hypothesis/.

18. Austin Whittall, « Language Diversity and the Peopling of America », 18 octobre 2015, http://patagoniamonsters.blogspot.co.uk/2015/10/language-diversity-and-peopling-of.html.

19. *Ibid.*

20. Voir « Papua New Guinea » sur https://www.ethnologue.com/statistics/country.

21. Whittall, « Language Diversity and the Peopling of America », *op. cit.*

22. Qu'il tire de Joanna Nichols, « Mobility and Ancient Society in Asia and the Americas », pp. 117-126, chapitre intitulé « How America Was Colonised : Linguistic Evidence », https://link.springer.com/chapter/10.1007/978-3-319-15138-0_9.

23. Whittall, « Language Diversity and the Peopling of America », *op. cit.*

24. Tableau tiré de « Indigenous Languages of South America », http://aboutworldlanguages.com/indigenous-languages-of-south-america.

25. Voir A.I. Aikhenvald et A.Y. Aikhenvald, *Languages of the Amazon*, Oxford University Press, 2012, p. 1 : « Les plaines d'Amazonie comptent plus de trois cent cinquante langues regroupées au sein d'une quinzaine de familles, plus bon nombre qui ne rentrent dans aucune d'elles. »

26. *Ibid.* « La diversité linguistique de l'Amazonie est remarquable à tous points de vue. Seule celle de la zone de Nouvelle-Guinée rivalise avec elle. »

27. Gregor et Tuzin, *Gender in Amazonia and Melanesia*, *op. cit.*, p. 1.

28. *Ibid.*

29. « Amazonia and Melanesia : Gender and Anthropological Comparison », détails à cette adresse : http://www.wennergren.org/history/amazonia-and-melanesia-gender-and-anthropological-comparison.

30. Gregor et Tuzin, Gender in Amazonia and Melanesia, *op. cit.*, p. 52-53.

31. *Ibid.*, p. 302.

32. *Ibid.*, p. 304.

33. *Ibid.*, pp. 147-149.
34. *Ibid.*, p. 310.
35. *Ibid.*, p. 38.
36. *Ibid.*, p. 1, p. 309, pp. 320-321.
37. *Ibid.*, p. 315.
38. *Ibid.*, p. 318.
39. *Ibid.*, p. 310.
40. *Ibid.*, pp. 13-14 : « Les organisations masculines typiques sont associées à des lieux de rencontre ou à des maisons réservées aux hommes, où ces derniers accomplissent des initiations secrètes et partagent des festins. Les cultes s'adressent à des entités spirituelles similaires, recèlent un attirail secret et des instruments de musique comparables et punissent les intruses de viol collectif ou de mort. Dans leur ensemble, le schéma de séparation spatiale, les initiations et le châtiment des intruses constituent un "complexe", ou une observation de traits qu'on retrouve largement à travers toute la Mélanésie et dans au moins quatre régions majeures géographiquement et culturellement éloignées les unes des autres dans les plaines d'Amazonie. »
41. *Ibid.*, p. 14.
42. *Ibid.*, p. 330.
43. *Ibid.*, pp. 331-332.
44. *Ibid.*, p. 1.

Appendice 2

1. Robert H. Fuson, *Legendary Islands of the Ocean Sea* 11, Pineapple Press, Floride, 1995, notamment pp. 185-220. Fuson défend aussi l'idée que l'île appelée Antilia, située au sud de « Satanaze » sur la carte navale de Pizzagano, est Taïwan. Je commente cette hypothèse en détail dans *Civilisations englouties, op. cit.*, pp. 626-639, pp. 837-848.
2. Graham Hancock, *Civilisations englouties, op. cit.*, p. 631, p. 842.
3. *Ibid*, pp. 22-23, pp.44-46. Tous les calculs du niveau des mers à l'ère glaciaire qui figurent dans *Civilisations englouties* s'appuient sur les travaux du Dr Glenn Milne, expert mondial du sujet alors à l'université de Durham.
4. *Ibid*, pp. 500-502, pp. 675 678.
5. Graham Hancock, *L'Empreinte des dieux, op. cit.*, pp. 4-9, pp.18-19.
6. *Ibid*, p. 3-25, pp. 15-35.
7. *Ibid*, p. 3-13, pp. 15-29.

Appendice 3

1. P.A. Colinvaux et coll., « Amazonian and Neotropical Plant Communities on Glacial Time-Scales : The Failure of the Aridity and Refuge Hypotheses », *Quaternary Science Reviews* 19, janvier 2000, p. 141.
2. Katherine J. Willis et Robert J. Whittaker, « The Refugial Debate », *Science*, 25 février 2000, pp. 1406-1407.

3. P.A. Colinvaux et P.E. de Oliveira, « Amazon Plant Diversity and Climate Through the Cenozoic », *Palaeogeography, Palaeoclimatology, Palaeoecology* 166, février 2001, p. 57 et p. 60.

4. Thomas P. Kastner et Miguel A. Goni, « Constancy in the Vegetation of the Amazon Basin During the Late Pleistocene : Evidence from the Organic Matter Composition of Amazon Deep Sea Fan Sediments », *Geology*, avril 2003, p. 291.

5. M.B. Bush et coll., « Amazonian Paleoecological Histories : One Hill, Three Watersheds », *Palaeogeography, Palaeoclimatology, Palaeoecology* 214, 25 novembre 2004, p. 359.

6. Carlos D'Apolito et coll., « The Hill of Six Lakes Revisited : New Data and Re-Evaluation of a Key Pleistocene Amazon Site », *Quaternary Science Reviews* 76, septembre 2013, pp. 153-154.

7. *Ibid.*

8. John Francis Carson et coll., « Environmental Impact of Geometric Earthwork Construction in Pre-Columbian Amazonia », *Proceedings of the National Academy of Sciences* 22, juillet 2014, p. 10497.

9. D. Fontes, R.C. Cordeiro et coll., « Paleoenvironmental Dynamics in South Amazonia, Brazil, During the Last 35,000 Years Inferred from Pollen and Geochemical Records of Lago do Saci », *Quaternary Science Reviews* 173, 1er octobre 2017, p. 177.

10. M. Goulding, R.B. Barthem et R. Duenas, *The Smithsonian Atlas of the Amazon*, Smithsonian Books, 2003, p. 19. « Environ 85 % de la forêt tropicale sud-américaine (...) se trouve dans le bassin amazonien. »

11. Tous ces chiffres proviennent de la Banque mondiale, « Superficie (en km^2) », https://data.worldbank.org/indicator/ag.lnd.totl.k2, sauf pour l'Europe, prise dans S. Adams, A. Ganeri et A. Kay, *Geography of the World : The Essential Family Guide to Geography and Culture*, DK, 2006, p. 78.

12. Courriel de Graham Hancock au Pr Renato Cordeiro daté du 12 mars 2018.

13. L'aimable réponse du Pr Cordeiro (courriel du 14 mars 2018) contenait des termes techniques qu'il me semble nécessaire d'expliciter avant d'entrer dans le vif de sa réponse :

– Quaternaire : la période géologique dans laquelle nous nous trouvons, entre il y a environ 2,5 millions d'années et le présent.

– Caractéristiques édaphiques : rôle de facteurs tels que le pourcentage d'eau, l'acidité, l'oxygénation et la disponibilité des nutriments, autrement dit les facteurs inhérents à la nature du sol, plutôt que résultant du climat.

– Campinaranas : écorégions néotropicales de l'Amazonie brésilienne.

– Caatingas : un autre type d'écorégion de l'Amazonie brésilienne, caractérisé par une végétation désertique.

– Pollinique : relatif au pollen.

« Pour comprendre les fluctuations de la végétation durant le Quaternaire, nous devons appréhender la façon dont la végétation actuelle est distribuée. En Amazonie, nous avons essentiellement des forêts sempervirentes, des forêts de feuillus, des savanes arborées, des savanes arbustives, des savanes ouvertes et des champs. Dans certaines régions, la végétation est influencée par des caractéristiques édaphiques, comme dans les campinaranas et les caatingas du río Negro, où de vastes zones couvertes de sable de quartz, pauvres en nutriments et faiblement irriguées, limitent l'apparition d'une végétation avec une biomasse importante. Le long des cours d'eau, les forêts-galeries ont été relativement bien préservées durant les épisodes climatiques plus secs. Les varzeas (forêts inondées par intermittence lors des crues fluviales) sont toujours distribuées autour de zones inondables et d'iguapós (forêts inondées en permanence) plantées dans le lit des rivières jusqu'à six mètres de profondeur. Cette mosaïque végétale produit des pollens en quantité variable, et par conséquent différentes réponses dans les relevés sédimentaires en fonction du milieu sédimentaire (les lacs près des chenaux, par exemple le lago Saci, la lagune La Gaiba ; les lacs éloignés des dynamiques fluviales, par exemple les lacs Carajás, le lagoa da Pata ; les dépots marins). En guise d'exemple de cette complexité d'interprétations, on peut mentionner que les relevés marins ont un signal pollinique très influencé par les forêts-galeries et les forêts alluviales qui auraient été préservées durant les périodes climatiques plus sèches. Le lago Saci, parce qu'il est relativement proche du río São Benedito II, avait probablement une végétation à la biomasse plus élevée que d'autres site en dehors de la zone d'influence de la rivière. Par conséquent, à cause de cette complexité entre les générations des différents types de pollens et des différents types de végétation par rapport au milieu sédimentaire, beaucoup d'interprétations ne décrivent pas précisément la physionomie végétale de la région. »

14. Voir, par exemple, M.B. Bush et coll., « Paleotemperature Estimates for the Lowland Americas between 30 Degrees South and 30 Degrees North at the Last Glacial Maximum », chapitre 17 dans *Interhemispheric Climate Linkages*, éd. Vera Markgraf, Academic Press, 2001, p. 303. Voir aussi Bush et coll., « Amazonian Paleoecological Histories », p. 360.

NORD COMPO
multimédia

Composition et mise en pages
Nord Compo à Villeneuve-d'Ascq

Imprimé à Barcelone par:
BLACK PRINT

N° d'édition : L.01EUCN001005.N001
Dépôt légal : Avril 2021